# L'intégralité de votre livre* accessible en ligne

## avec une simple connexion Internet !

**OFFERT**
**LIVRE EN LIGNE**

**+ Des outils utiles et intuitifs :**

- sommaire interactif
- surlignage en couleurs
- notes personnelles et marque-page.

Smartphone | Tablette | PC/Mac

### Pour ACTIVER votre livre en ligne

- Rendez-vous sur www.nathan.fr/livre-en-ligne .
- Créez un compte Nathan en suivant les indications en ligne OU connectez-vous simplement avec vos identifiant et mot de passe Facebook si vous disposez déjà d'un compte Facebook.
- Cliquez sur « Activer un livre », saisissez votre clé d'activation personnelle puis le mot du livre qui vous sera demandé.

**Votre clé d'activation personnelle :**

**7WLSHR-FWB-B24G**

W0403519

### Pour toute CONNEXION ULTÉRIEURE

Connectez-vous sur www.nathan.fr/livre-en-ligne avec vos identifiants Nathan OU Facebook.

**IMPORTANT**

Votre clé d'activation est unique et personnelle : une fois utilisée, elle ne sera plus valide. Elle offre un accès de 24 mois à compter de la date d'activation. Elle est réservée à un seul utilisateur et ne peut être partagée.

Configuration minimale requise : Internet Explorer 8, Mozilla Firefox 3.4, Chrome, Safari, Opera toutes versions.

Retrouvez les conditions générales d'utilisation sur www.nathan.fr/livre-en-ligne.

*Service disponible à partir du 21 septembre 2017.

Bac Pro Gestion - Administration 978-2-09-164918-4

Nathan

BAC PRO

Réflexe

2e/1re/Terminale

# Gestion-Administration

## Toutes les matières

**Les fiches « Je gère mon BAC »**
Jean-Denis ASTIER
Pascal BESSON
Juliette CAPARROS
Louise CAUCHARD
Christophe DESAINTGHISLAIN
Marie-Line PÉRILLAT-MERCEROT
Marie-Cécile SÉNÉCHAL
Annie ZWANG

**Gestion-Administration Pôles 1-2-3-4**
Émilie LINA

**Français**
Christophe DESAINTGHISLAIN

**Histoire-Géographie Enseignement moral et civique**
Annie ZWANG

**Anglais**
Marie-Line PÉRILLAT-MERCEROT

**Économie-Droit**
Pascal BESSON
Louise CAUCHARD

**Mathématiques**
Jean-Denis ASTIER
Bernard LACAZE
Alain VRIGNAUD
Brigitte VRIGNAUD

**Prévention Santé Environnement**
Marie-Cécile SÉNÉCHAL

Nathan

**Crédits photographiques**

p. 145 : © Amnesty International/illustration Janus Kortermann Jauch ; p. 176 : © Rue des Archives/Varma ; p. 177 : © Francolon-Simon/Gamma/Gamma Rapho ; p. 178 : (g) © Akg-images/Ullstein bild ; (d) © Keystone ; p. 179 : (g) © Sipa/Ap/Markus Schreiber ; (d) © Afp ; p. 260 : Hotay/Fotolia ; p. 262 : CandyBox Images 2012/Fotolia ; p. 264 g : goodluz/Fotolia ; p. 264 d : Ivan Kruk/Fotolia ; p. 265 : thodonal/Fotolia

Édition : Aude Benkaki, Angélique Brézillon, Clarisse Léon, Cécile Sidambarompoulé
Fabrication : Maria Pauliat
Coordination artistique : Vincent Rioult
Conception couverture : Vincent Rioult
Conception maquette intérieure : Graph'm (Aude Paradis) / Evelyn Audureau
Composition : JPM
Cartographie : Légendes Cartographie

Nathan 2017 – 25 avenue Pierre de Coubertin, 75013 Paris
ISBN : 978-2-09-164918-4

# Sommaire

## Je gère mon bac



## PÔLE 1 – GESTION ADMINISTRATIVE DES RELATIONS EXTERNES (2$^{e}$/1$^{re}$/T$^{erm}$)

### Savoirs



## PÔLE 2 – GESTION ADMINISTRATIVE DES RELATIONS AVEC LE PERSONNEL (1$^{re}$/T$^{erm}$)



## PÔLE 3 – GESTION ADMINISTRATIVE INTERNE (2$^{e}$/1$^{re}$/T$^{erm}$)

# Sommaire

## PÔLE 4 – GESTION ADMINISTRATIVE DES PROJETS (2e/1re/Term)

### Savoirs



## FRANÇAIS (Term)

### Savoirs



## HISTOIRE-GÉOGRAPHIE – ENSEIGNEMENT MORAL ET CIVIQUE (Term)

### Savoirs

# Sommaire

## ANGLAIS (T^erm^)

### Savoirs



## ÉCONOMIE-DROIT (2e/1re/Term)

### Savoirs

# Sommaire

## MATHÉMATIQUES (1re/Term)

### Savoirs



## PRÉVENTION SANTÉ ENVIRONNEMENT (1re/Term)

### Savoirs

# Les épreuves de Terminale

<table>
<tr><th colspan="2" rowspan="2">Baccalauréat professionnel<br>Spécialité :<br>GESTION-ADMINISTRATION</th><th colspan="5">Candidats</th></tr>
<tr><th colspan="2">Scolaire dans un établissement public ou privé sous contrat, Apprenti dans un CFA ou section d'apprentissage habilité. Formation professionnelle continue dans un établissement public</th><th colspan="2">Scolaire dans un établissement privé hors contrat, Apprenti dans un CFA ou une section d'apprentissage non habilité. Formation professionnelle continue dans un établissement privé. Candidat justifiant de 3 années d'activité professionnelle, Enseignement à distance</th><th>Formation professionnelle continue dans un établissement public habilité</th></tr>
<tr><th>Intitulé de l'épreuve</th><th>Coef.</th><th>Mode</th><th>Durée</th><th>Mode</th><th>Durée</th><th>Mode</th></tr>
<tr><td>E11 : Économie-Droit</td><td>1</td><td>Ponctuel écrit</td><td>2 h 30</td><td>Ponctuel écrit</td><td>2 h 30</td><td>CCF (1)</td></tr>
<tr><td>E12 : Mathématiques</td><td>1</td><td colspan="2">CCF (1)</td><td>Ponctuel écrit</td><td>1 h</td><td>CCF</td></tr>
<tr><td>E2 : Gestion administrative des relations avec le personnel</td><td>4</td><td>Ponctuel écrit</td><td>3 h</td><td>Ponctuel</td><td>3 h</td><td>CCF</td></tr>
<tr><td>E3 : Pratiques professionnelles de gestion administrative (épreuve découpée en 4 sous-épreuves et prenant en compte la formation en milieu professionnel)</td><td>10</td><td></td><td></td><td></td><td></td><td></td></tr>
<tr><td>E31 : Gestion administrative des relations externes</td><td>3</td><td colspan="2">CCF</td><td>Ponctuel oral</td><td>30 min.</td><td>CCF</td></tr>
<tr><td>E32 : Gestion administrative interne</td><td>4</td><td colspan="2">CCF</td><td>Ponctuel écrit</td><td>45 min.</td><td>CCF</td></tr>
<tr><td>E33 : Gestion administrative des projets</td><td>2</td><td colspan="2">CCF</td><td>Ponctuel oral</td><td>30 min.</td><td>CCF</td></tr>
<tr><td>E34 : Prévention-santé-environnement</td><td>1</td><td>Ponctuel écrit</td><td>2 h</td><td>Ponctuel oral</td><td>2 h</td><td>CCF</td></tr>
<tr><td>E41 : Langue vivante 1</td><td>2</td><td colspan="2">CCF</td><td>Ponctuel écrit</td><td>20 min. (2)</td><td>CCF</td></tr>
<tr><td>E42 : Langue vivante 2</td><td>2</td><td colspan="2">CCF</td><td>Ponctuel écrit</td><td>20 min. (2)</td><td>CCF</td></tr>
<tr><td>E51 : Français</td><td>2,5</td><td>Ponctuel écrit</td><td>2 h 30</td><td>Ponctuel écrit</td><td>2 h 30</td><td>CCF</td></tr>
<tr><td>E52 : Histoire-Géographie et EMC</td><td>2,5</td><td>Ponctuel écrit</td><td>2 h</td><td>Ponctuel pratique</td><td>2 h</td><td>CCF</td></tr>
<tr><td>E7 : Éducation physique et sportive</td><td>1</td><td colspan="2">CCF</td><td>Ponctuel pratique</td><td></td><td>CCF</td></tr>
</table>

(1) CCF : contrôle en cours de formation
(2) Dont 5 minutes de préparation.

# Comment organiser votre année ?

## Installez une dynamique de travail

Il est important de travailler dès le début de l'année, et ce, très régulièrement. Cela signifie qu'il faut travailler un peu tous les soirs – et de manière plus importante le week-end – dans un endroit calme, en éliminant toute source de distraction (votre téléphone portable par exemple). Cela vous permettra de vous mettre dans une dynamique de travail jusqu'au bac.

## Révisez

Il est indispensable de réviser régulièrement vos cours. Pour cela, les fiches Savoirs de cet ouvrage seront vos plus fidèles alliées ! En effet, suffisamment détaillées, ces fiches vous donnent l'essentiel du cours ainsi qu'un plan facilitant l'apprentissage des notions. Insistez particulièrement sur les notions qui figurent dans la rubrique mots-clés à la fin de chaque fiche. Ce travail doit se faire tout au long de l'année, au fur et à mesure de l'avancement des chapitres dans les différentes matières.

## Rangez vos cours

Vous devez être très vigilant quant au classement de vos cours. En effet, rien de plus stressant que de découvrir quelques jours avant l'examen qu'il vous manque un chapitre ! Rassurez-vous, les fiches présentes dans cet ouvrage vous aideront là encore à structurer votre rangement. S'il vous manque un chapitre dans une matière, vous avez de toute façon en votre possession la fiche de révision correspondante. Petit conseil : n'hésitez pas à y ajouter des exercices faits en classe, des corrections de sujets, des articles de presse…

## Fixez-vous un planning de révision

Planifier vos révisions est indispensable, car l'année va défiler à toute allure… Commencez dès le début de la terminale pour bien revoir les contenus de première. Pour que votre travail de révision porte ses fruits, il vaut mieux prévoir un planning alternant matières professionnelles (gestion-administration, économie-droit) et matières générales. En période de vacances, vous disposerez de plus grandes plages horaires pour travailler. Pour cela, inutile de passer une journée entière sur une matière, cela serait totalement contre-productif ! Il est plus judicieux d'alterner des séquences de deux heures, en faisant tourner les matières. Et cochez les cases de l'encadré « Lu, su, revu » au fur et à mesure pour savoir où vous en êtes.

## Entraînez-vous

Une bonne préparation au bac repose sur un entraînement régulier. Vous devez soigner la préparation de chacune des évaluations auxquelles vous serez soumis(e) pendant l'année. Plus important encore, vous devez être très à l'écoute des éléments de correction fournis par vos enseignants. La clé de la réussite réside dans une écoute attentive et une prise en note rigoureuse des corrections. Durant celles-ci, vos professeurs prodiguent des conseils essentiels pour progresser. Pour consolider vos acquis, cet ouvrage vous propose des exercices complémentaires, les corrigés vous aidant à faire le point sur vos acquis !

## Construisez votre orientation

Bien sûr, votre travail de préparation au bac est essentiel et sera très intense, mais il ne faut pas perdre de vue qu'après le bac, vous allez continuer vos études ! S'informer, se rendre à des portes ouvertes, contacter d'anciens élèves, des professionnels, poser des questions autour de vous… sont autant de pistes à explorer. Attention, vous n'avez pas toute l'année devant vous puisque vous aurez des délais à respecter pour enregistrer vos vœux sur l'application APB (admission post-bac).

# Comment préparer votre admission post-bac ?



## « ADMISSION POST-BAC » (APB), C'EST QUOI ?

L'APB est une plateforme Internet mise en place afin de rendre plus faciles et efficaces vos démarches de pré-inscription dans l'enseignement supérieur.

### La poursuite d'études après un bac professionnel Gestion-Administration

La plupart des bacheliers professionnels entrent directement dans la vie active, signe de la très bonne adéquation de ces diplômes aux besoins de qualification. Un quart des élèves poursuit des études supérieures, principalement en BTS.

### Vous êtes attiré(e) par des études courtes ?

#### Les formations en un an

Nombre de bacheliers professionnels suivent une formation en un an, afin d'acquérir une spécialisation ou une double compétence.

**– Les mentions complémentaires (MC)**

Une vingtaine de MC, d'un niveau équivalent au bac, sont accessibles sur dossier. Elles se préparent en un an au sein d'un lycée professionnel ou d'un CFA (centre de formation d'apprentis).

Le choix d'une MC s'effectue à l'intérieur du même champ professionnel, par exemple la MC « Accueil-Réception » après un bac pro Gestion-Administration.

#### Les formations bac + 2

**– Les brevets de technicien supérieur (BTS)**

Plus du quart des bacheliers professionnels accèdent à un BTS en lycée ou en école. Si certains préparent ce diplôme sous statut scolaire, une bonne partie d'entre eux choisit de se former sous contrat d'apprentissage.

La plupart des bacheliers professionnels qui poursuivent des études supérieures préparent, en 2 ans, un BTS, dans le champ professionnel d'origine. Les lycéens qui ont eu leur bac pro avec mention bien ou très bien sont admis de droit en BTS (dans le même domaine) à la rentrée suivante. Cependant, des restrictions existent pour les BTS Assistant de manager, Commerce international... Par ailleurs, des places sont réservées en BTS pour les bacheliers professionnels (pourcentage variable selon les académies).

**– Les diplômes universitaires technologiques (DUT)**

Certains bacheliers se lancent dans un DUT : la formation se déroule alors dans un institut universitaire de technologie (IUT). La sélection à l'entrée est très forte. Même avec des programmes aménagés, ces sections nécessitent de fournir un effort important et de suivre une mise à niveau conséquente dans les disciplines fondamentales, dans le but d'obtenir, en 2 ans, leur DUT. Les études sont effet plus généralistes qu'en BTS.

## Vous êtes attiré(e) par des études longues ?

C'est une voie très risquée pour les bacheliers professionnels, car la formation suivie au lycée ne vous y prépare pas.

Près de 8 % des bacheliers professionnels s'inscrivent en licence générale. À l'université, il n'y a pas de sélection à l'entrée. Cependant il ne faut pas s'y fier ! Les études universitaires sont très théoriques et éloignées de la formation reçue au lycée professionnel.

Articulé autour de cours en amphithéâtre (pas forcément obligatoires) et de TD en groupes plus restreints, ce type d'études requiert de votre part un fort niveau d'autonomie et de responsabilisation. En effet, personne ne vous dira à quel moment faire votre travail ! Il faut donc être particulièrement motivé pour envisager de poursuivre ses études à la fac !

Autre élément important à prendre en considération : il vous faudra rattraper tout ce que vous n'avez pas acquis au lycée, notamment sur le plan des méthodes : dissertation...

*À noter :* les universités proposent des mises à niveau et des cursus préparatoires pour augmenter les chances de réussite des bacheliers professionnels ou technologiques.

Quelques rares classes préparatoires aux grandes écoles (CPGE) accueillent les bacheliers professionnels pour trois ans.

## Les conseils pour réussir son orientation

### S'y prendre très tôt

En principe, vous aurez démarré votre réflexion sur l'orientation, notamment dans le cadre de l'APB, dès la seconde. Réfléchir tôt est l'un des gages de réussite de votre orientation.

### Se renseigner

Les journées portes ouvertes ou les salons de l'étudiant sont le meilleur moyen pour récupérer un maximum d'information et décider ainsi de son orientation en toute connaissance de cause.

### Rencontrer le conseiller d'orientation

Un rendez-vous (ou plusieurs) vous permet de découvrir quels métiers et donc formations pourraient le mieux vous correspondre.

### Élargir ses vœux au maximum

Plus vous formulez de vœux, plus vous avez de chance d'obtenir satisfaction.

## Le calendrier APB

**Inscription et saisie des vœux**
Janvier-mars pour toutes les formations

↓

**Modification éventuelle du classement hiérarchisé de vœux**
Janvier-début avril

↓

**Date limite de confirmation et d'envoi des dossiers papier**
Début avril

↓

**Notification aux candidats par les établissements destinataires de la réception de leur(s) dossier(s) de candidature**
Début mai

↓

**Phases d'admission (consultation et réponse des candidats)**
Juin-juillet : 3 phases d'admission successives

## La réponse aux propositions d'orientation

À partir du mois de juin, trois phases d'admission se succèdent. À chacune de ces phases, vous devez impérativement vous connecter afin de répondre à la proposition qui vous est faite. Si vous ne donnez pas de réponse, vous serez considéré(e) comme démissionnaire et exclu(e) de la procédure. Tant que vous n'avez pas donné d'avis définitif, vous devez vous connecter et consulter votre dossier à chaque phase d'admission. Vous disposez de trois possibilités de réponse :

| | |
|---|---|
| **OUI définitif** | Vous acceptez définitivement la proposition. Par conséquent, aucune autre proposition ne vous sera faite. La procédure APB est terminée pour vous ! |
| **OUI mais...** | Vous acceptez la proposition pour l'instant, mais vous maintenez votre candidature pour les vœux mieux classés dans votre liste. Si une formation mieux placée vous est proposée ensuite, vous n'aurez bien sûr plus droit à la proposition précédente. |
| **NON mais...** | Vous refusez la proposition qui vous est faite et maintenez votre candidature pour les vœux mieux placés dans votre liste. Attention, vous n'êtes pas certain(e) d'avoir d'autres propositions. Vous ne pourrez donc plus être admis(e) dans cette formation. |

## Que faire si vos premiers choix sont refusés ?

Pas de panique, trois possibilités s'offrent à vous :

– **Postuler en procédure complémentaire.** En effet, les candidats qui n'ont pas obtenu ce qu'ils souhaitent peuvent voir la situation se débloquer à partir de juillet, puisqu'il arrive que des élèves démissionnent des formations ou qu'ils n'obtiennent pas leur bac. Les vœux que vous avez formulés lors de la procédure classique restent valables et prioritaires. Il est essentiel de rester à l'affût en vous connectant chaque jour pour suivre les évolutions !

**– Faire évoluer votre projet professionnel.** Il est vivement conseillé d'avoir pensé à une entrée dans la vie active. Vous pouvez aussi placer en dernier vœu une demande dans une licence non sélective. Dans l'hypothèse où tous vos premiers vœux seraient refusés, vous auriez une place en licence. Certes, il s'agit d'un choix par défaut, mais parfois les élèves suivant une licence découvrent que, finalement, elle leur correspond. Rassurez-vous, si vous vous retrouvez dans ce cas de figure mais que la licence ne vous plaît vraiment pas, vous pouvez vous réorienter en fin de premier semestre. Les universités ont en effet généralisé ce système de changement de filière à mi-année, afin d'éviter de perdre une année.

**– S'inscrire dans un établissement qui ne figure pas dans APB.**

## Que faire si votre choix ne vous convient pas ?

| Les différents cas | Que faire ? | Comment faire ? |
|---|---|---|
| Je suis en BTS et la formation ne me convient pas. | Changer de spécialité. | Contactez le conseiller d'orientation de votre établissement, il pourra vous conseiller utilement et voir s'il reste des places dans d'autres spécialités. |
| | Changer d'orientation. | La rentrée universitaire se faisant en octobre, il est encore temps de s'inscrire à l'université. Vous pouvez également tenter une rentrée en décalé en IUT. |
| Je suis en fac : cours trop abstraits, trop éloignés du monde professionnel, besoin d'être davantage encadré, difficulté à suivre... | S'orienter en DUT ou en BTS. | S'adresser au SCUIO (Service Commun Universitaire d'Information et d'Orientation) pour savoir s'il y a des accords et des passerelles vers certains DUT ou BTS.<br>**– La rentrée accélérée en DUT** est possible s'il existe un dispositif de passerelle licence/IUT.<br>– Pour le BTS, il vous faudra rattraper de manière autonome les cours que vous n'avez pas suivis.<br>– Si aucune de ces possibilités n'existe, contactez les IUT proposant des **rentrées décalées en février**. |
| La licence choisie ne me plaît pas. | Intégrer une autre licence dans une autre filière universitaire. | Renseignez-vous auprès de l'université que vous voulez rejoindre pour savoir si elle gère les situations de réorientation *via* le portail APB. Si tel est le cas, formulez vos vœux sur APB. Sinon, consultez le site de l'université pour connaître la procédure à suivre. |
| Je suis en prépa, c'est trop difficile. | Se réorienter vers un premier semestre de licence. | Renseignez-vous auprès de l'administration de votre établissement car certaines classes prépas ont un partenariat avec l'université et proposent des inscriptions en cumulatif (vous êtes inscrit(e) en fait aux deux cursus). Vos démarches administratives s'en trouvent simplifiées ! |
| | Attendre la fin de l'année. | Vous disposerez de 60 crédits ECTS (*European Credit Transfer and Accumulation System*) pour vous réorienter en L2. Votre candidature sera examinée par une commission composée des responsables de la classe prépa et de l'université. |

# La gestion administrative des relations avec le personnel (E2)



## LE FORMAT DE L'ÉPREUVE ET SES OBJECTIFS

Cette épreuve écrite, de coefficient 4, vise à évaluer votre maîtrise des techniques mises en œuvre pour la gestion administrative des salariés. Au travers d'une étude de cas, vous découvrez une organisation, et, en vous appuyant sur vos connaissances et des documents professionnels, vous devez participer activement au maintien de bonnes relations avec le personnel dans le respect des règles essentielles de confidentialité et de préservation des informations personnelles. Les notions nécessaires sont celles étudiées dans le Pôle 2 : « Gestion administrative des relations avec le personnel ».

## CONSEILS POUR RÉUSSIR L'ÉPREUVE

### Que faire pour se préparer avant l'épreuve ?

**Révisez le programme de première et de terminale (Pôle 2 : « Gestion administrative des relations avec le personnel » et Pôle 3 : « Gestion administrative interne »)**

Les épreuves valident également votre maîtrise du programme de première du Pôle 3 : « Gestion administrative interne ». Révisez donc l'ensemble des notions en relisant vos cours et en travaillant avec cet ouvrage.

**Refaites des exercices type bac**

Il est impératif de vous entraîner à la rédaction et à la mise en forme de documents professionnels. N'hésitez pas à revoir la correction des bacs blancs que vous aurez réalisés pendant l'année ; vous pourrez vérifier si vous vous êtes amélioré(e).
Les pages « S'entraîner au Bac » de cet ouvrage vous permettront également de vérifier que vous avez bien assimilé les notions. Elles vous proposent des sujets inspirés du Bac ainsi que leurs corrigés.

### Que faire pendant l'épreuve ?

Le sujet comprendra entre 20 et 30 pages. Lisez tout d'abord le contexte et la présentation des différentes parties (3 ou 4 parties indépendantes). Puis parcourez les annexes. Une fois cette découverte faite, vous pouvez « attaquer » le sujet, sachant que vous ne disposez que de 3 heures en tout, soit moins d'une heure par dossier.
Remplissez toutes les tâches : ainsi vous vous donnez la possibilité d'être évalué(e) sur le maximum de points ! Si vous butez sur un problème à résoudre, passez au suivant, et pensez à y revenir plus tard.
Soignez l'expression écrite, utilisez les notions apprises pendant l'année, employez un vocabulaire professionnel... Et traquez les fautes d'orthographe !

### Qu'attend de vous le correcteur ?

Le correcteur veut savoir si vous maîtrisez les notions et les compétences du référentiel. Les tâches qui vous sont confiées doivent être correctement remplies, les consignes, les procédures et les textes règlementaires appliqués, les documents complétés de manière professionnelle. Le résultat de votre réflexion, présenté sur la copie d'examen, doit être bien rédigé et de façon lisible.

# Les pratiques professionnelles de gestion administrative (E31-E32-E33)

## LE FORMAT DE L'ÉPREUVE ET SES OBJECTIFS

Cette épreuve, de coefficient 10, est évaluée en CCF. Elle est découpée en 4 sous-épreuves (dont E34 Prévention-Santé-Environnement, voir p. 29). Les pratiques professionnelles de gestion administrative comprennent 3 sous-épreuves : E31, E32 et E33.

## LE CONTENU DU PASSEPORT PROFESSIONNEL

Le passeport professionnel doit comprendre obligatoirement :

**Les comptes-rendus d'évaluation des périodes de formation en milieu professionnel (PFMP)**

Ces documents doivent être dûment complétés par les tuteurs.

**Les fiches d'activités couvrant tous les pôles du référentiel (voir exemple de fiche p. 18)**

Ces fiches doivent être réalisées à l'aide de l'outil informatique et présentées suivant le modèle national disponible sur Internet : http://www.cerpeg.ac-versailles.fr/IMG/pdf/annexes_bcp_g.a_2015.pdf (annexe II, page 2). Il est également possible d'utiliser le site Cerise Pro avec vos professeurs.

Ces fiches (9 au minimum correspondant aux 9 classes de situation du référentiel) sont renseignées par le candidat tout au long de son parcours, de la seconde à la terminale, en milieu professionnel ou en établissement de formation. Chaque fiche :
- est rattachée aux classes de situation du pôle ;
- décrit une situation professionnelle rencontrée en formation et les éléments du contexte ;
- précise les productions résultant de l'activité professionnelle du candidat.

**Tout document établi pendant la formation et servant à l'évaluation des classes de situation concernées.**

## MODALITÉS D'ÉVALUATION

Elles dépendent de la formation suivie par le candidat :
- pour les candidats sous statut scolaire : **contrôle en cours de formation à partir de l'étude du dossier professionnel** du candidat (voir règlement d'examen p. 7) ;
- pour les candidats en apprentissage en CFA ou en formation continue : **contrôle ponctuel avec un oral de 30 minutes et une épreuve pratique de 45 minutes à partir du dossier professionnel** du candidat (voir règlement d'examen p. 7).

### La sous-épreuve E31 : Gestion administrative des relations externes

**Le contenu de la sous-épreuve E31**

La sous-épreuve E31 concerne l'extrait du passeport professionnel relevant du Pôle 1 : « Gestion administrative des relations externes », qui présente les situations des classes :
- 1.1 : « Gestion des relations avec les fournisseurs » ;
- 1.2 : « Gestion administrative des relations avec les clients et les usagers » ;
- 1.3 : « Gestion administrative des relations avec les autres partenaires ».

#### Les modalités d'évaluation

**– Pour les candidats sous statut scolaire :** il s'agit d'une situation d'évaluation en CCF conduite à partir de l'étude de l'extrait de votre passeport professionnel.
**– Pour les candidats non évalués en contrôle en cours de formation :** il s'agit d'un contrôle ponctuel oral de 30 minutes basé sur l'extrait du passeport professionnel présenté par le candidat. L'interrogation portera sur 3 situations professionnelles appartenant chacune à l'une des 3 classes de situations concernées par l'épreuve :

### La sous-épreuve E32 : « Gestion administrative interne »

#### Le contenu de la sous-épreuve E32

La sous-épreuve E32 concerne l'extrait du passeport professionnel relevant du Pôle 3 : « Gestion administrative interne », qui présente les situations des classes :
- 3.1 : « Gestion des informations » ;
- 3.2 : « Gestion des modes de travail » ;
- 3.3 : « Gestion des espaces de travail et des ressources » ;
- 3.4 : « Gestion du temps ».

#### Les modalités d'évaluation

**– Pour les candidats sous statut scolaire :** une situation d'évaluation en CCF conduite à partir de l'étude de l'extrait de votre passeport professionnel.
**– Pour les candidats non évalués en contrôle en cours de formation :** un contrôle ponctuel pratique de 45 minutes basé sur l'extrait de votre passeport professionnel. L'interrogation portera sur 4 situations professionnelles appartenant chacune à l'une des 4 classes de situations concernées par l'épreuve.

### La sous-épreuve E33 : « Gestion administrative des projets »

#### Le contenu de la sous-épreuve E33

La sous-épreuve E33 concerne l'extrait du passeport professionnel relevant du Pôle 4 : « Gestion administrative des projets », qui présente les situations des classes :
- 4.1 : « Suivi opérationnel du projet » ;
- 4.2 : « Évaluation du projet ».

#### Les modalités d'évaluation

**– Pour les candidats sous statut scolaire :** il s'agit d'une situation d'évaluation en CCF conduite à partir de l'étude de l'extrait de votre passeport professionnel.
**– Pour les candidats non évalués en contrôle en cours de formation :** il s'agit d'un contrôle oral de 30 minutes basé sur l'extrait de votre passeport professionnel. L'interrogation portera sur 2 situations professionnelles appartenant chacune à l'une des 2 classes de situations concernées par l'épreuve.

## CONSEILS POUR RÉUSSIR L'ÉPREUVE

### La constitution du passeport professionnel

Celui-ci peut être présenté dans un porte-vues ou un dossier relié par exemple (aucune forme n'est imposée). Il doit être composé d'une page de garde, d'un sommaire, des comptes-rendus d'évaluation des périodes de formation en milieu professionnel, des fiches d'activité présentant les classes de situations des pôles 1, 3 et 4, et de remerciements à destination des entreprises qui vous ont accueilli(e).

#### La page de garde

Elle doit comprendre : votre prénom et votre nom, la mention « Passeport professionnel », le nom de votre centre de formation, l'intitulé du baccalauréat présenté, l'année de la session.

### Le sommaire
Il doit être clair, précis, rapide à lire, structuré, avec une présentation aérée, peu de couleurs et surtout la numérotation des pages alignée sur la marge de droite.

### Les comptes-rendus d'évaluation des PFMP
Ces documents doivent être complétés par vos tuteurs et classés dans l'ordre chronologique.

### Le tableau de bord (si vous avez utilisé le site Cerise Pro)
C'est un récapitulatif de toutes les fiches réalisées durant vos trois années de formation. Apparaissent pour chacune des situations professionnelles : le nombre de fiches correspondantes, le niveau de maîtrise, le lieu de réalisation (en classe ou en PFMP) et l'évaluation de vos professeurs.

### Les fiches d'activité des pôles 1, 3 et 4
Les fiches d'activité doivent être classées par pôle et, au sein de chaque pôle, elles sont regroupées par classe de situation (1.1, 1.2, 1.3...). Elles sont accompagnées des annexes correspondantes, c'est-à-dire des travaux réalisés à l'occasion de l'activité. Choisissez ces fiches avec soin parmi celles réalisées durant votre formation. Elles doivent être suffisamment riches pour incorporer un ensemble de compétences, d'aléas et de complexités.

## La remise du passeport professionnel
Celui-ci doit être remis avant la date limite fixée par le rectorat de votre académie. Vous devez le déposer dans l'établissement de référence indiqué sur votre convocation aux épreuves écrites.
Si vous êtes un candidat scolaire dans un établissement public ou privé sous contrat, apprenti dans un CFA ou dans une section d'apprentissage habilité, en formation professionnelle continue dans un établissement public, le passeport professionnel est examiné par un jury composé de vos formateurs et fait l'objet d'une note. Aucun oral ne pourra vous permettre de valoriser les qualités de votre dossier.

## Les épreuves ponctuelles (pour les candidats non évalués en CCF)
Si vous êtes un candidat scolaire dans un établissement privé hors contrat, apprenti dans un CFA ou une section d'apprentissage non habilité, en formation professionnelle continue dans un établissement privé, un candidat justifiant de 3 années d'activité professionnelle, ou que vous suivez un enseignement à distance, vous devez vous présenter à une épreuve orale ponctuelle. Celle-ci est basée sur le passeport professionnel que vous avez déposé.

### Se préparer à la prestation
Avant de vous rendre à l'entretien, il est indispensable de rassembler :
- votre convocation avec un justificatif d'identité ;
- un exemplaire de votre passeport professionnel avec des notes et/ou des repères éventuels pour votre présentation ;
- le plan de votre intervention orale (aide-mémoire), un stylo et des supports ;
- un environnement numérique (ordinateur portable par exemple) dans le cas où l'environnement et les logiciels utilisés dans le centre d'examen sont différents de ceux que vous avez utilisés durant votre formation. C'est à vous de vérifier la compatibilité de vos documents numériques avec le matériel mis à votre disposition pour l'examen.

### Se préparer physiquement et psychologiquement
Afin de mettre toutes les chances de votre côté, il est nécessaire de choisir une tenue vestimentaire adaptée au contexte (tenue professionnelle), de soigner votre image.

### Réussir l'épreuve E31 : oral de 30 minutes

La sous-épreuve prend appui sur l'extrait du passeport professionnel relatif aux classes de situations professionnelles du Pôle 1.
L'épreuve se déroule en deux phases.
**Première phase :** le jury vous indique les 3 fiches d'activité qu'il a sélectionnées dans votre passeport professionnel (une par situation, soit 1.1, 1.2 et 1.3).
Vous disposez de 5 minutes pour présenter les situations retenues sans être interrompu(e). Que dire en 5 minutes ?
- Tout d'abord, il est indispensable de vous présenter (prénom, nom, centre de formation d'origine) et d'annoncer le plan de votre intervention.
- Ensuite, vous devez présenter l'entreprise dans laquelle les fiches ont été réalisées.
- Puis vous indiquerez le contexte et les conditions de réalisation, et vous présenterez les productions réalisées et les apprentissages en termes de compétences (ce dont vous êtes capable après avoir fait cette activité).
- Pour terminer, vous devrez conclure votre prestation en évaluant les difficultés éventuelles rencontrées lors de la réalisation des activités professionnelles.

Dans cette présentation, veillez à ne pas faire une simple lecture de vos fiches d'activité, ou à réciter ce que vous auriez appris « par cœur ». N'oubliez pas que c'est votre communication orale qui est évaluée.
**Seconde phase :** Puis, durant 25 minutes maximum, le jury vous questionnera sur le contenu des fiches présentées et sur le contenu de votre prestation orale. Il vérifiera le degré d'acquisition des compétences mises en œuvre.
Vous devrez répondre le plus précisément possible, pour convaincre le jury. Si vous ne comprenez pas une question, n'hésitez pas à demander au jury de la reformuler.
Lorsque vous n'avez pas de réponse à fournir, surtout n'inventez pas et soyez honnête.
Tout au long de l'entretien, veillez à mettre en œuvre toutes les règles de communication verbale et non verbale (registre de langage, ton, débit et volume de la voix, articulation, posture, gestes, sourire, regard...).
Pendant tout le déroulement de l'épreuve orale, vous devrez veiller à ce que les membres du jury saisissent bien le sens de vos propos. Observez leur comportement, pratiquez l'écoute active, l'empathie, reformulez si nécessaire et justifiez vos propos par des arguments.

### Réussir l'épreuve E32 : pratique de 45 minutes

La sous-épreuve E32 prend appui sur l'extrait du passeport professionnel relatif aux classes de situations professionnelles du Pôle 3.
L'épreuve se passe sur un poste informatique équipé d'une connexion Internet. Vous devez vous munir des ressources et des documents du passeport professionnel.
Vous êtes responsable de la mise en œuvre de ces ressources lors de l'épreuve, notamment si vous disposez de votre propre environnement informatique.
Le jury vous indique les 4 situations qu'il a sélectionnées parmi celles présentées dans votre passeport (une par situation, soit 3.1, 3.2, 3.3 et 3.4). Le jury vous propose un scénario au cours duquel vous devez réaliser, sur ordinateur, les tâches retenues.
L'épreuve se déroule en 2 parties :
**– durant la première partie :** vous disposez de 40 minutes maximum durant lesquelles, en gérant votre temps, vous réalisez les tâches demandées sur poste informatique ;
**– durant la seconde partie :** le jury vous demandera d'analyser la manière dont vous avez exécuté ces tâches et le résultat obtenu lors d'un entretien de 5 minutes maximum.

### Réussir l'épreuve E33 : oral de 30 minutes

La sous-épreuve E33 prend appui sur l'extrait du passeport professionnel relatif aux classes de situations professionnelles du Pôle 4.

Le jury vous indique les 2 situations qu'il a sélectionnées parmi celles présentées dans votre passeport (une par situation, soit 4.1 et 4.2). L'épreuve se déroule en 2 parties :
**– dans une première partie :** vous disposez de 5 minutes pour présenter le projet concerné et les situations retenues sans être interrompu(e). Vous devez présenter l'entreprise dans laquelle les fiches ont été réalisées. Puis vous indiquerez le contexte et les conditions de réalisation, et vous présenterez les productions réalisées et les apprentissages en termes de compétences. Pour terminer, vous devrez conclure votre prestation en évaluant les difficultés rencontrées lors de la réalisation des activités professionnelles ;
**– dans une deuxième partie :** durant 25 minutes maximum, le jury vous questionnera sur le contenu des fiches présentées et votre prestation orale. Il vérifiera votre degré d'acquisition des compétences mises en œuvre.

## Exemple de fiche d'activité

| Baccalauréat professionnel Gestion-Administration<br>Extrait du passeport professionnel — Activité professionnelle n° 8<br>Epreuve E31 – 1. GESTION ADMINISTRATIVE DES RELATIONS EXTERNES | |
|---|---|
| **Nom et prénom du candidat :** Caroline Dupriez<br>**Académie :** Montpellier | **Établissement :** LP Calmette - Montpellier |
| **Titre de la fiche :** Établir des factures avec l'étranger<br>**Situation professionnelle :** 1.2.4 Traitement des livraisons et de la facturation<br>**Compétence associée :** 1.2.4.1 Assurer le traitement administratif des livraisons et de la facturation | **Date de réalisation :** 20/11/N<br>**Lieu de réalisation :** En PFMP (Entreprise)<br>**Contexte de réalisation :** Réel<br>**Condition de réalisation :** Autonomie |
| **1 Le contexte de réalisation de la situation professionnelle**<br>*Description du cadre (l'organisation, le service) / Description des tâches demandées, les résultats attendus*<br>Nous sommes le 20/11/N, je poursuis ma formation au sein de l'entreprise Mecanox, en qualité de gestionnaire administrative. Je dois préparer les factures export, sous l'autorité de M. Vincent Lardes, mon tuteur.<br>L'entreprise travaille avec trois clients installés dans l'Union européenne.<br>M. Lardes me remet le double du bon de livraison du client Usimax établi par le service commercial et me charge de préparer la facture correspondante. | |
| **2 Les conditions de réalisation de la situation professionnelle**<br>*Moyens à disposition, outils à disposition, délais, personnes ressources / La réalisation : démarche, choix, décisions, essais / Traitement : les éléments complexes, les aléas, incidents, imprévus*<br>Pour réaliser cette tâche, je consulte le fichier clients ainsi que le catalogue des produits. Dans un premier temps, je complète l'en-tête de la facture : dans le fichier clients, je repère les coordonnées du client : raison sociale, adresse, numéro de TVA intracommunautaire, etc. Je note toutes ces informations sur la facture.<br>Je complète ensuite le corps de la facture [...]<br>Je peux enfin indiquer le montant du net à payer. | |
| **3 Les productions résultant de la situation professionnelle**<br>*Résultats et productions obtenues*<br>Je contrôle attentivement la facture et je remets ce document à M. Lardes. La facture est ensuite saisie sur le PGI, contrôlé, imprimée et classée dans le dossier du client. Pour terminer, le fichier (la facture) est joint à l'e-mail adressé au client Usimax. | |
| **4 Analyse de l'action menée**<br>*Réussite, difficultés*<br>L'élaboration de la facture demande beaucoup d'attention et de rigueur. Il faut tenir compte de nombreux renseignements contenus dans plusieurs documents (catalogue, bon de livraison, fiche client). La livraison intracommunautaire fait appel à mes connaissances acquises en cours de gestion. | |
| **5 Décrivez votre compétence**<br>*Ce dont vous êtes maintenant capable*<br>Je suis capable d'établir une facture pour un client étranger situé dans l'UE. | |
| **Fichier(s) lié(s) à la fiche :** Usimax865.pdf | |

# Le français



## LA DISCIPLINE

Le but de l'enseignement du francais dans les classes préparatoires au baccalauréat professionnel est **la maîtrise de l'expression orale et écrite** ainsi que **l'affirmation d'une identité culturelle** fondée sur le partage de connaissances, de valeurs et de langages communs.

### Identité et diversité

L'objet d'étude invite les élèves à interroger deux notions, l'identité et la diversité, à partir de la lecture d'œuvres du XXe siècle relevant de genres variés : récits de voyage, récits de filiation et récits de vie, littérature en rapport avec la colonisation et la décolonisation.

**Questions :**

– En quoi l'autre est-il semblable et différent ?
– Comment transmettre son histoire, son passé, sa culture ?
– Doit-on renoncer aux spécificités de sa culture pour s'intégrer dans la société ?

### Au XXe siècle, l'homme et son rapport au monde à travers la littérature et les autres arts

L'objet d'étude invite les élèves à s'intéresser à l'homme et à son rapport au monde à travers des œuvres littéraires et/ou artistiques relevant de genres littéraires variés comme le théâtre, le roman ou l'essai, mais aussi d'autres arts, par exemple la peinture et le cinéma.

**Questions :**

– En quoi le XXe siècle a-t-il modelé l'homme moderne ?
– Comment la lecture d'œuvres littéraires permet-elle de s'interroger sur le rapport de l'homme au monde ?
– Les mythes appartiennent-ils seulement au passé ?

### La parole en spectacle

L'objet d'étude invite les élèves à travailler à partir de situations concrètes dans lesquelles la parole est mise en spectacle : analyse de la mise en scène d'une pièce de théâtre, confrontation d'émissions de télévision, observation réfléchie d'un discours politique...

**Questions :**

– Dans le dialogue, utilisons-nous seulement des mots ?
– Comment la mise en spectacle de la parole fait-elle naître des émotions (jusqu'à la manipulation) ?
– Qu'apporte à l'homme, d'hier et d'aujourd'hui, la dimension collective de la mise en spectacle de la parole ?

## L'ÉPREUVE ÉCRITE (voir p. 125 à 130)

Elle dure 2 h 30 et s'appuie sur un corpus de textes et documents (2 à 3) se rapportant à l'un des objets d'étude de l'année de terminale.

## Première partie : compétences de lecture (10 points)

### 1) Question de présentation du corpus

Le candidat rédige quelques lignes (de 3 à 6 environ) pour présenter les relations que les documents proposés dans le corpus entretiennent entre eux.
On attend du candidat : qu'il sache dégager une problématique en mettant en relation les différents documents.

### 2) Question(s) d'analyse et d'interprétation

Elles portent sur un ou des documents du corpus. Le candidat analyse un ou deux effets d'écriture (inscrits dans le libellé de la ou des deux questions) et en propose une interprétation.
On attend du candidat : qu'il soit capable de faire une analyse qui conduit à une interprétation. L'analyse et l'interprétation doivent être entièrement rédigées.

## Deuxième partie : compétences d'écriture (10 points)

Une question est posée en lien avec le corpus proposé en première partie. Le candidat répond à cette question en une quarantaine de lignes et de façon argumentée.
On attend du candidat : qu'il développe une réflexion personnelle et argumentée sur une question contemporaine, en prenant appui sur les textes du corpus, les lectures de l'année et sur ses connaissances personnelles.

# L'ÉPREUVE ORALE DE CONTRÔLE (voir p. 131)

C'est une épreuve de « rattrapage ». Elle concerne les candidats qui, à l'issue des épreuves obligatoires (et de l'épreuve facultative) du Bac, ont obtenu une moyenne générale égale ou supérieure à 8 et inférieure à 10 sur 20 et une note au moins égale à 10 sur 20 à l'épreuve de pratique professionnelle.

## Le sujet

Le sujet invite les élèves à présenter oralement une œuvre ou un groupement de textes, les liens qui l'unissent à l'objet d'étude, et dire ce qu'ils en ont retenu dans une réflexion personnelle.
« Après avoir présenté une œuvre/un groupement de textes le plus précisément possible (titre(s) d'œuvre(s), auteur(s), époque(s) de publication, propos de l'œuvre/des textes), vous expliquerez ce qui vous a intéressé dans cette étude dont vous présenterez les principales lignes de force. »

## L'exposé

Le candidat n'apporte aucun document. Il dispose de 15 minutes pour préparer son exposé. Lors de l'exposé, qui dure quelques minutes, le candidat s'exprime de façon autonome.

## L'entretien

L'examinateur engage ensuite un dialogue avec le candidat, soit en poursuivant sur le même sujet, soit en élargissant le champ de la réflexion à l'ensemble du programme de l'année de terminale, pour s'assurer que le candidat dispose des connaissances liées aux objets d'études et qu'il est capable de s'exprimer à l'oral de manière structurée et pertinente.

# L'histoire-géographie-EMC



## LA DISCIPLINE

### Histoire : Le monde au XXe siècle et au début du XXIe siècle

#### 1. Les États-Unis et le monde (1917-1989)

Le sujet d'étude invite les élèves à se confronter à des questions et à des représentations à propos de la puissance américaine.

**Situations :** Les 14 points de Wilson – Le plan Marshall et le début de la guerre froide

#### 2. L'idée d'Europe au XXe siècle

Le sujet d'étude invite les élèves à mesurer, au-delà des enjeux de la construction européenne, l'importance de « l'idée d'Europe », qui lui est bien antérieure.

**Situations :** Le plan Schuman – Kohl – Mitterrand et l'Europe

#### 3. La décolonisation et la construction de nouveaux États : Inde, Algérie

Le sujet d'étude invite les élèves à dépasser l'étude traditionnelle de la décolonisation (chronologie, forme) pour étudier la création de nouvelles nations qui en sont issues (similitudes et différences).

**Situations :** Gandhi et la non-violence – La Toussaint 1954

#### 4. Le monde depuis le tournant des années 1990

Le sujet d'étude invite les élèves à s'intéresser aux années 1990 et notamment à l'effondrement du modèle soviétique et aux crises qui marquent le début de cette nouvelle période : génocides en Afrique et en Europe et terrorisme (11 septembre).

**Situations :** La chute du mur de Berlin – Le 11 septembre 2001

### Géographie : La France dans l'Union européenne

#### 1. La France dans l'UE et dans le monde

Le sujet d'étude invite les élèves à appréhender le territoire français : sa diversité, son ouverture sur l'Union européenne et sur le monde, et à mesurer la puissance économique, géopolitique et culturelle de la France.

**Situations :** Paris, une ville mondiale – L'Outre-mer et la puissance française

#### 2. Acteurs et enjeux de l'aménagement des territoires français

Le sujet d'étude invite les élèves à s'intéresser à l'aménagement des territoires et à décrypter l'organisation des espaces dans lesquels ils vivent.

**Situations :** Le Conservatoire du littoral – Un aménagement dans une communauté de communes

#### 3. Les transformations de l'espace productif et décisionnel

Le sujet d'étude invite les élèves à aborder les transformations récentes de l'espace économique français.

**Situations :** Une métropole – La région de l'établissement

#### 4. L'Union européenne et ses territoires

En relation avec le sujet d'étude d'histoire « L'idée d'Europe au XXe siècle », ce sujet d'étude invite les élèves à une étude géographique des territoires actuels de l'UE dans leur diversité et leurs dynamiques.

**Situations :** Les frontières de l'Union européenne – Un grand projet européen

### Enseignement moral et civique

**1. Pluralisme des croyances et laïcité**

Le thème invite les élèves à envisager la diversité des croyances et pratiques religieuses dans la société française contemporaine.

**2. Biologie, éthique, société et environnement**

Le thème invite les élèves à s'intéresser aux grands débats sur les questions éthiques posées par la biologie et la médecine.

## L'ÉPREUVE ÉCRITE

Elle dure 2 h 00 et comporte trois parties.

### Le sujet d'histoire ou de géographie (9 points)

La première partie porte sur les sujets d'étude, soit d'histoire soit de géographie. Elle propose deux sujets au choix. Chaque sujet est composé d'une ou plusieurs questions et peut comporter un support documentaire.

### La question d'enseignement moral et civique (4 points)

La deuxième partie porte sur le programme d'enseignement moral et civique. Elle est composée d'une question et peut comporter un support documentaire.

### L'analyse de documents (7 points)

La troisième partie porte sur la discipline qui n'est pas l'objet de la première partie. Elle consiste en une analyse de document(s) portant sur les situations d'un des sujets d'étude.

## L'ÉPREUVE ORALE DE CONTRÔLE

C'est une épreuve de « rattrapage ». Elle concerne les candidats qui, à l'issue des épreuves obligatoires (et de l'épreuve facultative) du Bac, ont obtenu une moyenne générale égale ou supérieure à 8 et inférieure à 10 sur 20 et une note au moins égale à 10 sur 20 à l'épreuve de pratique professionnelle.

### Le sujet

Le sujet peut consister en un commentaire simple d'un document fourni par l'examinateur (texte court, image, graphique, carte thématique, etc.) qui porte sur un des sujets d'étude du programme. En l'absence de document, le sujet consiste en une question assez large portant sur un des sujets d'étude du programme.

### L'exposé

Le candidat n'apporte aucun document. Il dispose de 15 minutes pour préparer son exposé. Lors de l'exposé, qui dure quelques minutes, le candidat s'exprime de façon autonome.

### L'entretien

L'examinateur engage ensuite un dialogue avec le candidat, soit en poursuivant sur le même sujet, soit en élargissant le questionnement à d'autres parties du programme de l'année de terminale.

# L'anglais



## LA DISCIPLINE

### Les objectifs de la discipline

En terminale, le niveau visé (fixé par le Cadre européen commun de référence pour les langues) est B1 + en LV1 et B1 en LV2.

### La boîte à outils de la discipline

#### Maîtrisez la syntaxe et ayez du vocabulaire pour vous exprimer

Revoyez les règles de construction d'une phrase (FICHES SAVOIR 1, 2 et 3), les règles essentielles de prononciation (FICHE SAVOIR 4), des mots utiles (FICHE SAVOIR 5).

#### Entraînez-vous à communiquer

Pour présenter un sujet, il faut être clair, avoir un plan facile à mémoriser et un langage adapté et enfin savoir réagir à des questions posées (FICHES SAVOIR 6 et 7). Prenez la parole le plus souvent possible en classe pour vous y entraîner.
De manière générale, lors de toute intervention orale, les règles à respecter sont les mêmes : évitez de baisser la tête, regardez votre interlocuteur dans les yeux, ne parlez pas trop vite, parlez distinctement, et, en anglais, respectez l'accent de mot et l'intonation descendante.

#### Analysez les supports

Pour comprendre un document écrit, vous devez pouvoir comprendre la majorité des mots et savoir déduire le sens de ceux que vous ne connaissez pas. Des listes de vocabulaire thématique vous seront nécessaires. Faites une fiche récapitulative pour chaque thème ou document étudié en classe : tout sera prêt au moment de choisir les thèmes et sujets de la liste pour le CCF (contrôle en cours de formation).
Pour votre présentation, vous devez être méthodique : identifiez le document, repérez les mots-clés, mettez en relation les éléments (titres, images, etc.), identifiez les idées principales (FICHES SAVOIR 8, 9, 10 et 11).

## L'ÉPREUVE

### Le format de l'épreuve et ses objectifs

Durée : **15 mn (oral en CCF)**/épreuve ponctuelle pour les candidats libres. Coefficient : **2**

L'épreuve comporte 3 parties notées sur un total de 30 points. Elle permet de vérifier votre capacité à vous exprimer librement et correctement en anglais, à comprendre des questions à l'oral et mener une discussion en anglais, à comprendre un document écrit.

### Que faire pendant l'épreuve ?

**Partie 1 :** vous proposez à l'examinateur une liste, validée par votre professeur, de 3 sujets de votre choix. Il peut s'agir de réalisations ou projets personnels, d'expériences professionnelles ou personnelles liées à l'anglais, de culture quotidienne, contemporaine ou patrimoniale des pays anglophones. Votre support peut être : une œuvre étrangère (littéraire, picturale, musicale, architecturale, cinématographique, etc.), un objet ou produit (design industriel, tradition culinaire, artisanale, etc.) ou un événement.

L'examinateur choisit un sujet. Vous le présentez en anglais pendant 5 minutes, durant lesquelles vous ne serez pas interrompu(e).

**Partie 2 :** toujours en anglais, pendant 5 minutes, vous répondez aux questions posées par l'examinateur pour préciser certains points ou élargir la réflexion. Vous êtes alors en situation de communication : si vous ne comprenez pas une question, dites-le à votre examinateur qui reformulera sa question. Réfléchissez calmement et formulez vos réponses en veillant à faire des phrases justes et bien prononcées. Les parties 1 et 2 sont notées sur un total de 20.
N.B. : pour les candidats libres, ces deux premières parties ont comme support un document inconnu remis au candidat par l'examinateur.

**Partie 3 :** l'examinateur vous soumet un document écrit, inconnu, en anglais, de 15 lignes (70 signes) maximum : publicité, extrait d'article de presse ou d'œuvre littéraire, courrier professionnel, notice, mode d'emploi, BD... Il peut être illustré par des images. Vous lirez le document (2 minutes maximum) sans prendre de notes, puis l'examinateur vous posera entre 4 et 6 questions en français (vous y répondrez, en français aussi, pendant 5 minutes). L'examinateur pourra vous demander de lire à haute voix tout ou partie du document. Cette partie est notée sur 10.

## Qu'attend de vous le correcteur ?

Le correcteur a une grille d'évaluation officielle qui contient des critères progressifs. Voici les critères qui permettent d'avoir le maximum de points :

**Partie 1** – Expression en continu : avoir un discours nuancé et informé, en relation avec le sujet, savoir donner son point de vue (max. 6 pts).

**Partie 2** – Conversation : répondre et réagir vite, pouvoir reformuler une phrase, avancer des arguments (max. 6 pts).

**Parties 1 et 2** – Correction de la langue : être compréhensible, avoir une syntaxe correcte, un lexique approprié, une prononciation claire et une intonation naturelle (max. 8 pts).

**Partie 3** – Compréhension écrite : comprendre les informations principales, les détails, les liens entre les informations et le point de vue de l'auteur (max. 10 pts).

## Que faire pour se préparer avant l'épreuve ?

### Revoyez régulièrement les points de grammaire essentiels et apprenez le lexique

Différenciez bien les temps des verbes. Apprenez le lexique par thème, et avant l'épreuve, travaillez par deux, l'un interroge, l'autre répond puis inversement : la mémorisation est double, visuelle et auditive.

### Entraînez-vous à présenter vos sujets à haute voix

Préparez des fiches sur chacun des sujets de votre liste : retenez par cœur le plan que vous avez préparé et là aussi, entraînez-vous à plusieurs. Chronométrez-vous : vous devez parler pendant 5 minutes le jour de l'épreuve.

### Envisagez des sujets de discussions complémentaires

Pour chaque sujet de votre liste, prévoyez des sujets complémentaires qui pourraient faire l'objet de questions le jour de l'examen. Apprenez une liste de mots de liaison et d'expressions « bouche-trous » qui permettent de meubler en réfléchissant. Entraînez-vous à les utiliser tout au long de l'année.

### Entraînez-vous à comprendre des document écrits

Dès le début de l'année, appliquez la même technique pour chaque nouveau document. Vous ne serez pas dérouté le jour de l'examen.

# L'économie-droit



## LA DISCIPLINE

### Les objectifs de la discipline

La discipline d'économie-droit a pour objectif principal de vous donner les clés de compréhension de l'organisation économique et juridique de la société d'aujourd'hui. La discipline s'appuie sur l'étude des contextes dans lesquels s'exerce votre activité professionnelle.

### La boîte à outils de la discipline

#### Analysez un document

Il faut que vous appreniez à repérer rapidement les caractéristiques d'un document (titre, source, date, type de document…) et à en dégager les idées principales ou chiffres-clés. Entraînez-vous régulièrement à remplir une grille d'analyse type, et ce pour différents types de documents. Pour vous aider, vous disposez dans cet ouvrage d'exercices de type bac ainsi que de corrigés complets.

#### Maîtrisez le vocabulaire

La maîtrise du vocabulaire est importante car, le jour de l'épreuve, on peut vous demander de définir ou d'expliquer des concepts. Pour vous aider, vous disposez d'un repérage des mots-clés dans chaque fiche Savoir (surlignage jaune) ainsi que de la liste de ces mots en fin de fiche. Soyez précis dans les termes que vous utilisez.

#### Rédigez une étude et proposez une réponse argumentée

Vous devez apprendre à proposer une étude argumentée et structurée répondant à la question de la deuxième partie de l'épreuve. Le plan vous sera fourni, mais ce sera à vous d'organiser vos idées à l'intérieur de chaque partie, d'expliquer clairement les notions ou d'exposer les différents points de vue, de trouver les exemples pertinents et de vous appuyer sur vos expériences personnelles et professionnelles. Pour vous aider, vous disposez dans chaque exercice d'un entraînement à la rédaction de l'étude ainsi que d'une proposition de corrigé.

## L'ÉPREUVE ÉCRITE

### Le format de l'épreuve et ses objectifs

Durée : **2 h 30** – Coefficient : **1**

Le sujet se compose de deux parties :
– l'analyse d'un dossier documentaire portant sur un thème particulier du programme (de seconde, de première ou de terminale) avec un questionnement ;
– la rédaction d'une étude liée au thème développé dans la première partie.
Les objectifs de l'épreuve sont d'évaluer votre capacité à analyser le dossier documentaire, à argumenter en répondant aux questions posées et à rédiger votre étude en synthétisant les idées et en répondant à la problématique.

### Que faire pour se préparer avant l'épreuve ?

#### Apprenez vos cours

Vous devez apprendre vos cours pour maîtriser le vocabulaire indispensable à la bonne compréhension du dossier documentaire et pour être capable de répondre de façon précise aux questions.

### Entraînez-vous à l'étude

Pour préparer cette épreuve, il est indispensable d'avoir réalisé plusieurs études sur l'ensemble de votre parcours au lycée. Cet entraînement vous aidera à acquérir les bonnes méthodes et les bons réflexes pour structurer et rédiger correctement vos développements.

## Que faire pendant l'épreuve ?

### Lisez le sujet

La lecture du sujet ne doit pas dépasser 30 minutes. Le sujet porte sur une thématique donnée : il est constitué d'un dossier documentaire et d'un questionnement. Le dossier se compose de plusieurs documents variés (textes, statistiques, infographies, photos...) présentant des dimensions économiques et juridiques de la thématique à traiter.

### Exploitez le dossier documentaire

Dans la première partie, vous devrez répondre à des consignes précises, en exploitant le dossier documentaire fourni. Dans un premier temps, vous devez analyser chaque document du dossier en remplissant une grille d'analyse qui détaille le titre du document, sa date, la source, le type de document (article de presse, extrait d'un site Internet, photo, dessin, infographie, extrait d'un site d'entreprise...) et qui résume ses idées principales.
Dans un second temps, il peut vous être demandé de définir certains termes ou concepts figurant dans les documents.
Enfin, des questions de compréhension sur certains documents peuvent vous être posées. On peut aussi vous proposer deux ou trois autres documents supplémentaires, apportant un autre éclairage sur le thème, et vous demander de choisir celui qui vous semble le plus pertinent pour répondre à la problématique du sujet. C'est alors votre argumentation qui sera évaluée et non le choix même du document.

### Rédigez une étude

Dans une seconde partie, vous devez rédiger une étude répondant à une question donnée. Des axes d'analyse vous seront proposés et constitueront le plan à suivre. Afin d'étayer et de nourrir votre étude, aidez-vous des réponses données dans la première partie. Appuyez-vous également sur les exemples détaillés dans les documents du dossier ainsi que sur vos expériences personnelles.

## Qu'attend de vous le correcteur ?

Le correcteur attend que vous montriez de sérieuses connaissances juridiques et économiques. Vous serez évalué(e) sur votre capacité à analyser le dossier documentaire, à répondre à la question de l'étude, à argumenter et illustrer vos propos de vos expériences et de vos observations du monde socio-économique.
Votre travail doit faire apparaître des connaissances en lien avec l'ensemble du programme de seconde, première et terminale. Le vocabulaire économique et juridique utilisé devra être pertinent et précis. Les connaissances mobilisées dans votre copie seront clairement exprimées et justifiées.
Votre travail aboutira à une production écrite qui devra être soignée, claire et synthétique. Le style et l'orthographe devront être maîtrisés. Enfin, ne négligez pas la forme : votre copie devra être bien présentée, comme s'il s'agissait d'un document professionnel.

# Les mathématiques



## LA BOÎTE À OUTILS DE LA DISCIPLINE

### Le cours

**Le cours doit être su :** il y a des connaissances sans lesquelles on ne peut pas faire les exercices proposés !

**Certaines formules sont à connaître par cœur.** L'antisèche électronique qu'est votre calculatrice ne doit être qu'une roue de secours en cas de trou de mémoire. On utilise correctement une formule que lorsqu'on la connait bien.

### Les exercices

**Vous ne devez pas vous contenter** de relire les exercices corrigés, il faut les refaire pour vous confronter à d'éventuelles lacunes qu'il faudrait combler.

« Parcourir et relire » simplement un exercice, sans le refaire, sans passer par l'écrit ne sert à rien ; il donne l'illusion de « savoir faire ». La feuille et le stylo sont indispensables en mathématiques.

**Affinez votre entraînement** en faisant plusieurs exercices portant sur un même thème.

## OBJECTIFS ET DESCRIPTION DE L'ÉPREUVE

### Quelle épreuve pour qui ?

Les mathématiques sont évaluées **par contrôle en cours de formation (CCF)** pour :
– les candidats sous statut scolaire dans un établissement public local d'enseignement ou dans un établissement privé sous contrat ;
– les apprentis des centres de formation en apprentissage ou des sections d'apprentissage habilitées ;
– les candidats de la formation professionnelle continue dans un établissement public.
Pour les autres candidats, l'évaluation a lieu sous **forme ponctuelle**.

### L'évaluation sous forme de contrôle en cours de formation (CCF)

Le contrôle en cours de formation comporte deux séquences, chacune notée sur 10, et d'une durée de 45 minutes environ.

**La première séquence** est organisée avant la fin du premier trimestre de la Terminale professionnelle et la deuxième avant la fin de l'année scolaire.

**Chaque séquence** comporte un ou deux exercices avec des questions de difficulté progressive.

**L'un des exercices** de chaque séquence comporte une ou deux questions dont la résolution nécessite l'utilisation de logiciels ou de calculatrice par les candidats. La présentation de la résolution de cette (ou ces) question(s) se fait en présence de l'examinateur. Ce type de questions permet d'évaluer les capacités à expérimenter, à simuler, à émettre des hypothèses ou à contrôler leur vraisemblance. Le candidat porte ensuite par écrit sur une fiche à compléter les résultats obtenus, des observations ou des commentaires.

## L'évaluation sous forme ponctuelle

Cette épreuve d'une durée d'1 heure est notée sur 20 points.

**Le sujet se compose** de deux ou trois exercices avec des questions de difficultés progressives recouvrant une part aussi large que possible des capacités mentionnées dans le programme de Terminale professionnelle.

**L'un des exercices** comporte des questions dont la résolution nécessite l'utilisation de logiciels ou de la calculatrice.
Cet exercice est noté sur 10 points.
Il permet d'apprécier l'aptitude du candidat à mobiliser les capacités et connaissances du programme pour traiter un problème dont la résolution nécessite l'utilisation de logiciels ou de la calculatrice, et d'évaluer les capacités à expérimenter, à simuler, à émettre des hypothèses ou à contrôler leur vraisemblance.
La présentation de la résolution de cette question se fait en présence de l'examinateur.

## Les critères dévaluation

**Il s'agit d'évaluer les aptitudes à mobiliser les connaissances et compétences** pour résoudre des problèmes, en particulier :
- rechercher, extraire et organiser l'information ;
- choisir et exécuter une méthode de résolution ;
- raisonner, argumenter, critiquer et valider un résultat ;
- présenter, communiquer un résultat.

**Lorsque la situation s'appuie sur d'autres disciplines**, aucune connaissance relative à ces disciplines n'est exigible des candidats et toutes les indications utiles sont fournies dans l'énoncé.

## La calculatrice et les formulaires

**Si l'emploi de la calculatrice** est autorisé, ceci est précisé en tête du sujet. Utilisez durant l'année la calculatrice que vous aurez le jour du bac. Chaque « marque » et modèle de calculatrice s'utilise différemment ; il faut donc s'être entraîné toute l'année avec sa calculatrice, c'est-à-dire avec celle que l'on utilisera le jour du bac.

**Il n'existe pas de formulaire officiel.** En revanche, certaines formules peuvent se trouver dans le corps du sujet ou en annexe, en fonction de la nature des questions.

# Prévention Santé Environnement



## OBJECTIFS DE L'ÉPREUVE DE PSE EN TERMINALE

Ils sont définis dans le Bulletin Officiel n°30 du 23 juillet 2015.
Le programme vise le développement des compétences suivantes :
– conduire une démarche d'analyse de situations, en appliquant la démarche de résolution de problème ;
– analyser une situation professionnelle en appliquant différentes démarches : analyse par le risque, par le travail, par l'accident ;
– mobiliser des connaissances scientifiques, juridiques et économiques ;
– proposer et justifier les mesures de prévention adaptées ;
– proposer des actions permettant d'intervenir efficacement face à une situation d'urgence.

## DESCRIPTION DE L'ÉPREUVE

L'épreuve de PSE en Bac Professionnel est une épreuve écrite ponctuelle qui se déroule à la fin de la Terminale, elle est d'une durée de deux heures. Elle comporte deux parties.

### Première partie : notée sur 10 points

Les questions s'appuient sur des situations de la vie quotidienne et permettent d'évaluer les contenus d'au moins deux modules parmi les modules 1 à 7 : *Santé et équilibre de vie ; Alimentation et santé ; Prévention des comportements à risques et conduites addictives ; Sexualité et prévention ; Environnement économique et protection du consommateur ; Gestion des ressources naturelles et développement durable ; Prévention des risques.*

### Deuxième partie : notée sur 10 points

Les questions permettent d'évaluer les contenus des modules 8 à 12.

**Première sous-partie :** notée sur **4 points**

Questions sur le module 8, *Prévention des risques dans le secteur professionnel* :

- **Mise en œuvre** de la **démarche d'approche par le risque** en s'appuyant sur des documents ressources permettant de proposer une démarche de prévention.
- **Une question** demandant d'expliquer la **conduite à tenir face à une situation d'urgence**.

**Deuxième sous-partie :** notée sur **6 points**

Questions sur les modules 9 à 12 : *Cadre réglementaire de la prévention dans l'entreprise ; Effets physiopathologiques des risques professionnels et prévention ; Approche par le travail ; Approche par l'accident.*
L'évaluation de cette partie s'appuie sur un dossier ressource qui présente une situation professionnelle, une description des activités de l'entreprise et les documents législatifs et réglementaires nécessaires.
Les contenus du dossier permettent la mise en œuvre de la **démarche d'analyse par le travail**, la mobilisation des connaissances scientifiques et législatives, l'argumentation des solutions proposées.

# CONSEILS POUR SE PRÉPARER À L'ÉPREUVE

| Description | Conseils |
|---|---|
| Première partie de l'épreuve<br>– Une ou plusieurs **situations de la vie quotidienne** présentant une problématique : article de presse, illustration, statistiques, etc.<br>– Questions indépendantes ou liées.<br>Évaluation sur : la maîtrise de la **méthodologie de résolution de problème** et la connaissance des contenus des modules 1 à 7. | – Revoir l'ensemble des modules 1 à 7.<br>– Lire attentivement la situation et les questions.<br>– S'entraîner au préalable à appliquer la méthodologie de résolution de problème : identifier le problème posé (ex : par une question), identifier les éléments de la situation et les mettre en relation, mobiliser les connaissances et proposer des solutions.<br>– Maîtriser les outils d'analyse : QQOQCP, diagramme causes-effet.<br>– S'aider de la situation et également de vos connaissances. |
| Deuxième partie de l'épreuve<br>*Première sous-partie*<br>– **Situation professionnelle** présentant l'un des risques professionnels concernant le programme de première.<br>– Documents à disposition (ex : grille d'estimation et d'évaluation des risques, etc.)<br>– Une question sur les situations d'urgence.<br>Évaluation sur : la maîtrise de la **démarche d'analyse par les risques**. | – Lire attentivement la situation et les documents.<br>– S'entraîner au préalable à appliquer la démarche d'analyse d'une situation de travail par l'approche par les risques (voir fiches 5 à 10 et fiche 16).<br>– Construire ou/et compléter le PAD, schéma du processus d'apparition d'un dommage (voir fiche 5).<br>– Repérer les mesures de prévention existantes et en proposer, les classer selon les principes généraux de prévention (voir fiche 12).<br>– Proposer et expliquer la conduite à tenir en cas d'accident conformément au référentiel du SST (Sauveteur Secouriste du Travail), voir fiche 11. |
| Deuxième partie de l'épreuve<br>*Deuxième sous-partie*<br>*Dossier comportant :*<br>– une situation professionnelle,<br>– une description des activités de l'entreprise,<br>– des documents législatifs et réglementaires.<br>Évaluation sur :<br>– la maîtrise de la démarche **d'approche par le travail**,<br>– les connaissances législatives,<br>– les connaissances scientifiques,<br>– l'argumentation des solutions proposées. | – Lire attentivement la situation et les autres documents du dossier ressources.<br>– S'entraîner au préalable à appliquer la démarche d'approche par le travail.<br>– Construire et/ou compléter un schéma de compréhension, rédiger une hypothèse (voir fiche 19).<br>– Proposer des solutions et les justifier.<br>– Pour les questions portant sur la réglementation, voir les fiches 12 à 15.<br>– Pour les questions sur les dommages possibles en fonction du risque, voir les fiches 6 à 10 et 16 à 18. |

# L'organisation

LU ☐
SU ☐
REVU ☐

**Le terme « organisation » est généralement employé pour désigner une entreprise, une administration ou une association.**



## 1 L'organisation

### 1.1. Définition

Une organisation est un groupement humain organisé, qui met en œuvre des moyens matériels et financiers pour produire et/ou vendre des biens et/ou des services afin de satisfaire les besoins des consommateurs.

### 1.2. La diversité des organisations

On peut regrouper les organisations en trois catégories :

- les entreprises (publiques ou privées) ;
- les administrations : ensemble des services chargés d'assurer le fonctionnement d'un État, d'une collectivité territoriale ou d'un service public ;
- les associations : convention par laquelle deux ou plusieurs personnes mettent en commun, d'une façon permanente, leurs connaissances ou leur activité dans un but autre que de partager des bénéfices.

### 1.3. Les principaux objectifs de l'entreprise

Une entreprise poursuit deux types d'objectifs :

- économiques : satisfaire les besoins des consommateurs, réaliser un profit ;
- sociaux : fournir des emplois, verser des salaires et contribuer au bien-être du personnel.

### 1.4. Les principales caractéristiques des entreprises : la classification

Les entreprises peuvent être classées selon quatre critères.

#### a. En fonction de la nature de leur activité

| | |
|---|---|
| ACTIVITÉ COMMERCIALE | L'entreprise achète des marchandises et les revend en l'état. |
| ACTIVITÉ INDUSTRIELLE | L'entreprise achète des matières premières, les transforme et vend des produits finis. |
| PRESTATAIRE DE SERVICES | L'entreprise achète des fournitures ou des produits (si besoin) et offre une prestation de service. |

#### b. En fonction de leur secteur économique (déterminé par leur activité principale)

- Secteur primaire : activités agricoles.
- Secteur secondaire : activités industrielles.
- Secteur tertiaire : activités de services.
- Secteur quaternaire : activités liées à l'information et aux télécommunications.

#### c. En fonction de leur taille

On tient compte de l'effectif pour mesurer la taille de l'entreprise : micro-entreprise (moins de 10 salariés), petite et moyenne entreprise (entre 10 et 249 salariés), grande entreprise (250 salariés et plus). Le chiffre d'affaires permet aussi d'évaluer l'importance d'une organisation.

**d. En fonction de leur forme juridique**

- Les entreprises privées appartiennent à des personnes privées.
- Les entreprises ou administrations publiques sont gérées par l'État.
- Les associations sont des organisations à but non lucratif.

### 1.5. L'identification de l'entreprise

Une entreprise est identifiée par :

- son nom, également appelé « dénomination sociale » ou « raison sociale » ;
- ses coordonnées : adresse, téléphone, télécopie, site Internet, adresse e-mail ;
- ses numéros d'identification professionnelle : numéros SIREN et SIRET (attribués par l'INSEE), numéro d'immatriculation au registre du commerce et des sociétés (RCS) et code NAF (qui indique le secteur d'activité de l'entreprise).

## 2 Les acteurs internes

Ce sont les salariés (cadres, agents de maîtrise, employés et ouvriers) qui participent à l'activité de l'entreprise par leur travail et perçoivent un salaire en retour. Le fonctionnement de l'entreprise nécessite une organisation interne, qui est représentée dans un organigramme.

## 3 Les partenaires externes

Pour exercer son activité, l'entreprise est en relation avec divers partenaires (ou interlocuteurs externes). Ceux-ci peuvent être nationaux (situés en France) ou internationaux (situés à l'étranger).
On les classe en fonction du rôle qu'ils jouent avec l'organisation.

| PARTENAIRES | RÔLE |
|---|---|
| Les fournisseurs | L'entreprise leur achète des biens ou des services. |
| Les clients | L'entreprise leur vend ses biens ou ses services. |
| Les administrations publiques : État, régions, départements, communes | Elles fournissent des services publics (justice, route...), aident financièrement l'entreprise (subventions) et réglementent sa vie au moyen de lois. |
| Les banques | Elles gèrent les comptes de l'entreprise, lui accordent des prêts, lui proposent des placements... |
| Les assurances | Elles garantissent l'entreprise contre divers risques (incendie, vol...). |
| Les organismes sociaux | Ils protègent le personnel contre divers risques (maladie...). |

**mots clés**

**Organisation ◆ Biens ◆ Services ◆ Entreprises ◆ Administrations ◆ Associations ◆ Classification ◆ Acteurs internes ◆ Partenaires externes**

*S'entraîner au Bac*
**Exercice 1 : p. 47**

# Les différents types de fournisseurs

LU ☐
SU ☐
REVU ☐

**Un fournisseur est une entreprise qui a une activité commerciale, industrielle ou de prestation de services, et qui offre ses biens ou ses services à des particuliers ou à d'autres entreprises, appelés « clients » (ou « acheteurs »).**



## 1 La typologie des fournisseurs

### 1.1. Le classement des fournisseurs selon leur activité

On distingue :

- les fournisseurs de biens, qui proposent des marchandises, des matières premières, des fournitures, des immobilisations aux entreprises ;
- les fournisseurs de services (ou prestataires de services), qui offrent leurs services aux entreprises en mettant à disposition leur savoir-faire technique et/ou intellectuel. Les fournisseurs de services peuvent être aussi des sous-traitants, c'est-à-dire qu'ils réalisent tout ou partie de certaines prestations pour le compte d'une autre entreprise.

EXEMPLE
Une entreprise de maçonnerie construit une maison individuelle. Si elle n'a pas le savoir-faire pour installer les fenêtres, elle pourra sous-traiter à un menuisier.

### 1.2. Le classement des fournisseurs selon leur mode distribution

| | |
|---|---|
| LES DÉTAILLANTS OU COMMERCES DE DÉTAIL | Ils proposent des produits vendus au détail (à l'unité) et se trouvent généralement au bout de la chaîne de distribution. Ils s'adressent donc aux consommateurs finaux (particuliers ou entreprises). |
| LES GROSSISTES | Ce sont souvent les fournisseurs des commerces de détail. Disposant de gros volumes de stockage, ils cherchent des clients qui commandent de grosses quantités. Ils ne traitent donc pas avec les consommateurs finaux. |
| LES USINES | Ce sont souvent les fournisseurs des grossistes. Elles assurent le traitement des matières premières et/ou la fabrication des produits finis. |
| LES PRODUCTEURS | Ce sont souvent les fournisseurs des usines, voire des grossistes. Ils se trouvent au début de la chaîne de distribution. Ils sont généralement issus des domaines agricoles et industriels. |

## 2 La chaîne de distribution

Une chaîne de distribution est le nombre d'intermédiaires qui existent entre le producteur d'un bien et le consommateur final. Elle est de taille très variable selon les types de commerces.

**mots clés**
**Fournisseurs de biens ◆ Fournisseurs de services ◆ Prestataires de services ◆ Sous-traitants ◆ Chaîne de distribution**

Savoir 3

# La recherche et la sélection des fournisseurs

LU ☐
SU ☐
REVU ☐

**Le service Achats procure aux différents services de l'entreprise les produits dont ils ont besoin. Pour ce faire, il analyse les demandes d'achat, recherche les fournisseurs les plus compétitifs et, enfin, passe les commandes.**

PÔLE 1 – GESTION ADMINISTRATION

## 1 La demande d'achat (ou d'approvisionnement)

Le service Achats est informé des différents besoins (articles à réapprovisionner, produits nouveaux) au moyen d'un document interne établi par le service demandeur : la demande d'achat (ou d'approvisionnement).

Une demande d'achat comporte des informations indispensables :

- un numéro et une date de demande ;
- l'identification du demandeur et son visa ;
- les informations sur les produits à commander ;
- une date de livraison souhaitée ;
- la réponse à la demande avec le visa du responsable du service Achats.

EXEMPLE

| DEMANDE D'ACHAT N° 97 DU 03/02/N | | |
|---|---|---|
| Service demandeur : administratif (Mme Bénard) | Article suivi | |
| | Article nouveau ou non suivi | × |

| DÉSIGNATION DES ARTICLES | QUANTITÉ |
|---|---|
| Chauffeuse en tissu (version 2 places) | 6 |
| Table basse – Plateau 19 mm – Cadre porteur | 3 |
| Présentoir pour documents – Métallique – 8 cases | 1 |
| Observations :<br>Aménagement de la salle de repos | Visa :<br>*Bénard* |

Visa du responsable du service Achats ☒ Accord ☐ Refus

*Berlini*

*Choisir le fournisseur proposant les prix les plus bas et le délai de paiement le plus long.*

*Livraison sous 15 jours si possible.*

## 2 La recherche de fournisseurs

L'entreprise recherche un nouveau fournisseur lorsqu'elle a besoin d'un nouveau produit que son fournisseur habituel ne distribue pas, lorsqu'elle doit faire un achat exceptionnel (une machine, par exemple) ou lorsque son fournisseur habituel ne convient plus.

Pour effectuer cette recherche, l'entreprise peut :

- utiliser les PagesJaunes (annuaire papier ou site www.pagesjaunes.fr) ;
- consulter les catalogues professionnels spécialisés ou les sites spécialisés ;
- rencontrer des professionnels lors de manifestations tels les salons et les foires, par exemple.

## 3 L'appel d'offres

Un appel d'offres est une demande de renseignements envoyée à différents fournisseurs. Ce document invite les fournisseurs à faire des propositions chiffrées (prix et autres conditions de vente) pour un produit précis.
L'appel d'offres peut être émis par courrier, télécopie, courriel et peut s'accompagner d'un document récapitulant la demande de l'entreprise. Généralement, il fait état d'une date limite de réponse afin de disposer de toutes les propositions en temps et en heure.

## 4 La comparaison des offres et le choix du fournisseur

Les fournisseurs intéressés par l'appel d'offres communiquent leur proposition à l'entreprise. Celle-ci dépouille ces offres dans un tableau de comparaison des offres.
Le responsable du service Achats sélectionne ensuite la meilleure offre selon un ou plusieurs critères préalablement définis (prix le plus bas, qualité, rapidité du délai de livraison, conditions de paiement satisfaisantes et garantie).
Réunir l'ensemble des critères est rarement réalisable avec un même fournisseur. Ainsi, le fournisseur offrant le meilleur prix pourra être moins intéressant en termes de conditions de paiement ; de même, celui livrant le plus rapidement n'offrira peut-être pas la qualité de produit attendue. L'entreprise doit alors hiérarchiser ces critères pour établir son choix.

EXEMPLE

**Tableau de comparaison des offres (extrait)**

Appel d'offres n° 426 du 16/02/N

Articles :
- Chauffeuse en tissu (version 2 places) [...]
- Table basse – Plateau 19 mm [...]
- Présentoir pour documents – Métallique [...]

| BASE DE COMPARATIF | FOURNISSEUR A | FOURNISSEUR B | FOURNISSEUR C | FOURNISSEUR D |
|---|---|---|---|---|
| Montant HT | 2 385,50 € | 2 476,00 € | 2 170,00 € | 2 400,00 € |
| Remise | 47,71 € | – | 43,40 € | 96,00 € |
| Frais de port | – | 100,00 € | 130,00 € | – |
| Total HT | 2 337,79 € | 2 576,00 € | 2 256,60 € | 2 304,00 € |
| Délai de livraison | 1 mois | 15 jours | 15 jours | 1 mois |
| Délai de paiement | 45 jours | 20 % à la commande, solde à 45 jours | 45 jours | 30 jours |
| Fournisseur choisi | | | × | |

**mots clés**
Service Achats ◆ Demande d'achat ◆ Fournisseur ◆ Appel d'offres ◆ Tableau de comparaison des offres

*S'entraîner au Bac*
Exercice 2 : pp. 47-48

Savoir 4

LU ☐
SU ☐
REVU ☐

PÔLE 1 – GESTION ADMINISTRATION

# La commande

**L'entreprise commande des marchandises à diverses occasions : pour s'approvisionner (ou se réapprovisionner) et pour s'équiper. Passer commande, c'est donner l'ordre au fournisseur de livrer des produits à certaines conditions.**

## 1 La passation d'une commande par l'acheteur

La commande est établie par l'acheteur.
Différents moyens peuvent être utilisés pour passer une commande. Le plus souvent, l'entreprise adresse à son fournisseur un bon de commande ou un bulletin de commande. Lorsqu'elle n'a pas créé de bon de commande ou qu'elle n'a pas reçu de bulletin de commande de la part de son fournisseur, elle peut passer commande par fax, courriel ou téléphone (dans ce cas, une confirmation écrite est conseillée).
Il n'y a pas de mentions obligatoires à faire figurer sur les documents de commande. Cependant, on y retrouve habituellement :
- les coordonnées du vendeur et celles de l'acheteur;
- les désignations et quantités des produits commandés, et, éventuellement, leurs prix unitaires;
- des précisions sur les conditions de vente.

## 2 La réception de la commande par le vendeur

Lorsque le fournisseur reçoit la commande d'un client, il procède, dans un premier temps, à certaines vérifications, notamment si les produits commandés sont bien référencés et au bon prix. Par ailleurs, la consultation du stock permet de vérifier si les quantités commandées sont disponibles.
Si la commande peut être livrée aux conditions fixées, le fournisseur en accuse réception auprès du client et procède à son enregistrement. La commande devient alors un contrat de vente.
Si elle ne peut pas être livrée, il convient d'en aviser le client.

## 3 Le suivi de la commande par l'acheteur

### 3.1. La vérification

L'entreprise qui a passé commande doit vérifier si les dates de livraison ont été respectées par le fournisseur. En cas de retard, il faut annuler la commande ou relancer le fournisseur, c'est-à-dire lui donner l'ordre de livrer immédiatement.

### 3.2. Le planning de suivi

Le suivi de la commande est facilité par l'utilisation d'un planning. Le planning de suivi des commandes met en évidence, pour chaque commande passée, son numéro, le nom du fournisseur, la date de passation et la date de livraison prévue.

**mots clés** Commande ◆ Bon de commande ◆ Bulletin de commande ◆ Planning

*S'entraîner au Bac*
Exercice 3 : pp. 48-49

# La livraison

LU ☐
SU ☐
REVU ☐

**Livrer, c'est mettre à la disposition de l'acheteur les produits qu'il a commandés au lieu et à la date convenus.**



## 1 L'exécution de la livraison par le fournisseur

Le fournisseur doit, dans un premier temps :
- sortir les produits du stock ;
- établir les bons de sortie ;
- mettre à jour les fiches de stock ;
- établir le bon de livraison/bon de réception.

Un bon de livraison/bon de réception est un document qui récapitule toutes les informations relatives au contenu de la livraison. C'est un imprimé unique, établi en deux exemplaires, dont le seul intitulé change. Le premier exemplaire se nomme « bon de livraison » et il est conservé par le fournisseur. Le second exemplaire se nomme « bon de réception » et il est conservé par le client.
Le fournisseur procède ensuite à la livraison des marchandises.

## 2 La livraison réalisée par un transporteur

Dans le cas où le fournisseur ne dispose pas de ses propres véhicules de livraison, il fait appel à un transporteur.
Le transporteur établit une lettre de voiture qui récapitule toutes les informations relatives aux conditions de la livraison, sans signifier de manière précise son contenu. C'est un imprimé établi en deux exemplaires.

## 3 La réception des marchandises

Lorsqu'il reçoit ses marchandises, le client doit vérifier :
- l'aspect extérieur des colis ;
- le contenu des colis (contrôle des quantités livrées et de la qualité des produits) avec le bon de réception et le double du bon de commande.

## 4 L'acceptation ou le refus de la livraison

Si aucune anomalie n'est constatée lors de la réception des marchandises, le client prend livraison des marchandises : il date et signe le bon de livraison qu'il remet au livreur (ou l'original de la lettre de voiture dans le cas d'une livraison réalisée par un transporteur).
Si une ou plusieurs anomalies sont constatées, le client peut refuser la livraison. Il doit alors formuler des réserves, c'est-à-dire préciser la nature des anomalies sur le bon de livraison (ou la lettre de voiture).

**mots clés**
**Livraison ◆ Bon de livraison/bon de réception ◆ Lettre de voiture ◆ Anomalie ◆ Réserves**

*S'entraîner au Bac*
Exercice 4 : p. 49

Savoir
6

# La facture

LU ☐
SU ☐
REVU ☐

PÔLE 1 – GESTION ADMINISTRATION

**Une fois la livraison effectuée et réceptionnée par le client, l'entreprise peut établir la facture.**

## 1 L'établissement de la facture

Une facture est un document obligatoire, établi en deux exemplaires par le fournisseur (le vendeur) et envoyé au client (l'acheteur). Elle permet de constater le montant que le client doit payer au fournisseur.
Pour être conforme, la facture doit comporter les mentions suivantes :
- le nom et l'adresse du fournisseur (vendeur) et du client (acheteur) ;
- la forme juridique et le capital de l'entreprise, le code RCS et le numéro SIREN ;
- la mention « Facture » et/ou « Doit » ;
- le numéro et la date de la facture ;
- la désignation précise de chaque produit ;
- les prix unitaires, les réductions commerciales et financière ;
- le taux de TVA par produit et le montant de la TVA ;
- la date ou le délai de paiement si la facture est adressée à un professionnel.

## 2 Les frais accessoires

Les frais accessoires sont les éléments facturés en plus par le fournisseur au client. Le plus souvent, il s'agit du transport et des emballages.

## 3 Les réductions sur les prix

On distingue deux types de réductions : les réductions commerciales (le rabais, la remise et la ristourne) et la réduction financière (l'escompte) (voir fiche 7).

## 4 La taxe sur la valeur ajoutée

La taxe sur la valeur ajoutée (TVA) est un impôt indirect appliqué à tous les biens et services consommés en France. La TVA sur achats est calculée en appliquant au prix d'achat net hors taxes un taux prévu par la loi. Ce taux varie selon la nature des produits ou des prestations de services.

## 5 Le contrôle des factures reçues

La facture doit être systématiquement vérifiée par l'acheteur : contrôle des références, des quantités et des prix facturés, respect des conditions générales de vente. Pour effectuer ces vérifications, l'acheteur dispose du double du bon de commande, du bon de réception, de la fiche fournisseur et du tarif en vigueur à la date de passation de la commande.
Si le client constate une ou plusieurs erreurs ou anomalies sur la facture, il doit prévenir le fournisseur par téléphone ou par écrit (courrier, télécopie, courriel).

**mots clés**
Facture ◆ Frais accessoires ◆ Réductions ◆ Taxe sur la valeur ajoutée (TVA)

*S'entraîner au Bac*
Exercice 5 : p. 50

Savoir 7

# Les conditions générales de vente (CGV)

LU ☐
SU ☐
REVU ☐

**Les conditions générales de vente (CGV) sont des informations fournies par un fournisseur à son client sur les conditions légales de vente de ses biens ou services.**



## 1 Définition

Les conditions générales de vente comprennent :
- les conditions juridiques de la vente (transfert de propriété) ;
- les conditions de prix ou de tarif ;
- les conditions de réduction ;
- les conditions de livraison ;
- les conditions de règlement.

À ces conditions s'ajoutent toutes les informations relatives au règlement d'éventuels litiges, comme :
- les conditions de retour ;
- les conditions de remboursement ;
- les conditions de pénalités en cas de retard de paiement ;
- les tribunaux compétents en cas d'action juridique.

## 2 Les conditions de prix ou de tarif

Le prix est « unitaire » quand il exprime la valeur d'un produit, « total » quand il exprime la valeur d'un ensemble de produits (on parle de « montant »).
Certains tarifs sont variables : ils peuvent être dégressifs en fonction des quantités achetées ou vendues, c'est-à-dire que plus les quantités augmentent, plus les prix baissent.

EXEMPLE
De 1 à 25 produits, prix unitaire de 15 €.
De 26 à 50 produits, prix unitaire de 13 €.
De 51 à 100 produits, prix unitaire de 11 €.

Des tarifs par lots sont parfois pratiqués quand le fournisseur prend l'initiative de regrouper plusieurs produits : on parle de « conditionnement ».

EXEMPLE
Un stylo est vendu 2,50 € l'unité. Il est vendu en lots de 10 stylos à 22,50 € le lot.

## 3 Les conditions de réduction

### 3.1. Les réductions commerciales

| | |
|---|---|
| LA REMISE | Elle est accordée en fonction du volume de la commande, des bonnes relations avec le client ou lors de promotions. |
| LE RABAIS | Il résulte, le plus souvent, de la mauvaise qualité des produits ou de leur non-conformité à la commande. |
| LA RISTOURNE | Elle est calculée sur l'ensemble des opérations faites avec le client pour une période déterminée. |

EXEMPLE
Une entreprise accorde à un client fidèle une remise de 5 % sur la vente de deux cuisines (prix unitaire : 1 300 €).
Le total brut HT s'élève à 2 600 €.
Le montant de la remise est de : 2 600 × 5 % = 130 €.

### 3.2. La réduction financière

L'escompte est une réduction liée aux conditions de paiement. Il est accordé au client qui anticipe le règlement de sa facture, c'est-à-dire qui paie la facture avant la date d'échéance (paiement au comptant).

EXEMPLE (suite)
Le client dispose d'un délai de règlement de 60 jours pour payer ses factures (conditions de règlement).
Il bénéficie d'un escompte de 2 % en cas de paiement au comptant.
Le montant du net commercial s'élève à : 2 600 – 130 = 2 470 €.
Le montant de l'escompte est de : 2 470 × 2 % = 49,40 €.

## 4 Les conditions de livraison

Les conditions de livraison concernent le délai et le mode de livraison, le paiement des frais de transport et d'emballage, le moment du transfert de propriété.

## 5 Les conditions de règlement

### 5.1. Les délais de règlement

Les délais de règlement sont fixés par le vendeur mais l'acheteur peut les négocier. On distingue :

- le règlement au comptant quand le client règle le vendeur dès la remise de la facture ou à la réception des produits. Il pourra utiliser tous les moyens de paiement acceptés par le vendeur ;
- le règlement à crédit quand le client règle le fournisseur plus tard, en une ou plusieurs fois. On parle alors de « paiement à échéance », l'échéance étant la ou les dates auxquelles le client doit s'acquitter de sa dette.

### 5.2. Le fractionnement du règlement

Au-delà de l'échéance, le paiement peut être fractionné, c'est-à-dire que le client peut régler son achat en plusieurs fois.

**mots clés** Conditions générales de vente (CGV) ◆ Prix ◆ Tarif ◆ Réduction ◆ Conditions de livraison ◆ Réglement

*S'entraîner au Bac*
Exercice 6 : pp. 50-51

Savoir 8

# La gestion des stocks

LU ☐
SU ☐
REVU ☐

**Le stock d'une entreprise est la marchandise (les matières premières et les biens) dont elle dispose et qui lui permet de livrer les commandes à ses clients.**



## 1 Les entrées en stock

Un article entre en stock dans trois cas : lorsqu'il est produit par l'entreprise, lorsqu'il est acheté au fournisseur, lorsqu'il est retourné par le client. L'entrée est enregistrée à partir du bon d'entrée, du bon de réception ou de la facture.

EXEMPLE

**Bon d'entrée n° 86**

**Date d'entrée :** 15/12/N

| RÉFÉRENCE | DÉSIGNATION | UNITÉ | QUANTITÉ |
|---|---|---|---|
| SL1 | Peinture satinée lavande | Litre | 18 |
| Le magasinier : F. Majendie | | | |

## 2 Les sorties du stock

Un article sort du stock dans les cas suivants : lorsqu'il est vendu au client, lorsqu'il est utilisé par l'entreprise pour produire, lorsqu'il est retourné au fournisseur. La sortie est enregistrée à partir du bon de sortie, du bon de livraison ou de la facture.

EXEMPLE

**Bon de sortie n° 64**

**Date de sortie :** 20/12/N

| RÉFÉRENCE | DÉSIGNATION | UNITÉ | QUANTITÉ |
|---|---|---|---|
| SL1 | Peinture satinée lavande | Litre | 4 |
| Le magasinier : F. Majendie | | | |

## 3 La fiche de stock

La fiche de stock décrit, pour un article donné, les mouvements de stock (entrées et sorties) ainsi que l'état du stock (quantités restantes).

EXEMPLE Fiche de stock

**Article :** Peinture satinée lavande — **Unité de stockage :** le litre — **Stock d'alerte :** 12
**Référence interne :** SL1 — **Référence fournisseur :** PS34 — **Stock maximum :** 34

| DATES | LIBELLÉS | ENTRÉES | SORTIES | STOCK |
|---|---|---|---|---|
| 10/12/N | Stock | | | 12 |
| 15/12/N | Bon d'entrée n° 86 | 18 | | 30 |
| 20/12/N | Bon de sortie n° 64 | | 4 | 26 |
| 22/12/N | Bon de sortie n° 69 | | 11 | 15 |

# 4 La valorisation du stock

Trois méthodes sont utilisées.

## 4.1. La méthode du « premier entré – premier sorti » (PEPS) ou « *First In – First Out* » (FIFO)

Elle est surtout utilisée pour des produits périssables (ex. : produits alimentaires). Le stock est évalué en fonction de l'ordre des entrées en stock (les articles les plus anciens doivent sortir en premier).

EXEMPLE

Dans un stock, il existe deux lots d'articles :
- un premier lot de 10 articles au prix de 130 € l'un ;
- un second lot de 25 articles au prix de 131,50 € l'un.

Une sortie de 16 articles est nécessaire : on prend donc 10 articles du premier lot (lot le plus ancien), évalués à 130 €, et 6 articles du second lot, évalués à 131,50 €.

## 4.2. La méthode du coût unitaire moyen pondéré (CUMP) après chaque entrée

Surtout utilisée pour des produits non périssables, elle consiste à recalculer le prix unitaire moyen des articles en stock après chaque entrée. La formule de calcul de ce coût est la suivante :

$$\text{CUMP} = \frac{\text{Montant des articles en stock} + \text{Montant de l'entrée}}{\text{Quantité des articles en stock} + \text{Quantités entrées}}$$

Lorsque des articles sortent du stock, ils sont évalués au dernier CUMP connu, c'est-à-dire au dernier prix unitaire du stock qui a été calculé.

## 4.3. La méthode du CUMP calculé en fin de période

Utilisée pour évaluer des produits non périssables, elle consiste à évaluer le prix unitaire moyen des articles en stock à la fin d'une période.
La formule de calcul de ce coût est la suivante :

$$\text{CUMP} = \frac{\text{Montant des articles en stock au début de la période} + \text{Montant total des entrées de la période}}{\text{Quantité des articles en stock au début de la période} + \text{Total des quantités entrées pendant la période}}$$

Lorsque des articles sortent du stock, ils sont valorisés au CUMP calculé à la fin de la période considérée.

**mots clés** : **Stock** ◆ **Entrées en stock** ◆ **Sorties du stock** ◆ **Fiche de stock** ◆ **Valorisation du stock** ◆ **Coût unitaire moyen pondéré**

*S'entraîner au Bac*
**Exercice 7 : p. 51**

Savoir

9

# Les règlements et les litiges

LU ☐
SU ☐
REVU ☐

**La facture déclenche le règlement. Lorsqu'il y a contestation au sujet d'un règlement, il est prudent de traiter la réclamation par écrit pour prouver éventuellement sa bonne foi.**



## 1 Les règlements fournisseurs et le traitement des litiges

- Avant de régler le fournisseur, le client effectue le contrôle de la facture par rapport au double du bon de commande, au bon de livraison et à la fiche fournisseur.
  Si la facture est conforme, le client procède à son règlement : il adresse au fournisseur le chèque et la lettre d'accompagnement.
  Si le client décèle une anomalie (erreur de prix, oubli d'une remise...), il en fait part au fournisseur par téléphone ou, le plus souvent, il lui adresse une lettre de réclamation lui demandant de faire le nécessaire pour rectifier cette erreur.
- Dans certaines circonstances (difficultés de trésorerie, par exemple), le client n'est pas en mesure de régler la facture au fournisseur dans les délais. Il lui adresse donc un courrier afin d'obtenir un report d'échéance.

## 2 Les règlements clients et le suivi des litiges

- Le fournisseur joint parfois une lettre courtoise à la facture ou au relevé de factures qu'il adresse au client afin de lui rappeler les délais de paiement à respecter.
- Un chèque de paiement d'un montant erroné émanant d'un client peut également faire l'objet d'un courrier de la part du fournisseur.
- Le fournisseur peut recevoir des réclamations de ses clients, relatives à des problèmes de facturation. Si la réclamation est fondée, il formule des excuses dans sa lettre de réponse. Si elle n'est pas fondée, il précise de nouveau les conditions de vente dans son courrier.
- En cas de non-paiement d'une facture à échéance par le client, l'entreprise engage une procédure de recouvrement d'impayés. Il convient d'observer un certain ordre de rappel, à savoir :

① relance téléphonique ou par courrier électronique ;
② relance par lettre simple ;
③ relance par lettre recommandée ;
④ mise en demeure ;
⑤ injonction de payer.

**mots clés**

**Réglement ◆ Litiges ◆ Report d'échéance ◆ Procédure de recouvrement d'impayés ◆ Rappel ◆ Relance**

*S'entraîner au Bac*
**Exercice 8 : p. 52**

Savoir

10

# La déclaration de TVA : le régime du réel normal

LU ☐
SU ☐
REVU ☐



**Les ventes et les prestations de services sont soumises à la taxe sur la valeur ajoutée (TVA). Cette taxe est perçue par le professionnel qui réalise des opérations et qui doit la reverser au service des impôts. Pour les opérations imposables, elle est calculée sur le prix hors taxes selon des taux différents.**

## 1 Le régime du réel normal

Le régime du réel normal concerne les entreprises dont le CA HT est supérieur à :
- 238 000 € pour les entreprises prestataires de services ;
- 789 000 € pour les entreprises commerciales ou industrielles.

Ces entreprises doivent déclarer chaque mois la TVA collectée au cours du mois précédent.
Si la TVA payée chaque année est inférieure à 4 000 €, il est possible d'opter pour une déclaration et un versement trimestriels.

## 2 La déclaration de TVA

La déclaration de TVA (CA3) est un document que l'entreprise remplit chaque mois pour calculer et payer la TVA à l'État. L'entreprise y reporte les données comptables réelles du mois relatives à la TVA.

## 3 Le calcul de la TVA à décaisser ou le crédit de TVA

### 3.1. Le calcul de la TVA à décaisser

La TVA à décaisser au titre d'un mois se détermine de la façon suivante :

  TVA collectée sur les ventes en France
+ TVA due intracommunautaire
– TVA déductible sur biens et services (y compris la TVA déductible sur les acquisitions intracommunautaires)
– TVA déductible sur immobilisations
– Crédit de TVA éventuel du mois précédent

= TVA à décaisser

Si le total de la TVA collectée est inférieur au total de la TVA déductible, le résultat est négatif. On parle alors de « crédit de TVA », c'est-à-dire que c'est l'État qui doit de l'argent à l'entreprise.

### 3.2. L'utilisation du crédit de TVA

L'utilisation du crédit de TVA est laissée à l'appréciation de l'entreprise, qui peut choisir :
- soit l'imputation (ou report) : l'entreprise décide de reporter le crédit de TVA sur la ou les déclarations suivantes. Le crédit est alors déduit du prochain solde de TVA à reverser, et ce jusqu'à épuisement ;
- soit le remboursement : si, pour des besoins de trésorerie, et sous réserve que les conditions soient remplies, l'entreprise choisit de se faire rembourser le crédit de TVA, elle doit déposer une déclaration de demande de remboursement qui démontre ce crédit.

## 4 Exemple

### 4.1. Calcul de la TVA à reverser (cas simple)

Une entreprise a réalisé un chiffre d'affaires HT de 190 000 € (TVA à 20 %) au cours du mois de janvier N. Les charges HT s'élèvent à 135 000 €. Une immobilisation a été acquise courant N pour 25 000 € HT.

- TVA collectée N :
  190 000 × 20 % = 38 000 €
- TVA déductible N :
  (135 000 + 25 000) × 20 % = 32 000 €
- TVA à reverser à l'État : 38 000 – 32 000 = 6 000 €

### 4.2. Présentation de la déclaration de TVA (extrait)

| B DÉCOMPTE DE LA TVA À PAYER | | | | |
|---|---|---|---|---|
| | TVA BRUTE | | Base hors taxe | Taxe due |
| | **Opérations réalisées en France métropolitaine** | | | |
| 08 | Taux normal 20 % | 0207 | 190 000 | 38 000 |
| 09 | Taux réduit 5,5 % | 0105 | | |
| 9B | Taux réduit 10 % | 0151 | | |
| | **Opérations réalisées dans les DOM** | | | |
| 10 | Taux normal 8,5 % | 0201 | | |
| 11 | Taux réduit 2,1 % | 0100 | | |
| 12 | | | | |
| | **Opérations imposables à un autre taux (France métropolitaine ou DOM)** | | | |
| 13 | Ancien taux | 0900 | | |
| 14 | Opérations imposables à un taux particulier (décompte effectué sur annexe 3310 A) | 0950 | | |
| 15 | TVA antérieurement déduite à reverser | | 0600 | |
| 5B | Sommes à ajouter, y compris acompte congés (exprimées en euro) | | 0602 | |
| 16 | Total de la TVA brute due (lignes 08 à 5B) | | | 38 000 |

| | TVA DÉDUCTIBLE | | |
|---|---|---|---|
| 19 | Biens constituant des immobilisations | 0703 | 5 000 |
| 20 | Autres biens et services | 0702 | 27 000 |
| 21 | Autre TVA à déduire<br>(dont régularisation sur de la TVA collectée [cf. notice] ) | 0059 | |
| 22 | Report du crédit apparaissant ligne 27 de la précédente déclaration | 8001 | |
| 2C | Sommes à imputer, y compris acompte congés (exprimées en euro) | 0603 | |
| 23 | **Total TVA déductible (lignes 19 à 2C)** | | 32 000 |

| | CRÉDIT | | | | TAXE À PAYER | | |
|---|---|---|---|---|---|---|---|
| 25 | Crédit de TVA (ligne 23 – ligne 16) | 0705 | | 28 | TVA nette due (ligne 16 – ligne 23) | | 6 000 |
| 26 | Remboursement de crédit demandé sur formulaire n° 3519 joint | 8002 | | 29 | Taxes assimilées calculées sur annexe n° 3310 A | 9979 | |
| AA | Crédit de TVA transféré à la société tête de groupe sur la déclaration récapitulative 3310-CA3G | 8005 | | AB | Total à payer acquitté par la société tête de groupe sur la déclaration récapitulative 3310-CA3G **(lignes 28 + 29)** | 9991 | |
| 27 | Crédit à reporter (ligne 25 – ligne 26 – ligne AA)<br>*(Cette somme est à reporter ligne 22 de la prochaine déclaration)* | 8003 | | 32 | **Total à payer (lignes 28 + 29 – AB)**<br>*(N'oubliez pas de joindre le règlement correspondant)* | | 6 000 |

**Attention ! Une situation de TVA créditrice (ligne 25 servie) ne dispense pas du paiement des taxes assimilées déclarées ligne 29.**

**mots clés** Taxe sur la valeur ajoutée (TVA) ◆ Régime du réel normal ◆ Déclaration de TVA ◆ CA3 ◆ TVA à décaisser ◆ TVA collectée ◆ TVA déductible ◆ Crédit de TVA

*S'entraîner au Bac*
**Exercice 9 : p. 52**

# Le traitement des formalités administratives

LU ☐
SU ☐
REVU ☐



**Au cours de son existence, l'entreprise effectue de nombreux échanges avec l'Administration de l'État, les collectivités territoriales, les organismes de Sécurité sociale ou tout autre organisme chargé d'un service public administratif. Ces échanges l'amènent très souvent à accomplir des formalités administratives liées à son activité. Les demandes qu'elle présente à l'Administration peuvent être formulées par courrier (lettre ou courriel) ou en remplissant un imprimé ou un formulaire (mis à disposition par l'Administration).**

## 1 Le courrier administratif

### 1.1. La structure du courrier administratif

La structure générale d'un courrier administratif (une lettre, par exemple) est identique à celle d'un courrier commercial.

La correspondance administrative traditionnelle (lettre papier) utilise des formulations spécifiques qui ne sont pas aussi strictes dans la correspondance administrative par courrier électronique ; elles sont nettement simplifiées.

Nom de l'expéditeur
Coordonnées

Nom du destinataire
Coordonnées

Lieu, date

Lettre recommandée avec accusé de réception

Objet de la demande

Formule d'appel

Texte de la lettre

Formule de politesse

Signature

PJ :
Copie à M. (ou Mme) X

### 1.2. Les règles à respecter

Le rédacteur d'un courrier administratif doit respecter cinq règles essentielles : la clarté, la concision, l'exactitude, la prudence et la courtoisie.

## 2 L'e-Administration (Administration en ligne)

L'e-Administration désigne l'ensemble des technologies de l'information et de la communication proposées par l'Administration pour permettre aux usagers (particuliers et entreprises) de s'informer, d'être orientés, mais aussi de réaliser des démarches administratives *via* les services en ligne (Internet).

L'Administration en ligne se traduit notamment par un accès aux informations publiques ainsi que des services facilitant les démarches (formulaires en ligne, téléservices, téléprocédures).

Grâce aux technologies de signature électronique, il est possible de sécuriser les échanges de courriers entre l'entreprise et l'Administration.

**mots clés** : **Administration** ◆ **Courrier** ◆ **Formulaire** ◆ **e-Administration**

*S'entraîner au Bac*
**Exercice 10 : p. 52**

## Exercice 1 voir Fiche Savoir 1

## Les caractéristiques de l'entreprise

Vous effectuez votre première journée de formation dans l'entreprise Confort Bike. Le gérant, Medhi Gajean, vous accueille et vous transmet dans un dossier des informations relatives à la société.

• **Consultez le document ci-dessous puis répondez aux questions suivantes.**

**1. Quelle est l'activité de l'entreprise Confort Bike ?**

**2. Quel est le code correspondant à l'activité de l'entreprise ? De quoi est-il est composé ?**

**3. Que signifie le sigle « NAF » ?**

**4. Dans quelles catégories d'activités classez-vous cette entreprise (activités de services, activités commerciales, activités industrielles) ? Précisez votre réponse.**

**5. Que signifie le sigle « RCS » ?**

**6. Quelles informations indiquent que la société Confort Bike est bien déclarée auprès des divers organismes et administrations ?**

**7. Quelle différence faites-vous entre le chiffre d'affaires et le résultat net de l'entreprise ?**

**8. Que signifie la lettre K devant le sigle « € », qui aide à exprimer le chiffre d'affaires et le résultat net ?**

**Document – L'entreprise Confort Bike**

| | |
|---|---|
| ▶ **ÉTABLISSEMENT PRINCIPAL** | |
| Raison sociale | Confort Bike |
| Adresse | 10 boulevard des Armaris<br>83000 TOULON |
| Téléphone | 04 94 22 34 66 |
| Fax | 04 94 67 88 43 |
| ▶ **ACTIVITÉ** | |
| Code NAF | 4540Z |
| Libellé de l'activité | Commerce et réparation de motocycles |
| ▶ **INFORMATIONS JURIDIQUES** | |
| Date de création | 9 août 2016 |
| Forme juridique | Société à responsabilité limitée |
| Capital social | 36 000 € |
| SIRET | 387 223 065 00014 |
| RCS | 387 223 065 – TOULON (83) |
| ▶ **DIRIGEANT** | |
| Fonction | Gérant |
| Nom | Medhi Gajean |
| ▶ **CHIFFRES CLÉS** | |
| Chiffre d'affaires | 2 420 K€ |
| Résultat net | 6 K€ |
| Effectif | 8 |

FAIT ☐ REVU ☐

## Exercice 2 voir Fiche Savoir 3

## L'appel d'offres et la sélection des fournisseurs

Vous travaillez dans l'entreprise Blanc Lin (25 rue du Parc 88000 Épinal), en qualité de gestionnaire administratif(-tive). Le 4 octobre N, M^lle^ Dimitri, responsable du service Achats, vous charge de rechercher un fournisseur proposant les meilleures conditions de vente pour 150 draps, 240 × 310 cm, en coton blanc, brodés d'un monogramme bleu lavande.

**1. À l'aide du modèle figurant dans la fiche Savoir 3, présentez l'appel d'offres n° 49 à adresser au premier fournisseur de la liste (document 1). Une réponse est attendue avant le 12 octobre N.**

**2. Le 15 octobre N, M^lle^ Dimitri vous transmet les réponses à l'appel d'offres (document 2). À l'aide du modèle figurant dans la fiche Savoir 3, présentez le tableau de comparaison des offres et sélectionnez le fournisseur (priorité : le règlement ne devra pas intervenir avant 15 jours).**

**Document 1 – Résultat de la recherche**

**Liste des fournisseurs potentiels**

**La Maison du Linge :** 33 rue de la Paix 59100 Lille
**Draperie Louis :** 25 avenue de Verdun 50200 Coutances
**Tissus du Nord :** Avenue de la République 59310 Orchies
**Tissus Pro :** 12 place Centrale 63100 Clermont-Ferrand

**Document 2**

| TISSUS DU NORD – AVENUE DE LA RÉPUBLIQUE – 59310 ORCHIES<br>Extrait de notre catalogue | | | | | | | |
|---|---|---|---|---|---|---|---|
| DRAP COULEUR COTON QUALITÉ SUPÉRIEURE | | | | DRAP BLANC COTON QUALITÉ SUPÉRIEURE | | | |
| Dimensions | Prix unitaire hors taxes | | | Dimensions | Prix unitaire hors taxes | | |
| | Sans monogramme | Avec monogramme blanc | Avec monogramme couleur | | Sans monogramme | Avec monogramme blanc | Avec monogramme couleur |
| 180 × 290 cm | 12,50 | 12,50 | 13,50 | 180 × 290 cm | 10,50 | 10,50 | 11,50 |
| 240 × 310 cm | 14,20 | 14,50 | 15,50 | 240 × 310 cm | 12,20 | 12,50 | 12,50 |
| 280 × 310 cm | 17,10 | 17,10 | 18,10 | 280 × 310 cm | 15,10 | 15,10 | 15,10 |
| Remise de 5 % pour toute commande supérieure à 500 draps<br>Paiement à 30 jours fin de mois | | | | Livraison sous 8 jours en port dû : 100 € | | | |

**DRAPERIE LOUIS**
25 avenue de Verdun
50200 COUTANCES

ORIGINAL
Reçu le 09/10/N

BLANC LIN
25 rue du Parc
88000 ÉPINAL

Coutances, le 7 octobre N

Objet : V/appel d'offres n° 49

Messieurs,

Nous avons bien reçu votre appel d'offres cité en objet et vous en remercions.

Notre article « Drap blan 240 × 310 cm – coton – qualité supérieure », au prix unitaire de 10 €, saura certainement vous satisfaire (11 € brodé d'un monogramme à votre choix).

Pour une livraison sous 48 heures, le transport est facturé 175 € et l'emballage 60 €. Le paiement est effectué à 30 jours de livraison.

Recevez, Messieurs, l'assurance de nos sentiments dévoués.

Le Gérant,
*Perrin*
L. PERRIN

**TISSUS PRO**
**12 place Centrale**
**63100 CLERMONT-FERRAND**

ORIGINAL
Reçu le 12/10/N

BLANC LIN
25 rue du Parc
88000 ÉPINAL

Clermond-Ferrand, le 10 octobre N

Objet : Promotion automne

Messieurs,

Nous vous proposons, en ce début de saison, des draps blancs en coton 240 × 210 cm, avec monogramme de votre choix (couleur ou blanc), au prix exceptionnel de 12,50 €, franco de port, livrable sous 15 jours.

Une remise de 5 % est accordée pour toute commande supérieure à 100 unités. Le paiement s'effectue sous 8 jours.

Profitez dès à présent de notre promotion qui ne sera applicable que jusqu'au 1er décembre.

Notre collection est consultable sur notre site Internet.

Nous vous prions d'agréer, Messieurs, l'assurance de nos sentiments dévoués.

Le Directeur commercial,
*Dupont*
M. DUPONT

FAIT ☐ REVU ☐

## Exercice 3 voir Fiche Savoir 4

# Le bon de commande

Vous effectuez un stage dans l'entreprise Buro+, en qualité de gestionnaire administratif(-tive). Vous disposez de l'extrait de catalogue des établissements Direct Papier (document 1).

- **Complétez le bon de commande n° 127 (document 2) établi le 16 juin N pour :**
  - **12 000 feuilles de papier blanc qualité courrier, référence 8670 ;**
  - **9 000 feuilles de papier zoné bleu qualité laser, référence 8677.**

**Document 1**

| Direct Papier – 3 avenue Alsace-Lorraine<br>38000 GRENOBLE | | | Catalogue (extrait) |
|---|---|---|---|
| **Papier 90 grammes** | | | |
| DÉSIGNATION | RÉF. | NOMBRE DE FEUILLES PAR PAQUET | PRIX HT DU PAPIER |
| Papier blanc qualité courrier | 8670 | 2 000 | 22,00 € |
| Papier zoné bleu qualité laser | 8677 | 1 500 | 18,00 € |
| • Livraison sous huitaine, franco de port.<br>• Règlement par chèque à 30 jours. | | | |

**Document 2**

| | | | | |
|---|---|---|---|---|
| **BURO+**<br>3 route de Lodève<br>34000 MONTPELLIER<br>COMMANDE N° ______<br>**Veuillez nous adresser, aux conditions suivantes :**<br>Délai de livraison : ______<br>Règlement : ______<br>**les articles ci-dessous :** | | Montpellier, le ______<br>______<br>______<br>______<br>Port : ______ | | |
| **RÉFÉRENCE** | **DÉSIGNATION** | **QUANTITÉ** | **PU HT** | **PRIX TOTAL** |
| | | | | |
| | | | | |
| | | Signature : | | |

**FAIT** ☐ **REVU** ☐

**Exercice 4** voir Fiche Savoir 5

## Les anomalies de livraison

Vous êtes employé(e) dans le magasin Zed, situé à Douai. Ce commerce de vêtements pour enfants fait partie du groupe Zalier. Vous venez de recevoir une livraison de tee-shirts de la nouvelle collection « Printemps-Été ». Votre responsable, M^lle Mauras, vous demande de vérifier la conformité de la livraison effectuée avec la commande et de lui faire part des éventuelles erreurs.

• **Comparez le bordereau d'expédition avec le bulletin de commande (documents 1 et 2). Signalez les éventuelles anomalies en rédigeant un mémo adressé à M^lle Mauras.**

**Document 1**

**ZALIER SA** — ZI du Clos Marquet – BP 88 — 42402 ST-CHAMOND CEDEX
Département des magasins Zed
Tél. : 04 77 31 13 13 – Fax : 04 77 31 31 16 – TÉLEX : 900740

Le 01/06/N — Bordereau d'expédition n° 99521056

---- DESTINATAIRE ---- — ---- CLIENT ----
**MAGASIN ZED** — **B4100336**
207 rue de Paris – 59500 DOUAI (France)
TRANSPORTEUR : **SERNADIS** — NB COLIS : 7 — POIDS : 19,5 kg

| RÉFÉRENCE | DÉSIGNATION | STD* | NB DE COLIS | TOTAL ARTICLES |
|---|---|---|---|---|
| 13 1023 0 | Tee-shirt – Nœud blanc | 20 | 1 | 20 |
| 13 1029 1 | Tee-shirt – Fines rayures blanc/orange | 15 | 2 | 30 |
| 13 1033 1 | Tee-shirt – Marguerite vert | 20 | 1 | 20 |
| 13 1036 1 | Tee-shirt – Avion blanc/rouge | 15 | 1 | 15 |
| 13 1040 1 | Tee-shirt – Voilier blanc/orange/bleu | 15 | 2 | 30 |
| | | **TOTAL** | **7 colis** | **115 articles** |

* STD : nombre d'articles par colis.

**Document 2**

**Bulletin de commande**

**Opération Tee-shirt** — **Client n° B4100336** — **Commande spéciale n° 99521056**

| RÉF. ARTICLE | DÉSIGNATION | COLORIS | LAYETTE | 2-8 ANS | STD* | QUANTITÉ |
|---|---|---|---|---|---|---|
| 13 1023 0 | Tee-shirt – Nœud | Rouge | X | | 20 | 1 |
| 13 1029 1 | Tee-shirt – Fines rayures | Blanc/orange | | X | 15 | 2 |
| 13 1033 1 | Tee-shirt – Marguerite | Vert | | X | 20 | 1 |
| 13 1036 1 | Tee-shirt – Avion | Blanc/rouge | | X | 15 | 2 |
| 13 1037 1 | Tee-shirt – Babar | Blanc/rouge/vert | | X | 15 | 2 |
| 13 1040 1 | Tee-shirt – Voilier | Blanc/rouge/bleu | | X | 15 | 2 |

* STD : nombre d'articles par colis.

**FAIT** ☐ **REVU** ☐

## Exercice 5 voir Fiche Savoir 6

# La facture

Vous travaillez au service administratif de la société Asiland. Votre responsable, Mme Follet, vous transmet la facture n° 562 (document) à adresser au client Soto.

**1. Cette facture comporte-t-elle toutes les mentions obligatoires ?**

**2. Justifiez les calculs suivants sur la facture :**
**– prix unitaire net HT (wok) : 58,50 € ;**
**– montant TVA (1) : 140,40 € ;**
**– base TVA (2) : 466,00 € ;**
**– net à payer : 1 334,03 €.**

**Document**

ASILAND SARL
62 avenue Lafayette
17300 ROCHEFORT
RCS LA ROCHELLE
SIRET : 48972590300012
SARL au capital de 54 900 €
Tél. : 05 46 44 33 06 – Fax : 05 46 44 33 33
TVA intracommunautaire : FR 32 402 583 013

DOIT
SARL SOTO
10 avenue Grande Conche
17200 ROYAN

TVA intracommunautaire : FR 12 321 655 765

FACTURE N° 562 DU 28/04/N

| Date de commande : 11/04/N | | | Date de livraison : 28/04/N | | | Mode d'expédition : par nos soins | |
|---|---|---|---|---|---|---|---|
| **RÉF.** | **DÉSIGNATION** | **CODE TVA** | **QUANTITÉ** | **PRIX UNITAIRE BRUT** | **% REMISE** | **PRIX UNITAIRE NET HT** | **MONTANT HT** |
| K12 | Wok | 1 | 12 | 65,00 | 10 | 58,50 | 702,00 |
| A58 | Riz japonais | 2 | 120 | 3,30 | – | 3,30 | 396,00 |
| B34 | Vinaigre de riz | 2 | 100 | 0,70 | – | 0,70 | 70,00 |
| **TVA (1)** | | | **TVA (2)** | | | **TOTAL HT** | **1 168,00** |
| **Taux** | **Base** | **Montant** | **Taux** | **Base** | **Montant** | **TOTAL TVA** | 166,03 |
| 20 % | 702,00 | 140,40 | 5,5 % | 466,00 | 25,63 | | |
| | | | | | | **NET À PAYER** | **1 334,03** |

**Conditions générales de vente :**
- Franco de port
- Remise de 10 % sur les vêtements

ASILAND – SARL au capital de 54 900 € – NAF : 4729Z

FAIT ☐ REVU ☐

## Exercice 6 voir Fiche Savoir 7

# Les conditions générales de vente

Vous effectuez une formation au service commercial des Établissements Leblanc, fabricant d'articles de sport de plein air. Mme Rollet, votre tutrice, a procédé à la mise à jour du fichier clients.
Vous disposez de la fiche du client Eden Sport (document) et êtes chargé(e) d'analyser les conditions de vente que lui accorde l'entreprise.

**1. Quels sont les éléments pris en compte dans les conditions de vente ?**

**2. Cochez les bonnes réponses.**

**a)** La remise est accordée :
☐ par article. ☐ globalement.

**b)** La remise est :
☐ calculée sur le total HT de la facture.
☐ successive.

**c)** Le transport est effectué par :
☐ le vendeur. ☐ un transporteur.
☐ l'acheteur (enlèvement à l'entrepôt).

**d)** Les frais de port sont à la charge :
☐ de l'acheteur (en port dû).
☐ du vendeur (franco de port).

**e)** Les frais de livraison sont payés :
☐ au départ. ☐ à l'arrivée.

**f)** Les marchandises sont livrées :
☐ à l'adresse du client. ☐ à une autre adresse.

**g)** La livraison est :
☐ immédiate. ☐ différée.

**h)** Le paiement des marchandises est :
☐ comptant (immédiat). ☐ à crédit (différé).
☐ fractionné.

**Document**

| FICHE CLIENT | Enregistrement 54 |
|---|---|
| Raison sociale | Eden Sport |
| Code client | 411011 |
| Activité | Articles de sport |
| Responsable | M. Dulac |
| Adresse de facturation | 13 rue Van Gogh 83130 La Garde |
| Coordonnées | Tél. : 04 94 56 52 25 – Fax : 04 94 56 52 35 |
| Adresse de livraison | 13 rue Van Gogh 83130 La Garde |
| Conditions de tarif (réduction) | Remise de 3 % si commande supérieure ou égale à 1 200 €.<br>Remise supplémentaire de 3 % si commande supérieure ou égale à 3 000 €. |
| Conditions de livraison | Par transporteur en port payé à la charge du client.<br>Marchandises livrées à réception de la commande.<br>Adresse de livraison = Adresse de facturation. |
| Conditions de paiement | Par chèque, 30 % à réception de la facture, le solde à 30 jours de facturation. |

FAIT ☐ REVU ☐

## Exercice 7 voir Fiche Savoir 8

### La valorisation des stocks

Vous êtes employé(e) administratif(-tive) dans la société Midi Info, spécialisée dans la vente de matériel informatique. M. Fajeon, le magasinier, vous transmet les bons concernant l'article référencé C05849.

**1. À l'aide des bons d'entrée et de sortie (document 1), complétez la fiche de stock (document 2) selon la méthode du CUMP après chaque entrée.**

**2. Dans l'hypothèse où le stock du produit serait valorisé selon la méthode du CUMP en fin de période, calculez ce dernier. L'entreprise a enregistré les mouvements de stock suivants :**
- Stock au 01/05 : 9 produits à 99 €
- Entrée (BE n° 53) du 07/05 : 15 produits à 100 €
- Sortie (BS n° 81) du 09/05/N : 14 produits
- Entrée (BE n° 59) du 13/05/N : 20 produits à 103 €
- Sortie (BS n° 90) du 15/05/N : 14 produits
- Sortie (BS n° 94) du 19/05/N : 7 produits
- Entrée (BE n° 73) du 24/05/N : 14 produits à 103,50 €
- Sortie (BS n° 112) du 27/05/N : 5 produits

**3. Présentez la fiche de stock selon la méthode du CUMP en fin de période.**

**Document 1**

**Midi Info**

**Bon d'entrée n° 53**

**Réception du :** 07/05/N

| Référence | Q | PU |
|---|---|---|
| C05849 | 15 | 100,00 |

Magasinier : *Fajeon*

**Midi Info**

**Bon de sortie n° 81**

**Livraison du :** 09/05/N

| Référence | Q |
|---|---|
| C05849 | 14 |

Magasinier : *Fajeon*

**Midi Info**

**Bon d'entrée n° 59**

**Réception du :** 13/05/N

| Référence | Q | PU |
|---|---|---|
| C05849 | 20 | 103,00 |

Magasinier : *Fajeon*

**Document 2**

Article : casque audio — Référence : ______ — Stock d'alerte : 9

| DATE | LIBELLÉS | ENTRÉES | | | SORTIES | | | STOCKS | | |
|---|---|---|---|---|---|---|---|---|---|---|
| | | Q | PU | MONTANT | Q | PU | MONTANT | Q | PU | MONTANT |
| 01/05 | En stock | | | | | | | 9 | 99,00 | 891,00 |
| | | | | | | | | | | |
| | | | | | | | | | | |
| | | | | | | | | | | |

FAIT ☐ REVU ☐

## Exercice 8 voir Fiche Savoir 9

### Les règlements et les litiges

Vous êtes en stage dans la société Ripert. Votre tutrice souhaite vous confier le dossier « Gestion des règlements et des litiges – Clients et fournisseurs ».

Elle vous soumet un petit test afin de contrôler vos connaissances.

• **Précisez l'action à entreprendre pour chacune des situations suivantes.**

**1. Malgré notre appel téléphonique, le client Burel ne nous a pas réglé la facture n° 234 (10 jours de retard).**

**2. Le client Robin nous a envoyé une lettre de réclamation pour une erreur de facturation. Après contrôle, nous constatons que sa demande n'est pas fondée.**

**3. La ristourne mensuelle accordée par le fournisseur Colombo n'apparaît pas sur notre relevé de factures.**

**4. Le client Cortes nous a fait parvenir un chèque de règlement d'un montant erroné (1 224,54 € au lieu de 1 324,54 €).**

**5. Malgré une première lettre de rappel (envoyée il y a 15 jours), la facture du client Milord n'a toujours pas été réglée.**

FAIT ☐ REVU ☐

## Exercice 9 voir Fiche Savoir 10

### La déclaration de TVA

Vous effectuez une formation dans la société Brunel en qualité de gestionnaire administratif(-tive). Au mois d'avril N, la société a réalisé les opérations suivantes HT taxées au taux normal de 20 % :

- Ventes de marchandises en France : 15 000 €
- Livraisons intracommunautaires (exonérées de TVA) : 1 700 €
- Acquisitions intracommunautaires : 1 400 €
- Achats de marchandises : 7 000 €
- Acquisitions d'immobilisations : 2 800 €
- Crédit de TVA à reporter du mois de mars : 155 €

**1. Déterminez le montant de la TVA due au titre du mois d'avril (présentez les calculs).**

**2. Présentez l'extrait de la déclaration de TVA du mois d'avril N (document ci-après).**

**B DÉCOMPTE DE LA TVA À PAYER**

| Ligne | TVA BRUTE | Code | Base hors taxe | Taxe due |
|---|---|---|---|---|
| | **Opérations réalisées en France métropolitaine** | | | |
| 08 | Taux normal 20 % | 0207 | | |
| 09 | Taux réduit 5,5 % | 0105 | | |
| 9B | Taux réduit 10 % | 0151 | | |
| 16 | Total de la TVA brute due (lignes 08 à 5B) | | | |
| 7C | Dont TVA sur importations bénéficiant du dispositif d'autoliquidation | 0046 | | |
| 17 | Dont TVA sur acquisitions intracommunautaires | 0035 | | |
| 18 | Dont TVA sur opérations à destination de Monaco | 0038 | | |
| | **TVA DÉDUCTIBLE** | | | |
| 19 | Biens constituant des immobilisations | 0703 | | |
| 20 | Autres biens et services | 0702 | | |
| 21 | Autre TVA à déduire (dont régularisation sur de la TVA collectée [cf. notice] ) | 0059 | | |
| 22 | Report du crédit apparaissant ligne 27 de la précédente déclaration | 8001 | | |
| 2C | Sommes à imputer, y compris acompte congés (exprimées en euro) | 0603 | | |
| 23 | **Total TVA déductible (lignes 19 à 2C)** | | | |
| 22A | *Indiquer ici le coefficient de taxation forfaitaire applicable pour la période s'il est différent* … % | | | |
| 24 | Dont TVA non perçue récupérable par les assujettis disposant d'un établissement stable dans les DOM (articles 295-1-5° et 295 A du code général des impôts) | 0709 | | |
| | **CRÉDIT** | | | |
| 25 | Crédit de TVA (ligne 23 – ligne 16) | 0705 | | |
| | **TAXE À PAYER** | | | |
| 28 | TVA nette due (ligne 16 – ligne 23) | | | |
| 32 | **Total à payer (lignes 28 + 29 – AB)** *(N'oubliez pas de joindre le règlement correspondant)* | | | |

La ligne 11 ne concerne que les DOM. Les autres opérations relevant du taux de 2,1 % sont déclarées sur l'annexe 3310 A.

FAIT ☐ REVU ☐

## Exercice 10 voir Fiche Savoir 11

### La lettre administrative

Vous occupez le poste de gestionnaire administratif(-tive) dans l'association Solidom (aide aux personnes en difficulté). L'association organisera prochainement une manifestation nécessitant la mise à disposition d'un personnel communal.

• **Poursuivez la rédaction de la lettre (document) en vous aidant du plan que votre tutrice vous communique ci-après.**

Préciser dans la lettre les éléments suivants :

- l'objet du courrier ;
- la formule d'appel ;
- la manifestation : organisation d'un loto dans la salle des fêtes de la commune le samedi 28 février N à 15 h ;
- le besoin de personnel communal pour la mise à disposition et l'installation du mobilier (tables, chaises, etc.) et du matériel ;
- l'intérêt de cette manifestation (entretenir le lien social) ;
- remercier de l'attention portée à notre demande ;
- formule de politesse.

**Document**

Aliet Benard
Association Solidom
18 rue de Loumet – 09100 Escosse

Monsieur le Maire d'Escosse
4 avenue de l'Estrique
09100 Escosse

Escosse, le 3 février N

Objet : ...
P.J. : ...

Monsieur,

...

FAIT ☐ REVU ☐

## Exercice 1

### Les caractéristiques de l'entreprise

**1.** L'activité de l'entreprise est le commerce et la réparation de motocycles.

**2.** Code de l'entreprise : 4540Z. Ce code est composé de 4 chiffres et 1 lettre.

**3.** « NAF » = « nomenclature d'activité française ».

**4.** Il s'agit d'une activité de services (réparation de motocycles) et d'une activité commerciale (vente de motocycles).

**5.** « RCS » = « registre du commerce et des sociétés ».

**6.** La société Confort Bike dispose d'un numéro SIRET (Service informatique pour le répertoire des établissements) et d'un numéro d'immatriculation au RCS de Toulon.

**7.** Le chiffre d'affaires représente l'ensemble des ventes de biens et/ou de services réalisées par une entreprise. Le résultat net est la richesse créée grâce à ces ventes (le bénéfice).

**8.** La lettre K signifie « kilo » et veut dire que le chiffre exprime des milliers d'euros.



## Exercice 2 L'appel d'offres et la sélection des fournisseurs

**1.** Appel d'offres adressé au fournisseur

BLANC LIN
25 rue du Parc
88000 ÉPINAL

Épinal, le 04/10/N

La Maison du Linge
33 rue de la Paix
59100 LILLE

**APPEL D'OFFRES N° 49**

Madame, Monsieur,

Nous vous prions de nous préciser pour le 12/10/N au plus tard vos conditions de vente :

- conditions d'expédition (expédition, port, emballage) : ______
- conditions de paiement : ______
- délais de livraison : ______

pour la fourniture éventuelle des articles suivants :

| Réf. | Désignation | Qté | PU HT | Observations |
|---|---|---|---|---|
| – | Drap 240 × 310 cm coton blanc brodé monogramme bleu lavande | 150 | – | – |

Avec nos remerciements,

M. Dimitri, responsable du service Achats *Dimitri*

**2.** Tableau de comparaison des offres fournisseurs

| **Date :** 15/10/N | **Appel d'offres n° 49 du 04/10/N** | **Article :** drap 240 × 310 cm en coton blanc monogramme bleu lavande | |
|---|---|---|---|
| **Base de comparatif** | **Tissus du Nord** | **Draperie Louis** | **Tissus Pro** |
| Quantité | 150 | 150 | 150 |
| Prix unitaire HT | 12,50 € | 11,00 € | 12,50 € |
| Montant brut HT | 1 875,00 € | 1 650,00 € | 1 875,00 € |
| Réduction (montant remise) | – | – | 93,75 € |
| Montant net HT | 1 875,00 € | 1 650,00 € | 1 781,25 € |
| – Montant transport<br>– Montant emballage | 100,00 €<br>– | 175,00 €<br>60,00 € | –<br>– |
| Total HT | 1 975,00 € | 1 885,00 € | 1 781,25 € |
| Délais de livraison | Sous 8 jours | Sous 48 heures | Sous 15 jours |
| Conditions de paiement | À 30 jours fin de mois | À 30 jours de livraison | Sous 8 jours |
| **Fournisseur choisi** | | × | |
| Motivations du choix : délai de règlement à plus de 15 jours et prix intéressant. | | | |

## Exercice 3

## Le bon de commande

**1.** Établissement du bon de commande

**BURO+**
3 route de Lodève
34000 MONTPELLIER

Montpellier, le 16/06/N

**Direct Papier**
3 avenue Alsace-Lorraine
38000 GRENOBLE

COMMANDE N° 127

**Veuillez nous adresser, aux conditions suivantes :**
Délai de livraison : sous huitaine
Règlement : par chèque à 30 jours
**les articles ci-dessous :**

Port : franco

| RÉFÉRENCE | DÉSIGNATION | QUANTITÉ | PU HT | PRIX TOTAL |
|---|---|---|---|---|
| 8670 | Feuille papier blanc qualité courrier | 6 | 22,00 | 132,00 |
| 8677 | Feuille papier zoné bleu qualité laser | 6 | 18,00 | 108,00 |

Signature : XXX

## Exercice 4

## Les anomalies de livraison

**Mémo**
**Commande n° 99521056**
- Réf. 13 1023 0 – Tee-shirt – Nœud : commandé en rouge, livré en blanc.
- Réf. 13 1036 1 – Tee-shirt – Avion : commandé 2 cartons de 15, livré 1 carton.
- Réf. 13 1037 1 – Tee-shirt – Babar : blanc/rouge/vert non livré.
- Réf. 13 1040 1 – Tee-shirt – Voilier : commandé en blanc/rouge/bleu et livré en blanc/orange/bleu.

## Exercice 5

## La facture

**1.** Non, la date ou le délai de paiement n'est pas mentionné(e) (la facture est destinée à un professionnel).

**2.** PU net HT (wok) : 65,00 – 6,50 (montant de la remise) = 58,50 €
Montant TVA (1) : 702,00 × 20 % = 140,40 €
Base TVA (2) : 396,00 + 70,00 = 466,00 €
Net à payer : 1 168,00 + 166,03 = 1 334,03 €

## Exercice 6

## Les conditions générales de vente

**1.** Les conditions de vente prennent en compte les éléments suivants :
- les conditions de tarif : remise de 3 % si la commande est supérieure ou égale à 1 200 €, remise de 3 % supplémentaire si la commande est supérieure ou égale à 3 000 € ;
- les conditions de livraison : par transporteur en port payé à la charge du client ; livraison à réception de la commande ;
- les conditions de paiement : par chèque, 30 % à réception de la facture, le solde à 30 jours.

**2. a)** La remise est accordée globalement.

**b)** La remise est calculée sur le total HT de la facture.

**c)** Le transport est effectué par un transporteur.

**d)** Les frais de port sont à la charge de l'acheteur (en port dû).

**e)** Les frais de livraison sont payés à l'arrivée.

**f)** Les marchandises sont livrées à l'adresse du client.

**g)** La livraison est immédiate.

**h)** Le paiement des marchandises est fractionné.

## Exercice 7 La valorisation des stocks

**1.**

| Article : casque audio | | | | | Référence : C05849 | | | | | Stock d'alerte : 9 |
|---|---|---|---|---|---|---|---|---|---|---|
| DATE | LIBELLÉS | ENTRÉES | | | SORTIES | | | STOCKS | | |
| | | Q | PU | MONTANT | Q | PU | MONTANT | Q | PU | MONTANT |
| 01/05 | En stock | | | | | | | 9 | 99,00 | 891,00 |
| 07/05 | BE n° 53 | 15 | 100,00 | 1 500,00 | | | | 24 | 99,63 | 2391,00 |
| 09/05 | BS n° 81 | | | | 14 | 99,63 | 1 394,82 | 10 | 99,63 | 966,18 |
| 13/05 | BE n° 59 | 20 | 103,00 | 2 060,00 | | | | 30 | 100,87 | 3026,18 |

**2.**

| | QUANTITÉ | PU | MONTANT |
|---|---|---|---|
| Stock | 9 | 99,00 | 891,00 |
| Entrée du 07/05 | 15 | 100,00 | 1 500,00 |
| Entrée du 13/05 | 20 | 103,00 | 2 060,00 |
| Entrée du 24/05 | 14 | 103,50 | 1 449,00 |
| **Total** | **58** | **CUMP en fin de période 5 900,00/58 = 101,72** | **5 900,00** |

**3.**

| Article : casque audio | | | | | Référence : C05849 | | | | | Stock d'alerte : 9 |
|---|---|---|---|---|---|---|---|---|---|---|
| DATE | LIBELLÉS | ENTRÉES | | | SORTIES | | | STOCKS | | |
| | | Q | PU | MONTANT | Q | PU | MONTANT | Q | PU | MONTANT |
| 01/05 | En stock | | | | | | | 9 | 99,00 | 891,00 |
| 07/05 | BE n° 53 | 15 | 100,00 | 1 500,00 | | | | 24 | | |
| 09/05 | BS n° 81 | | | | 14 | 101,72 | 1 424,08 | 10 | | |
| 13/05 | BE n° 59 | 20 | 103,00 | 2 060,00 | | | | 30 | | |
| 15/05 | BS n° 90 | | | | 14 | 101,72 | 1 424,08 | 16 | | |
| 19/05 | BS n° 94 | | | | 7 | 101,72 | 712,04 | 9 | | |
| 24/05 | BE n° 73 | 14 | 103,50 | 1 449,00 | | | | 23 | | |
| 27/05 | BS n° 112 | | | | 5 | 101,72 | 508,60 | 18 | 101,72 | 1 830,96 |

## Exercice 8

### Les règlements et les litiges

**1.** Envoyer au client Burel une première lettre de relance.

**2.** Préciser à nouveau les conditions de vente dans la lettre de réponse adressée au client Robin.

**3.** Informer le fournisseur Colombo par téléphone ou par courrier (lettre de réclamation). Demander un nouveau relevé ou un avoir correspondant au montant de la ristourne.

**4.** Renvoyer le chèque au client Cortes et lui demander de nous faire parvenir un nouveau chèque.

**5.** Envoyer au client Milord une lettre de deuxième relance (second rappel).

## Exercice 9

### La déclaration de TVA

**1.**

| Éléments | Calculs | Sommes |
|---|---|---|
| TVA collectée<br>+ TVA sur acquisitions UE | 15 000 × 20 %<br>1 400 × 20 % | 3 000<br>280 |
| **= Montant de la TVA collectée (I)** | | **3 280** |
| TVA déd. sur B&S France<br>+ TVA déd./acquisitions UE<br>+ TVA déd./immobilisations<br>+ Crédit de TVA mois précédent | 7 000 × 20 %<br>1 400 × 20 %<br>2 800 × 20 % | 1 400<br>280<br>560<br>155 |
| **= Montant de la TVA déductible (II)** | | **2 395** |
| **TVA à décaisser (I) – (II)** | | **885** |

**2.**

| Ligne | B DÉCOMPTE DE LA TVA À PAYER | Code | Base hors taxe | Taxe due |
|---|---|---|---|---|
| | **TVA BRUTE** | | | |
| | **Opérations réalisées en France métropolitaine** | | | |
| 08 | Taux normal 20 % | 0207 | 16 400 | 3 280 |
| 09 | Taux réduit 5,5 % | 0105 | | |
| 9B | Taux réduit 10 % | 0151 | | |
| 16 | Total de la TVA brute due (lignes 08 à 5B) | | | 3 280 |
| 7C | Dont TVA sur importations bénéficiant du dispositif d'autoliquidation | 0046 | | |
| 17 | Dont TVA sur acquisitions intracommunautaires | 0035 | | 280 |
| 18 | Dont TVA sur opérations à destination de Monaco | 0038 | | |
| | **TVA DÉDUCTIBLE** | | | |
| 19 | Biens constituant des immobilisations | 0703 | | 560 |
| 20 | Autres biens et services | 0702 | | 1 680 |
| 21 | Autre TVA à déduire (dont régularisation sur de la TVA collectée [cf. notice] ) | 0059 | | |
| 22 | Report du crédit apparaissant ligne 27 de la précédente déclaration | 8001 | | 155 |
| 2C | Sommes à imputer, y compris acompte congés (exprimées en euro) | 0603 | | |
| 23 | **Total TVA déductible (lignes 19 à 2C)** | | | 2 395 |
| 22A | *Indiquer ici le coefficient de taxation forfaitaire applicable pour la période s'il est différent* ……… % | | | |
| 24 | Dont TVA non perçue récupérable par les assujettis disposant d'un établissement stable dans les DOM (articles 295-1-5° et 295 A du code général des impôts) | 0709 | | |
| | **CRÉDIT** | | | |
| 25 | Crédit de TVA (ligne 23 – ligne 16) | 0705 | | |
| | **TAXE À PAYER** | | | |
| 28 | TVA nette due (ligne 16 – ligne 23) | | | 885 |
| 32 | **Total à payer (lignes 28 + 29 – AB)** *(N'oubliez pas de joindre le règlement correspondant)* | | | 885 |

**La ligne 11 ne concerne que les DOM. Les autres opérations relevant du taux de 2,1 % sont déclarées sur l'annexe 3310 A.**

## Exercice 10

## La lettre administrative

Aliet Benard
Présidente de l'association Solidom
18 rue de Loumet
09100 ESCOSSE

Monsieur le Maire d'Escosse
4 avenue de l'Estrique
09100 ESCOSSE

Escosse, le 3 février N

Objet : Demande de personnel communal
PJ : Descriptif de la manifestation

Monsieur le Maire,

L'association Solidom organise, le 28 février N, un loto destiné aux personnes en difficulté.

Cette manifestation se déroulera dans la salle des fêtes de la commune.

Afin qu'elle ait lieu dans les meilleures conditions, nous avons besoin de personnel, notamment pour la mise à disposition et l'installation du mobilier et du matériel nécessaires.

Nous pensons que la manifestation est positive pour la vie communale dans la mesure où elle permet d'entretenir le lien social.

Nous vous demandons donc de bien vouloir considérer notre demande.

Je reste à votre disposition pour toute information complémentaire.

Dans l'attente de votre réponse, je vous prie d'agréer, Monsieur le Maire, l'expression de mes sentiments respectueux.

Aliet Benard
Présidente de l'association Solidom

# Les dossiers du personnel

LU ☐
SU ☐
REVU ☐

**L'employeur dispose de renseignements relatifs aux membres du personnel, à leur carrière et à leur suivi. Ces renseignements sont classés dans différents dossiers, qui doivent être mis à jour régulièrement.**



## 1 Le dossier général

Il comprend les documents concernant l'ensemble des salariés :
- les documents adressés aux différents organismes (déclarations sociales et fiscales…) ;
- les travaux relatifs au recrutement par l'entreprise (annonces, entretiens, tests…) ;
- les documents d'embauche (déclarations obligatoires…) ;
- le suivi des congés (plannings, documentation sur la comptabilisation des droits…) ;
- les registres du personnel, des accidents du travail bénins et le registre unique de sécurité ;
- dans les entreprises de plus de 11 salariés : les documents relatifs à la préparation et au déroulement des élections professionnelles.

## 2 Le dossier individuel du salarié

Le dossier individuel du salarié n'est pas obligatoire mais il est vivement conseillé de le constituer. Il est généralement composé de plusieurs sous-dossiers.

### 2.1. Le sous-dossier « Personnel » de l'employé

Il contient notamment les documents relatifs à l'identité du salarié et à sa situation familiale, à sa formation (curriculum vitæ, diplômes, certificats de travail précédents…).

### 2.2. Le sous-dossier « Carrière » de l'employé

Il retrace l'évolution de carrière de l'employé dans l'entreprise. Il contient le contrat de travail du salarié, les formations successives qu'il a suivies dans le cadre de l'entreprise, ses évaluations.

### 2.3. Le sous-dossier « Suivi » de l'employé

Il rassemble les informations concernant les absences du salarié, le double des bulletins de paie, les feuilles de présence et les sanctions (lettre d'avertissement, par exemple).

## 3 Les règles de confidentialité des données du personnel

L'employeur doit prendre les mesures nécessaires pour garantir la confidentialité des données et éviter leur divulgation à des tiers non autorisés.
Ainsi, les données à caractère personnel ne doivent être consultées que par les personnes habilitées à y accéder en raison de leurs fonctions.

**mots clés** : Dossier individuel du salarié ◆ Confidentialité des données

Savoir
13

# La gestion administrative des temps de travail

LU ☐
SU ☐
REVU ☐

**La durée légale hebdomadaire de travail est de 35 heures. Cependant, des heures supplémentaires peuvent être effectuées.**

PÔLE 2 – GESTION ADMINISTRATION

## 1 La durée légale du travail effectif

La durée légale du travail est fixée à 35 heures par semaine civile pour toutes les entreprises, soit 151,67 heures par mois pour un salarié mensualisé.

$$151{,}67 \text{ h/mois} = \frac{35 \text{ h/semaine} \times 52 \text{ semaines dans l'année}}{12 \text{ mois}}$$

La durée de travail effectif ne peut pas dépasser 10 heures par jour, 48 heures par semaine ou 44 heures par semaine en moyenne sur une période de 12 semaines consécutives.

## 2 Les heures supplémentaires et leur rémunération

Une heure supplémentaire est une heure de travail effectuée par le salarié, à la demande de l'employeur, au-delà de la durée légale. Les heures supplémentaires sont rémunérées plus cher qu'une heure normale et ouvrent droit à une majoration de salaire dans les conditions suivantes : 25 % pour les 8 premières heures, 50 % pour les heures suivantes.

## 3 Le décompte du temps de travail

### 3.1. Le décompte des heures supplémentaires

Le décompte des heures supplémentaires se fait par semaine civile.

EXEMPLE

| SEMAINES | H. EFFECTIVES | H. NORMALES | H. SUP. À + 25 % | H. SUP. À + 50 % |
|---|---|---|---|---|
| 1RE SEMAINE | 35 | 35 | – | – |
| 2E SEMAINE | 38 | 35 | 3 | – |
| 3E SEMAINE | 43 | 35 | 8 | – |
| 4E SEMAINE | 45 | 35 | 8 | 2 |
| 5E SEMAINE | 12* | 12 | | |
| **Total** | | **151,67**** | **19** | **2** |

* Semaine incomplète (le reste étant effectué le mois suivant).
** Durée du travail mensuelle (base : 35 h).

### 3.2. Le cas particulier des semaines communes à 2 mois consécutifs

Lorsqu'une semaine commence le mois précédent, les heures supplémentaires de cette semaine sont calculées le mois suivant, en tenant compte des heures effectuées en début de semaine.

**mots clés** Durée légale du travail ◆ 35 heures ◆ Heure supplémentaire

*S'entraîner au Bac*
Exercice 1 : p. 71

# Le déplacement du personnel

LU ☐
SU ☐
REVU ☐

**Le personnel de l'entreprise est amené à se déplacer régulièrement. Tout déplacement doit faire l'objet d'une préparation.**



## 1 La procédure interne de gestion des déplacements

Cette procédure décrit l'ensemble des opérations à exécuter pour organiser, planifier et suivre le déroulement des déplacements (présentation chronologique et détaillée des opérations).
Les différentes étapes de la procédure sont les suivantes.

| | |
|---|---|
| ① | Recueillir auprès du responsable qui souhaite organiser un déplacement des informations sur le nombre de participants, la ou les personnes concernées, le motif du déplacement, les différents besoins. |
| ② | Identifier les contraintes liées aux dates (période et durée du déplacement), au mode de transport et à l'hébergement. Tenir compte aussi des contraintes administratives (passeport, visa) et financières (budget alloué au déplacement). |
| ③ | Compléter le formulaire « Fiche individuelle de déplacement », qui synthétise les informations et les contraintes relatives au déplacement. |
| ④ | Recenser et planifier toutes les tâches à effectuer à l'aide d'une liste de contrôle qui récapitule les actions à mener dans l'ordre chronologique. |
| ⑤ | Effectuer les différentes recherches en tenant compte des contraintes : trouver le moyen de transport le mieux adapté (train, avion, voiture), relever les horaires et les tarifs, sélectionner l'hôtel, les restaurants et l'agence de location de véhicules. |
| ⑥ | Évaluer le coût du déplacement et calculer le coût total. |
| ⑦ | Soumettre la proposition d'organisation au responsable. |
| ⑧ | Effectuer les différentes réservations : transport, hôtel, restaurant, voiture, etc. |

## 2 La constitution du dossier « Déplacement »

Un document (interne) comportant toutes les informations utiles est remis à la personne avant son départ.
Ce dossier, appelé « feuille de route », récapitule :
- le déroulement du déplacement (emploi du temps prévu) ;
- le ou les moyens de transport (train, avion, voiture) ;
- le détail des horaires de train ou d'avion retenus ;
- les réservations et les billets ;
- les coordonnées de l'hôtel et de l'agence de location de voitures.

## 3 La note de frais

La note de frais répertorie les frais avancés par le personnel dans le cadre de son travail et qui doivent être remboursés par l'entreprise.

**mots clés** : **Déplacement** ◆ **Procédure** ◆ **Feuille de route** ◆ **Note de frais**

*S'entraîner au Bac*
Exercice 2 : p. 71

Savoir 15

# La transmission d'informations à destination du personnel

LU ☐
SU ☐
REVU ☐



**Dans l'entreprise, on peut transmettre des informations à un, plusieurs ou la totalité des membres du personnel à l'aide de différents supports de diffusion.**

## 1 Les modes de diffusion et les supports d'information

| MODES DE DIFFUSION | SUPPORTS D'INFORMATION |
|---|---|
| Diffusion papier | Lettre au personnel – Note – Compte rendu – Rapport d'étude – Journal d'entreprise – Livret d'accueil – Bulletin spécialisé – Newsletter – Tract – Affiche |
| Diffusion orale | Contact informel – Réunion – Conférence – Séminaire – Visite de bureau ou d'usine – Entretien |
| Diffusion électronique | Messagerie (courriel) – Intranet – Blog d'entreprise |
| Diffusion audio/vidéo | Film – CD – Journal téléphoné d'entreprise |

## 2 La note d'information et la note de service

- La note d'information transmet, à une ou plusieurs personnes, une information relative à la vie de l'entreprise ou d'un service, un renseignement ou un message qui n'a pas de caractère obligatoire.
- La note de service donne ou rappelle des consignes, décrit un processus, une procédure qu'il faut impérativement respecter. Le message est normalement suivi d'une mise en exécution (caractère obligatoire d'application).

## 3 La messagerie électronique

La messagerie permet de faire circuler l'information entre les différents utilisateurs. Le message électronique (ou mail ou courriel) transmis peut être accompagné de fichiers textes, images et sons.
Moins formel que le courrier sur support papier, le message doit néanmoins respecter certaines règles dans le cadre professionnel.

## 4 L'intranet

Le réseau intranet est utilisé uniquement à l'intérieur de l'organisation. Il permet principalement la rapidité des échanges, donc une diminution des coûts de gestion, l'accessibilité de certains contenus et services à tout ou partie du personnel, l'intégration des ressources.

**mots clés** Informations ◆ Modes de diffusion ◆ Supports d'information ◆ Note d'information ◆ Note de service ◆ Messagerie ◆ Intranet

*S'entraîner au Bac*
Exercice 3 : p. 71

Savoir

16

LU ☐
SU ☐
REVU ☐

# Le recrutement, l'accueil et l'intégration du nouveau salarié



**Le recrutement est un acte très important pour toute entreprise ; il est impératif de bien préparer une embauche. Les étapes d'accueil et d'intégration suivent la phase d'embauche de tout nouveau salarié.**

## 1 La mise au point d'un référentiel de recrutement

### 1.1. Le descriptif du poste (ou fiche de poste)

Avant de commencer un recrutement, une fiche de poste est établie. Elle décrit les principales caractéristiques du poste à pourvoir :

- l'intitulé du poste ;
- la définition du poste (les différentes missions à réaliser et les responsabilités) ;
- le type de contrat, sa durée et la rémunération.

### 1.2. Le profil du candidat (profil de poste)

Le profil du candidat précise la formation, l'expérience, les compétences et les qualités souhaitées (relationnelles, physiques, intellectuelles...) pour occuper le poste.

## 2 La recherche et la présélection des candidats

### 2.1. Le recrutement interne et le recrutement externe

La recherche de candidats peut s'effectuer soit à l'intérieur de l'entreprise (recrutement interne), soit à l'extérieur (recrutement externe).

### 2.2. Les supports de recrutement

La forme et le contenu des supports de recrutement dépendent du mode de recrutement (interne ou externe). On distingue principalement :

- la note (affichage ou intranet), dans le cas d'un recrutement interne ;
- l'offre d'emploi, dans le cas d'un recrutement externe. Elle est diffusée dans la presse généraliste ou dans la presse spécialisée (pour les postes de cadre ou de responsable) et/ou sur un site Internet (www.pole-emploi.fr, par exemple).

### 2.3. La réception et l'analyse des demandes d'emploi

Toute demande d'emploi parvient généralement à l'entreprise sous la forme d'une lettre de motivation à laquelle est joint un curriculum vitæ (CV). L'entreprise peut consulter aussi des candidatures déposées sur le site de Pôle emploi ou de l'Apec (pour les postes de cadre ou de responsable).

## 3 La sélection du candidat

### 3.1. Les tests

Selon les postes, il peut s'avérer très utile de faire passer des tests aux candidats. Les tests sont d'un usage relativement fréquent dans les cabinets de recrutement et dans la plupart des grandes entreprises.

### 3.2. Les mises en situation

Le candidat peut être évalué à travers des situations-tests qui permettent de révéler ses aptitudes et son comportement dans un poste qu'il n'a jusque-là jamais tenu.

### 3.3. L'entretien de sélection

Lors de l'entretien, le responsable du recrutement pose les questions correspondant aux éléments décisifs du poste et aux qualités requises.

## 4 La décision (le choix de la personne recrutée)

À l'issue des épreuves de sélection (tests, mises en situation et entretien), l'entreprise choisit le candidat le plus apte à occuper l'emploi proposé.

## 5 Les formalités administratives d'embauche

L'embauche d'un salarié donne lieu à différentes formalités administratives obligatoires :

- la déclaration préalable à l'embauche (DPAE) ;
- l'établissement du contrat de travail ;
- la mise à jour du registre du personnel ;
- la création d'un dossier salarié (voir Fiche n° 12) ;
- la convocation à la visite médicale d'embauche.

## 6 L'accueil et l'intégration du nouveau salarié

### 6.1. L'accueil du nouveau salarié

L'accueil d'un nouvel employé constitue la première image que ce dernier reçoit de son milieu de travail et de ses collègues.

Cette étape comporte :

- l'accueil proprement dit : mot de bienvenue, présentation mutuelle ;
- la présentation de l'entreprise et de son fonctionnement global (structure, services, remise du livret d'accueil) ;
- la présentation de son rôle, de ses tâches et de ses responsabilités ;
- la visite des locaux et l'accompagnement dans son service ;
- sa présentation aux membres de l'équipe.

### 6.2. L'intégration du nouveau salarié

L'intégration consiste à faire en sorte que la personne recrutée :

- prenne ses fonctions en ayant une vision claire de ses missions, de ses responsabilités et de sa place dans l'organigramme ;
- soit opérationnelle rapidement sur les missions en cours, qu'elle puisse identifier ses interlocuteurs et partenaires.

Pour ce faire, l'entreprise peut procéder à l'attribution :

- d'un parrain : sans lien hiérarchique ni lien de travail direct, le nouveau salarié pourra se tourner vers lui pour obtenir des conseils ;
- d'un tuteur : le travail en binôme du nouveau salarié avec un collaborateur de proximité permettra la transmission du savoir-faire.

**mots clés**

**Recrutement ◆ Descriptif du poste ◆ Profil du candidat ◆ Présélection ◆ Recrutement interne ◆ Recrutement externe ◆ Sélection ◆ Accueil ◆ Intégration**

*S'entraîner au Bac*
Exercice 4 : p. 72

Savoir

17

# La formation professionnelle

LU ☐
SU ☐
REVU ☐

**Au cours de sa vie professionnelle, un salarié est amené à être formé. Il existe différents dispositifs de formation adaptés au(x) besoin(s) du salarié.**

## 1 Les différents dispositifs de formation

### 1.1. Le compte personnel de formation (CPF)

Le CPF permet à toute personne active d'acquérir des droits à la formation (en lien avec les besoins des entreprises) et de les mobiliser tout au long de sa vie professionnelle. Les heures CPF permettent de financer tout ou partie de la formation choisie.

### 1.2. Le compte personnel d'activité (CPA)

Le CPA est ouvert pour toute personne qui commence sa vie professionnelle. Au fil de sa carrière, chaque salarié cumule des droits et peut décider de leur utilisation : formation, accompagnement dans un projet de création d'entreprise, bilan de compétences, passage à temps partiel... Le CPA intègre le CPF et va au-delà en apportant des droits nouveaux, comme un capital formation pour les jeunes décrocheurs ou un renforcement des droits à la formation pour les personnes peu qualifiées.

### 1.3. Le congé individuel de formation (CIF)

Le CIF permet à tout salarié (sous réserve de respecter une condition d'ancienneté) de suivre la formation de son choix pour se qualifier, évoluer ou se reconvertir.

### 1.4. La validation des acquis de l'expérience (VAE)

La VAE permet à un salarié de faire reconnaître son expérience professionnelle afin d'obtenir un diplôme, un titre ou un certificat de qualification professionnelle.

### 1.5. Le bilan de compétences

Le bilan de compétences permet au salarié d'analyser ses compétences, ses aptitudes et ses motivations afin de définir son projet professionnel.

### 1.6. Le plan de formation

Élaboré par le chef d'entreprise, après consultation des représentants du personnel, le plan de formation regroupe les actions de formation pour l'année à venir.

## 2 Le financement de la formation

L'entreprise doit contribuer au financement de la formation. Cette contribution est calculée en pourcentage de la masse salariale (total des rémunérations brutes des salariés de l'entreprise).

**mots clés**

**Compte personnel de formation ◆ Compte personnel d'activité ◆ Congé individuel de formation ◆ Validation des acquis de l'expérience ◆ Plan de formation**

*S'entraîner au Bac*
Exercice 5 : p. 72

Savoir

18

# Les bulletins de salaire

LU ☐
SU ☐
REVU ☐

PÔLE 2 – GESTION ADMINISTRATION

**Chaque mois, l'entreprise doit déterminer le montant du salaire à verser à chacun de ses employés ainsi que les charges sociales et patronales qui en découlent.**

## 1 Le salaire mensuel brut

Le salaire brut est composé du salaire de base et, éventuellement, d'heures supplémentaires et de primes. Il peut aussi être diminué de retenues pour absence, en particulier celles liées à la maladie ou aux congés payés.

### 1.1. Le salaire de base

À l'exception de cas particuliers, le salarié est rémunéré sur la base de 151,67 heures par mois (loi sur les 35 heures). Le salaire de base se calcule comme suit :

Salaire de base = Nombre mensuel d'heures × Taux horaire

Taux horaire = Salaire brut mensuel / 151,67 heures

### 1.2. Les heures supplémentaires

Les heures supplémentaires sont les heures effectuées au-delà de la durée légale de 35 heures. Elles se calculent par semaine civile et sont majorées :
- de 25 % de la $36^{e}$ à la $43^{e}$ heure ;
- de 50 % à partir de la $44^{e}$ heure.

### 1.3. Les primes et les gratifications

Les primes sont des compléments de salaire prévus soit par le contrat de travail, soit par les conventions collectives. On distingue les primes de sujétion, qui compensent des conditions particulières de travail (prime de pénibilité, de risque…), et les gratifications (prime d'ancienneté, treizième mois…).

### 1.4. Les retenues pour absences

Un salarié absent suspend son contrat de travail. Sauf en cas de congés payés ou d'absences pour maladie, l'employeur n'est plus dans l'obligation de lui verser un salaire.
La retenue sur salaire doit être proportionnelle à la durée de l'absence et figurer sur le bulletin de paie sur une ligne à part.
Il existe deux méthodes de calcul de la retenue.

**a. La méthode de l'horaire réel de travail**

La retenue se calcule de la manière suivante :

$$\frac{\text{Salaire brut mensuel}}{\text{Nombre d'heures effectives de travail}} \times \text{Nombre d'heures d'absence réelle}$$

**b. La méthode des jours ouvrés**

La retenue se calcule de la manière suivante :

$$\frac{\text{Salaire brut mensuel}}{\text{Nombre de jours ouvrés du mois}} \times \text{Nombre de jours d'absence réelle}$$

### 1.5. L'indemnité de congés payés

Tout salarié a droit chaque année à un congé payé à la charge de l'employeur. Chaque mois de travail ouvre droit à un congé de 2,5 jours ouvrables. Pendant les congés, l'employeur verse donc au salarié une indemnité de congés payés.

Si le salarié tombe malade pendant ses congés, la durée des congés n'est pas prolongée ; s'il y a un jour férié habituellement chômé durant la période des congés, la durée est prolongée d'une journée.
En cas de prise de congés payés, l'employeur indique, dans le bulletin de salaire, la retenue pour absence et l'indemnité correspondant aux jours de congés payés.
Le Code du travail prévoit deux méthodes de calcul de l'indemnité de congés payés due à un salarié : c'est le résultat le plus favorable au salarié qui doit lui être versé.

#### a. La méthode (ou règle) du 1/10$^e$

L'indemnité de congés est égale au dixième de la rémunération brute totale perçue par le salarié au cours de la période de référence (pour 30 jours). Un prorata est ensuite calculé en fonction du nombre de jours pris.

Indemnité = (Rémunération brute totale / 10) × (Nombre de jours pris / 30 jours)

EXEMPLE Un salarié a perçu 20 928 € brut au cours de la période de référence (1 744 € par mois). S'il prend 2 semaines de congés payés, les calculs sont les suivants :
- calcul du 1/10$^e$ de la rémunération brute : (20 928 / 10) = 2 092,80 € pour un congé d'une durée de 30 jours ouvrables ;
- pour une fraction de 2 semaines de congés, le calcul est le suivant (en jours ouvrables, soit 12 jours) : (20 928 / 10) × (12 / 30) = 837,12 €.

#### b. La méthode du maintien de salaire

Il s'agit de calculer le « salaire théorique » que le salarié aurait perçu s'il avait travaillé.

### 1.6. La détermination du salaire brut (synthèse)

Salaire brut = Salaire de base + Heures supplémentaires + Primes − Absences + Congés payés

## 2 Les cotisations sociales

Les cotisations sociales sont dues à la fois par le salarié (cotisations sociales salariales) et par l'employeur (cotisations sociales patronales).
Elles sont versées à des organismes sociaux : l'Urssaf (cotisations Sécurité sociale et chômage) et les caisses de retraite.

## 3 Le salaire net et le salaire net à payer

- Le salaire net correspond au salaire brut diminué des cotisations sociales salariales.
- Le salaire net à payer correspond au salaire net augmenté d'éventuelles indemnités non soumises à cotisations (frais de remboursement), et diminué d'éventuels acomptes, oppositions (saisies sur rémunération) et avantages en nature (prestations de biens ou de services fournies par l'employeur au salarié).

## 4 Le salaire imposable

Le salaire imposable correspond au salaire net augmenté des cotisations sociales salariales de CSG et CRDS non déductibles. C'est le salaire à déclarer à l'administration des impôts.

**mots clés** Salaire ◆ Salaire brut ◆ Salaire de base ◆ Heures supplémentaires ◆ Primes ◆ Absence ◆ Cotisations sociales ◆ Salaire net à payer ◆ Salaire imposable

*S'entraîner au Bac*
Exercice 6 : p. 73

Savoir 19

# Les cotisations et les déclarations sociales

LU ☐
SU ☐
REVU ☐

PÔLE 2 – GESTION ADMINISTRATION

**L'employeur est tenu de déclarer les sommes perçues par ses salariés et de verser aux organismes sociaux les cotisations prélevées sur leurs rémunérations.**

## 1 Les cotisations sociales

Les cotisations sociales sont dues à la fois par le salarié (cotisations sociales salariales) et par l'employeur (cotisations sociales patronales).
Les cotisations sont calculées en fonction d'un taux et d'une base de calcul appelée « assiette ». Cette base de calcul peut être : le salaire brut, le plafond de la Sécurité sociale (montant maximum des rémunérations pour le calcul de certaines cotisations), une partie du salaire brut…

## 2 Les déclarations sociales

Toutes les entreprises ont l'obligation de s'affilier (s'inscrire) auprès de divers organismes sociaux dont l'Urssaf, Pôle emploi et les caisses de retraite.
Régulièrement, elles doivent déclarer et verser les charges sociales à ces organismes en récapitulant à la fois les cotisations dues par les salariés et celles dues par l'employeur.

## 3 La déclaration sociale nominative (DSN)

### 3.1. Principe

Depuis le 1er janvier 2017, l'employeur déclare les cotisations sociales au travers de la déclaration sociale nominative (DSN).
La DSN remplace l'ensemble des déclarations périodiques ou événementielles et de nombreuses formalités administratives en lien avec une diversité d'acteurs (CPAM, Urssaf, Pôle emploi, Centre des impôts, caisses de régimes spéciaux…).
Elle repose sur la transmission unique, mensuelle et dématérialisée (*via* un logiciel de paie) des données issues de la paie et de certains événements (arrêt de travail en cas de maladie, fin de contrat de travail…).

### 3.2. Les avantages pour les employeurs et les salariés

Cette déclaration unique permet aux employeurs de simplifier, sécuriser et fiabiliser les obligations sociales.
Elle apporte aux salariés un traitement des dossiers plus rapide, avec moins de risques d'erreur, tous les organismes recevant directement les informations qui concernent leur périmètre.

**mots clés** Cotisations ◆ Déclarations sociales ◆ Déclaration sociale nominative (DSN)

*S'entraîner au Bac*
**Exercice 7 : p. 73**

Savoir 20

LU ☐
SU ☐
REVU ☐

# L'élaboration et le suivi d'un budget

Un **budget** est la traduction en termes financiers des objectifs qu'une entreprise se fixe pour l'année à venir et des stratégies qu'elle compte mettre en place pour réaliser ces objectifs.



## 1 Le budget d'un service

### 1.1. Le contenu du budget d'un service

Le budget d'un service liste toutes les dépenses de fonctionnement et permet de vérifier que le montant global alloué par la direction est respecté.
Un budget n'a pas de présentation formalisée mais il est généralement présenté sous la forme d'un tableau dont :

- les colonnes correspondent aux mois de l'année ;
- les lignes correspondent aux dépenses prévisionnelles de fonctionnement.

### 1.2. Le suivi d'un budget

Le budget d'un service est généralement annuel. Il est le plus souvent établi lors du 3e trimestre pour l'année suivante.
Une fois établi, il faut le suivre régulièrement (généralement tous les mois) en mesurant l'activité réelle du service.
Le suivi budgétaire est nécessaire pour prendre les décisions qu'imposent d'importants écarts. Un écart est la différence entre une somme prévue et la somme réelle. Chaque écart est relevé et analysé afin que l'entreprise apporte les actions correctives nécessaires.

EXEMPLE

BUDGET DU SERVICE COMMERCIAL (EXTRAIT)

| MOIS DE L'ANNÉE | JANVIER | | | DÉCEMBRE | | |
|---|---|---|---|---|---|---|
| DÉPENSES | PRÉVU | RÉEL | ÉCART | PRÉVU | RÉEL | ÉCART |
| ACHATS | | | | | | |
| Fournitures consommables | 10 900 | 10 600 | – 300 | 11 100 | 10 800 | – 300 |
| Fournitures administratives | 2 000 | 1 980 | – 20 | 2 100 | 2 220 | + 120 |
| CHARGES EXTERNES | | | | | | |
| Locations | 4 200 | 4 250 | + 50 | 4 400 | 4 380 | – 20 |
| Entretien | 7 300 | 6 970 | – 330 | 7 400 | 7 560 | + 160 |
| PERSONNEL | | | | | | |
| Salaires | 5 300 | 5 320 | + 20 | 5 400 | 5 500 | + 100 |
| TOTAUX | 31 120 | 29 880 | – 1 240 | 32 170 | 32 300 | + 130 |

## 2 Le budget du personnel

### 2.1. Le contenu du budget du personnel

Le budget du personnel consiste à évaluer, pour une période de plusieurs mois, toutes les dépenses directes et indirectes relatives à la main-d'œuvre : les charges dues aux salariés, les charges dues aux organismes sociaux, les charges dues à l'État et calculées sur les salaires, et les charges diverses.

### 2.2. L'activité du contrôle de gestion des charges de personnel

Elle consiste à comparer les prévisions de charges aux charges réelles, constatées en comptabilité. Les rapprochements des prévisions avec les réalisations peuvent faire apparaître des écarts.

L'écart à la hausse relatif aux charges de personnel peut s'expliquer par :

- l'augmentation des taux horaires et donc des bases de calcul des charges sociales et fiscales ;
- les majorations : primes, commissions, indemnités, heures supplémentaires... ;
- l'augmentation des taux des charges salariales et patronales.

L'analyse des écarts aboutit à des prises de décision par la DRH relatives à l'effectif du personnel, à la formation du personnel, à l'évolution des rémunérations...

EXEMPLE

| BUDGET DU PERSONNEL (EXTRAIT) | | | | | | |
|---|---|---|---|---|---|---|
| MOIS DE L'ANNÉE | JANVIER | | | DÉCEMBRE | | |
| DÉPENSES | PRÉVU | RÉEL | ÉCART | PRÉVU | RÉEL | ÉCART |
| SALARIÉS | | | | | | |
| Salaires de base | 12 000 | 11 800 | - 200 | 12 000 | 12 340 | + 340 |
| Heures supplémentaires | 3 000 | 2 690 | - 310 | 3 000 | 2 650 | - 350 |
| Prime d'ancienneté | 3 000 | 2 950 | - 50 | 3 100 | 3 070 | - 30 |
| ORGANISMES SOCIAUX | | | | | | |
| Cotisations sociales salariales | 4 100 | 3 980 | - 120 | 4 100 | 4 130 | + 30 |
| Cotisations sociales patronales | 7 200 | 7 070 | - 130 | 7 300 | 7 480 | + 180 |
| ÉTAT | | | | | | |
| Taxe d'apprentissage | 240 | 210 | - 30 | 290 | 300 | + 10 |
| DIVERS | | | | | | |
| Personnel intérimaire | 0 | 0 | 0 | 0 | 0 | 0 |
| TOTAUX | 30 420 | 29 150 | - 1 270 | 38 890 | 39 340 | + 450 |

**mots clés** Budget ◆ Budget d'un service ◆ Dépenses ◆ Suivi budgétaire ◆ Écart ◆ Budget du personnel

*S'entraîner au Bac*
Exercices 8 et 9 : p. 74

Savoir 21

# La représentation du personnel et la gestion des relations sociales

LU ☐
SU ☐
REVU ☐

**Qu'il s'agisse de conduire des changements ou de suivre la vie courante de l'entreprise, la gestion des relations sociales constitue un véritable enjeu pour celle-ci. Le rôle des représentants du personnel est essentiel dans les relations collectives de travail ainsi que dans la création et le maintien d'un climat social satisfaisant.**



## 1 Les représentants du personnel

Le personnel est représenté dans l'entreprise par les délégués du personnel, les délégués syndicaux, les représentants du comité d'entreprise et les représentants du comité d'hygiène, de sécurité et des conditions de travail (CHSCT).
Les représentants du personnel participent au dialogue social (dialogue avec la direction), et permettent d'améliorer les conditions de travail et de soutenir la performance de l'entreprise.
C'est à l'employeur qu'il appartient d'organiser les élections des représentants du personnel et leur renouvellement.

## 2 Le rôle des différents représentants du personnel

### 2.1. Les délégués syndicaux

Un délégué syndical est un représentant du personnel désigné par un syndicat représentatif dans l'entreprise ; il assure la défense des salariés.

Il peut notamment :
- formuler des propositions, des revendications ou des réclamations ;
- assister le salarié qui le souhaite lors de l'entretien préalable à une sanction disciplinaire ;
- assister les salariés auprès du conseil de prud'hommes.

Chaque année, les délégués syndicaux négocient avec l'employeur :
- les salaires, la durée et l'organisation du temps de travail ;
- les objectifs d'égalité professionnelle entre hommes et femmes ;
- les mesures relatives à l'insertion professionnelle et au maintien dans l'emploi des travailleurs handicapés.

### 2.2. Les délégués du personnel

Les délégués du personnel représentent le personnel auprès de l'employeur. Ils peuvent formuler toute réclamation individuelle ou collective en matière d'application de la réglementation du travail. Ils peuvent également faire des suggestions sur l'organisation générale de l'entreprise et enfin, être les interlocuteurs de l'inspecteur du travail (en cas de problème d'application du droit du travail).

### 2.3. Le comité d'entreprise (CE)

Le comité d'entreprise assure, contrôle et participe à la gestion de toutes les activités sociales et culturelles établies dans l'entreprise. Ces activités sont destinées à améliorer les conditions de vie, de travail et d'emploi des salariés. Elles doivent être facultatives, non rémunératoires, non discriminatoires et exercées au bénéfice du personnel de l'entreprise, des anciens salariés et de leurs familles.

EXEMPLES
- Activités tendant à l'amélioration des conditions de bien-être, telles que les cantines, les coopératives de consommation, les logements, les jardins familiaux, les crèches, les colonies de vacances.
- Activités ayant pour objet l'utilisation des loisirs et l'organisation sportive.

### 2.4. Le comité d'hygiène, de sécurité et des conditions de travail (CHSCT)

Le CHSCT est une institution représentative du personnel spécialisée dans les règles de santé et de sécurité au travail ainsi que dans les conditions de travail.
Présidé par l'employeur, il est composé d'une délégation du personnel (définie en fonction de l'effectif du personnel) et de personnes qualifiées (le médecin du travail, par exemple). L'inspecteur du travail peut également assister aux réunions du CHSCT.

Le Code du travail définit les principales missions du CHSCT :
- contribuer à la prévention et à la protection de la santé physique et mentale et de la sécurité des salariés ;
- contribuer à l'amélioration des conditions de travail ;
- analyser les risques professionnels (le CHSCT participe à l'élaboration du document unique d'évaluation des risques professionnels).

## 3 Les moyens d'action des représentants du personnel

La loi permet aux représentants du personnel de disposer de différents moyens pour exercer leurs missions :
- des réunions avec l'employeur : mensuelles, annuelles ou spécifiques ;
- des heures de délégation accordées sur le temps de travail ;
- la liberté de déplacement ;
- un local et un panneau d'affichage ;
- l'accès à un certain nombre de documents ;
- pour le comité d'entreprise : un budget de fonctionnement et une contribution aux activités sociales et culturelles.

mots clés

**Représentants du personnel ◆ Dialogue social ◆ Délégué syndical ◆ Délégués du personnel ◆ Comité d'entreprise ◆ Comité d'hygiène, de sécurité et des conditions de travail (CHSCT)**

*S'entraîner au Bac*
Exercices 10 et 11 : p. 75

## Exercice 1 voir Fiche Savoir 13

## Le décompte du temps de travail

Vous effectuez une formation au sein du service comptable de la société Plamondo. Votre chef de service vous demande de décompter le temps de travail de Mlle Mary, salariée de l'entreprise.

• **À l'aide du relevé des heures de Mlle Mary (document), calculez les heures effectuées en février N en complétant le tableau ci-dessous.**

| RELEVÉ DES HEURES DU MOIS DE FÉVRIER N | | | | |
|---|---|---|---|---|
| SALARIÉE : M[LLE] MARY | HEURES NORMALES | HEURES RÉELLES | HEURES SUP. À 25 % | HEURES SUP. À 50 % |
| Semaine 5 | | | | |
| Semaine 6 | | | | |
| Semaine 7 | | | | |
| Semaine 8 | | | | |
| Semaine 9 | | | | |

**Document**

| Semaine | Jour | Heures |
|---|---|---|
| Semaine 5 | Lundi 30/01 | 8 |
| | Mardi 31/01 | 7,5 |
| | Mercredi 01/02 | 7 |
| | Jeudi 02/02 | 7,5 |
| | Vendredi 03/02 | 9 |

| Semaine | Jour | Heures |
|---|---|---|
| Semaine 6 | Lundi 06/02 | 9 |
| | Mardi 07/02 | 7,5 |
| | Mercredi 08/02 | 10 |
| | Jeudi 09/02 | – |
| | Vendredi 10/02 | 8,5 |

| Semaine | Jour | Heures |
|---|---|---|
| Semaine 7 | Lundi 13/02 | 8 |
| | Mardi 14/02 | 9,5 |
| | Mercredi 15/02 | 9,5 |
| | Jeudi 16/02 | 9,5 |
| | Vendredi 17/02 | 9 |

| Semaine | Jour | Heures |
|---|---|---|
| Semaine 8 | Lundi 20/02 | 6,5 |
| | Mardi 21/02 | 7 |
| | Mercredi 22/02 | 7,5 |
| | Jeudi 23/02 | 7 |
| | Vendredi 24/02 | 7 |

| Semaine | Jour | Heures |
|---|---|---|
| Semaine 9 | Lundi 27/02 | 8,5 |
| | Mardi 28/02 | 7 |
| | Mercredi 01/03 | 7,5 |
| | Jeudi 02/03 | 7 |
| | Vendredi 03/03 | 9 |

FAIT ☐ REVU ☐

## Exercice 2 voir Fiche Savoir 14

## Le déplacement du personnel (la réservation de l'hôtel)

La société AB'Déco souhaite réunir ses commerciaux pour une journée de séminaire à l'occasion du lancement de nouveaux produits.

Vous téléphonez à trois hôtels, proches de Marseille, pour leur demander un devis concernant la prestation suivante : location d'une salle de réunion pour 20 personnes équipée d'un vidéoprojecteur ; café, jus de fruits et viennoiseries d'accueil ; déjeuner ; pause-café de l'après-midi. Les trois hôtels contactés sont l'Hôtel Ferri, l'Hôtel Lina et l'Hôtel du Parc.

1. **Préparez un tableau comparatif des prestations.**

2. **Réalisez la fiche d'appel téléphonique adaptée à cette situation.**

3. **Simulez la communication.**

FAIT ☐ REVU ☐

## Exercice 3 voir Fiche Savoir 15

## La note de service

Vous effectuez une formation au secrétariat de la SARL Locamat, spécialisée dans la location de matériel (bâtiment, industrie et bricolage).

Face à la recrudescence des accidents de travail, le gérant, Laurent Linares, a décidé de multiplier les actions de prévention.

Le 2 juin N, votre tutrice vous confie la préparation d'une note de service destinée aux manutentionnaires et agents de démonstration. Cette note doit rappeler la nécessité de respecter les consignes de sécurité et informer le personnel des conditions de réalisation d'un stage de 5 jours prévu dans le cadre du plan de formation.

• **À l'aide des consignes transmises par M. Linares (document), rédigez la note de service n° 32. Cette note sera présentée à la signature à M. Linares.**

**Document**

*Consignes – Note de service*

*Rappelez aux intéressés :*
*1. L'obligation de respecter les règles élémentaires de sécurité*
*– Port de la tenue de travail (casque, vêtements, gants et chaussures).*
*– Ne pas fumer ou parler avec un collègue lors de la manipulation des engins motorisés ou l'utilisation des machines à risque…*
*– Souligner que le non-respect des consignes constitue une faute professionnelle.*
*2. La participation au stage obligatoire*
*– Thème : « La connaissance des risques en entreprise dans leurs aspects techniques et professionnels »*
*– Formateur : M. Bric (organisme Formavar).*
*– Date : du 20 au 24/06, de 9 h à 12 h et de 14 h à 16 h.*
*– Lieu : atelier ouest.*
*– Se rendre au bureau du personnel avant le 10/06 pour retirer la fiche de participation.*
*M. Linares*

FAIT ☐ REVU ☐

## Exercice 4 voir Fiche Savoir 16

## La procédure d'accueil et d'intégration du nouveau salarié

Vous effectuez une formation au sein du service Ressources humaines de la société EA 83 (Électricité et Automatisme 83).

Mme Torres, la responsable du service, vous associe aux formalités d'embauche du nouveau collaborateur, Bruno Ros, qui occupera le poste de technicien à compter du 1er octobre prochain.

Mme Torres a listé, dans le désordre, l'ensemble des tâches à réaliser pour accueillir et intégrer le nouveau salarié (document).

• **À l'aide du document, proposez une *check-list* des tâches à réaliser pour assurer efficacement l'accueil et l'intégration de M. Ros.**

**Document**

- Faire ouvrir un compte utilisateur du réseau informatique au nom du nouveau collaborateur.
- Prévoir un entretien d'accueil le jour J avec le responsable hiérarchique.
- Informer le personnel de l'arrivée du salarié.
- Constituer le dossier d'accueil du salarié : livret d'accueil, règlement intérieur, fiche de poste et modes opératoires utiles.
- Prévoir une formation d'intégration avec les collaborateurs du service.
- Planifier un entretien avec la direction 15 jours après l'embauche.
- Préparer les éléments d'information pour la DPAE.
- Établir le contrat de travail.
- S'assurer de l'agencement du poste de travail : matériels et logiciels nécessaires.
- Organiser la présentation du service (prévoir un « pot d'accueil »).
- Planifier la visite des locaux.
- Déclarer le salarié : transmission de la DPAE à l'Urssaf.

FAIT ☐ REVU ☐

## Exercice 5 voir Fiche Savoir 17

## Le compte personnel d'activité (CPA)

Nous sommes le 17 mai N. Vous êtes stagiaire au sein du service Ressources humaines de la société Martel. Pour répondre à la demande du personnel, Marie Lucila, la responsable RH, vous demande de produire une note d'information (n° 79) pour expliquer le dispositif de formation effectif depuis le 1er janvier 2017 : le compte personnel d'activité (CPA).

• **À l'aide du document, informez le personnel par une note des nouvelles modalités du CPA.**

**Document**

### Le compte personnel d'activité (CPA)

**Le compte personnel d'activité (CPA) est un outil qui permet à chacun de faire évoluer sa carrière et de sécuriser son parcours professionnel.**

[...] Le CPA regroupe les droits issus de trois comptes : le compte personnel de formation (CPF), le compte personnel de prévention de la pénibilité (CPP) et le compte d'engagement citoyen (CEC).

Le CPA concerne tous les actifs à partir de 16 ans (dès 15 ans pour les apprentis). [...]

Le CPF permet à toute personne active d'acquérir des droits à la formation et de les mobiliser tout au long de sa vie professionnelle.

Le CPP permet à tout actif exposé à des facteurs de pénibilité dans le cadre de l'exercice de son activité professionnelle de cumuler des points convertibles en formation, temps partiel ou retraite anticipée.

Le CEC recense les activités de bénévolat ou de volontariat. Certaines de ces activités ouvrent un droit à la formation [...].

**Durée de vie du CPA**

Les droits inscrits sur le CPA [...] demeurent acquis jusqu'à leur utilisation ou à la fermeture du compte [...].

**Quels sont les objectifs du CPA ?**

Le CPA a pour objectifs [...] de renforcer l'autonomie et la liberté d'action du titulaire du compte et de sécuriser son parcours professionnel en supprimant les obstacles à la mobilité. Il est attaché à la personne et non à un statut.

Le CPA contribue ainsi au droit à la qualification professionnelle de tout travailleur engagé dans la vie active (ou qui s'y engage) [...].

**Comment sont utilisés les droits acquis ?**

L'utilisation des droits acquis sur le CPA relève de l'initiative du salarié. [...]

La loi précise en effet que le compte ne peut être mobilisé qu'avec l'accord de son titulaire [...].

Le CPA organise la conversion des droits selon les modalités prévues par chacun de ces comptes : CPF, CPP, CEC. Le titulaire du CPA a droit à un accompagnement global et personnalisé destiné à l'aider à exercer ses droits pour la mise en œuvre de son projet professionnel [...].

http://travail-emploi.gouv.fr

FAIT ☐ REVU ☐

**Exercice 6** voir Fiche Savoir 18

## Le calcul du salaire brut

Vous travaillez dans le service administratif de la société Morin.
Vous êtes chargé(e) de calculer le salaire brut de Mlle Laraville à partir des relevés d'heures du mois d'avril et des informations suivantes :
- salaire de base : 3 500 € ;
- base de calcul des congés payés : 45 500 € ;
- prime d'ancienneté : 6 % du salaire brut.

**1.** Complétez le relevé d'heures de Mlle Laraville (document 1).

**2.** Calculez le montant de la retenue pour absence en utilisant les deux méthodes (horaire réel et jours ouvrés) puis indiquez la méthode à retenir.

**3.** Calculez l'indemnité de congés payés en utilisant les deux méthodes (1/10e et maintien du salaire) puis indiquez la méthode à retenir.

**4.** Complétez le tableau de calcul du salaire brut de Mlle Laraville (document 2).

**Document 1**

| RELEVÉ D'HEURES DE MLLE LARAVILLE | | | | | | | | | |
|---|---|---|---|---|---|---|---|---|---|
| SEMAINE | L | M | M | J | V | HEURES RÉELLES | HEURES NORMALES | HEURES D'ABSENCE | JOURS D'ABSENCE |
| Semaine 1 | 7 | 7 | 7 | 7 | 7 | | | | |
| Semaine 2 | C | C | C | C | C | | | | |
| Semaine 3 | 7 | 7 | 7 | 7 | 7 | | | | |
| Semaine 4 | 7 | 7 | 7 | 7 | 7 | | | | |
| Semaine 5 | F | 7 | | | | | | | |
| | | | | | | | TOTAL | | |

C : Congés payés – F : Férié

**Document 2**

| CALCUL DU SALAIRE BRUT DE MLLE LARAVILLE | | |
|---|---|---|
| Salaire de base | | |
| + Prime d'ancienneté | | |
| – Retenue pour absence | | |
| + Indemnité de congés payés | | |
| = Salaire brut | | |

FAIT ☐ REVU ☐

**Exercice 7** voir Fiche Savoir 19

## Le calcul des cotisations de l'Urssaf

La SARL Autran est spécialisée dans l'installation de fenêtres et de volets en PVC. Elle compte 3 salariés et 2 commerciaux.
Vous devez déterminer le montant des cotisations salariales et patronales du mois de mars N.

• **À l'aide des documents 1 et 2, calculez les cotisations de l'Urssaf.**

**Document 1**

| SALARIÉS | SALAIRES BRUTS |
|---|---|
| Colombani Jeanne (non cadre) | 1 430,00 € |
| Delage Fabien (non cadre) | 2 084,10 € |
| Malone Julie (non cadre) | 1 387,88 € |
| Fernandez Carlos (cadre) | 2 516,00 € |
| Marty Éléonore (cadre) | 3 785,00 € |

**Plafond de la Sécurité sociale : 3 269 €**

**Document 2**

| TAUX DE COTISATIONS (extrait) | | | | |
|---|---|---|---|---|
| Risques | Sur totalité de la rémunération | | Dans la limite du plafond | |
| SÉCURITÉ SOCIALE | EMPLOYEUR | SALARIÉ | EMPLOYEUR | SALARIÉ |
| CSG imposable* | | 2,40 % | | |
| CSG non imposable* | | 5,10 % | | |
| CRDS* | | 0,50 % | | |
| Assurance maladie, maternité, décès et CSA | 13,19 % | 0,75 % | | |
| Assurance vieillesse | 1,90 % | 0,40 % | 8,55 % | 6,90 % |
| Allocations familiales | 5,25 % | | | |
| Accident du travail | 3,10 % | | | |
| FNAL | | | | 0,10 % |
| PÔLE EMPLOI | | | | |
| Contribution assurance chômage | 4,00 % | 2,40 % | | |
| Association pour la garantie des salaires | 0,25 % | | | |

* Sur 98,25 % du salaire brut.

FAIT ☐ REVU ☐

**Exercice 8** voir Fiche Savoir 20

## Le budget du personnel

Vous occupez le poste de gestionnaire administratif(-tive) dans la société Mendez.

• **Complétez le budget du personnel puis comparez les données réelles relevées lors du mois de mars aux données budgétées (documents).**

### Document 1

Message du 4 avril N+1

Effectif : 12 salariés
– 21 600 € de salaires ont été versés. Un salarié en accident du travail tout le mois. Un autre a demandé 10 jours de congés non prévus.
– Les heures supplémentaires ainsi que les primes correspondent à la prévision.
– Pourcentage charges salariales : 22 %
– Pourcentage charges patronales : 42 %
– Deux fois plus de congés que prévu ont été posés en mars.
– Une mutuelle a été mise en place pour l'ensemble des salariés. La participation de l'employeur est de 70 € par salarié.

### Document 2

| EXTRAIT DU BUDGET DU PERSONNEL | | | | |
|---|---|---|---|---|
| MOIS DE MARS | | | | |
| DÉPENSES | PRÉVU | RÉEL | ÉCART EN VALEUR | ÉCART EN % |
| Salaires de base | 23 200 | | | |
| Heures supplémentaires | 2 600 | | | |
| Prime d'ancienneté | 500 | | | |
| Indemnités de CP | 800 | | | |
| Cotisations salariales | 5 962 | | | |
| Cotisations patronales | 11 382 | | | |
| Mutuelle | 1 080 | | | |

FAIT ☐ REVU ☐

**Exercice 9** voir Fiche Savoir 20

## L'élaboration du budget d'un service

Vous effectuez un stage au sein du service administratif de la société KDO, spécialisée dans la distribution de cadeaux d'entreprise personnalisés. Votre chef de service, M. Ciccone, vous demande d'élaborer la prévision budgétaire du service Expéditions.

• **À l'aide des informations transmises par M. Ciccone (document 1), complétez le budget prévisionnel trimestriel (document 2).**

### Document 1

• Un magasinier est affecté à temps plein à l'entrepôt. Rémunéré 2 100 € toutes charges comprises, 30 % de son temps de travail sont affectables aux expéditions des colis.
• Le loyer de l'entrepôt est de 2 700 €. Celui-ci a une superficie de 180 m$^2$, un quart étant affecté à la plate-forme d'expédition.
• Il est prévu pour l'année l'achat de :
– 250 petites enveloppes matelassées (1,20 € TTC l'unité) ;
– 450 grandes enveloppes matelassées (1,65 € TTC l'unité) ;
– 1 100 boîtes d'expédition de 10 litres (3,75 € TTC l'unité).
• Il est prévu pour l'année l'envoi de :
– 200 colis de moins de 500 g (5,80 € TTC, l'envoi) ;
– 400 colis compris entre 500 g et 1 kg (7,30 € TTC, l'envoi) ;
– 600 colis compris entre 1 kg et 2 kg (8,20 € TTC, l'envoi) ;
– 250 colis compris entre 2 kg et 3 kg (9,20 € TTC, l'envoi) ;
– 150 colis compris entre 3 kg et 5 kg (11,10 € TTC, l'envoi) ;
– 100 colis compris entre 5 kg et 7 kg (13,40 € TTC, l'envoi).
• Les charges indirectes diverses sont évaluées à 250 € par mois.
• Il est à noter que les envois sont réguliers sur 10 mois. L'entreprise est fermée tout le mois de juillet et le mois de décembre concentre à lui seul 20 % des envois.

### Document 2

| BUDGET DU SERVICE EXPÉDITIONS PÉRIODE : 1$^{ER}$ TRIMESTRE N+1 | | | |
|---|---|---|---|
| MOIS | JANVIER | FÉVRIER | MARS |
| Salaire du magasinier | (1) | | |
| Loyer | (2) | | |
| Emballages | (3) | | |
| Affranchissement des colis | (4) | | |
| Autres charges indirectes | | | |
| **Totaux budgétés** | | | |

(1) (2) (3) (4) Présentez le détail des calculs.

FAIT ☐ REVU ☐

## Exercice 10 voir Fiche Savoir 21

# La préparation de la réunion du CHSCT

*(D'après un sujet d'examen – Épreuve E2)*

Vous occupez le poste de gestionnaire administratif(-tive) dans l'entreprise Imprimerie Tremouillat Fouquet (ITF). ITF a pour activité la conception, la mise en forme, l'impression et le façonnage de tous types de documents (catalogues, brochures...). Elle est dotée d'un matériel moderne et sans cesse renouvelé.
Depuis 2012, ITF a engagé une politique de sensibilisation des différents services à la sécurité et à la santé au travail.
Afin de préparer la prochaine réunion du CHSCT prévue en juillet, il est nécessaire de compléter les données statistiques sur les accidents du travail pour 2017, avant analyse.
Vous disposez du bilan historique (2015-2017) des accidents du travail (document).

• **Commentez le bilan historique et proposez un axe de vigilance.**

**Document**

**SUIVI DES ACCIDENTS DU TRAVAIL ANNÉES 2015-2016-2017**

| SERVICES | NOMBRE D'ACCIDENTS | | |
|---|---|---|---|
| | 2015 | 2016 | 2017 |
| Administratif et commercial | 3 | 2 | 4 |
| Prépresse | 4 | 2 | 0 |
| Impression | 4 | 3 | 4 |
| Façonnage – Fabrication | 3 | 2 | 1 |
| Logistique | 1 | 1 | 0 |
| **Total entreprise** | **15** | **10** | **9** |

| SERVICES | NOMBRE DE JOURS D'ARRÊT | | |
|---|---|---|---|
| | 2015 | 2016 | 2017 |
| Administratif et commercial | 1 | 0 | 1 |
| Prépresse | 14 | 10 | 0 |
| Impression | 30 | 29 | 45 |
| Façonnage – Fabrication | 3 | 5 | 6 |
| Logistique | 0 | 0 | 0 |
| **Total entreprise** | **48** | **44** | **51** |

FAIT ☐ REVU ☐

## Exercice 11 voir Fiche Savoir 21

# Le coût d'une sortie organisée par le CE

*(D'après un sujet d'examen – Épreuve E2)*
L'entreprise d'insertion Creno met en œuvre chaque été une sortie à destination du personnel et de leur famille. Linda Zaoui, secrétaire du CE, est chargée d'organiser cette sortie.

• **À l'aide des documents, déterminez le coût de la sortie. Présentez les calculs dans un tableau.**

**Document 1**

**Destination :** Parc d'attractions Galaktika de Riedseltz (67)
**Date :** samedi 09/07/N
**Bénéficiaires :** salarié(e)s, conjoint(e)s et enfants de 4 à 12 ans (min. 25 personnes – max. 61 personnes)
**Aller :** départ de Creno à 9 h (arrivée à Riedseltz vers 10 h)
**Retour :** départ de Riedseltz à 18 h (arrivée à Creno vers 19 h)
**Transport :** en autocar (devis société Touricar)
**Activités :** accès illimité aux attractions – spectacle « La Voie Lactée », début à 15 h
**Restauration :** déjeuner en commun dans une salle réservée au nom du CE Creno
**Financement :** famille (conjoint : 10 € – enfant de 4 à 12 ans : 5 €, gratuit pour les salariés)
**Financement du CE** (à déterminer)

**Document 2**

**Récapitulatif des participants :**
14 salariés, 8 conjoints et 21 enfants

**Document 3**

Bonjour Mme Zaoui,

Vous trouverez ci-dessous nos tarifs groupe CE concernant l'accès au parc Galaktika :
Adultes : 7 € – Enfants (de 4 à 12 ans) : 5 €
Le prix comprend l'accès au site, aux attractions et au spectacle, programmé à 15 h.
Tarif groupe accessible à partir de 25 personnes.
Pour la restauration du midi, nous vous proposons un menu adulte à 10 € (hors boissons) et un menu enfant à 7 €. Prise du repas à 12 h 15 dans le restaurant « La Comète » (salle réservée).
Je me tiens à votre disposition pour tout renseignement complémentaire.

Très cordialement,

Nathalie Caselli,
Commerciale Parc Galaktika

**Document 4**

**Devis transport Touricar**
Forfait : 956 € TTC

FAIT ☐ REVU ☐

## Exercice 1 Le décompte du temps de travail

| RELEVÉ DES HEURES DU MOIS DE FÉVRIER N | | | | |
|---|---|---|---|---|
| SALARIÉE : M[LLE] MARY | HEURES NORMALES | HEURES RÉELLES | HEURES SUP. À 25 % | HEURES SUP. À 50 % |
| Semaine 5 | 21* | 23,5 | 4* | – |
| Semaine 6 | 35 | 35 | – | – |
| Semaine 7 | 35 | 45,5 | 8 | 2,5 |
| Semaine 8 | 35 | 35 | – | – |
| Semaine 9 | 14 | 15,5 | – | – |

* Total des heures effectuées durant la semaine 5 (du 30/01 au 03/02) : 39 h
Total des heures normales de la semaine 5 (du 30/01 au 03/02) : 35 h
⇒ 4 heures supplémentaires



## Exercice 2 Le déplacement du personnel (la réservation de l'hôtel)

**1.** Tableau récapitulatif des prestations

| CRITÈRES | HÔTEL FERRI | HÔTEL LINA | HÔTEL DU PARC |
|---|---|---|---|
| Disponibilité salle et équipement | | | |
| Prix<br>– Salle équipée<br>– Café accueil<br>– Déjeuner<br>– Pause-café après-midi<br>– Autres frais | | | |
| Accessibilité parking | | | |
| Image de l'enseigne | | | |

**2.** La fiche d'appel téléphonique doit comporter :
– un en-tête : date, nom et adresse de l'hôtel, numéro de téléphone, nom du contact et son téléphone direct ;
– le corps de la fiche : il reprend les critères du tableau ci-contre, pour ne rien oublier lors de l'entretien téléphonique.

**3.** Communication orale simulée
– Se présenter et demander le responsable.
– Exprimer clairement les besoins et vérifier la disponibilité des lieux à la date souhaitée.
– Demander le prix des prestations, faire reformuler ou préciser les réponses, vérifier qu'il n'y aura pas de frais imprévus.
– Vérifier la possibilité de parking.
– Conclure en indiquant que vous comparerez la proposition avec celles d'autres prestataires et que vous donnerez une réponse définitive sous 24 heures.

## Exercice 3 La note de service

**LOCAMAT**

Note de service n° 432

| Émetteur | Destinataire(s) | Date | Pour exécution |
|---|---|---|---|
| Laurent Linares | Manutentionnaires et agents de démonstration | 2 juin N | |

**Objet : accidents de travail – consignes de sécurité et actions de prévention**

Face à la recrudescence des accidents de travail, nous avons décidé de multiplier les actions de prévention.
Nous vous rappelons l'obligation de respecter les règles élémentaires de sécurité :
– port de la tenue de travail (casque, vêtements, gants et chaussures) ;
– interdiction de fumer et de parler avec un collègue lors de la manipulation des engins motorisés ou l'utilisation des machines à risque.
<u>Le non-respect de ces consignes constitue une faute professionnelle.</u>
Par ailleurs, le personnel est tenu de participer au stage ayant pour thème :
« La connaissance des risques en entreprise, dans leurs aspects techniques et professionnels »
Le stage se déroulera du 20 au 24 juin N, de 9 h à 12 h et de 14 h à 16 h, dans l'entreprise (atelier ouest).
Les employés sont invités à se rendre au bureau du personnel avant le 10 juin pour retirer leur fiche de participation.

Le gérant, L. Linares

## Exercice 4 La procédure d'accueil et d'intégration du nouveau salarié

| ORDRE | POINTAGE | OPÉRATIONS |
|---|---|---|
| 1 | ☑ | Informer le personnel de l'arrivée du salarié. |
| 2 | ☑ | Préparer les éléments d'information pour la DPAE. |
| 3 | ☑ | Déclarer le salarié : transmission de la DPAE à l'Urssaf. |
| 4 | ☑ | Établir le contrat de travail. |
| 5 | ☑ | S'assurer de l'agencement du poste de travail : matériels et logiciels nécessaires. |
| 6 | ☑ | Faire ouvrir un compte utilisateur au nom du nouveau collaborateur. |
| 7 | ☑ | Constituer le dossier d'accueil du salarié : livret d'accueil, règlement intérieur... |
| 8 | ☑ | Prévoir un entretien d'accueil le jour J avec le responsable hiérarchique. |
| 9 | ☑ | Planifier la visite des locaux. |
| 10 | ☑ | Organiser la présentation du service (prévoir un « pot d'accueil »). |
| 11 | ☑ | Prévoir une formation d'intégration avec les collaborateurs du service. |
| 12 | ☑ | Planifier un entretien avec la direction 15 jours après l'embauche. |

## Exercice 5 Le compte personnel d'activité (CPA)

**Société Martel**

Note d'information n° 79

| Émetteur | Destinataire(s) | Date |
|---|---|---|
| Maria Lucila | Tout le personnel | 17/05/N |

**Objet : compte personnel d'activité (CPA)**

Effectif depuis janvier 2017, le compte personnel d'activité vise à sécuriser les parcours professionnels. Le CPA est un outil qui permet à chacun de faire évoluer sa carrière.

Le CPA intègre plusieurs dispositifs ; il regroupe les droits issus du compte personnel de formation (CPF), le compte personnel de prévention de la pénibilité (CCP) et le compte engagement citoyen (CEC).

Le CPA concerne tous les actifs à partir de 16 ans et tous les statuts. Il est ouvert dès qu'une personne commence sa vie professionnelle et ses droits restent valables jusqu'à la fermeture du compte.

Chaque titulaire d'un compte personnel d'activité peut le gérer en toute liberté ; c'est lui qui décide de l'utilisation de ses droits.

Des informations complémentaires pourront être communiquées sur demande au service des ressources humaines.

Maria Lucila, Responsable des ressources humaines

## Exercice 6 Le calcul du salaire brut

**1.** Le relevé d'heures

| RELEVÉ D'HEURES DE M^LLE^ LARAVILLE (MOIS D'AVRIL) | | | | |
|---|---|---|---|---|
| SEMAINE | HEURES RÉELLES | HEURES NORMALES | HEURES D'ABSENCE | JOURS D'ABSENCE |
| Semaine 1 | 35 | 35 | | |
| Semaine 2 | 0 | 35 | 35 | 5 |
| Semaine 3 | 35 | 35 | | |
| Semaine 4 | 35 | 35 | | |
| Semaine 5 | | 14 | | |
| | | TOTAL | 35 | 5 |

**2.** La retenue pour absence

① Méthode de l'horaire réel :

3 500 × 35 / 154 = 795,45 €

② Méthode des jours ouvrés :

3 500 × 5 / 22 = 795,45 €

Méthode retenue : l'horaire réel (795,45 €).

**3.** ① Méthode du dixième :

(45 500 × 1/10) × (6 / 30) = 910 €

② Méthode du maintien du salaire : 795,45 €

Méthode retenue : 1/10e (910 €)

**4.**

| CALCUL DU SALAIRE BRUT DE MLLE LARAVILLE | | |
|---|---|---|
| Salaire de base | | 3 500,00 |
| + Prime d'ancienneté | 3 500 × 6 % | + 210,00 |
| – Retenue pour absences | | – 795,45 |
| + Indemnité de congés payés | | + 910,00 |
| **= Salaire brut** | | **3 824,55** |

## Exercice 7 Le calcul des cotisations de l'Urssaf

Pour calculer les cotisations versées à l'Urssaf (y compris les cotisations à Pôle emploi), il faut élaborer un tableau qui regroupe les cotisations sociales et les cotisations patronales.

- Calcul des salaires bruts : 1 430 + 2 084,10 + 1 387,88 + 2 516 + 3 785 = 11 202,98 € arrondis à **11 203 €**
- Calcul de la base pour les cotisations CSG et CRDS : 11 202,98 × 0,9825 = **11 006,93 €**
- Salaires plafonnés : 1 430 + 2 084,10 + 1 387,88 + 2 516 + 3 269 = 10 686,98 € arrondis à **10 687 €**
- Le montant total des cotisations salariales et patronales Urssaf et Pôle emploi s'élève à : 2 015,67 + 4 026,55 = **6 042,22 €**.

| SÉCURITÉ SOCIALE | BASE | COTISATIONS SALARIALES | | COTISATIONS PATRONALES | |
|---|---|---|---|---|---|
| CSG non déductible | 11 007,00 | 2,40 % | 264,17 | | |
| CRDS non déductible | 11 007,00 | 0,50 % | 55,04 | | |
| CGS déductible | 11 007,00 | 5,10 % | 561,36 | | |
| Assurance maladie, maternité, décès et CSA | 11 203,00 | 0,75 % | 84,02 | 13,19 % | 1 477,68 |
| Vieillesse plafonnée | 10 687,00 | 6,90 % | 737,40 | 8,55 % | 913,74 |
| Vieillesse déplafonnée | 11 203,00 | 0,40 % | 44,81 | 1,90 % | 212,86 |
| Allocations familiales | 11 203,00 | | | 5,25 % | 588,16 |
| Accident du travail | 11 203,00 | | | 3,10 % | 347,29 |
| FNAL (fonds national d'aide au logement) | 10 687,00 | | | 0,10 % | 10,69 |
| **PÔLE EMPLOI** | | | | | |
| Chômage | 11 203,00 | 2,40 % | 268,87 | 4,00 % | 448,12 |
| Association pour la garantie des salaires | 11 203,00 | | | 0,25 % | 28,01 |
| TOTAL | | | 2 015,67 | | 4 026,55 |

## Exercice 8 Le budget du personnel

| DÉPENSES | PRÉVU | RÉEL | ÉCART EN VALEUR | ÉCART EN % |
|---|---|---|---|---|
| Salaires de base | 23 200 | 21 600 | – 1 600 | – 6,90 % |
| Heures suppl. | 2 600 | 2 600 | – | – |
| Prime d'ancienneté | 500 | 500 | – | – |
| Indemnités de CP | 800 | 1 600 | + 800 | + 100 % |
| Cotis. salariales | 5 962 | 5 786 | – 176 | – 2,95 % |
| Cotis. patronales | 11 382 | 11 046 | – 336 | – 2,95 % |
| Mutuelle | 1 080 | 840 | – 240 | 22,22 % |
| **TOTAUX** | **45 524** | **43 972** | **– 1 552** | **– 3,41 %** |

## Exercice 9 L'élaboration du budget

| MOIS | JANVIER | FÉVRIER | MARS |
|---|---|---|---|
| Salaire du magasinier | 630,00 (1) | 630,00 | 630,00 |
| Loyer | 675,00 (2) | 675,00 | 675,00 |
| Emballages | 413,40 (3) | 413,40 | 413,40 |
| Affranchissement des colis | 1 144,40 (4) | 1 144,40 | 1 144,40 |
| Autres charges indirectes | 250,00 | 250,00 | 250,00 |
| **Totaux budgétés** | **3 112,80** | **3 112,80** | **3 112,80** |

(1) 2 100 × 30 % = 630 (2) 2 700 × 1/4 = 675

(3) {[(250 × 1,20) + (450 × 1,65) + (1 100 × 3,75)] × 80 %} / 10 = 413,40

(4) {[(200 × 5,80) + (400 × 7,30) + (600 × 8,20) + (250 × 9,20) + (150 × 11,10) + (100 × 13,40)] × 80 %} / 10 = 1 144,40

## Exercice 10 La préparation de la réunion du CHSCT

**Commentaires**

Le nombre d'accidents du travail diminue régulièrement. Toutefois, on constate une augmentation pour les services Administratif et Commercial, et Impression. • • •

• • •

Les accidents du travail sont plus graves et entraînent davantage de jours d'arrêt, notamment pour le service Impression, qui enregistre 1,5 fois plus de jours d'arrêt que les années précédentes.

**Axes de vigilance**

La sécurité dans le service Impression doit être renforcée : campagne d'affichage, formation à la sécurité, analyse des procédures de fabrication, contrôle du port des EPI. L'évaluation des risques identifiés dans le document unique est une étape cruciale de la démarche de prévention.

## Exercice 11 Le coût d'une sortie

| COÛT BILLETTERIE | | | |
|---|---|---|---|
| PARTICIPANTS | Q | PU TTC | MONTANT |
| Salariés | 14 | 7 | 98,00 |
| Conjoints | 8 | 7 | 56,00 |
| Enfants de 4 à 12 ans | 21 | 5 | 105,00 |
| | | TOTAL | **259,00** |
| COÛT RESTAURATION | | | |
| Salariés | 14 | 10 | 140,00 |
| Conjoints | 8 | 10 | 80,00 |
| Enfants de 4 à 12 ans | 21 | 7 | 147,00 |
| | | TOTAL | **367,00** |
| COÛT TRANSPORT | | | |
| TYPE | Q | PU TTC | MONTANT |
| Autocar | Forfait | | 956,00 |
| | | TOTAL | **956,00** |
| | | COÛT TOTAL | **1 582,00** |
| PARTICIPATION FINANCIÈRE DES FAMILLES | | | |
| Salariés | 14 | 0 | 0,00 |
| Conjoints | 8 | 10 | 80,00 |
| Enfants de 4 à 12 ans | 21 | 5 | 105,00 |
| | | Total | **185,00** |

Participation du CE = 1 582 – 185 = 1 397 €.

Savoir
22

# Le système d'information de l'entreprise

LU ☐
SU ☐
REVU ☐

**L'organisation administrative et la prise de décision se basent sur le système d'information mis en place dans l'entreprise.**



## 1 Le système d'information

### 1.1. Définition

Le système d'information (SI) permet de faire circuler et de stocker l'information de façon efficace et cohérente pour toutes les activités de l'entreprise.
C'est un ensemble organisé de ressources humaines (personnel) et matérielles (logiciels, matériel informatique), de données et de procédures qui permet de regrouper, classer, traiter et diffuser de l'information sur un environnement donné.

### 1.2. Le système d'information clients

Le système d'information clients permet de collecter des informations relatives aux clients et de les tenir à jour afin de développer une gestion de la relation client (GRC).
Les informations ainsi collectées sont utilisées pour contacter les clients par publipostage, leur envoyer des coupons de réduction pour les produits habituellement achetés...
Le SI clients prend aussi en compte les informations sur la concurrence et le marché, qui doivent également être régulièrement mises à jour.

### 1.3. Le système d'information fournisseurs

Le système d'information fournisseurs permet de collecter toutes les données concernant les fournisseurs et ainsi de faciliter l'ensemble du processus d'approvisionnement. Il doit être actualisé très régulièrement.
Le SI fournisseurs permet au chef d'entreprise de prendre des décisions stratégiques concernant les relations commerciales que l'entreprise entretient avec ces partenaires.
Il comprend :
- les coordonnées de chaque fournisseur ;
- les produits qu'il propose, les prix et les conditions de vente qu'il pratique...

Le SI fournisseurs permet aussi de faciliter la recherche et le choix d'un fournisseur.

## 2 Les sources d'information

Pour alimenter le système d'information, on utilise deux types de sources :
- les sources d'information internes : les informations se trouvent au sein de l'entreprise. Elles sont repérées et examinées dans chacun des services qui les produisent : direction générale, service commercial, service Comptabilité, service administratif, bureau d'études... ;

EXEMPLES
La comptabilité de l'entreprise, la situation des stocks, les informations d'un compte rendu annuel d'activité et les notes mensuelles.

- les sources d'information externes : les informations sont à l'extérieur de l'entreprise. Elles sont recueillies auprès de ses différents partenaires (clients, fournisseurs, banquiers, institutions...).

Les informations sont accessibles aux membres du personnel de l'entreprise en fonction de leur importance et de leur degré de diffusion. Elles présentent des statuts différents : diffusable, confidentielle, urgente, prioritaire.

## 3 La nature, les formes et les qualités de l'information

### 3.1. La nature et les formes de l'information

Les informations peuvent être de deux natures. On distingue :
- l'information quantitative : elle est numérique (données chiffrées) ;
- l'information qualitative (informations descriptives).

Les informations peuvent prendre plusieurs formes :
- textuelle (l'information comporte plusieurs mots, voire des phrases complètes) ;
- visuelle (dessin, schéma, modèle, plan, carte, photo...) ;
- audiovisuelle (publicité, film...) ;
- sonore (message enregistré, musique...).

### 3.2. Les qualités de l'information

L'information n'a de valeur pour l'entreprise que si elle a une influence sur les actions et les décisions. Pour cela, elle doit posséder plusieurs qualités : elle doit être exacte, actuelle, pertinente et rapide d'accès.

## 4 L'authentification d'une information

L'authentification est la vérification d'informations relatives à une personne ou à un processus informatique.
Elle peut se faire de multiples manières, notamment par un mot de passe, une signature manuscrite sur écran tactile/digital (de type PDA), une caractéristique physique (comme une empreinte digitale), une carte à puce ou, de plus en plus souvent, un certificat électronique.

## 5 Le certificat et la signature électronique

### 5.1. Le certificat électronique

Il permet d'authentifier tout document transmis par voie électronique. Grâce à ce certificat, l'entreprise assure un traitement totalement confidentiel et sécurisé des contrats, des bons de commande, des lettres de relance...

### 5.2. La signature électronique

Elle permet d'identifier l'auteur d'un document électronique. Elle est la preuve que le document n'a pas subi d'altération entre l'instant où il a été signé et celui où il a été consulté. C'est pour l'entreprise un moyen fiable d'assurer la sécurité de ses échanges sur Internet.

**mots clés**

**Système d'information ◆ Système d'information clients ◆ Système d'information fournisseurs ◆ Sources d'information ◆ Certificat électronique ◆ Signature électronique**

*S'entraîner au Bac*
Exercices 1 et 2 : p. 95

Savoir
23

# L'organisation et le suivi des réunions

LU ☐
SU ☐
REVU ☐

**La réunion est un moyen de communication adapté à un groupe de personnes. Dans l'entreprise, les réunions sont fréquentes ; elles ont pour objectif de communiquer ou d'échanger des informations, de discuter pour résoudre des problèmes.**



## 1 Définition

Une réunion regroupe un ensemble de personnes à une date déterminée et dans un lieu donné (équipé éventuellement de matériel).
C'est une opération parfois délicate car non seulement elle peut être longue à mettre en œuvre par rapport à la logistique, mais elle repose essentiellement sur les compétences de l'animateur, qui est chargé d'établir un climat de confiance.

## 2 La typologie des réunions

On distingue différents types de réunions en fonction des objectifs poursuivis :
- la réunion d'information permet de diffuser une information relative à la vie de l'organisation ;
- la réunion de concertation (ou réunion-discussion) favorise l'expression et les échanges d'idées entre les participants ;
- la réunion de résolution de problème a pour but de trouver des solutions à un problème au sein de l'organisation.

## 3 La préparation de la réunion

La préparation est une phase déterminante pour la réussite de la réunion. Il est nécessaire de dresser une liste de contrôle qui récapitule chronologiquement toutes les tâches à réaliser jusqu'au jour de la réunion.

## 4 La logistique de réunion

### 4.1. Les informations transmises aux participants

**a. L'ordre du jour**

Il présente de manière précise et logique les différents points qui seront abordés lors de la réunion.

**b. La date et l'heure**

La date de la réunion et l'heure doivent être prévues au minimum 15 jours à l'avance afin de permettre l'envoi des invitations et des convocations aux participants.

**c. Le lieu**

Une réunion peut se dérouler soit dans l'entreprise, soit à l'extérieur.

**d. Les participants**

Le nombre et la qualité des participants dépendent du type de réunion et de son objectif.

PÔLE 3 - GESTION ADMINISTRATION

### 4.2. Les documents à préparer

#### a. La convocation des salariés

Une convocation est adressée à chaque participant afin de l'informer des détails du déroulement de la prochaine réunion. Elle comporte impérativement l'ordre du jour, le lieu, la date et l'heure de la réunion.

#### b. Les documents préparatoires

Il s'agit des documents de travail qui seront utilisés lors de la réunion.

#### c. Les documents d'accueil

Afin que les participants puissent être identifiés, il convient de préparer des badges sur lesquels figurent le nom, le prénom, le service de la personne (pour le salarié), la fonction de la personne (pour l'invité).
Pour vérifier la présence des participants, une liste d'émargement est établie, sur laquelle chacun signera en début de matinée et en début d'après-midi.

#### d. Le cadre de travail et les équipements nécessaires

L'organisateur doit veiller aux conditions d'efficacité de la réunion. Il doit prévoir le cadre de travail, principalement l'organisation de la salle (disposition en salle de conférences, en « U », en carré, en cercle ou en ovale selon la nature des échanges) et les équipements nécessaires (tableau, vidéoprojecteur...).

## 5 Le compte rendu de réunion

Le compte rendu de réunion est un document qui rapporte les faits, les activités, les propos échangés lors d'une réunion ainsi que les décisions prises à cette occasion.

### 5.1. La rédaction du compte rendu

Le rédacteur du compte rendu doit retranscrire avec fidélité, objectivité et neutralité (sans donner d'avis personnel) les propos pris en notes lors de la réunion.

### 5.2. Le contenu du compte rendu

Le plan le plus fréquemment utilisé est le suivant.

| | |
|---|---|
| L'INTRODUCTION | Elle précise l'heure de début de la réunion et annonce l'ordre du jour (les différents thèmes qui ont été abordés). |
| LE DÉVELOPPEMENT | Il expose les faits, restitue les débats dans un ordre chronologique. Les échanges entre les intervenants sont reformulés, synthétisés. |
| LA CONCLUSION | Elle indique les décisions éventuellement prises et/ou les votes. L'heure de fin de la réunion est précisée. Le cas échéant, la date, l'heure et le lieu de la prochaine réunion sont indiqués. |

### 5.3. La diffusion du compte rendu

Le compte rendu doit être diffusé à l'ensemble des participants, pour validation. La diffusion peut se faire sous forme écrite par envoi postal, inscription dans le journal interne ou messagerie interne (intranet).

**mots clés**

**Réunion ◆ Typologie des réunions ◆ Logistique de réunion ◆ Ordre du jour ◆ Compte rendu de réunion**

*S'entraîner au Bac*
**Exercice 3 : p. 95**

Savoir 24

# La gestion des flux de courriers

LU ☐
SU ☐
REVU ☐

**Dans toute organisation, le traitement du courrier occupe une part importante du temps réservé aux tâches administratives. Le volume du courrier à gérer varie en fonction de la taille de l'organisation et surtout du nombre de partenaires avec lesquels elle est en relation.**

## 1 Le courrier entrant

### 1.1. Définition

Le courrier entrant, communément appelé « courrier arrivé », est le courrier que l'organisation reçoit de ses différents partenaires. Il est constitué majoritairement de lettres, télécopies, courriels et colis.

### 1.2. Les procédures de gestion du courrier entrant

Pour gérer le courrier entrant, la procédure diffère plus ou moins en fonction du type d'organisation.

EXEMPLE

**Procédure de traitement du courrier entrant**

1 – Arrivée et réception du courrier
2 – Ouverture des plis et enregistrement du courrier
3 – Tri du courrier et transmission du courrier au destinataire
→ **Travaux réalisés par le (la) secrétaire**

4 – Traitement du courrier
5 – Classement du courrier
→ **Travaux réalisés par le service destinataire du courrier**

### 1.3. Les outils et matériels de traitement du courrier

L'organisation utilise des outils et matériels pour faciliter le traitement du courrier :

- la machine à ouvrir le courrier ;
- le registre du courrier : le (la) secrétaire procède à l'enregistrement de chaque courrier dans un registre « Courrier arrivé » de façon à le retrouver en cas de besoin. Dès réception, chaque lettre reçoit un numéro d'ordre. Dans le registre, ce numéro, le nom de l'expéditeur, l'objet de la lettre et le nom du destinataire sont notés ;
- le matériel de classement du courrier : le double du courrier est rangé dans un classeur à levier, tandis que l'original est ventilé dans des corbeilles (une corbeille par service destinataire).

## 2 Le courrier sortant

### 2.1. Définition

Le courrier sortant (ou « courrier départ ») est le courrier que l'organisation expédie à ses différents partenaires (correspondance administrative, lettres ou documents commerciaux, coupons publicitaires, dossiers...).

### 2.2. La procédure d'expédition du courrier

Pour expédier le courrier, l'organisation suit une procédure dans laquelle on peut identifier :

- les étapes de la préparation des envois ;
- le personnel effectuant les différentes opérations ;
- les matériels utilisés pour faciliter le travail et gagner du temps.

### 2.3. L'enregistrement du courrier à expédier dans le registre interne

Le courrier à expédier est enregistré dans le registre « Courrier départ », où sont indiqués : la date du jour, le numéro d'ordre (numéro croissant), le nom et les coordonnées du destinataire, l'objet du courrier, le service expéditeur.

### 2.4. La préparation des envois

L'employé(e) chargé(e) de traiter le courrier sortant doit réaliser deux opérations : la mise sous pli du courrier et son affranchissement.

Pour réaliser ces tâches, les organisations disposent le plus souvent de matériels très performants : plieuses, machine de mise sous enveloppes, machines à affranchir.

### 2.5. Les prestataires de services d'acheminement des envois

Il existe différents prestataires :

- La Poste met à disposition des organisations une large gamme de services ;
- les sociétés privées d'acheminement du courrier proposent du personnel formé pour assurer, dans les locaux de l'organisation et avec tous les moyens nécessaires, les tâches liées à la préparation et à l'expédition des envois ;
- les coursiers assurent l'acheminement d'objets (enveloppes, paquets) d'un endroit à un autre de la ville dans un très court délai.

### 2.6. Le suivi des envois

Pour suivre le courrier, l'organisation peut se connecter sur le site Internet du prestataire (La Poste, par exemple) et accéder au service de suivi des envois.

## 3 La gestion électronique de documents (GED)

Afin d'optimiser leur productivité et d'améliorer le service au client, les grandes entreprises se tournent vers des solutions de gestion électronique de documents (GED) pour traiter les courriers. Chaque courrier est alors scanné puis classé dans un dossier informatique.

**mots clés** : Courrier entrant ◆ Procédure ◆ Traitement du courrier ◆ Registre du courrier ◆ Courrier sortant ◆ Mise sous pli ◆ Affranchissement

*S'entraîner au Bac*
Exercice 4 : p. 96

Savoir 25

# La gestion des flux d'appels téléphoniques

LU ☐
SU ☐
REVU ☐

De nombreux messages professionnels transitent par le téléphone, qui permet de transmettre des informations rapidement. Le soin porté aux communications téléphoniques est important car celles-ci doivent donner une image positive de l'organisation. Il faut établir un rapport de qualité avec son interlocuteur.

PÔLE 3 – GESTION ADMINISTRATION

## 1 Les règles de la communication téléphonique

### 1.1. Les règles à appliquer à la réception d'un appel téléphonique

À la réception d'un appel téléphonique, il convient d'appliquer des règles qui mettent en évidence certaines qualités de l'accueil.

| RÈGLES | QUALITÉ DE L'ACCUEIL |
|---|---|
| La réponse intervient avant la troisième sonnerie. | Rapidité |
| La réponse est polie et aimable en toutes circonstances. | Courtoisie |
| Le vocabulaire est simple, le registre de langage est adapté à un échange commercial (courant). | Efficacité |

### 1.2. Les règles à appliquer à l'émission d'un appel téléphonique

Avant d'émettre un appel téléphonique, il est nécessaire de le préparer et de se poser les questions suivantes.

| QUESTIONS | | INFORMATIONS À CONNAÎTRE |
|---|---|---|
| **Qui ?** | Coordonnées du récepteur | • Nom de la société<br>• Service concerné<br>• Nom du récepteur<br>• N° de téléphone et poste |
| **Quand ?** | Heure(s) de disponibilité | • Heures d'ouverture de la société<br>• Heures de présence du responsable |
| **Quoi ?** | Objet de l'appel | • Motif de l'appel, points importants à aborder, documents à consulter |

Il faut adopter une attitude appropriée : être courtois, sourire (le sourire s'entend au téléphone), se présenter (« Société X, bonjour »), être patient, rester calme en toutes situations.

## 2 La conduite de l'entretien téléphonique

L'attitude appropriée lors de l'entretien téléphonique tient compte de deux éléments : la voix et le rythme de l'élocution (tonique et dynamique).

### 2.1. La réception d'un appel téléphonique

Lorsque l'on reçoit un appel téléphonique, il faut respecter les étapes suivantes.
① Disposer du matériel nécessaire à la prise de notes (fiche téléphonique…).
② Saluer, se présenter.
③ Chercher à bien comprendre le motif de l'appel.
④ Renseigner, faire éventuellement patienter.
⑤ Conclure en reformulant les points importants.
⑥ Prendre congé et saluer.

### 2.2. L'émission d'un appel téléphonique

Lorsque l'on émet un appel téléphonique, il faut respecter les étapes suivantes.
① Disposer des informations nécessaires (dossier, fiche téléphonique…).
② Saluer, se présenter.
③ Préciser brièvement le motif de l'appel.
④ Exposer les différents points.
⑤ Conclure en reformulant les points importants.
⑥ Prendre congé et saluer.

## 3 La téléphonie et les techniques associées

### 3.1. Les équipements principaux

L'entreprise utilise généralement plusieurs types d'appareils :
- le téléphone fixe : il est généralement équipé d'une messagerie vocale, d'un fax… ;
- le téléphone mobile.

### 3.2. Les fonctions téléphoniques principales

Les fournisseurs de téléphonie proposent différents services :
- le transfert d'appel ;
- le signal d'appel ;
- les numéros spéciaux, qui permettent d'accéder par un appel téléphonique à différents services. Les appels vers ces numéros sont gratuits ou payants selon le numéro composé ;
- l'audioconférence, qui permet de mettre en relation des personnes dispersées géographiquement (voir Fiche Savoir n° 26).

## 4 La messagerie vocale

L'entreprise utilise la messagerie vocale pour maintenir le contact avec ses différents partenaires aux heures où une permanence téléphonique ne peut être assurée et pour écouter les messages reçus.

**mots clés**
**Téléphone ◆ Réception d'un appel ◆ Émission d'un appel ◆ Conduite de l'entretien téléphonique ◆ Fiche téléphonique ◆ Messagerie vocale ◆ Audioconférence**

*S'entraîner au Bac*
**Exercices 5, 6 et 7 : p. 96-97**

Savoir
26

# La gestion d'espaces collaboratifs

LU ☐
SU ☐
REVU ☐

Les entreprises dont l'activité s'exerce sur une zone géographique étendue ont recours à des systèmes de gestion d'espaces numériques de travail.



## 1 Les groupes et plateformes de travail collaboratif

### 1.1. Les groupes de travail

Afin de permettre aux responsables de créer un lieu de partage de l'information, l'entreprise met en place des groupes travaillant sur des plateformes de travail collaboratif.

### 1.2. Les plateformes de travail collaboratif

#### a. Définition

Une plateforme de travail collaboratif (appelée aussi « environnement numérique de travail » ou « bureau virtuel ») est un espace de travail virtuel qui centralise tous les outils permettant de faciliter et d'optimiser la communication entre les individus, dans le cadre du travail ou d'une tâche non liée au travail.

#### b. Les fonctionnalités de la plateforme

La plateforme est le lieu permettant :

- le partage de bureau : chaque utilisateur dispose d'un espace de bureau personnel (dépôts de documents) qu'il peut partager avec d'autres utilisateurs ;
- la présentation de diapositives (*slides*) pour illustrer une conférence en ligne ;
- l'échange de fichiers entre les utilisateurs connectés ;
- le travail sur un éditeur de textes qui agit simultanément sur les documents de tous les utilisateurs.

L'espace de travail collaboratif offre aussi la possibilité d'une collaboration par messages instantanés pour des conversations textuelles, ainsi que la création d'événements (conférence téléphonique, visioconférence, réunion virtuelle).

#### c. La sécurité des accès

L'accès est sécurisé. Un mot de passe est automatiquement attribué afin de se connecter en toute sécurité à la plateforme ; ainsi, seules les personnes autorisées et invitées ont accès à l'espace de travail.

## 2 Les téléréunions (ou téléconférences)

Une téléréunion (ou téléconférence) est une conférence entre des interlocuteurs éloignés géographiquement et reliés par des moyens de télécommunication.

### 2.1. Les téléréunions permettant de s'écouter

On distingue la réunion téléphonique et l'audioconférence.

#### a. La réunion téléphonique

La réunion téléphonique (ou conférence téléphonique) permet de réunir des personnes éloignées géographiquement sur une même ligne téléphonique partagée. La communication est réalisée en France ou à l'étranger à partir de n'importe quel type de téléphone.

### b. L'audioconférence

L'audioconférence (ou conférence vocale) est une réunion utilisant une liaison téléphonique ou informatique et permettant de faire travailler ensemble, à distance, plusieurs groupes de personnes.
Les participants dialoguent en temps réel, sans contrainte, en ayant les mains libres, grâce à un matériel spécifique.

## 2.2. Les téléréunions permettant de se voir et de s'écouter

### a. La visioconférence

La visioconférence consiste à relier par le son et l'image des collaborateurs présents dans plusieurs salles de réunion distantes géographiquement.
Cette solution permet de se rapprocher autant que possible d'une réunion de visu et convient lorsque la rencontre visuelle entre les interlocuteurs est préférable, voire nécessaire.
La visioconférence est possible grâce à un système de télécommunication comportant des caméras, des écrans de contrôle et de réception.
Les communications passent par Internet, ce qui génère une importante économie de téléphone.

### b. La vidéoconférence et la vidéotransmission

- La vidéoconférence consiste à transmettre à distance des images de qualité TV, filmées en direct, d'une manifestation vers autant de points de réception qu'on le souhaite, en France ou à l'étranger.
  Dans chaque lieu de réception, les spectateurs peuvent dialoguer avec ceux du lieu d'émission, grâce à une liaison « retour son ».
- Comme la vidéoconférence, la vidéotransmission permet de diffuser simultanément des messages à des personnes situées en divers lieux à travers le monde. Alors que la vidéoconférence utilise souvent les lignes téléphoniques, la vidéotransmission fait appel à la technologie satellite pour offrir une transmission intégrale et une vidéo de grande qualité.

### c. La Web conférence

La Web conférence consiste à réunir des collaborateurs autour d'une plateforme virtuelle pour une réunion de travail. Tous les participants, devant leur ordinateur muni d'une connexion Internet et d'une webcam, communiquent à distance et échangent des données en temps réel.
L'entreprise gagne du temps et de l'argent puisque, dans ce cas aussi, les déplacements sont supprimés.

**mots clés**

**Travail collaboratif ◆ Plateforme de travail collaboratif ◆ Téléréunion ◆ Réunion téléphonique ◆ Audioconférence ◆ Visioconférence ◆ Vidéoconférence ◆ Vidéotransmission ◆ Web conférence**

Savoir 27

# L'accueil des visiteurs dans l'entreprise

LU ☐
SU ☐
REVU ☐

**L'accueil est à la fois la façon de recevoir les visiteurs et l'espace dans lequel se déroule la rencontre entre ces visiteurs et l'entreprise.**

## 1 L'espace d'accueil

L'espace d'accueil est le premier point de contact avec les visiteurs. Il véhicule l'image de l'entreprise à travers les services proposés aux visiteurs.

### 1.1. Les différents types d'espaces d'accueil

L'espace d'accueil est généralement situé à l'entrée de l'entreprise.
Selon la nature de l'organisation, il est possible de configurer le bureau d'accueil de différentes manières.

| | |
|---|---|
| L'ACCUEIL OUVERT | Il est destiné à un accueil direct (demande de renseignements, indication d'horaires, informations par un hôte ou une hôtesse...). |
| L'ACCUEIL SEMI-OUVERT | Il est équipé de cloisons à mi-hauteur qui permettent de dissimuler un ordinateur et des fournitures (dossiers, formulaires à remplir...). |

Les visiteurs peuvent disposer d'un salon d'accueil pour attendre le moment où ils seront reçus.

### 1.2. Les caractéristiques de l'espace d'accueil

L'espace d'accueil doit être suffisamment vaste pour :
- accueillir un nombre important de personnes au même moment ;
- permettre la mise à disposition de documents d'information sur l'activité de l'entreprise (plaquettes...) et la mise en valeur de nouveautés (exposition de produits).

## 2 Les outils pour accueillir et orienter le visiteur

### 2.1. La fiche visiteur

Lorsque l'activité de l'organisation est soumise à des règles de sécurité, une fiche visiteur est renseignée à l'accueil et un badge est remis au visiteur.

### 2.2. Le téléphone

Un visiteur n'est jamais dirigé directement vers un service ; son arrivée est le plus souvent annoncée par téléphone.

### 2.3. L'annuaire interne et le plan des locaux / la signalétique

Ces outils, élaborés par l'organisation, permettent de retrouver facilement l'interlocuteur demandé et d'orienter (guider) le visiteur vers la personne désirée.
- L'annuaire interne de l'organisation permet de trouver les coordonnées de la personne vers laquelle il faut diriger le visiteur.
- Le visiteur peut aussi s'orienter en utilisant les outils de signalétique mis en place dans l'entreprise (panneaux de signalisation, marquage au mur et au sol, totems...).

## 3 La qualité de l'accueil

Le plus souvent, l'entreprise rédige une charte d'accueil qui décrit la procédure à suivre pour assurer un accueil de qualité.

## 4 Le comportement d'accueil

### 4.1. Les qualités de la personne chargée de l'accueil

Les qualités de la personne chargée de l'accueil sont :

- la disponibilité : ne pas faire attendre le visiteur ;
- l'efficacité : renseigner le visiteur, gérer les rendez-vous ;
- la courtoisie : accueillir le visiteur poliment et avec le sourire ;
- une tenue soignée : présentation et tenue vestimentaire correctes ;
- une bonne élocution.

### 4.2. Les codes sociaux et les rites

#### a. Les codes sociaux

Ils sont de deux ordres :

- les codes vestimentaires : la tenue doit être adaptée à l'emploi ou à la fonction exercée. La présentation doit être soignée, le maquillage et la coiffure appropriés ;
- les codes gestuels : l'expression du visage (sourire), le regard (tourné vers l'interlocuteur), les gestes (mesurés) et l'intonation de la voix (posée et sympathique) doivent traduire une certaine empathie.

#### b. Les rites

L'accueil du visiteur se déroule en trois étapes :

- la prise en charge du visiteur ;
- le traitement de la situation en fonction du motif de la visite ;
- la prise de congé.

## 5 Les différentes situations d'accueil

### 5.1. L'information et l'orientation des visiteurs

La personne chargée de l'accueil doit renseigner le visiteur directement et avec efficacité. En cas de difficulté, il convient d'orienter le visiteur vers la personne la mieux placée pour répondre à son besoin.

### 5.2. Le filtrage des visiteurs

La personne chargée de l'accueil effectue une sélection parmi les visiteurs qui se présentent. Certains membres de l'entreprise peuvent ne recevoir que sur rendez-vous ; certains visiteurs sont indésirables. Il faut alors leur faire barrage avec tact.

### 5.3. La gestion des conflits en situation d'accueil

Pour affronter un visiteur en colère, la première règle est d'adopter une attitude conciliatrice : l'écouter et manifester sa volonté de comprendre la situation.
Dans un second temps, il faut essayer de cerner le problème : identifier les faits et analyser la situation, manifester la volonté d'aider, de rechercher une solution.

**mots clés** Accueil ◆ Visiteurs ◆ Espace d'accueil ◆ Charte ◆ Comportement d'accueil ◆ Filtrage des visiteurs

*S'entraîner au Bac*
Exercices 8 et 9 : p. 97-98

Savoir
28

# L'aménagement des espaces et des postes de travail

LU ☐
SU ☐
REVU ☐

**Une entreprise vit, évolue et se transforme. L'environnement de travail doit suivre cette évolution afin d'offrir une implantation des locaux adaptée. L'entreprise doit porter aussi une attention particulière au choix du mobilier et du matériel, et veiller au bon aménagement des postes de travail. L'application de certaines règles permet d'améliorer considérablement les conditions de travail des salariés.**



## 1 L'implantation des locaux

### 1.1. Généralités

L'implantation des locaux consiste à répartir les locaux (bureaux, salles de réunion, ateliers...) les uns par rapport aux autres, afin de faciliter les communications et de diminuer les déplacements des personnes.

### 1.2. Les contraintes d'implantation

L'implantation des bureaux doit tenir compte d'un certain nombre de contraintes.

#### a. Les contraintes dues à la fréquence des liaisons entre les personnes

L'implantation des locaux doit être rationnelle. Elle prend en compte la fréquence des échanges entre les personnes.
Les bureaux des personnes en contact permanent sont peu éloignés pour limiter les déplacements, la fatigue et les pertes de temps.
Les subordonnés sont situés à côté de leur supérieur hiérarchique.
L'éloignement des bureaux de personnes n'ayant que des contacts occasionnels n'entraîne pas de difficulté particulière.

#### b. Les contraintes dues aux normes

La répartition de l'espace est assurée en tenant compte de l'espace optimal à accorder à chaque salarié. La norme relative à la conception des espaces de travail fixe les surfaces minimales souhaitables (10 $m^2$ pour une personne, 12 $m^2$ pour deux, 21 $m^2$ pour trois, 32 $m^2$ pour quatre).

#### c. Les contraintes dues à la circulation des personnes

La largeur conseillée pour le couloir est de 1,50 m minimum. Elle permet à deux personnes de se croiser sans se gêner et à une personne handicapée d'évoluer aisément en fauteuil roulant.

## 2 Les différents types de bureau

Certains membres du personnel disposent d'un bureau individuel, comme le dirigeant de l'entreprise ou les chefs de service. En revanche, les personnes ayant une activité similaire peuvent partager le même local (par exemple, un pool de secrétaires).

L'espace bureau peut être organisé de différentes façons.

| | |
|---|---|
| LES BUREAUX CLOISONNÉS OU BUREAUX TRADITIONNELS | Qu'ils soient individuels ou collectifs, ces bureaux sont des pièces entièrement fermées, isolées par des cloisons fixes et des portes. Ils conviennent à des travaux de réflexion mais ne favorisent pas la communication. |
| LES BUREAUX SEMI-OUVERTS (OU MODULAIRES OU ÉVOLUTIFS) | Dans un espace unique sont créées des zones de travail délimitées par des cloisons mobiles ou des éléments de décoration (par exemple, des plantes vertes). |
| LES BUREAUX PAYSAGERS (*OPEN SPACES*) | Ces bureaux ne comportent ni cloisons, ni portes, ni couloirs. L'espace est réparti entre les groupes de travail en fonction de leurs besoins réels et de la fréquence de leurs relations. Du fait de l'absence de cloisons, les individus et les informations circulent librement et rapidement. Cependant, ce type d'implantation ne ménage pas suffisamment l'intimité. |

## 3 Le choix du mobilier et du matériel

Le mobilier et le matériel doivent être choisis selon deux critères :
- la nature des tâches à effectuer par l'utilisateur ;
- le respect des règles ergonomiques : au-delà de l'aspect esthétique, le mobilier et le matériel doivent être adaptés aux caractéristiques physiques de l'utilisateur.

## 4 L'aménagement optimal du poste de travail

L'ergonomie détermine la forme, l'aspect et les dimensions du poste de travail (ensemble du mobilier et du matériel, notamment informatique) utilisé par une personne dans l'exercice de son activité.
Chaque élément du poste de travail doit être disposé au mieux pour faciliter le travail de l'utilisateur et diminuer la fatigue :
- les divers documents et matériels doivent être disposés en tenant compte de la fréquence d'utilisation de chacun d'eux ;
- les objets utilisés ensemble doivent être groupés (enveloppes et papier à lettres, papier et imprimante...) ;
- les objets, les documents usuels doivent se trouver à portée de main et toujours à la même place ;
- la surface du poste de travail doit être dégagée de tout ce qui est inutile.

On doit pouvoir changer de surface de travail sans avoir à se lever (en utilisant un bureau en « L » et un siège pivotant équipé de roulettes).

EXEMPLE
Un poste de travail informatique bien aménagé permet d'adopter une posture naturelle et confortable. La posture est confortable si tout est à portée de main : la souris est placée à côté du clavier et à la même hauteur, les documents à lire sont placés sur un porte-copie à côté de l'écran (approximativement à la même hauteur que celui-ci), une lampe d'appoint améliore l'éclairage des documents à lire.

**mots clés**
**Implantation des locaux ◆ Conditions de travail ◆ Bureau ◆ Règles ergonomiques ◆ Poste de travail**

*S'entraîner au Bac*
**Exercice 10 : p. 98**

Savoir 29

# La gestion des agendas

LU ☐
SU ☐
REVU ☐



**Le personnel doit s'organiser afin d'assurer toutes les tâches qui lui sont confiées. L'agenda est un outil de gestion du temps qui peut être tenu individuellement ou collectivement.**

## 1 L'agenda

L'agenda permet la saisie, la mise à jour, la consultation et le contrôle des différentes activités à réaliser.

## 2 Les différents agendas

### 2.1. Les agendas « papier »

Les agendas « papier » permettent de noter et de visualiser, par jour et par heure, les différentes activités. Ils sont simples à utiliser et bien adaptés quand il n'y a qu'un seul utilisateur.
Plusieurs types d'agendas « papier » sont disponibles : l'organiseur, l'éphéméride, par exemple.
Les éléments constitutifs de l'agenda personnel sont les suivants.

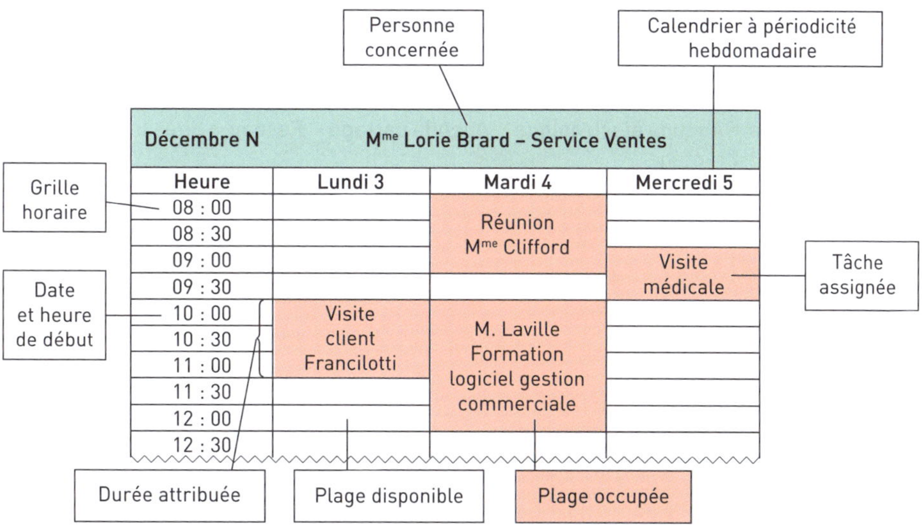


### 2.2. Les agendas électroniques de poche

L'agenda électronique de poche (appelé aussi « organiseur ») comble aujourd'hui tous les besoins en matière d'organisation et de gestion efficace du temps.

EXEMPLE
L'assistant numérique personnel portable, souvent appelé par son sigle anglais « PDA » (*Personal Digital Assistant*), fournit les applications suivantes :
- un agenda ;
- un gestionnaire de tâches faisant office d'aide-mémoire pour les tâches à effectuer ;
- un carnet d'adresses (gestionnaire de contacts) ;
- la téléphonie (prise en charge des appels) ;
- un logiciel de messagerie rendant possible la consultation des courriels ainsi que la rédaction de messages.

POLE 3 – GESTION ADMINISTRATION

### 2.3. Les agendas partagés (ou agendas collectifs)

#### a. Définition

Un agenda partagé regroupe les agendas de plusieurs personnes qui collaborent dans le cadre d'une tâche ou d'un événement.

Il permet à tous les membres de l'entreprise d'accéder en ligne à l'agenda de chacun (depuis un ordinateur ou un assistant personnel).

L'agenda partagé est mis à jour en temps réel et chacun peut ainsi organiser son temps de travail selon le planning de ses collaborateurs.

#### b. Les agendas partagés en réseau

Utilisables à partir de n'importe quel ordinateur connecté au réseau, ils permettent à tout utilisateur de gérer ses plannings (au jour, à la semaine ou au mois), ses rendez-vous, son carnet d'adresses, ses événements (avec rappel automatique par mail), d'assurer la confidentialité de certaines informations et de partager les autres avec une partie ou la totalité de ses interlocuteurs.

#### c. Les agendas partagés sur Internet

Des sites Internet offrent une gestion d'agendas partagés.

EXEMPLES
Partagenda, E-Plan.

L'accès à une plateforme de travail collaboratif est garanti à partir de n'importe quel poste de travail connecté à Internet. De plus, il est sécurisé par un identifiant, un mot de passe et un cryptage.

mots clés

**Agenda ◆ Agenda électronique ◆ Agenda partagé ◆ Réseau ◆ Sites Internet ◆ Mot de passe ◆ Cryptage**

*S'entraîner au Bac*
Exercices 11 et 12 : p. 98-99

**Exercice 1** voir Fiche Savoir 22

## Le système d'information de l'entreprise

• **À l'aide du document ci-dessous, définissez le système d'information du groupe ELAN. Pour cela, précisez les ressources mobilisées par ce système : matériels, logiciels, moyens de communication et ressources humaines.**

**Document**

Notre équipe de 20 commerciaux sillonne 15 départements pour vanter les mérites des 18000 références du groupe ELAN. Un client qui souhaite renouveler son stock signe un bon de commande qu'il remet au commercial.
Doté d'un ordinateur portable équipé d'un logiciel de gestion commerciale, le commercial dispose de fiches produits et de fiches clients ainsi que de données statistiques.
Chaque soir, les commerciaux envoient leurs rapports de visite au siège et saisissent les bons de commande depuis leur chambre d'hôtel *via* une connexion Internet.
L'état des commandes en cours, l'état des stocks, la situation des comptes clients ainsi que les enregistrements comptables des ventes sont ainsi mis à jour en permanence au sein du logiciel du groupe.
La qualité et la rapidité des échanges entre les commerciaux et le siège constituent des facteurs clés de succès pour l'entreprise. La seule contrainte est de pouvoir synchroniser régulièrement les données avec le serveur de l'entreprise. L'application « Force de vente », qui gère l'activité des commerciaux, nécessite en effet une mise à jour quotidienne.

FAIT ☐ REVU ☐

**Exercice 2** voir Fiche Savoir 22

## La source et la qualité de l'information

Vous effectuez une formation dans l'agence immobilière EMILA.

**1. Pour chaque information figurant dans le tableau ci-après, précisez si elle est interne (Int.) ou externe (Ext.), quantitative (Quant.) ou qualitative (Qual.).**

**2. Quel est l'intérêt de stocker chacune de ces informations ?**

**3. À qui sont-elles communiquées ?**

| INFORMATIONS | INT. / EXT. | QUANT. / QUAL. |
|---|---|---|
| **1.** Le nombre de locations du trimestre réalisées par l'entreprise | ☐ Int.<br>☐ Ext. | ☐ Quant.<br>☐ Qual. |
| **2.** Les maisons à vendre et à louer dans le secteur | ☐ Int.<br>☐ Ext. | ☐ Quant.<br>☐ Qual. |
| **3.** Les taux d'intérêt pratiqués par les banques pour conseiller les acheteurs de maison | ☐ Int.<br>☐ Ext. | ☐ Quant.<br>☐ Qual. |
| **4.** Le prix moyen au mètre carré des locations dans le quartier de la gare de Toulouse | ☐ Int.<br>☐ Ext. | ☐ Quant.<br>☐ Qual. |

FAIT ☐ REVU ☐

**Exercice 3** voir Fiche Savoir 23

## L'organisation de la réunion

M. Omont, directeur de la société Évasion, a l'intention d'organiser une réunion avec 6 collaborateurs dans le courant de la semaine prochaine. Il vous charge de fixer le jour et l'heure de la réunion, compte tenu des obligations des participants (document).
La durée prévue pour la réunion est de 3 heures environ. Celle-ci devra débuter soit à 9 h, soit à 14 h 30.
La présence de M. Destrem, bien que souhaitable, n'est pas indispensable : c'est le seul qui peut se faire représenter par l'un de ses adjoints.

• **Déterminez le jour et l'heure de la réunion.**

**Document**

**Obligations des participants**

- M^me^ Rollet est absente jeudi toute la journée.
- M. Destrem est absent toute la semaine à partir de mardi matin.
- M^me^ Payet est absente lundi matin et mardi après-midi.
- M. Colonia est absent mercredi et jeudi, toute la journée.
- M. Richard est absent lundi après-midi et mardi matin.
- M^lle^ Riou est absente lundi après-midi et vendredi matin.
- M. Omont ne peut présider aucune réunion le mercredi après-midi.

FAIT ☐ REVU ☐

**Exercice 4** voir Fiche Savoir 24

## La gestion du courrier entrant

Nous sommes le 16 décembre N.
Vous effectuez une formation au sein de la société Bristol Nettoyage, en qualité de gestionnaire administratif(-tive).
Vous êtes chargé(e) du traitement du courrier entrant.

• **À l'aide de l'extrait de l'organigramme de la société et des différents courriers reçus ce jour, procédez à l'enregistrement du courrier dans le registre ci-après (le numéro d'enregistrement du dernier courrier est le 456).**

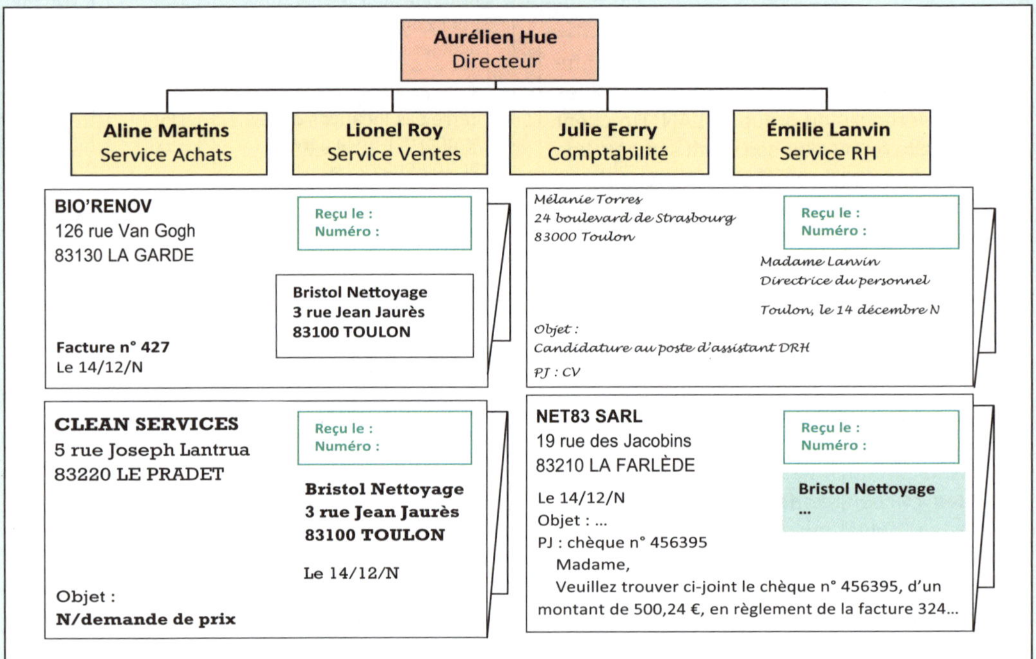


| DATE | N° ENR. | EXPÉDITEUR | | OBJET | SERVICE DESTINATAIRE | PIÈCE(S) JOINTE(S) |
|---|---|---|---|---|---|---|
| | | NOM | ADRESSE | | | |
| | | | | | | |
| | | | | | | |
| | | | | | | |
| | | | | | | |

FAIT ☐ REVU ☐

**Exercice 5** voir Fiche Savoir 25

## La conduite de l'entretien téléphonique

• **Lisez les phrases suivantes puis surlignez celles qui correspondent au comportement approprié.**

1. Après avoir décroché, vous dites :
a) « Allô ! »
b) « Société X, bonjour. »

2. Au téléphone, il faut parler :
a) plus vite que d'habitude.
b) plus lentement que d'habitude.
c) comme d'habitude.

3. À la fin de la communication, celui qui doit raccrocher est :
a) l'émetteur.
b) le récepteur.

FAIT ☐ REVU ☐

## Exercice 6 voir Fiche Savoir 25

### La messagerie vocale

• **Quelle(s) information(s) importante(s) manque(nt) au message que vous venez d'enregistrer sur le répondeur de votre correspondant (document) ?**

**Document**

> Bonjour. Je vous appelle au sujet de votre dernière livraison ; il manque l'article référence 124.
> Pouvez-vous nous rappeler au 04 68 34 22 55 ?
> Merci d'avance.

FAIT ☐ REVU ☐

## Exercice 7 voir Fiche Savoir 25

### La fiche téléphonique

Vous êtes en période de formation au sein des Établissements Viala à Cerizay, sous la responsabilité de Pierre Rolland, responsable commercial. L'activité principale de l'entreprise est la fabrication de matériel pédagogique et la commercialisation de jouets et jeux d'intérieur et d'extérieur.
Nous sommes le 10 juin N. M. Rolland devant s'absenter pour un rendez-vous, il vous demande de vérifier le planning des fournisseurs.

• **Contrôlez le planning (document) puis préparez le message téléphonique sur la fiche.**

**Document**

EXTRAIT DU PLANNING FOURNISSEURS

○ Date de passation de la commande
□ Date de livraison prévue ■ Date de livraison

| Jours / Fournisseurs | Juin 1 | 2 | 3 | 4 | 5 | 6 | 7 | 8 | 9 |
|---|---|---|---|---|---|---|---|---|---|
| Covex ☎ 02 43 62 01 01 Commande n° 634 | ○ | | | | | | | | ■ |
| Extebois ☎ 05 49 65 26 30 Commande n° 648 | | ○ | | | | | | | ■ |
| Palois ☎ 01 69 11 00 34 Commande n° 718 | | ○ | | | | | | | □ |
| Bébécar ☎ 01 64 62 84 00 Commande n° 730 | ○ | | | | | | | | ■ |

☎ MESSAGE Éts Viala

De : .......................... Service : ......................

À : .......................... Service : ......................

Tél. : ..........................

❑ Merci de rappeler ❑ Pour information

❑ Vous rappellera ❑ **Urgent**

**Message**

..........................................................................

..........................................................................

..........................................................................

..........................................................................

..........................................................................

Date : ...................... Heure : ......................

FAIT ☐ REVU ☐

## Exercice 8 voir Fiche Savoir 27

### L'accueil des visiteurs dans l'entreprise

Vous travaillez au service « Accueil » de la société Vidal.

• **Précisez ce que vous devez faire et dire dans les cas suivants.**

**a)** M. Linares a rendez-vous avec Mme Antoine, qui est momentanément occupée avec un autre visiteur.

**b)** M. Pennetier représente la société ECVL, qui vend du matériel de climatisation, et souhaite rencontrer une personne de la société.

**c)** M. Ruiz désire connaître les horaires de la société.

**d)** Mme Angeli souhaite être reçue par M. Vignal, qui vous a fait savoir qu'il ne veut absolument pas être dérangé.

**e)** Un représentant de la société Ublic désire être reçu par Mlle Merlin. Or, cette dernière ayant eu des démêlés avec cette société, elle ne veut absolument plus traiter avec elle.

**f)** M. Duplantel a rendez-vous avec M. Soto, qui n'est pas encore arrivé.

FAIT ☐ REVU ☐

## Exercice 9 voir Fiche Savoir 27

### La gestion des conflits en situation d'accueil

Vous accueillez un visiteur en colère.

• **Indiquez ce qu'il convient de faire dans chaque situation en cochant la case appropriée.**

| AFFIRMATIONS | OUI | NON |
|---|---|---|
| a) J'explique que ce n'est pas ma faute. | ☐ | ☐ |
| b) Je change de conversation pour faire diversion. | ☐ | ☐ |
| c) Je pose des questions sur ce qui ne va pas. | ☐ | ☐ |
| d) Je fais répéter au visiteur ce que je n'ai pas compris. | ☐ | ☐ |
| e) Je lui parle sur le même ton. | ☐ | ☐ |
| f) Je fournis une fausse explication. | ☐ | ☐ |
| g) J'essaie de calmer le visiteur en lui parlant aimablement et en l'appelant par son nom. | ☐ | ☐ |

FAIT ☐ REVU ☐

## Exercice 10 voir Fiche Savoir 28

### L'aménagement du poste de travail informatique

Vous suivez une formation interne ayant pour thème « L'ergonomie et l'informatique », durant laquelle vous êtes amené(e) à subir une série de tests pour contrôler vos acquis.

• **Observez la scène (document) puis indiquez les règles ergonomiques qui n'ont pas été appliquées.**

**Document**

FAIT ☐ REVU ☐

## Exercice 11 voir Fiche Savoir 29

### La gestion des agendas « papier »

Vous effectuez un stage dans la société SPORT 09, qui vend des articles de sport (vêtements, chaussures, matériel) aux particuliers.
Vous êtes affecté(e) au service « Secrétariat » sous l'autorité de Mme Feldman, la responsable.

• **Complétez l'agenda de Mme Feldman (document 2, page suivante) en tenant compte des informations (document 1).**

**Document 1**

**Informations**

- Mme Feldman est présente dans l'entreprise à partir de 8 h et absente de 12 h à 13 h tous les jours (repas pris à l'extérieur). Sa journée se termine, si possible, à 18 h.
- L'entretien du 24/05 avec M. Greg, agent commercial de l'entreprise, est reporté au 26 mai de 8 h à 10 h.
- La rencontre avec le fournisseur Bred (27/05) est avancée d'une heure.
- M. Henri (fournisseur) souhaite un rendez-vous (2 heures) le 27 mai après-midi ; il doit être libéré au plus tard à 17 h 30.
- Annulation du rendez-vous de M. Brami, RV reporté au 25 mai de 16 h à 18 h.
- Présence au salon professionnel la matinée du 27 mai (9 h à 12 h).

**Document 2**

| | Lundi 24 | Mardi 25 | Mercredi 26 | Jeudi 27 | Vendredi 28 | Samedi 29 |
|---|---|---|---|---|---|---|
| | Didier | Donatien | Sophie | Béranger | Auguste de C. | Germain |
| 7 | | | | | | |
| 30 | | | | | | |
| 8 | | | | | Visites fournisseurs | |
| 30 | Frs Brami | Réunion qualité | | | | |
| 9 | | | | | | |
| 30 | | | | | | |
| 10 | | | | | | |
| 30 | | | | | | |
| 11 | | | | | | |
| 30 | | | | | | |
| 12 | | | | | | |
| 30 | | | | | | |
| 13 | | | | | | |
| 30 | M. Julien (Compta) | Frs Paoli | | | | |
| 14 | | | | | | |
| 30 | | | | Frs Bred | | |
| 15 | | | X | | | |
| 30 | | | | | | |
| 16 | | | | | | |
| 30 | M. Greg | | | | | |
| 17 | | | | | | |
| 30 | | | | | | |
| 18 | | | | | | |
| 30 | | | | | | |
| 19 | | | | | | |
| 30 | | | | | | |
| 20 | | | | | | |

| MAI | |
|---|---|
| L | 1 |
| M | 2 |
| M | 3 |
| J | 4 |
| V | 5 |
| S | 6 |
| D | 7 |
| L | 8 |
| M | 9 |
| M | 10 |
| J | 11 |
| V | 12 |
| S | 13 |
| D | 14 |
| L | 15 |
| M | 16 |
| M | 17 |
| J | 18 |
| V | 19 |
| S | 20 |
| D | 21 |
| L | 22 |
| M | 23 |
| M | 24 |
| J | 25 |
| V | 26 |
| S | 27 |
| D | 28 |
| L | 29 |
| M | 30 |

FAIT ☐ REVU ☐

**Exercice 12** voir Fiche Savoir 29

## L'agenda partagé

**1.** **Consultez le document ci-dessous puis citez des exemples d'utilisation de l'agenda partagé.**

**2.** **À l'aide du document et de vos connaissances, réalisez le test ci-contre en cochant les cases « Vrai » ou « Faux ».**

**Document**

L'agenda partagé

L'agenda partagé permet à tous les membres de l'entreprise d'accéder en ligne à l'agenda de chacun. Il est mis à jour en temps réel et chacun peut ainsi organiser son temps de travail en fonction du planning de ses collaborateurs.

**Efficacité organisationnelle**

Gain de temps et de productivité : plus besoin de consulter un tiers ou d'effectuer des envois multiples de mails pour connaître les disponibilités de chacun.

**Fonctionnement**

L'accès à l'agenda partagé est sécurisé par un mot de passe. Les collaborateurs accèdent aux informations soit en simple consultation, soit avec la possibilité de saisir des événements et rendez-vous. En tant qu'administrateur de l'agenda partagé, il est possible d'ajouter et de • • •

• • • supprimer des personnes, de gérer les droits d'accès (accès complet, accès en consultation). L'agenda partagé est accessible depuis tout ordinateur, assistant personnel ou smartphone.

| AFFIRMATIONS | VRAI | FAUX |
|---|---|---|
| **a)** L'agenda partagé repose sur le principe d'un agenda unique, géré électroniquement. | ☐ | ☐ |
| **b)** L'utilisation d'un agenda partagé requiert une formation spécifique. | ☐ | ☐ |
| **c)** Les utilisateurs peuvent accéder librement à l'agenda partagé. | ☐ | ☐ |
| **d)** Un logiciel d'agenda partagé permet de fixer facilement la date, l'heure et le lieu d'une réunion sans consulter un à un les participants. | ☐ | ☐ |
| **e)** L'agenda partagé est un outil de travail collaboratif. | ☐ | ☐ |
| **f)** L'agenda permet d'avoir une vision de son planning et de celui de son équipe. | ☐ | ☐ |

FAIT ☐ REVU ☐

## Exercice 1

## Le système d'information de l'entreprise

Les ressources mobilisées par le SI du groupe ELAN sont :
- du matériel :
  - ordinateurs portables pour les travaux quotidiens des commerciaux,
  - serveurs (ordinateurs puissants) du siège ;
- des logiciels :
  - logiciel de gestion commerciale installé sur les ordinateurs portables des commerciaux,
  - logiciel de gestion du groupe,
  - application « force de vente » ;
- des moyens de communication : connexion Internet pour que les commerciaux puissent envoyer leurs rapports de visite au siège et saisir leurs bons de commande ;
- des ressources humaines :
  - commerciaux,
  - personnel du siège.

## Exercice 2

## La source et la qualité de l'information

**1. 2.** et **3.**

| INFORMATIONS | INTERNE OU EXTERNE | QUANTITATIVE OU QUALITATIVE | INTÉRÊT DU STOCKAGE | DESTINATAIRE |
|---|---|---|---|---|
| **1.** Le nombre de locations du trimestre réalisées par l'agence | Interne | Quantitative | Comparaison dans le temps | – Le dirigeant<br>– Les agents immobiliers |
| **2.** Les maisons à vendre et à louer dans le secteur | Externe | Qualitative | Proposer les services de l'agence | Les clients |
| **3.** Le taux d'intérêt pratiqué par les banques pour conseiller les acheteurs de maison | Externe | Quantitative | Renseigner les clients | Les acheteurs de maison |
| **4.** Le prix moyen au mètre carré des locations dans le quartier de la gare de Toulouse | Externe | Quantitative | Fixer les prix des locations | Les propriétaires et les locataires |

## Exercice 3

## L'organisation de la réunion

Emploi du temps des participants :

| NOMS | LUNDI | | MARDI | | MERCREDI | | JEUDI | | VENDREDI | |
|---|---|---|---|---|---|---|---|---|---|---|
| | MATIN | APRÈS-MIDI | MATIN | APRÈS-MIDI | MATIN | APRÈS-MIDI | MATIN | APRÈS-MIDI | MATIN | APRÈS-MIDI |
| Destrem | | | | | | | | | | |
| Colonia | | | | | | | | | | |
| Richard | | | | | | | | | | |
| Rollet | | | | | | | | | | |
| Riou | | | | | | | | | | |
| Payet | | | | | | | | | | |

La seule demi-journée disponible commune est le vendredi après-midi. Notons que M. Destrem, qui sera absent, devra se faire remplacer par l'un de ses adjoints.

## Exercice 4

### La gestion du courrier entrant

| DATE | N° ENR. | EXPÉDITEUR | | OBJET | SERVICE DESTINATAIRE | PIÈCE(S) JOINTE(S) |
|---|---|---|---|---|---|---|
| | | NOM | ADRESSE | | | |
| 14/12/N | 457 | Bio'Renov | 126 rue Van Gogh<br>83130 La Garde | Facture n° 427 | Achats | - |
| 14/12/N | 458 | Clean Services | 5 rue Joseph Lantrua<br>83220 Le Pradet | Demande de prix | Ventes | - |
| 14/12/N | 459 | Torres Mélanie | 24 bd de Strasbourg<br>83000 Toulon | Demande d'emploi | Ressources humaines | CV |
| 14/12/N | 460 | NET83 SARL | 19 rue des Jacobins<br>83210 La Farlède | Règlement facture n° 324 | Comptabilité | Chèque n° 456395 |



## Exercice 5

### La conduite de l'entretien téléphonique

**1. b) – 2. c) – 3. a)**

## Exercice 6

### La messagerie vocale

Il manque les références de la livraison, le nom et l'adresse de la société (émettrice du message).

## Exercice 7

### La fiche téléphonique

☎ MESSAGE — Éts Viala

De : *M. Rolland* — Service : *Commercial*

À : *Sté Palois* — Service : *Achats*

Tél. : *01 69 11 00 34*

❑ Merci de rappeler ❑ Pour information

❑ Vous rappellera ☒ **Urgent**

**Message**

*La commande n° 718 du 2 juin ne nous est pas parvenue. La livraison était prévue pour le 9 juin. Nous vous demandons d'effectuer la livraison le plus rapidement possible.*

Date : *10/06/N* — Heure :

## Exercice 8

### L'accueil des visiteurs dans l'entreprise

**a)** On demande à M. Linares de patienter quelques instants : « Mme Antoine a pris un léger retard avec un client et vous prie de l'excuser. Je vous invite à patienter quelques minutes dans le salon d'accueil. »

**b)** On fait patienter M. Pennetier et on téléphone au service « Achats » pour demander si M. Pennetier peut être reçu : « Un petit instant, s'il vous plaît, j'appelle le service "Achats"... M. Pennetier, de la société ECVL, est à l'accueil. Est-il possible de le recevoir ? »

**c)** On renseigne M. Ruiz.

**d)** On propose à Mme Angeli un rendez-vous avec M. Vignal : « Je suis vraiment désolé(e), M. Vignal n'est pas du tout disponible. Si vous le souhaitez, nous pouvons convenir d'un rendez-vous. »

**e)** On éconduit poliment le représentant : « Je suis désolé(e). Mlle Merlin est absente. »

**f)** On fait patienter M. Duplantel : « M. Soto a un léger retard et vous prie de l'excuser. Si vous voulez bien patienter dans le salon d'accueil... »

## Exercice 9

### La gestion des conflits en situation d'accueil

**a)** Non – **b)** Non – **c)** Oui – **d)** Oui – **e)** Non – **f)** Non – **g)** Oui

## Exercice 10

### L'aménagement du poste de travail informatique

1. La fenêtre doit être équipée de stores ou de rideaux ; elle doit être perpendiculaire à l'écran de l'ordinateur.

2. L'éclairage ne doit pas être source d'éblouissement, de reflets sur l'écran et les documents.

3. Le siège doit être mobile, réglable en hauteur, et doit soutenir le dos (préférer le fauteuil à roulettes à la chaise).

4. Le porte-documents doit être placé à côté de l'écran et à hauteur du regard.

5. Le sujet doit respecter les distances visage / écran et l'angle de vision.

6. Le clavier doit être inclinable, dissocié de l'écran. Son épaisseur et son inclinaison doivent limiter l'extension des poignets.

7. La souris doit être positionnée dans le prolongement de l'épaule, l'avant-bras étant appuyé sur le bureau.

8. Les pieds doivent reposer sur le repose-pieds pour corriger la position des jambes.

*Remarque :* certains facteurs contribuent à améliorer le confort au bureau : la couleur des murs et du sol, l'aération et le chauffage, la lutte contre le bruit, la disposition des mobiliers, la décoration du local, etc.

## Exercice 11

### La gestion des agendas « papier »

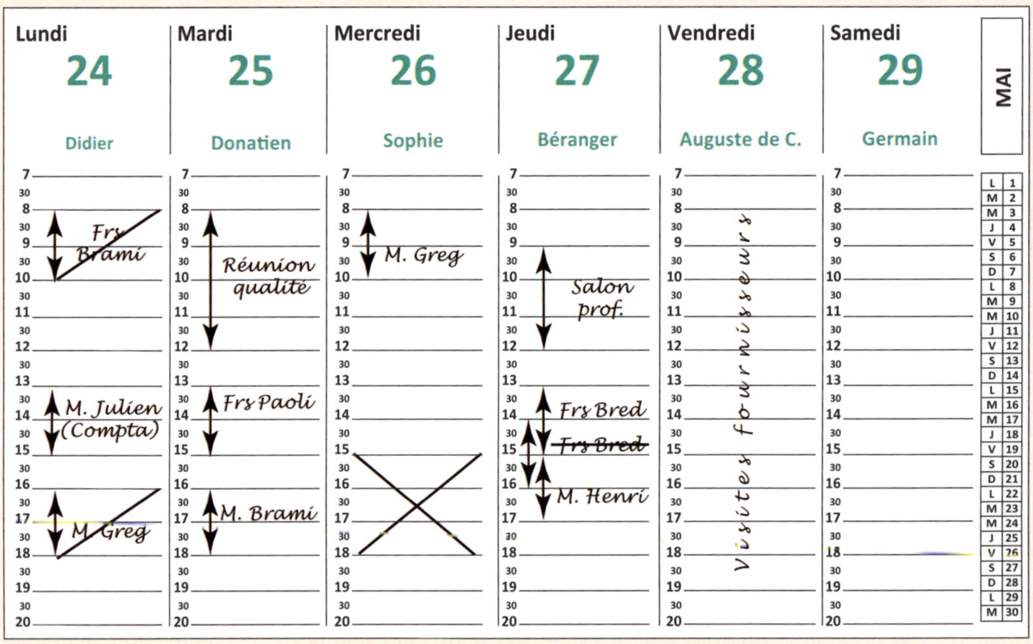


## Exercice 12

### L'agenda partagé

**1.** Exemples d'utilisation :
– caler des réunions sur l'agenda des collaborateurs, en harmonie avec leurs plannings ;
– une assistante prend un rendez-vous pour son responsable en son absence, sans risque d'erreur ou de doublon ;
– les professionnels amenés à se déplacer régulièrement ont accès en permanence à l'agenda actualisé en temps réel, avec une simple connexion Internet ;
– le chef d'entreprise peut avoir une vision globale de l'activité de l'entreprise et du planning des salariés.

**2. a)** Vrai – **b)** Faux – **c)** Faux – **d)** Vrai – **e)** Vrai – **f)** Vrai

Savoir

30

LU ☐
SU ☐
REVU ☐

# La gestion administrative des projets : introduction

**Le gestionnaire administratif participe au suivi opérationnel des opérations du projet et à son évaluation. Il assure notamment l'interface administrative entre les acteurs du projet et il est partie prenante à la réalisation des documents du projet.**



## 1 Le projet et la gestion de projet

### 1.1. Le projet

Un projet est une activité temporaire (avec un début et une fin) réalisée dans le but de répondre à un besoin précis, dans des délais donnés et dans une enveloppe budgétaire déterminée.

Certains projets sont relativement simples à piloter car ils ne remettent en cause ni l'organisation existante de l'entreprise ni les membres de l'équipe travaillant sur le projet. D'autres projets, beaucoup plus complexes, sont porteurs d'un changement organisationnel profond.

Les membres de l'équipe peuvent être amenés à travailler de façon autonome sur le projet qui associe des compétences diverses et complémentaires.

### 1.2. La gestion de projet

La gestion de projet consiste à organiser et suivre chaque action du projet afin de respecter les délais, de maîtriser les coûts et d'atteindre la qualité souhaitée.

### 1.3. La gestion administrative de projet

La gestion administrative de projet consiste à accompagner administrativement des projets de leur conception à leur clôture définitive et à faciliter leur réalisation sous l'autorité du responsable.

## 2 Les acteurs du projet

Les acteurs du projet sont les éléments clés de sa réussite.

### 2.1. Le maître d'ouvrage

Le maître d'ouvrage est la personne qui engage le projet (le chef d'entreprise ou un responsable de service) et désigne un chef de projet pour le conduire.

### 2.2. Le chef de projet

Le chef de projet constitue le groupe de personnes impliquées dans la réalisation du projet. Il coordonne le travail des différentes équipes, définit et organise les étapes de la réalisation du projet. Il est le garant de la réalisation de chacune de ces étapes dans le respect du calendrier défini.

### 2.3. Les autres participants

Ils sont choisis en fonction de leurs compétences, de la qualité de leur adhésion au projet, de leur disponibilité par rapport à leur charge usuelle de travail, de leur esprit d'équipe. Le nombre de participants varie en fonction de l'ampleur du projet, mais se limite à une douzaine de personnes au maximum.

### 2.4. Le gestionnaire administratif de projet

Le gestionnaire administratif de projet est généralement proposé par le chef de projet. Il est choisi en fonction de ses connaissances des pratiques administratives et de ses qualités.

Il accompagne le chef de projet dans le suivi administratif du projet. Il assure les activités administratives nécessaires au bon déroulement de la gestion du projet, dans le respect des délais et des consignes.



## 3 Les étapes du projet

### 3.1. La préparation du projet

Un projet se définit d'abord par :

- des objectifs clairs, précis, quantifiés si possible en termes de coûts et de délais ;
- une évaluation de la faisabilité du projet d'un point de vue technique, financier, humain... ;
- une étude des éventuelles contraintes liées à l'environnement.

Si cette phase est concluante, le projet peut être lancé.

### 3.2. La réalisation et le suivi du projet

C'est la phase d'exécution du projet menée par le chef de projet avec les autres participants. Son aboutissement est conditionné par la qualité de la préparation.

Pour suivre le déroulement du projet, le chef de projet utilise les outils de suivi de l'avancement du projet, comme la liste de contrôle « Prévu / Réalisé » (ou tableau d'avancement) (voir Fiche n° 31).

La mesure des écarts entre les prévisions et les réalisations est effectuée au fur et à mesure de l'avancement du projet sur plusieurs critères : le temps, les coûts et la qualité. Le déroulement des étapes du projet peut s'accompagner de mises au point et de réajustements.

### 3.3. La clôture du projet

#### a. La présentation des résultats

Les résultats quantitatifs sont présentés dans des tableaux de bord, accompagnés des documents attestant l'exactitude des informations transmises.

#### b. Le bilan du projet

Dans le bilan du projet, le chef de projet retrace les étapes du projet et présente une analyse des actions réalisées au cours du projet.

Il compare ce qui a été fait à ce qui était prévu. Il met en évidence les éléments positifs du projet ; il liste les éléments négatifs et en analyse les causes.

**mots clés**

**Projet ◆ Gestion administrative de projet ◆ Chef de projet ◆ Faisabilité du projet ◆ Outils de suivi de l'avancement du projet ◆ Tableaux de bord**

*S'entraîner au Bac*
**Exercices 1 et 2 : p. 109**

Savoir

31

# Les outils de gestion du projet

LU ☐
SU ☐
REVU ☐

**Pour mener à bien le projet, le temps doit être géré d'une manière optimale et organisée.**

## 1 Les outils de gestion du temps

### 1.1. La planification des tâches

Planifier des tâches, c'est déterminer leur ordre d'exécution les unes par rapport aux autres. Il s'agit donc de repérer les antériorités de chacune d'elles.
On distingue les tâches simples (une tâche simple n'est précédée que d'une tâche antérieure) et les tâches complexes (une tâche complexe comporte des tâches antérieures multiples).

### 1.2. La prévision des durées

Lors de la réalisation d'un projet, la prévision des durées s'effectue :
• au niveau de chaque tâche ;
• au niveau du projet entier, dont la durée globale est estimée par calcul.

#### a. La prévision de la durée de chaque tâche

Une telle prévision ne peut être qu'une estimation. Il est prudent de prévoir une marge de sécurité, notamment pour les tâches dont l'exécution dépend de partenaires extérieurs à l'entreprise. Cette prévision s'effectue souvent au moment où l'on dresse la liste de contrôle initiale ou le planning.

**LA LISTE DE CONTRÔLE**

La liste de contrôle se présente sous la forme d'un tableau à double entrée qui permet d'évaluer le temps dédié à la réalisation de chacune des tâches et de contrôler leur avancement.

EXEMPLE

| REPÈRE DE LA TÂCHE | NATURE DE LA TÂCHE | DURÉE PRÉVUE (JOURS) | ANTÉRIORITÉ |
|---|---|---|---|
| A | Définition du projet d'aménagement de l'espace | 2 | |
| B | Définition des besoins en mobiliers et choix | 1 | A |
| C | Appel d'offres auprès des fournisseurs | 1 | B |

**LE PLANNING**

Le planning est un outil de visualisation de l'information qui permet de surveiller l'exécution de tâches en mobilisant les ressources de l'organisation : personnel, matériel, etc.
Il s'agit d'un tableau à double entrée où l'on place en abscisse l'échelle des temps et en ordonnée les tâches à accomplir.

EXEMPLE

| | JOURS | | | | | | |
|---|---|---|---|---|---|---|---|
| REPÈRES | 1 | 2 | 3 | 4 | 5 | 6 | 7 |
| A | ■ | ■ | | | | | |
| B | | | ■ | | | | |
| C | | | | ■ | | | |

PÔLE 4 – GESTION ADMINISTRATION

**b. La prévision de la durée globale du projet**

- Le réseau PERT (*Project Evaluation and Review Technique*) est une technique permettant de gérer l'ordonnancement des tâches dans un projet.
  La réalisation d'un graphe PERT permet :
  - de fixer la date de début au plus tôt de chacune des tâches ;
  - de repérer le chemin critique, c'est-à-dire le chemin le plus long entre le début et la fin de la réalisation du projet.

  L'addition de toutes les durées des tâches situées sur le chemin critique donne le délai de réalisation du projet.
- Le diagramme de Gantt permet de visualiser dans le temps les diverses tâches liées composant un projet. Souvent utilisé en complément d'un réseau PERT, il simplifie le suivi de l'avancement d'un projet.

## 1.3. Le suivi de l'avancement du projet

La liste de contrôle « Prévu / Réalisé » est un outil couramment utilisé pour suivre efficacement le déroulement d'un projet.

**LA LISTE DE CONTRÔLE « PRÉVU / RÉALISÉ »**

Il est important de contrôler que l'exécution de chacune des tâches s'effectue dans les délais impartis.
Pour chaque tâche, la durée prévue et la durée effective sont mises en évidence. Le calcul des écarts (avance ou retard) permet au chef de projet d'en assurer plus efficacement le pilotage et de prendre d'éventuelles mesures correctives.

EXEMPLE (PRÉSENTATION SIMPLIFIÉE)

| | NATURE DE LA TÂCHE | TÂCHES ANTÉRIEURES | DURÉE PRÉVUE (J) | DURÉE RÉELLE | ÉCART +/- |
|---|---|---|---|---|---|
| A | Définition du projet... | – | 2 | 1,5 | – 0,5 |
| B | Déf. besoins en mobiliers | A | 1 | 1,5 | + 0,5 |
| C | Appel d'offres | B | 1 | 1 | 0 |
| | | **Durée totale prévue** | **11** | | |
| | | | **Durée totale probable** | **10,5** | |
| | | | | **Écart total probable** | **– 0,5** |

## 2 Les logiciels de gestion de projet

La gestion administrative de projet peut être réalisée à partir d'un progiciel de gestion intégrée (PGI) ou d'un logiciel de gestion de projet.

EXEMPLE Le module Projet du PGI permet l'organisation des tâches et la planification du travail à réaliser. On distingue plusieurs étapes :
- la définition du projet ;
- la définition des étapes, la configuration des étapes et des ressources correspondantes ;
- la définition des tâches et leur ordonnancement ;
- la définition des incidents ;
- la visualisation du temps.

**mots clés** : **Gestion du temps ◆ Liste de contrôle ◆ Planning ◆ Réseau PERT ◆ Diagramme de Gantt**

*S'entraîner au Bac*
**Exercice 3 : p. 109**

Savoir

# 32 Les principaux documents du projet

LU ☐
SU ☐
REVU ☐

**Lors du déroulement du projet, le gestionnaire administratif présente différents documents destinés aux acteurs du projet.**

## 1 Le descriptif du projet

### 1.1. Définition

Le descriptif du projet est un document qui détaille avec précision le projet. Il est rédigé par le chef de projet dès le lancement du projet pour toutes les personnes appelées à y travailler.

### 1.2. Contenu et présentation du descriptif du projet

EXEMPLE

**Document descriptif du projet**

1. Présentation du projet
   1.1. Présentation claire et concise des grandes lignes du projet
   1.2. Historique du projet
   *(Préciser la manière dont est née l'idée du projet, étude préliminaire réalisée.)*
   1.3. Analyse de la situation
   *(Expliquer pourquoi le besoin qui a fait naître le projet est important.)*
2. Stratégie
   *(Décrire de quelle manière le projet permettra de répondre au besoin énoncé ci-dessus.)*
3. Contexte du projet
   *(Cadre dans lequel s'inscrit le projet)*
4. Objectifs du projet
   4.1. Finalités du projet
   4.2. Objectifs spécifiques
5. Actions engagées
   *(Avec planification des actions, échéancier)*
6. Budget
   *(Budget pour chaque action ou dépense entreprise, budget total)*
7. Contraintes
8. Acteurs concernés par le projet
9. Partenaires du projet et leur rôle
10. Calendrier de réalisation du projet (programmation)
   *(Date de début de l'exécution, durée d'exécution du projet, date prévisionnelle de fin)*

## 2 Le rapport d'étape

### 2.1. Définition

L'objectif du rapport d'étape est de permettre aux acteurs du projet de bien comprendre l'évolution du projet.
Dans ce document, on doit notamment retrouver les éléments permettant de contrôler l'état d'avancement du projet.
Le rapport d'étape précise comment le projet évolue par rapport à la planification prévue au regard des échéances, des coûts et des objectifs.

### 2.2. Contenu et présentation du rapport d'étape

EXEMPLE

**Rapport d'étape au...**

1 – Identification du projet *(intitulé, chef de projet)*
2 – Identification de l'entreprise
3 – Période couverte par ce rapport – Numéro du rapport – Dates de début et de fin du projet
4 – Déclaration de l'auteur du rapport
*(Je déclare que les informations de ce rapport reflètent fidèlement les actions, les résultats et l'état d'avancement du projet dans la période couverte par ce rapport.)*
Date et signature de l'émetteur du rapport
5 – Rappel synthétique des principaux objectifs du projet
6 – État des réalisations *(phases entièrement réalisées, phases partiellement réalisées)*
7 – Résultats atteints par rapport aux objectifs fixés
8 – Mise en œuvre suivante des opérations

Il est courant de trouver en annexe du rapport d'étape le calendrier et le budget prévisionnels pour la suite du projet ainsi que l'état financier récapitulant les dépenses réalisées à la date du rapport d'étape.

## 3 L'état budgétaire

La conception de l'état budgétaire vise plusieurs objectifs :
- recenser les différentes dépenses à partir de toutes les actions prévues pour mener le projet ;
- suivre les coûts : le suivi des coûts sert à vérifier si l'exécution des activités du projet est réalisée en suivant la ligne budgétaire prévue.
  L'état budgétaire permet de comparer les coûts effectifs avec les coûts prévus et de relever les écarts, d'en expliquer les causes et de proposer des mesures correctives pour éviter ainsi tout dérapage de coûts ;
- veiller à l'équilibre du budget (équilibre des recettes et des dépenses).

## 4 Le document de synthèse

Établi en fin de processus, le document de synthèse présente les différentes informations (données chiffrées, données qualitatives) permettant l'analyse et l'évaluation du projet (degré de réussite du projet).

**mots clés**

**Descriptif du projet ◆ Rapport d'étape ◆ Planification ◆ État budgétaire ◆ Document de synthèse**

*S'entraîner au Bac*
**Exercices 4 et 5 : p. 110**

## Exercice 1 voir Fiche Savoir 30

### Le projet et les acteurs du projet

• Cochez les cases « Vrai » ou « Faux ».

| AFFIRMATIONS | VRAI | FAUX |
| --- | --- | --- |
| 1. Le projet se définit uniquement par des objectifs à atteindre. | ☐ | ☐ |
| 2. Un projet n'est pas limité dans le temps. | ☐ | ☐ |
| 3. La phase préparatoire formalise la décision de commencer le projet. | ☐ | ☐ |
| 4. Le chef de projet pilote le projet. | ☐ | ☐ |
| 5. Le nombre de participants varie en fonction du projet. | ☐ | ☐ |

FAIT ☐ REVU ☐

## Exercice 2 voir Fiche Savoir 30

### Les activités du gestionnaire administratif de projet

• **Dans la liste des activités réalisées par les différents acteurs du projet, identifiez celles réalisées par le gestionnaire administratif (cochez les cases correspondantes).**

Liste non exhaustive :

☐ **a)** Valider la faisabilité et l'opportunité du projet.
☐ **b)** Définir le ou les objectifs du projet.
☐ **c)** Définir les acteurs du projet.
☐ **d)** Présenter le cahier des charges.
☐ **e)** Présenter le descriptif du projet et le diffuser auprès des acteurs du projet.
☐ **f)** Animer l'équipe projet.
☐ **g)** Concevoir les différents outils de planification des tâches.
☐ **h)** Contrôler l'avancement du projet.
☐ **i)** Rédiger des comptes rendus, des rapports d'étape (rapports d'avancement).
☐ **j)** Organiser les réunions projet.
☐ **k)** Mettre à jour les états budgétaires.
☐ **l)** Participer à la réunion de clôture.
☐ **m)** Réaliser le bilan afin de capitaliser les savoir-faire et l'expérience acquis.
☐ **n)** Préparer et présenter les documents de synthèse.

FAIT ☐ REVU ☐

## Exercice 3 voir Fiche Savoir 31

### Le suivi de l'avancement du projet

Le gestionnaire administratif de la société Lina utilise l'application GanttProject pour gérer les projets.

**1. Sous quelle forme le projet est-il présenté ?**

**2. À l'aide du document ci-dessous, présentez la liste de contrôle. Celle-ci doit faire apparaître :**
**– le repère de la tâche ;**
**– la nature de la tâche ;**
**– la durée prévue ;**
**– la ou les tâches antérieures.**

**Document**

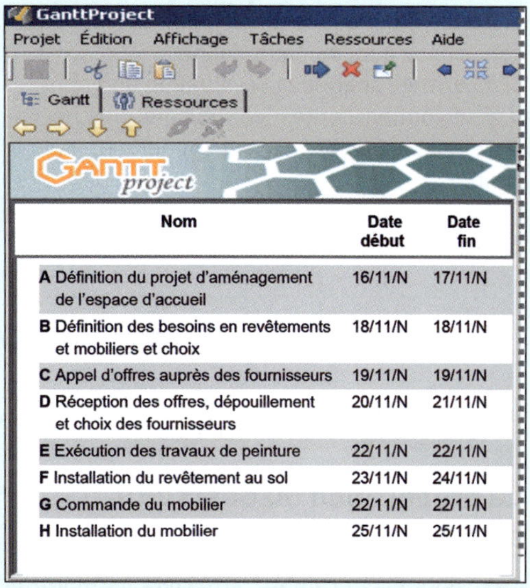


| Nom | Date début | Date fin |
| --- | --- | --- |
| A Définition du projet d'aménagement de l'espace d'accueil | 16/11/N | 17/11/N |
| B Définition des besoins en revêtements et mobiliers et choix | 18/11/N | 18/11/N |
| C Appel d'offres auprès des fournisseurs | 19/11/N | 19/11/N |
| D Réception des offres, dépouillement et choix des fournisseurs | 20/11/N | 21/11/N |
| E Exécution des travaux de peinture | 22/11/N | 22/11/N |
| F Installation du revêtement au sol | 23/11/N | 24/11/N |
| G Commande du mobilier | 22/11/N | 22/11/N |
| H Installation du mobilier | 25/11/N | 25/11/N |

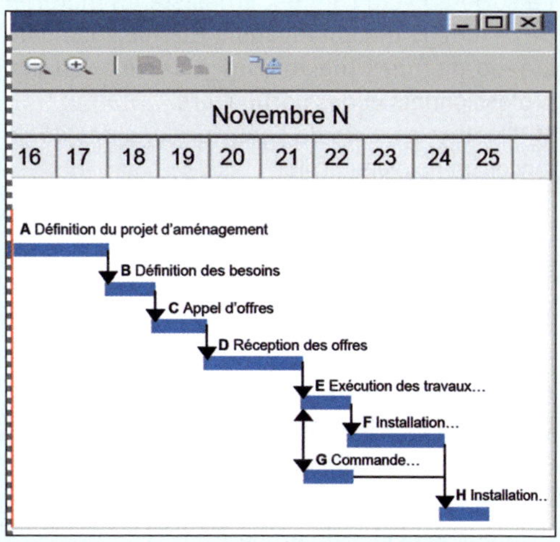


FAIT ☐ REVU ☐

**Exercice 4** voir Fiche Savoir 32

## Les documents du projet

• **Associez chaque document à la bonne définition, en suivant l'exemple proposé.**

**Documents**

① Note de cadrage
② État budgétaire
③ Descriptif du projet
④ Document de synthèse
⑤ Rapport d'étape

**Définitions**

A. Document dans lequel on recense les différentes dépenses engagées lors de la préparation, l'exécution et la fin du projet.
B. Écrit synthétique faisant le point sur une situation donnée à un moment donné.
C. Il permet l'analyse et l'évaluation du projet.
D. Elle contient toutes les informations nécessaires au chef de projet pour prendre en main le projet.
E. Il détaille avec précision le projet.

**Réponses**

① D ; ..........................................................................

FAIT ☐ REVU ☐

**Exercice 5** voir Fiche Savoir 32

## La préparation du descriptif du projet

La société Évolu'clim est grossiste en matériel de chauffage et climatisation. Elle dispose d'un bureau d'études thermiques à destination des professionnels et des particuliers.
M^me^ Meller, gérante de l'entreprise, a décidé de lancer un nouveau projet.
Elle vous transmet différentes informations (document) vous permettant de préparer le début du descriptif du projet.

**1. Consultez le document et répondez aux questions suivantes.**

**a) Quel est le nom du projet ?**

**b) Qui a engagé le projet ?**

**c) Qui est responsable de l'exécution du projet ? Par qui cette personne est-elle désignée ?**

**d) Quelle est l'idée du projet ?**

**e) Comment est née l'idée du projet (éléments déclencheurs) ?**

**f) Quels sont les objectifs du projet ?**

**2. À l'aide du document transmis par M^me^ Meller, présentez le début du descriptif du projet.**

**3. Quelles autres parties trouvera-t-on dans ce descriptif ?**

**Document**

> Évolu'clim
> 54 impasse des Peupliers
> 83160 La Valette-du-Var
>
> **Projet : stratégie de développement basée sur Internet**
>
> **Présentation du projet**
>
> L'entreprise rencontre des dysfonctionnements en matière de communication. De plus, elle souhaite renforcer sa position sur son marché et s'ouvrir au niveau national.
>
> Si le passage à la vente en ligne n'est pas envisageable dans l'immédiat (la vente directe de produits de chauffage sur Internet nécessiterait un changement d'orientation vers des produits à moindre valeur ajoutée), l'entreprise doit résolument prendre le virage de la commercialisation avec des méthodes connectées.
>
> La mise en place d'un site Internet permettra de mettre en avant notre bureau d'études ainsi que nos produits (notices, vidéos, etc.).
>
> Nous pourrons ainsi améliorer la relation clients, dynamiser les ventes (faire face à un marché local plus tendu) et renforcer la notoriété et la légitimité de l'entreprise sur ses domaines de spécialité.
>
> **Équipe projet**
> – Maîtresse d'ouvrage : Jennifer Meller
> – Chef de projet : François Gonzalez (responsable du service commercial)
> – Tous les salariés du service commercial
> – M^lle^ Mellouli : webmaster (société Cap Web)
> – Nom de l'élève : gestionnaire administratif du projet
>
> **Début du projet :** 16/03/N
> **Fin du projet (date prévisionnelle) :** 16/05/N

FAIT ☐ REVU ☐

# Corrigés

## Exercice 1

### Le projet et les acteurs du projet

| AFFIRMATIONS | VRAI | FAUX |
|---|---|---|
| **1.** Le projet se définit uniquement par des objectifs à atteindre. | ☐ | ☒ |
| **2.** Un projet n'est pas limité dans le temps. | ☐ | ☒ |
| **3.** La phase préparatoire formalise la décision de commencer le projet. | ☒ | ☐ |
| **4.** Le chef de projet pilote le projet. | ☒ | ☐ |
| **5.** Le nombre de participants varie en fonction du projet. | ☒ | ☐ |

## Exercice 2

### Les activités du gestionnaire administratif de projet

Phrases à cocher :

**d)** Présenter le cahier des charges.

**e)** Présenter le descriptif du projet et le diffuser auprès des acteurs du projet.

**g)** Concevoir les différents outils de planification des tâches.

**i)** Rédiger des comptes rendus, des rapports d'étape (rapports d'avancement).

**j)** Organiser les réunions projet.

**k)** Mettre à jour les états budgétaires.

**n)** Préparer et présenter les documents de synthèse.



## Exercice 3

### Le suivi de l'avancement du projet

**1.** Le projet est présenté sous la forme d'un diagramme de Gantt.

**2.**

| REPÈRE DE LA TÂCHE | NATURE DE LA TÂCHE | DURÉE PRÉVUE (JOURS) | ANTÉRIORITÉ |
|---|---|---|---|
| A | Définition du projet d'aménagement de l'espace d'accueil | 2 | – |
| B | Définition des besoins en revêtements et mobiliers et choix | 1 | A |
| C | Appel d'offres auprès des fournisseurs | 1 | B |
| D | Réception des offres, dépouillement et choix des fournisseurs | 2 | C |
| E | Exécution des travaux de peinture | 1 | D |
| F | Installation du revêtement au sol | 2 | E |
| G | Commande du mobilier | 1 | D |
| H | Installation du mobilier | 1 | F et G |

## Exercice 4

### Les documents du projet

① D ; ② A ; ③ E ; ④ C ; ⑤ B.

## Exercice 5

### La préparation du descriptif du projet

**1. a)** Le nom du projet est : « Stratégie de développement basée sur Internet ».

**b)** M^me^ Meller, la gérante, a engagé le projet (maîtresse d'ouvrage).

**c)** M. Gonzalez, en sa qualité de chef de projet, est responsable de l'exécution du projet. Il a été désigné par M^me^ Meller, la maîtresse d'ouvrage.

**d)** Évolu'clim souhaite mettre en place un site Internet de l'entreprise.

**e)** L'entreprise rencontre des dysfonctionnements en matière de communication. De plus, le marché local étant devenu plus tendu, Évolu'clim souhaite s'ouvrir au niveau national.

**f)** Grâce à ce site Internet, l'entreprise pourra :
- présenter son activité, ses produits, son service (bureau d'études) ;
- valoriser ses produits et son service ;
- développer son chiffre d'affaires ;
- renforcer sa notoriété et sa légitimité sur ses domaines de spécialité ;
- améliorer sa relation clients.

**2.**

Évolu'clim
54 impasse des Peupliers
83160 La Valette-du-Var

**DESCRIPTIF DU PROJET**
**STRATÉGIE DE DÉVELOPPEMENT BASÉE SUR INTERNET**

**1. Date de début de projet**
16/03/N

**2. Date de fin de projet (date prévisionnelle)**
16/05/N

**3. Membres de l'équipe projet**

| | |
|---|---|
| Maîtresse d'ouvrage : | Jennifer Meller – Gérante |
| Chef de projet : | François Gonzalez – Responsable du service commercial |
| Autres participants : | Tous les salariés du service commercial |
| | Cathy Mellouli – Webmaster (société Cap Web) |
| | Gestionnaire administratif du projet : (nom de l'élève) |

**4. Présentation du projet**

4.1 Analyse de la situation

L'entreprise rencontre des dysfonctionnements en matière de communication. De plus, le marché local étant devenu plus tendu, Évolu'clim souhaite s'ouvrir au niveau national.

4.2 L'idée du projet

Évolu'clim envisage de mettre en place un site Internet, support de communication.

**5. Objectifs du projet**
Grâce à la création du site Internet, Évolu'clim pourra communiquer sur son service (bureau d'études) et ses produits, renforcer sa notoriété et sa légitimité sur ses domaines de spécialité.
L'entreprise espère aussi développer son activité en dynamisant ses ventes et en ciblant une clientèle plus large (nationale).
Enfin, Évolu'clim veut utiliser cet outil pour améliorer la relation clients, en créant un lien direct.
[...]

**3.** Les autres parties seront : les actions à réaliser (planification), les dépenses prévues, l'inventaire des ressources pour réaliser le projet, l'identification des contraintes et des risques liés au projet.

Savoir 1

# Identité et diversité

LU ☐
SU ☐
REVU ☐

## 1 En quoi l'autre est-il semblable et différent ?

### 1.1. Les individus et leur identité

Chaque individu a le sentiment d'**appartenir à un groupe** auquel il s'identifie : sa famille, ses amis, sa région, son pays sont constitués d'autres individus qui lui ressemblent car ils partagent avec lui des habitudes et des valeurs communes.

### 1.2. La littérature et la découverte de l'autre

La diversité culturelle se caractérise par des différences de goûts, de croyances, d'opinions, de traditions entre les groupes humains. L'art, et notamment la littérature, nous invite à **porter notre regard sur les autres**. Les reportages, les récits de voyage, les œuvres autobiographiques nous permettent de réfléchir sur d'autres modes de vie et d'autres manières d'envisager le monde.

EXEMPLE L'ethnologue **Claude Lévi-Strauss** part ainsi à la découverte des peuples d'Amérique du Sud afin d'étudier leurs modes de vie.

### 1.3. L'individu face à la diversité

Le monde contemporain se caractérise par le **brassage incessant des cultures**. L'identité de chaque individu ne peut ignorer la diversité de ceux qui l'entourent. La lecture d'œuvres littéraires permet de mieux comprendre les autres et le regard qu'ils portent sur nous.

EXEMPLE Les poètes de la Négritude, comme **Aimé Césaire** ou **Léopold Sédar Senghor**, revendiquent leur propre culture à une époque où ils se sentent écrasés par la colonisation.

## 2 Comment transmettre son histoire, son passé, sa culture ?

De nombreux écrivains s'interrogent sur leurs origines, leurs racines, leur famille pour comprendre quelle est leur véritable identité. À travers **les écrits autobiographiques**, ils s'interrogent sur leur génération en la comparant à celles qui l'ont précédée. Le cinéma, la peinture ou la chanson constituent d'autres moyens de transmettre son histoire personnelle, son passé ou sa culture aux générations suivantes.

EXEMPLE Les romans autobiographiques d'**Annie Ernaux** racontent comment l'écrivain se détache peu à peu, à travers ses études, du milieu familial de son enfance, auquel elle reste néanmoins très attachée.

## 3 Doit-on renoncer aux spécificités de sa culture pour s'intégrer dans la société ?

### 3.1. L'exil et le déracinement

**Le déchirement entre deux cultures**, provoqué par l'exil et la découverte d'un univers nouveau, est un thème très présent de la littérature contemporaine. Celle-ci explore les tensions qui animent l'individu confronté à une culture qui n'est pas la sienne.

EXEMPLE Le romancier d'origine algérienne **Azouz Begag** raconte dans *Le Gone du Chaâba* son enfance dans la banlieue de Lyon et sa découverte progressive de la culture française grâce à l'école.

### 3.2. Le partage des valeurs et des cultures

En définitive, l'individu, confronté aux autres, voit **ses valeurs individuelles**, celles qui fondent son identité, remises en cause par d'autres valeurs dans lesquelles il ne se reconnaît pas forcément. C'est **le partage de ces valeurs différentes** qui crée la richesse d'une existence.

EXEMPLE C'est le choix de la diversité culturelle que fait l'écrivain sénégalais **Fatou Diome** en refusant de choisir entre l'Afrique et l'Occident pour affirmer une identité qui lui est propre.

## 4 La littérature et la diversité

### 4.1. La littérature de la colonisation et de la décolonisation

Le développement de l'Empire colonial français, au XIXe siècle, a imposé l'usage du français dans les pays colonisés. À la littérature glorifiant la colonisation ont succédé **des œuvres de révolte** écrites par les colonisés. Ceux-ci revendiquent la richesse de leurs propres cultures, qu'ils soient originaires du Maghreb, de l'Afrique noire ou des Antilles. Les écrivains participent ainsi aux combats qui ont conduit à l'indépendance de leurs pays.

EXEMPLE L'écrivain francophone algérien **Mohamed Dib** s'engage à travers son œuvre dans **les combats menés pour l'indépendance et la liberté**.

### 4.2. Les récits de voyage

L'auteur fait découvrir, au fil de son itinéraire, les lieux qu'il a visités, les personnes qu'il a rencontrées, les péripéties qu'il a vécues. Le récit de voyage propose ainsi un regard original et informé sur des lieux exotiques, de même qu'**une réflexion personnelle sur des manières de vivre différentes**. L'auteur, mais aussi le lecteur, sont donc amenés à réfléchir sur leurs propres habitudes et leurs modes de penser.

EXEMPLE Dans son *Voyage au Congo*, en 1927, **André Gide** dénonce les ravages de la colonisation.

### 4.3. La littérature en rapport avec les récits de filiation

Le récit de filiation est **le récit qu'un écrivain fait de son enfance** en insistant particulièrement sur la vie et la personnalité de ses parents. L'écrivain, qui prend en charge le récit à la première personne comme dans une autobiographie, n'est pas le « héros » de son livre. Il s'efface au contraire pour mettre en valeur la figure de ses parents ou de ses grands-parents car leur rôle a été déterminant dans **sa formation personnelle**.

EXEMPLE Dans *Les Ritals*, **François Cavanna** recrée minutieusement l'univers des immigrés italiens confrontés à la pauvreté et aux difficultés de l'intégration.

*S'entraîner au Bac*
**Exercice 1 : p. 135**

# L'homme et son rapport au monde à travers la littérature et les autres arts

LU ☐
SU ☐
REVU ☐

## 1 En quoi le XXe siècle a-t-il modelé l'homme moderne ?

### 1.1. Les bouleversements de l'Histoire

Le XXe siècle est celui des **grands conflits idéologiques**. À deux reprises (lors de la Première Guerre mondiale : 1914-1918, et de la Seconde Guerre mondiale : 1939-1945), démocraties et dictatures s'affrontent lors de guerres qui concernent l'humanité tout entière. **Les écrivains s'engagent** dans ces conflits pour protester ou lutter.

EXEMPLE Pour dénoncer l'occupation allemande, le poète surréaliste **Paul Éluard** écrit son poème « Liberté », qui devient le symbole de la Résistance.

### 1.2. La marche du progrès

Parallèlement, **les sociétés modernes** passent d'un mode de vie rural adapté au rythme des saisons à un mode de vie industriel et citadin, dans lequel tout s'accélère. Les progrès technologiques et scientifiques qui accompagnent ces bouleversements modèlent un homme nouveau, qui s'interroge sur sa propre condition à travers ses artistes et ses écrivains.

EXEMPLE Les **sciences humaines**, comme l'ethnographie, la psychanalyse ou la sociologie, aident peu à peu à mieux comprendre le regard que l'homme porte sur lui-même et sur le monde.

## 2 Les mythes appartiennent-ils seulement au passé ?

### 2.1. Qu'est-ce qu'un mythe ?

Le mot mythe vient d'un mot grec qui **signifie « récit »**. Il est une histoire qui a pour objectif d'expliquer les mystères de la création du monde, les origines de l'homme et ses rapports avec les dieux. **Le mythe a donc une signification profonde** qui nous renseigne sur l'image que l'homme a de lui-même à une époque ou une autre.

EXEMPLE **Le mythe d'Icare** fait le récit d'un homme orgueilleux, qui se brûle les ailes pour avoir voulu se rapprocher des dieux.

### 2.2. Les mythes aujourd'hui

Les mythes sont un besoin fondamental des êtres humains qui s'identifient à leurs héros. Un sportif exceptionnel peut ainsi être qualifié de « mythique ». **La société de consommation** se crée de nouveaux mythes qui mettent en évidence les valeurs contemporaines : mythe de l'éternelle jeunesse, de l'amour romantique, de la puissance virile d'une automobile…

EXEMPLE Les artistes, les scientifiques ou les publicitaires montrent que les mythes antiques comme celui de **Narcisse** (l'amour excessif de soi) ou de **Prométhée** (le défi lancé aux dieux ou à la nature) **continuent à éclairer les comportements modernes**.

## 3 Comment la lecture d'œuvres littéraires permet-elle de s'interroger sur le rapport de l'homme au monde ?

Les œuvres littéraires offrent au lecteur un nombre infini de regards sur le monde, le passé, le présent. **Le roman, mais aussi la poésie ou le théâtre stimulent l'imagination du lecteur** en lui faisant vivre des existences qui ne sont pas la sienne : les personnages de fiction représentent des questions humaines universelles.
Les œuvres littéraires mettent également en place des **mythes** et des **symboles** qui répondent aux questions que se pose l'homme sur son rapport au monde.

EXEMPLE Le romancier **Albert Camus**, en inventant l'histoire d'une épidémie de peste qui sévit à Oran dans les années 1940, fait **l'allégorie du mal qui ronge les hommes** à la même époque et qui conduira aux horreurs de la guerre.

## 4 La littérature et le questionnement de l'homme

### 4.1. Mythes et figures mythiques

Les mythes sont **des récits fabuleux et le plus souvent anonymes**. Leur sens symbolique fonde une culture commune à tous les membres d'une même société, parfois à tous les hommes. **Les mythes éclairent ainsi la fondation de l'univers**, des hommes, des cités. Ils ont une origine religieuse et expliquent ainsi les rapports de l'homme avec les dieux.

EXEMPLE Les récits sur l'origine de l'univers, comme la Bible, mettent en place **l'image du chaos** (désordre) dans lequel un créateur vient mettre de l'ordre pour y faire vivre les hommes.

### 4.2. L'expression du doute et de la révolte face au monde moderne

La littérature du XXe siècle, mais aussi l'ensemble des autres arts, revisitent les mythes anciens pour **exprimer leurs doutes et leur révolte devant le monde moderne**, pour mieux comprendre les grands problèmes posés à la condition de l'homme. Des écrivains comme **Jean Giraudoux**, **Jean Anouilh** ou **Jean-Paul Sartre** reprennent les figures mythiques de l'Antiquité dans leurs œuvres.

EXEMPLE L'héroïne d'***Antigone***, du dramaturge Jean Anouilh, cette jeune femme qui s'oppose au roi dans la tragédie grecque, symbolise la résistance française à l'occupation allemande.

### 4.3. L'influence des nouvelles sciences humaines sur les arts

L'apparition de nouvelles sciences humaines apporte un regard neuf sur **la condition humaine**, mais aussi sur les habitudes culturelles et les productions artistiques. En transformant notre compréhension du monde, la psychanalyse, l'ethnologie et la sociologie exercent une influence considérable sur toutes les formes d'art.

EXEMPLE **Sigmund Freud fonde la psychanalyse** en insistant sur le rôle de la sexualité et de l'inconscient dans les comportements humains. Cette découverte de l'inconscient et de l'importance du rêve a eu une grande influence sur de nombreux artistes, écrivains, cinéastes, peintres et sculpteurs, et notamment sur **le mouvement surréaliste d'André Breton**.

*S'entraîner au Bac*
**Exercice 1 : p. 135**

Savoir

3

# La parole en spectacle

LU ☐
SU ☐
REVU ☐

## 1 Dans le dialogue, utilisons-nous seulement des mots ?

### 1.1. Les contextes de la parole

Dès lors qu'elle s'adresse à un **public** (amis, spectateurs, téléspectateurs…), **la parole est mise en scène**. Celui qui parle adopte les codes de communication attendus par ses interlocuteurs : on ne s'exprime pas de la même manière sur une scène de **théâtre**, un plateau de **télévision** ou une tribune **politique**. Ce n'est pas seulement la parole qui s'exprime chez **l'orateur** : il se donne en spectacle au regard de l'autre, dans un décor soigneusement choisi.

EXEMPLE **Au tribunal**, le décor solennel, la robe noire de l'avocat ou rouge du procureur, la tribune où s'expriment les témoins ou l'accusé mettent en scène la parole à la façon d'un **spectacle dramatique**.

### 1.2. Le corps en spectacle

Le corps accompagne la parole pour lui donner du sens. **Les gestes, les mimiques, les déplacements** sont aussi importants que les mots. Le **langage corporel** appuie ainsi les termes clés du discours et traduit les émotions que veut faire partager l'orateur.

EXEMPLE Les hommes politiques accompagnent leurs discours de gestes symboliques porteurs de sens : le poing serré, la main levée, l'index dressé, les mains jointes…

## 2 Comment la mise en spectacle de la parole fait-elle naître des émotions ? (jusqu'à la manipulation)

### 2.1. Une arme de séduction

Le discours est d'abord fait pour intéresser celui auquel il s'adresse, le séduire, emporter son adhésion. La **mise en spectacle de la parole** vise à rendre le discours **plus efficace** : il ne s'adresse pas seulement à la raison, **il s'adresse aussi au cœur**. Celui qui parle doit être éloquent s'il veut agir sur l'autre.

EXEMPLE Plaidoirie de l'avocat, réquisitoire du procureur, discours à la tribune de l'Assemblée, tirade du héros d'une pièce de théâtre… Chaque type de parole s'appuie sur **l'éloquence** pour toucher et persuader.

### 2.2. Une arme de manipulation

La parole peut aussi servir à manipuler ceux auxquels elle s'adresse. Si la démocratie met le dialogue et **la liberté d'expression** au centre de la vie sociale, la parole peut devenir une arme utilisée pour manipuler et devenir **propagande**. Cette parole mise en scène pour manipuler existe depuis l'Antiquité. Elle est facilitée aujourd'hui par la multiplication des médias qui la véhiculent rapidement, comme **Internet**.

EXEMPLE **Charlie Chaplin** montre dans son film *Le Dictateur* comment Hitler met en scène ses discours pour manipuler les foules.

FRANÇAIS

## 3 Qu'apporte la dimension collective de la mise en spectacle de la parole ?

Les lieux où la parole est mise en scène sont multiples et existent depuis l'Antiquité (l'agora, le forum, la place publique). Ils sont conçus pour pouvoir réunir des groupes d'individus qui se trouvent dès lors liés par une même émotion. **La parole peut alors avoir un effet cathartique**, c'est-à-dire qu'elle permet au groupe qu'elle réunit de se « purger » des passions qui l'animent par le **rire**, les **larmes**, la **colère** et la **tristesse** communes.

EXEMPLE La salle de théâtre ou de concert, l'hémicycle de l'Assemblée, le plateau d'une émission de télévision sont conçus pour faire naître une même émotion collective.

## 4 La littérature et la parole

### 4.1. Le texte de théâtre et sa représentation

Le texte théâtral est d'abord destiné à être représenté sur scène. À travers le jeu de la **double énonciation**, les personnages ne s'adressent pas seulement aux autres personnages, ils s'adressent aussi au **public**. Le **décor**, le jeu des **acteurs**, l'**éclairage**, les **accessoires** participent également à la mise en scène de la parole théâtrale.

EXEMPLE On peut représenter un texte de **Molière** (XVIIe siècle) en le renouvelant au moyen de sa mise en scène : décor contemporain, personnages anachroniques, accompagnement musical...

### 4.2. La télévision et la mise en scène de la parole

La télévision, lorsqu'elle informe, est un lieu privilégié de la parole et du **débat**.
Le terme « **talk-show** » désigne aujourd'hui l'ensemble des émissions basées sur des échanges verbaux codifiés. L'**animateur** est au centre de ce dispositif, dans lequel il intervient pour donner ou reprendre la parole aux **intervenants**, la dramatiser, prendre parti pour l'un ou l'autre... Il occupe de cette manière le rôle du **téléspectateur** en le faisant participer lui aussi à l'échange verbal, comme s'il était son représentant.

EXEMPLE Le générique d'un journal télévisé montre souvent **les équipements techniques** qui permettent sa diffusion. C'est une manière de montrer au téléspectateur que l'information qu'il diffuse est sérieuse, à la pointe de la technologie.

### 4.3. Le spectacle de la parole politique

La parole politique est spectaculaire car elle met **face à face un orateur et un public** acquis à sa cause. Elle repose dès lors sur **l'éloquence du tribun** (celui qui monte à la tribune) : l'argumentation est accompagnée de procédés verbaux ou non verbaux qui permettent de susciter l'enthousiasme.

EXEMPLE **La cérémonie des vœux du Président de la République** s'accompagne chaque année d'un rituel attendu par ceux qui la regardent : paroles de réconfort et de confiance en l'avenir, mais aussi décor évoquant la grandeur de la fonction et donc du pays.

*S'entraîner au Bac*
Exercice 1 : p. 135

Savoir

4

# Les genres littéraires

LU ☐
SU ☐
REVU ☐

## 1 La poésie

Le poème joue avec **le langage** (sonorités, syntaxe, images, typographie, connotations) pour créer de nouvelles façons de dire et de voir l'univers. À travers ce genre d'écrits, le poète cherche à émerveiller, exalter ou émouvoir le lecteur.

EXEMPLE La chanson, qui est l'une des formes les plus anciennes de la poésie, demeure au cœur de la vie quotidienne de chacun. Le poète et le destinataire y partagent une même vision du monde.

## 2 Le théâtre

Le texte théâtral donne à voir **des personnages** qui effectuent un échange de paroles en public. La force du texte théâtral repose donc sur son écriture, **sa mise en scène** et **le jeu des acteurs** qui l'incarnent. **Le dramaturge** peut avoir pour objectif de divertir le public, d'engager avec lui une réflexion politique ou une critique sociale.

EXEMPLE Les pièces de **Molière**, qui ont été jouées plus de 30 000 fois depuis la création de la Comédie Française, en 1680, témoignent d'un message intemporel, renouvelé par l'adaptation de la mise en scène aux spectateurs d'aujourd'hui.

## 3 Le roman

Le roman montre un dynamisme exceptionnel, en présentant des formes, des thèmes et des personnages d'une extraordinaire variété. **Le genre romanesque** se renouvelle constamment avec l'évolution de la société et les changements de sensibilité des lecteurs. **Le romancier**, à travers son récit et le parcours de ses personnages, explore **les rapports de l'homme avec la société**.

EXEMPLE À une époque où l'individu est au cœur des préoccupations, l'autobiographie connaît aujourd'hui un succès considérable qui place le genre romanesque en tête des ventes des libraires.

## 4 L'essai et les genres argumentatifs

L'essai est **un texte qui permet de prendre position sur un sujet**, afin de créer le débat. Il est l'occasion pour l'auteur de faire preuve d'humour ou d'ironie, de séduire le lecteur ou de le provoquer, en exprimant une opinion originale. On retrouve les règles de l'essai (défendre une thèse, apporter des arguments), dans tous les genres argumentatifs : l'article de presse, le discours politique, le tract, le plaidoyer...

EXEMPLE Les écrivains, les philosophes, les journalistes, les sociologues publient régulièrement des essais qui leur permettent de faire partager au lecteur leur point de vue sur l'actualité : **Alain Finkielkraut**, *Nous autres, modernes*, 2005 ; **Jean-Pierre Le Goff**, *Malaise dans la démocratie*, 2016.

S'entraîner au Bac
Exercices 2, 3, 4, 5 : p. 136 à 137

Savoir 5

FRANÇAIS

LU ☐
SU ☐
REVU ☐

# Les principales figures de style

## 1 Les figures d'insistance

### 1.1. Le parallélisme

Reprise d'une construction syntaxique ou rythmique pour accentuer une similitude, une opposition ou une gradation.

EXEMPLE **J'ai** tendresse **pour** toi, **j'ai** passion **pour** elle. (Corneille)

### 1.2. L'anaphore

Reprise en tête de phrase ou de vers d'un même mot ou d'une même expression pour créer un effet incantatoire, mélodique ou persuasif.

EXEMPLE **Il y aura des fleurs** tant que vous en voudrez
**Il y aura des fleurs** couleur de l'avenir
**Il y aura des fleurs** lorsque vous reviendrez. (Louis Aragon)

### 1.3. L'accumulation

Succession de termes de même nature et de même fonction pour produire un effet de foisonnement ou des variations d'intensité. Lorsque cette intensité est croissante ou décroissante, on parle de gradation.

EXEMPLE Je me meurs, je suis mort, je suis enterré ! (Molière)

## 2 Les figures d'amplification et d'atténuation

### 2.1. L'hyperbole

Procédé d'exagération qui met en relief une perception vécue ou un sentiment éprouvé, en les grossissant à l'extrême.

EXEMPLE Et quand sur la mer il fera noir,
Tes beaux yeux seront mes deux étoiles. (Richepin)

### 2.2. La litote

Procédé d'atténuation qui consiste à en dire moins pour signifier plus. C'est une atténuation qui sert à amplifier.

EXEMPLE Va, je ne te hais point. (Corneille)

### 2.3. L'euphémisme

Procédé d'atténuation qui consiste à utiliser un mot ou une expression plus faible pour signifier une réalité plus dure afin de l'adoucir.

EXEMPLE Il est temps que je me repose ;
Je suis terrassé par le sort.
Ne me parlez pas d'autre chose
Que des ténèbres où l'on dort ! (Victor Hugo)

## 3 Les figures d'opposition

### 3.1. L'antithèse

Elle rapproche deux éléments opposés, disposés de manière symétrique à l'intérieur d'une phrase ou d'un paragraphe, pour signifier un conflit ou un contraste.

EXEMPLE Paris est tout petit C'est là sa vraie grandeur. (Prévert)

### 3.2. L'oxymore

Il juxtapose deux mots contradictoires au sein d'un même groupe grammatical, pour faire surgir une réalité nouvelle et inattendue.

EXEMPLE Cette obscure clarté qui tombe des étoiles. (Corneille)

## 4 Les figures de substitution

### 4.1. La comparaison

Elle rapproche deux réalités au moyen d'un outil de comparaison.

EXEMPLE Il était **plus** en colère **que** dix tigres déchaînés. (Renart)

### 4.2. La métaphore

Elle met sur le même plan deux réalités, sans outil de comparaison.

EXEMPLE Paris est un véritable océan. (Balzac)

### 4.3. La personnification

Elle consiste à prêter des sentiments et des comportements humains à un objet, à un être inanimé ou à un animal.

EXEMPLE La cathédrale explique tout, a tout enfanté et conserve tout.
Elle est la mère, la reine, énorme au milieu du petit tas des maisons basses, pareille à une couvée abritée frileusement sous ses ailes de pierre. (Zola)

### 4.4. L'allégorie

Elle rend concrète une idée abstraite en lui donnant la forme d'un être vivant qui la représente par son apparence, ses comportements, ses gestes.

EXEMPLE Je vis cette faucheuse. Elle était dans son champ.
Elle allait à grands pas, moissonnant et fauchant,
Noir squelette laissant passer le crépuscule. (Hugo)

### 4.5. La périphrase

Elle désigne un objet par une expression qui le caractérise, en précise ou en développe le sens et permet souvent d'éviter une répétition.

EXEMPLE L'auteur de *La Comédie humaine* (pour Balzac)

### 4.6. L'antiphrase

Elle dit le contraire de ce qu'on veut faire entendre, en ne laissant aucun doute sur l'intention de sens. L'ironie est la figure de l'antiphrase par excellence.

EXEMPLE Ne vous gênez pas ! C'est du joli ! Ça sent la rose, ici.

*S'entraîner au Bac*
Exercices 6 à 17 : p. 137 à 139

Savoir 6

# Les discours rapportés

LU ☐
SU ☐
REVU ☐

FRANÇAIS

## 1 Le discours direct

### 1.1. Définition

Le discours direct reproduit les paroles citées de la manière la plus fidèle possible (pronoms, temps des verbes, tonalité). Il donne ainsi un caractère d'authenticité au récit. Il permet de caractériser la personne qui parle à travers ses propos.

EXEMPLE «– On n'a pas de la viande tous les jours.
– Encore si l'on avait du pain !
– C'est vrai, ça, si l'on avait du pain seulement ! » (Zola, *Germinal*)

### 1.2. Construction

Le discours direct est signalé par des guillemets et un verbe introducteur qui précise la nature de la prise de parole. Celui-ci est placé avant les paroles citées (Il s'écria : « Zut ! »), en incise (« J'en ai assez, dit-il, de tout cela ! »), ou après (« Allez au diable ! », s'exclama-t-il).

## 2 Le discours indirect

### 2.1. Définition

Le discours indirect rapporte les propos en les introduisant par un verbe de parole suivi d'une subordonnée : *Il dit que…, il affirma que…, elle ajouta que…, elle demande si…* Les guillemets disparaissent et le narrateur intègre à son propre discours les paroles qu'il cite. Il peut ainsi résumer, reformuler ou commenter le propos cité.

EXEMPLE Ils se plaignaient de ne pas manger de viande tous les jours ; certains affirmaient même que le pain manquait lui aussi.

### 2.2. Construction

Le passage du discours direct au discours indirect implique de respecter la concordance des temps entre le verbe introducteur et celui du discours rapporté : *Il a dit : « Je bois de l'eau. » = Il a dit qu'il buvait de l'eau.* Les guillemets ont disparu, le verbe introducteur est suivi d'une subordonnée, et le pronom « je » du discours direct devient « il » dans le discours indirect.

## 3 Le discours indirect libre

Le discours indirect libre combine le discours direct et le discours indirect. Il garde du discours direct la vérité des propos tenus, mais sans les marques des guillemets et de la personne. Il conserve du discours indirect le système énonciatif et la transposition des temps. Il peut se manifester dans le flux du discours du narrateur.

EXEMPLE Il fallait donc crever de faim ? Bientôt les routes seraient pleines de mendiants. Oui, disait le vieillard, ça finirait par mal tourner. (Zola, *Germinal*)

S'entraîner au Bac
Exercices 18 à 21 : p. 139 à 140

Savoir

7

# Les connecteurs logiques

LU ☐
SU ☐
REVU ☐

**Lorsqu'on veut expliquer ou argumenter, on peut souligner les relations logiques qui relient les idées aux moyens de termes appelés connecteurs. Ces connecteurs indiquent, la cause, la conséquence, l'addition, etc.**

## 1 L'addition

Elle ajoute une idée à une autre idée, qu'elle met sur le même plan ou classe selon un ordre logique :

EXEMPLE **D'une part**, Internet est un instrument de loisir. **De l'autre**, c'est un moyen de se cultiver. ⇒ *et, puis, en outre, de surcroît, d'ailleurs, voire, d'une part... d'autre part, d'un côté... de l'autre, par ailleurs, ensuite, etc.*

## 2 L'opposition

Elle souligne une contradiction plus ou moins forte entre deux idées ou deux faits.

EXEMPLE Les jeux en ligne sont nombreux et passionnants **mais** ils sont chronophages. ⇒ *mais, cependant, en revanche, au contraire, or, alors que, toutefois, pourtant, etc.*

## 3 La cause

Elle indique l'origine d'un fait, son point de départ.

EXEMPLE **En effet**, plus on y joue et plus on y réussit. ⇒ *en effet, car, parce que, puisque, en raison de, du fait de, vu que, sous prétexte que, à cause de, etc.*

## 4 La conséquence

Elle expose l'aboutissement d'un fait ou le résultat d'un raisonnement.

EXEMPLE **C'est pourquoi** les personnes qui jouent en ligne y passent souvent des heures. ⇒ *ainsi, c'est pourquoi, à tel point que, en conséquence, si bien que, de sorte que, donc, etc.*

## 5 La concession

Elle souligne une contradiction apparente. Elle peut aussi reconnaître en partie la validité d'arguments adverses avant de les réfuter.

EXEMPLE **Il est vrai qu**'Internet permet aussi de s'informer et de se cultiver. ⇒ *il est vrai que, sans doute, certes, quoique, même si, bien que, etc.*

## 6 L'explication

Elle apporte des informations supplémentaires ou des exemples.

EXEMPLE **Ainsi**, on peut y lire la presse ou se documenter sur des encyclopédies en ligne comme Wikipédia. ⇒ *c'est-à-dire, en d'autres termes, d'ailleurs, effectivement, etc.*

*S'entraîner au Bac*
Exercices 23 à 26 : p. 140 à 141

Savoir

8

# Comprendre le sujet d'examen

LU ☐
SU ☐
REVU ☐

FRANÇAIS

**Afin de réussir l'épreuve, il est nécessaire de lire et d'analyser soigneusement les textes du « corpus », de manière à préparer les réponses aux questions posées.**

## 1 La phase d'observation

### 1.1. L'identification de l'objet d'étude

Le corpus proposé à l'examen comprend un ou plusieurs textes accompagnés d'un document iconographique (image, schéma, photographie, peinture, etc.). Il s'agit d'abord pour le candidat de comprendre ce qui fonde l'unité du corpus, à travers l'objet d'étude qu'il illustre.

EXEMPLE Le corpus de l'examen peut illustrer l'objet d'étude intitulé « L'homme et son rapport au monde à travers la littérature et les autres arts » en étant constitué des trois éléments suivants : un texte présentant le récit d'un mythe de l'Antiquité, une illustration du héros représenté, un extrait de pièce de théâtre du XXe siècle proposant une réécriture de ce mythe.

### 1.2. Le repérage du paratexte

Avant même de lire les textes, il est nécessaire d'identifier le contexte de leur écriture afin de mieux les comprendre. Pour cela, il est important de repérer les références (noms d'auteur, dates de publication), les introductions, notes ou légendes éventuelles qui présentent les textes ou documents.

EXEMPLE Devant un document iconographique, il faut se demander ce qui le lie aux textes du corpus, de quelles façons il les éclaire ou les illustre.

## 2 La lecture des textes

### 2.1. La lecture cursive

Une première lecture attentive des textes du corpus doit permettre d'en saisir le sens global et de souligner les mots ou expressions qui posent des problèmes de compréhension.

EXEMPLE Il est nécessaire de lire l'ensemble des textes et documents avant de passer à une analyse plus approfondie. En effet, la lecture du texte 3 peut aider à mieux comprendre ensuite le texte 1. De même, le document iconographique peut éclairer le sens de l'un ou l'autre des textes.

### 2.2. La lecture analytique

Une deuxième lecture des textes du corpus doit permettre d'en analyser les différentes facettes et de mettre des notes dans les marges des textes.

EXEMPLE Si l'on repère une figure de style dans l'un des textes, on la surligne en mentionnant sa nature dans la marge (comparaison, métaphore, personnification…), afin de pouvoir éventuellement la citer dans l'une des réponses aux questions.

*S'entraîner au Bac*
Exercices 27, 28 : p. 142 à 145

# Répondre aux questions de lecture

LU ☐
SU ☐
REVU ☐

**Notées sur dix points, trois questions évaluent les compétences de lecture du candidat. Leurs réponses doivent être entièrement rédigées, sous la forme de paragraphes citant ou évoquant les textes et documents étudiés.**

## 1 La question de présentation du corpus

### 1.1. La présentation des textes et documents

Il faut commencer par présenter en deux ou trois phrases les textes et documents du corpus en s'aidant des éléments repérés préalablement dans le paratexte : nom de l'auteur, date de publication, genre, nature et titre des textes ou documents.

EXEMPLE
Le texte 1 est une interview de l'écrivain J.M.-G. Le Clézio évoquant son grand-père. Le texte 2 est extrait du roman autobiographique de Le Clézio intitulé « Voyage à Rodrigues » (1986) et nous présentant l'écrivain parti sur les traces de son grand-père. Le document iconographique est une photographie de l'île de Rodrigues dans laquelle a vécu le grand-père de l'écrivain.

### 1.2. L'explication des relations entretenues

Il faut ensuite expliquer en une ou deux phrases ce qui justifie le regroupement des textes et documents du corpus. En effet, le corpus est construit autour d'un thème issu des objets d'étude de terminale. Il illustre l'objet d'étude et pose une problématique.

EXEMPLE
Le corpus illustre la problématique du récit de filiation en montrant comment un écrivain peut trouver une source d'inspiration dans une réflexion sur ce qui fonde son identité.

## 2 Les questions d'analyse et d'interprétation

### 2.1. La lecture de la question

Le libellé de la question invite à rechercher dans le texte un procédé qui permet à l'écrivain d'exprimer sa pensée de manière originale : construction d'une description, recours à un lexique particulier, rythme ou syntaxe de la phrase, figure de style, etc. Après avoir souligné dans la question l'effet d'écriture à analyser, il est nécessaire de repérer ensuite cet effet d'écriture dans le texte ou le document concerné.

EXEMPLE
Comment l'auteur du texte 1 traduit-il l'autorité du personnage dans sa façon de parler ?

### 2.2. L'analyse et l'interprétation de l'effet d'écriture

Il s'agit de présenter les éléments de réponse de manière rédigée à l'aide de citations extraites des textes (entre guillemets) et d'expliquer quels sont les effets d'écriture utilisés par l'auteur. On ne peut se contenter de dire qu'un auteur a utilisé tel ou tel champ lexical. Il faut aussi expliquer quel est l'objectif qu'il vise en le faisant.

EXEMPLE
L'autorité du personnage s'affirme à travers de nombreuses répliques : « Ôte-toi de mon chemin ! », « Fichez-moi la paix ! », « Qui m'aime me suive ! ». On remarque que ses phrases sont souvent exclamatives et qu'il utilise le mode subjonctif pour donner des ordres à ses compagnons. En faisant s'exprimer son personnage de cette manière autoritaire, l'auteur souligne sa force de caractère et l'attraction qu'il exerce auprès des autres personnages de la pièce.

## 3 La mise en relation des textes et des documents

Une fois que le corpus a été lu et analysé, il est nécessaire de se demander en quoi les textes et documents se complètent ou s'opposent. Ils illustrent en effet une problématique qui a été étudiée au cours de l'année et sur laquelle ils apportent un éclairage nouveau.

EXEMPLE
Un corpus illustrant l'objet d'étude « Identité et diversité » peut poser la problématique de l'exil, ou encore celle du regard et des jugements de valeur.

*S'entraîner au Bac*
**Exercices 27, 28 : p. 142 à 145**

Savoir 10

# Répondre à la question d'écriture : la recherche des idées

LU ☐
SU ☐
REVU ☐

## 1 L'analyse du sujet

L'analyse de la question posée doit permettre de mettre en évidence le problème qu'elle pose et qu'il faut résoudre. Il faut en souligner ou en surligner les mots et expressions les plus importants, en fonction de leur nature.

EXEMPLE
Selon vous, celui qui prend la parole pour **défendre une cause** doit-il nécessairement **mettre en scène son discours** ? Vous répondrez à cette question dans un développement argumenté d'une quarantaine de lignes en vous appuyant sur les textes du corpus, sur vos lectures de l'année, et sur vos connaissances personnelles.

## 2 La collecte des premiers arguments

### 2.1. Les arguments provenant du corpus

Comme indiqué par le sujet, le corpus de textes et de documents contient des arguments qui peuvent être réutilisés pour répondre à la problématique. Ils ont été étudiés à l'occasion des réponses aux questions de lecture.

EXEMPLE
Le corpus correspondant au sujet ci-dessus est constitué de deux extraits de roman montrant comment des personnages mettent en scène leurs discours respectifs, et d'une photographie montrant un orateur monté sur une table pour mieux se faire entendre.

### 2.2. Les arguments liés à la connaissance de l'objet d'étude

L'essentiel des arguments à apporter provient des connaissances acquises durant l'année sur l'objet d'étude. Il s'agit dès lors de mobiliser les connaissances engrangées durant l'année scolaire en les séparant en deux colonnes.

EXEMPLE
Pour le sujet ci-dessus, on peut regrouper d'un côté les arguments qui montrent que toute parole défendant une cause doit être mise en scène, et de l'autre, les contre-arguments qui montrent qu'une parole spontanée peut elle aussi être efficace.

## 3 La recherche de nouvelles idées

### 3.1. L'association d'idées

Pour trouver des idées nouvelles, on peut procéder par associations d'idées à partir des mots-clés du sujet. Il faut pour cela noter les associations de mots qui surgissent et permettent d'élargir la recherche autour des mots-clés, sans s'éloigner du sujet.

### 3.2. Les exemples tirés de la culture personnelle

Pour enrichir son argumentation, il faut enfin puiser dans ses lectures de l'année et ses connaissances personnelles (cinéma, chanson, théâtre, actualité, etc.) en rapport avec la question posée.

S'entraîner au Bac
Exercices 27, 28 : p. 142 à 145

Savoir
11

# Répondre à la question d'écriture : la construction du développement

LU ☐
SU ☐
REVU ☐

FRANÇAIS

## 1 Le premier paragraphe : la thèse

### 1.1. L'objectif du paragraphe

La première partie du développement a pour objectif de mettre en valeur l'un des points de vue proposés par le sujet. Il ne s'agit pas de défendre sa propre opinion, mais de montrer qu'on est capable d'accepter l'opinion d'autrui.

EXEMPLE
« Pensez-vous que les œuvres dans lesquelles les auteurs racontent leur vie et celle de leurs proches n'ont d'intérêt que pour leur entourage ou qu'elles peuvent concerner tous les lecteurs ? » Dans cet exemple, le premier paragraphe va défendre le point de vue selon lequel les œuvres autobiographiques ont d'abord de la valeur pour l'entourage de leurs auteurs (leur famille, leurs amis, leurs proches...).

### 1.2. Le plan du paragraphe

Le paragraphe doit mettre en évidence la validité du point de vue exprimé au moyen d'arguments et d'exemples précis. On lui donne un titre (l'idée défendue) et on numérote les deux ou trois arguments qu'il développe.

EXEMPLE
I. Les œuvres autobiographiques ont un intérêt personnel.
1. Elles évoquent la vie de leur auteur et de ses proches : les gens qui écrivent leur vie pour expliquer à leurs enfants leurs racines, les albums de photos de famille, les arbres généalogiques, etc.
2. Elles racontent une histoire particulière, éloignée de celle du lecteur : l'enfance d'Azouz Begag dans son roman *Le Gone du Chaâba*.

## 2 Le deuxième paragraphe : l'antithèse

### 2.1. L'objectif du paragraphe

Le deuxième paragraphe a pour objectif de nuancer le point de vue du premier en montrant qu'il n'est pas forcément le seul à envisager. Le sujet propose là aussi une piste de réflexion qui aide à la construction du plan.

### 2.2. Le plan du paragraphe

Le plan du deuxième paragraphe doit étayer le point de vue exprimé par le sujet au moyen de deux ou trois arguments illustrés d'exemples concrets, issus des lectures de l'année ou de la culture personnelle.

## 3 Le troisième paragraphe : le point de vue personnel

Il s'agit dans le dernier paragraphe de montrer un point de vue plus personnel sur la problématique du sujet. On peut donner une préférence pour l'un ou l'autre des points de vue discutés ou en donner un troisième, qui complète les deux autres.

*S'entraîner au Bac*
Exercices 27, 28 : p. 142 à 145

Savoir 12

# Répondre à la question d'écriture : la rédaction de la réponse

LU ☐
SU ☐
REVU ☐

**L'introduction et la conclusion sont brèves mais particulièrement soignées. La mise en pages des paragraphes du développement participe aussi à l'effort de lisibilité de la compréhension écrite.**

## 1 L'introduction

### 1.1. La mise en place du thème du sujet

L'introduction permet d'abord de mettre en place le thème du sujet en présentant celui-ci au lecteur. Elle explique en deux ou trois phrases quels sont les grands enjeux de l'objet d'étude dans lequel s'inscrit la problématique.

EXEMPLE DE SUJET

Selon vous, le fait d'être au contact de plusieurs cultures est-il plutôt un obstacle ou plutôt une richesse pour construire sa propre identité ? ⇒ Pour ce sujet, l'introduction doit mettre en évidence le brassage de « cultures » très diverses dans le monde moderne.

### 1.2. L'annonce du sujet

L'introduction se termine par une question : celle-ci a pour fonction d'annoncer le sujet. Pour cela, il est nécessaire de reprendre les termes utilisés dans le sujet en les adaptant au devoir. La mise en place du thème et la question qui annonce le sujet sont reliées au moyen d'un terme d'articulation.

EXEMPLE D'INTRODUCTION

Le monde moderne se caractérise par le brassage des cultures. Les frontières disparaissent et les médias diffusent les cultures du monde entier auxquelles chacun peut avoir accès. Ce contact avec des cultures très diverses est-il un obstacle ou une richesse pour construire sa propre identité ?

## 2 Le développement

### 2.1. La rédaction des paragraphes

Chaque paragraphe développe une idée générale, en l'expliquant et en apportant des arguments qui viennent en souligner la validité. L'idée est illustrée par un ou plusieurs exemples qui la rendent plus concrète.

### 2.2. Les termes d'articulation

Des termes d'articulations logiques, les connecteurs, viennent souligner la progression du raisonnement : l'opposition « cependant », la cause « en effet », etc.

EXEMPLE

Certes, le contact avec des cultures diverses constitue un enrichissement personnel certain. Cependant, ce contact incessant n'est-il pas aussi une menace pour la construction de sa propre identité ?

## 3 La conclusion

### 3.1. Le bilan de la réflexion

La conclusion rappelle dans un premier temps les réponses apportées à la problématique du sujet dans chacun des trois paragraphes. Chaque paragraphe est résumé au moyen d'une phrase.

EXEMPLE

Le brassage des cultures est caractéristique du monde moderne, marqué par la disparition des frontières et le développement des nouveaux médias. Il permet à chacun de découvrir les cultures du monde entier. Mais il apparaît aussi à certains comme un facteur de perte d'identité, notamment pour ceux qui s'inquiètent de la mondialisation.

### 3.2. L'expression d'un choix personnel

La dernière phrase de la conclusion exprime un choix personnel du candidat, qui exprime de manière explicite son propre point de vue sur le thème du sujet.

*S'entraîner au Bac*
Exercices 27, 28 : p. 142 à 145

Savoir

13

# L'épreuve orale de contrôle

LU ☐
SU ☐
REVU ☐

**L'épreuve orale de contrôle concerne les candidats ayant obtenu une moyenne comprise entre 8 et 10 sur 20 aux épreuves écrites du baccalauréat professionnel. Elle est constituée de deux interrogations de 15 minutes chacune, l'une en maths-sciences, l'autre en français-histoire-géo. Les sujets sont tirés au sort par les candidats, qui disposent de 15 minutes de préparation.**

## 1 Les modalités de l'épreuve

### 1.1. Le sujet

Le candidat n'a aucun document à apporter pour passer l'épreuve. Il tire au sort un sujet de français ou un sujet d'histoire-géographie dans une enveloppe contenant un nombre équilibré de sujets relevant de chaque matière. En français, le sujet invite le candidat à présenter une lecture d'œuvre intégrale (littéraire ou cinématographique) ou un groupement de textes étudiés durant l'année de Terminale. L'exposé du candidat est suivi d'un dialogue avec l'examinateur.

EXEMPLE DE SUJET Après avoir présenté une œuvre/un groupement de textes le plus précisément possible (titre(s) d'œuvre(s), auteur(s), époque(s) de publication, propos de l'œuvre/des textes), vous expliquerez ce qui vous a intéressé dans cette étude dont vous présenterez les principales lignes de force.

### 1.2. Les critères d'évaluation

Trois critères d'évaluation guident l'appréciation de l'examinateur :
– Pendant l'exposé, l'examinateur écoute la présentation de l'œuvre ou du groupement de textes produite par le candidat. Il évalue la qualité de précision et d'organisation de la présentation faite par le candidat (sur 4 points).
– Durant l'entretien, l'examinateur évalue la qualité d'écoute et de participation à l'échange (sur 3 points).
– Pendant l'épreuve, enfin, l'examinateur évalue globalement la correction de l'expression orale (sur 3 points).
La note globale ainsi retenue est fixée sur 10 points.

## 2 L'exposé du candidat

### 2.1. La préparation de l'exposé

Le candidat dispose de quinze minutes pour préparer son exposé. C'est à lui de choisir le groupement de textes ou l'œuvre intégrale qu'il va présenter à l'examinateur. Il est donc nécessaire de se préparer durant l'année en établissant des fiches sur telle ou telle œuvre étudiée en classe, de manière à pouvoir présenter : le nom de l'auteur, l'époque concernée, le titre de l'œuvre, ainsi que son contenu.

EXEMPLE Un élève qui a étudié en terminale le roman d'Albert Camus, *La Peste*, doit être capable de présenter le roman dans son contexte historique (la fin de la Seconde Guerre mondiale). Il présente ensuite l'histoire de la maladie, comment elle s'étend progressivement à toute la ville d'Oran, malgré les efforts du héros, le docteur Rieux, avant de disparaître. En conclusion, le candidat peut faire un parallèle entre la peste et le nazisme, auquel l'auteur fait implicitement référence.

FRANÇAIS

### 2.2. La présentation de l'exposé

Le candidat doit s'exprimer de façon autonome, c'est-à-dire qu'il doit montrer qu'il est capable de présenter une œuvre ou un groupement de textes sur un thème précis. Pour atteindre cet objectif, l'exposé peut se dérouler en trois temps :

– **L'introduction** présente rapidement l'auteur, l'œuvre et le contexte de son écriture. Elle explique à quel objet d'étude la lecture de l'œuvre est liée (« Identité et diversité », « Au XXe siècle, l'homme et son rapport au monde à travers la littérature et les autres arts », « La parole en spectacle »).

– **Le corps de l'exposé** présente l'intrigue du roman ou de la pièce de théâtre, les grandes lignes de l'essai. Il rappelle quels sont les personnages principaux, les rapports qu'ils entretiennent.

EXEMPLE On peut présenter une œuvre en répondant à quelques questions simples auxquelles on a répondu lors de la préparation : Quelle est l'histoire racontée ? Quels sont les personnages ? Quels liens les unissent ? Comment leurs relations progressent-elles ? Comment l'histoire se termine-t-elle ?

– **La conclusion** donne un avis personnel sur l'œuvre, en propose une interprétation en montrant à l'examinateur ce que sa lecture a pu apporter : une leçon de vie, une mise en garde, une vision originale du monde, une réflexion sur l'homme, les arts ou la société...

REMARQUE Il est absolument nécessaire de ne pas donner un jugement négatif sur l'œuvre présentée ! C'est le candidat qui la choisit et ce choix est effectué en fonction des goûts et non par obligation.

## 3 Le dialogue avec l'examinateur

### 3.1. La qualité d'écoute et de participation à l'échange

C'est l'examinateur qui mène l'entretien. Les questions qu'il pose sont destinées à aider le candidat à exprimer son point de vue sur l'œuvre et l'objet d'étude concerné, et non à le piéger. Il est donc indispensable de bien écouter les questions posées et d'y répondre calmement et clairement. Lorsqu'une question n'est pas comprise, le candidat ne doit pas hésiter à demander qu'elle soit reformulée.

EXEMPLE Qu'avez-vous pensé du personnage de Meursault ? Quelles autres auteurs avez-vous étudié en classe dans le cadre de l'objet d'étude « La parole en spectacle » ? Avez-vous lu d'autres romans au cours de l'année scolaire ? Selon vous, en quoi l'œuvre que vous avez choisie éclaire-t-elle le lecteur sur la construction de sa propre identité ?

### 3.2. La correction de l'expression orale

Plus que le fond (la lecture et la compréhension de l'œuvre présentée par le candidat), l'épreuve orale de contrôle vérifie la capacité du candidat à s'exprimer oralement dans un français correct.

# Lexique

## A

**Anaphore :** répétition du même mot ou de la même expression au début de plusieurs vers, phrases ou paragraphes.

**Antihéros :** dans une œuvre littéraire ou cinématographique, l'antihéros est un personnage qui ne possède aucune des qualités remarquables du héros traditionnel. Il est au contraire falot, sans envergure. Les personnages de Flaubert sont souvent des antihéros.

**Aparté :** au théâtre, réplique entendue par le public mais non par l'interlocuteur pourtant en scène.

**Autobiographie :** comme le montre l'étymologie, c'est le récit qu'une personne fait de sa propre existence.

## C

**Caricature :** portrait qui grossit les défauts de la personne, dans le but de faire rire.

**Champ lexical :** l'ensemble des mots qui, dans un texte, appartiennent à un même domaine, à un même thème.

**Connotations :** l'ensemble des associations d'idées et d'impressions qui peuvent s'ajouter au sens strict d'un mot, par influence du contexte, ou des références culturelles, sociales ou personnelles.

**Conte :** récit bref qui fait entrer le lecteur dans un monde différent du monde réel (conte merveilleux ou fantastique). Il peut inviter à la réflexion (conte philosophique).

**Coup de théâtre :** événement imprévu qui modifie le cours de l'action.

## D

**Dénouement :** moment où, à la fin d'une pièce de théâtre, se résout le conflit.

**Diversité :** le mot « diversité », du latin *diversus*, signifie contradictoire, différent. La diversité des individus repose sur leurs croyances, leurs traditions, leur âge, leur sexe, leurs origines sociales et géographiques...

## E

**Éloquence :** c'est une manière de s'exprimer avec aisance par le discours pour toucher et persuader. L'éloquence s'appuie souvent sur la rhétorique, l'ensemble des techniques de l'art de bien parler.

**Énumération :** accumulation de termes qui décrivent une situation.

**Essai :** l'essai permet à l'écrivain de traiter d'un sujet, d'un auteur, avec une certaine liberté dans le ton, dans la forme de son ouvrage. L'auteur veut exprimer un point de vue personnel, renouveler la façon d'aborder une question de littérature, d'art, d'histoire ou de société.

**Exposition :** terme désignant, au théâtre, la ou les scènes dont la fonction principale est de fournir sur la situation et les personnages les renseignements nécessaires pour que le lecteur ou le spectateur comprennent l'action et ses enjeux.

## F

**Filiation :** la filiation désigne le lien de parenté unissant l'enfant à son père ou à sa mère. Plus largement, le récit de filiation évoque la culture transmise d'une génération à une autre.

**Focalisation (ou point de vue) :** choix d'un mode de narration qui consiste à faire savoir au lecteur tout ou partie de l'histoire racontée : ou il sait tout (focalisation zéro), ou il ne sait que ce qu'il verrait de l'extérieur (focalisation externe), ou il ne sait que ce que voit, pense et ressent un personnage (focalisation interne).

## H

**Hyperbole :** figure de style consistant à employer des termes trop forts, exagérés.

## I

**Identité :** l'identité recouvre toutes les caractéristiques qui fondent l'originalité d'une personne et qui permettent de la différencier des autres. Par ailleurs, elle correspond aussi à tout ce qui rapproche et qui affirme l'appartenance à un groupe.

**Incipit :** première phrase d'une œuvre, qui introduit le lecteur dans cette œuvre.

**Ironie :** moquerie qui consiste à faire entendre le contraire de ce qu'on dit, ou à donner aux mots un sens détourné.

## L

**Lyrisme :** on qualifie ainsi l'expression de sentiments personnels intimes.

## M

**Métaphore :** figure de style qui consiste à utiliser, pour désigner une réalité, un terme ou des termes (métaphore filée) qui sont habituellement employés pour désigner une autre réalité qui entretient avec la première un rapport de ressemblance.

**Mise en scène :** art de porter à la scène un texte en utilisant les ressources de l'espace scénique (déplacement des acteurs, décor, lumière).

**Monologue :** au théâtre, il s'agit des propos que tient un personnage qui se trouve (ou se croit) seul.

**Mythe :** le mythe est un récit fabuleux anonyme, auquel on peut trouver un sens symbolique, et qui fait partie des traditions d'une communauté humaine ; c'est aussi la représentation de faits ou de personnages de façon déformée parce que cela exprime les désirs de la communauté qui véhicule ce mythe.

## N

**Narrateur :** celui par lequel est racontée une histoire. Le narrateur peut être l'un des personnages ; et même lorsqu'il n'est pas un personnage il est celui qui prend en charge le récit sans vraiment représenter l'auteur, sauf dans le cas de l'autobiographie.

## O

**Objection :** argument qui sert à réfuter une thèse.

**Onirique :** on caractérise ainsi un texte où abondent les visions de rêve ou de délire.

## P

**Paratexte :** le terme désigne l'ensemble des informations données sur un texte : introduction, notes, renseignements biographiques sur l'auteur...

**Parodie :** imitation comique et souvent moqueuse d'une œuvre ou d'une célébrité.

**Pathétique :** caractère d'un texte qui provoque une grande émotion, qui éveille par exemple des sentiments de pitié.

**Péripétie :** dans une pièce de théâtre ou un récit, c'est un changement brusque de la situation.

**Plaidoyer :** le plaidoyer est l'exposé de la défense d'une personne accusée. Il sert aussi à réfuter des idées et à prendre la défense d'une cause.

## R

**Réquisitoire :** le réquisitoire appartient au genre judiciaire : c'est le développement de l'accusation présentant devant un tribunal tous les délits attribués à l'accusé.

## S

**Satire :** la satire désigne d'abord, au XVII^e siècle, un discours en vers qui se moque de quelqu'un, de quelque chose. Le genre a évolué vers un écrit ou un discours qui constitue une attaque mêlée de moquerie.

**Sciences humaines :** ce sont des disciplines scientifiques qui étudient les comportements individuels et collectifs de l'être humain. La sociologie étudie le rôle social. La psychologie étudie le comportement individuel. La psychanalyse étudie l'inconscient. L'ethnologie étudie les mœurs et les coutumes d'une population.

**Spectacle :** dans le sens de l'objet d'étude, le spectacle désigne l'ensemble des choses ou des faits qui s'offrent au regard dans une expression orale.

## T

**Talk-show :** le terme talk-show signifie en anglais « parole en spectacle ». Il est employé pour désigner les émissions télévisées, soigneusement conçues, basées sur des échanges verbaux.

## U

**Utopie :** le mot signifie à l'origine le pays de nulle part (*utopia* : le non-lieu). C'est le titre que l'écrivain anglais Thomas More a donné à son œuvre, dans laquelle il imagine une société idéale. Ce fut le point de départ d'un genre littéraire qui consiste à imaginer une communauté parfaitement organisée.

## V

**Valeurs :** les valeurs sont des idéaux collectifs qui définissent les critères de ce qu'une communauté tient pour désirable ou de ce qu'elle rejette. Le bien et le mal, le beau et le laid, le juste et l'injuste... forment ce que l'on appelle le système de valeur d'une société donnée.

**Exercice 1** voir Fiches Savoir 1, 2, 3

## Les objets d'étude au programme : vérifier ses connaissances

**1. Sur quoi repose le sentiment d'identité culturelle d'un individu ? Chassez l'intrus.**

a) Les croyances et la religion

b) Les traditions, les goûts et les coutumes

c) La mode, les marques et l'argent

**2. Dans le récit de filiation, l'écrivain s'interroge sur ses racines, sa famille et son héritage culturel, qu'il fait partager au lecteur.**

a) Vrai

b) Faux

**3. *Altérité, altruisme, alter ego, altérer*... Quelle est la signification du latin *alter*, à partir duquel ont été forgés ces mots ?**

a) autre

b) ailleurs

c) soif

**4. À qui renvoie le « je » d'un récit de vie (plusieurs réponses possibles) ?**

a) à l'auteur

b) à l'éditeur

c) au narrateur

d) au personnage principal

**5. Parmi les disciplines suivantes, lesquelles peut-on qualifier de « sciences humaines » ?**

a) L'histoire

b) Les mathématiques

c) La sociologie

d) La psychologie

**6. Lequel de ces personnages de fiction ne renvoie pas à un grand mythe de l'Antiquité ?**

a) Icare

b) Harpagon

c) Narcisse

**7. Quel grand mouvement artistique du XXe siècle a été influencé par les découvertes de la psychanalyse ?**

a) Le cubisme

b) Le surréalisme

c) L'existentialisme

**8. Qu'est-ce que la Francophonie ?**

a) L'ensemble des pays dans lesquels se parle la langue française.

b) Un orchestre regroupant des musiciens de langues différentes.

c) L'union des anciennes colonies françaises.

**9. Au moyen de quel pronom celui qui s'exprime peut-il s'impliquer fortement dans un discours, oral ou écrit ?**

a) ils

b) je

c) on

**10. Qu'est-ce qu'un écrivain « engagé » ?**

a) Un écrivain en plein travail de rédaction

b) Un soldat qui témoigne de sa vie de militaire

c) Un écrivain qui met sa plume au service d'une cause

**11. Parmi les types de discours suivants, lequel ne relève pas d'une parole mise en scène ?**

a) Le plaidoyer

b) La conférence

c) La conversation

d) L'allocution

**12. Qu'est-ce qu'un essai ?**

a) Le brouillon d'un roman

b) La première représentation d'une pièce de théâtre

c) Un texte argumentatif

**13. Laquelle de ces créatures peut être qualifiée de « mythique » ?**

a) Le lion

b) La baleine

c) Le minotaure

**14. Dans un dialogue, nous utilisons seulement des mots pour nous faire comprendre de notre interlocuteur.**

a) Vrai

b) Faux

**15. La mise en scène de la parole peut parfois être au service du mensonge. Chassez l'intrus.**

a) L'information

b) La propagande

c) La manipulation

d) La désinformation

**16. Qu'appelle-t-on un « talk-show » ?**

a) Un spot publicitaire

b) Une forme de débat télévisé

c) Un spectacle humoristique

**17.** **Que cherche d'abord à toucher chez son interlocuteur celui qui utilise les procédés de la persuasion ?**

a) Son intelligence et sa raison

b) Ses émotions et ses sentiments

**18.** **Parmi ces procédés de mise en valeur de la parole, lesquels sont visuels ?**

a) Les déplacements

b) Les cris

c) Les applaudissements

d) Les costumes

**19.** **Dans le sens de l'objet d'étude, comment peut-on appeler les messages suivants : *expressions du visage, postures, gestes, mimiques...* ?**

a) Des didascalies

b) Des indications scéniques

c) Du langage non verbal

**20.** **L'hyperbole est une figure de style très utilisée lors d'une prise de parole. Quelle est sa définition ?**

a) L'emploi de termes très forts, exagérés

b) L'emploi de termes de sens contraires dans une phrase

c) L'emploi d'un même mot au début de plusieurs phrases

FAIT ☐ REVU ☐

## Exercice 2 voir Fiche Savoir 4

## Les genres littéraires

**1.** **Relevez l'ensemble des indices qui vous permettent d'affirmer que le texte suivant est un poème.**

**2.** **Quelle est l'intention de l'auteur de ce poème ? Justifiez votre réponse.**

**Une allée du Luxembourg**

Elle a passé, la jeune fille
Vive et preste comme un oiseau :
À la main une fleur qui brille,
À la bouche un refrain nouveau.

C'est peut-être la seule au monde
Dont le cœur au mien répondrait,
Qui venant dans ma nuit profonde
D'un seul regard l'éclairerait !...

...

Mais, non, – ma jeunesse est finie...
Adieu, doux rayon qui m'as lui, –
Parfum, jeune fille, harmonie...
Le bonheur passait, – il a fui !

Gérard de Nerval, *Odelettes*, 1833.

FAIT ☐ REVU ☐

## Exercice 3 voir Fiche Savoir 4

## Les genres littéraires

**1.** **À partir de quel moment la tirade d'Harpagon devient-elle franchement comique ? Pourquoi ?**

**2.** **Complétez puis poursuivez l'analyse proposée de manière à distinguer les différentes formes de comiques utilisées par Molière dans cet extrait.**

**Le texte à étudier**

*Harpagon est un riche vieillard avare et tyrannique. Seul sur scène, il vient de découvrir qu'on lui a volé la cassette qu'il avait enterrée dans son jardin.*

HARPAGON. (*Il crie au voleur dès le jardin, et vient sans chapeau.*) Au voleur ! au voleur ! à l'assassin ! au meurtrier ! Justice, juste ciel ! Je suis perdu, je suis assassiné ! On m'a coupé la gorge, on m'a dérobé mon argent ! Qui peut-ce être ? Qu'est-il devenu ? Où est-il ? Que ferai-je pour le trouver ? Où courir ? Où ne pas courir ? N'est-il point là ? N'est-il point ici ? Qui est-ce ? Arrête ! (*Il se prend lui-même le bras.*) Rends-moi mon argent, coquin ! ... Ah ! c'est moi. Mon esprit est troublé, et j'ignore où je suis, qui je suis, et ce que je fais. Hélas ! mon pauvre argent, mon pauvre argent, mon cher ami, on m'a privé de toi ; et, puisque tu m'es enlevé, j'ai perdu mon support, ma consolation, ma joie ; tout est fini pour moi, et je n'ai plus que faire au monde : sans toi, il m'est impossible de vivre. C'en est fait, je n'en puis plus, je me meurs, je suis mort, je suis enterré ! N'y a-t-il personne qui veuille me ressusciter en me rendant mon cher argent, ou en m'apprenant qui l'a pris ? Euh ! que dites-vous ? Ce n'est personne...

Molière, *L'Avare*, Acte IV, scène VII, 1668.

**L'analyse à compléter**
L'œuvre de Molière exploite les moyens les plus divers pour déclencher le rire. Ainsi, cet extrait de *L'Avare* utilise le comique de .................... en plaçant Harpagon seul sur scène, « sans chapeau » et essoufflé, face aux spectateurs heureux de le voir puni de son avarice. Dès les premières phrases, le rire est ensuite causé par les .................... qui caractérisent le discours du vieil avare : il n'est pas seulement volé, il est « assassiné » !

FAIT ☐ REVU ☐

**Exercice 4** voir Fiche Savoir 4

## Les genres littéraires

**1.** Quel personnage apparaît dans cet extrait de roman ? Relevez ses caractéristiques.

**2.** Par quels procédés le narrateur attire-t-il l'attention du lecteur sur la vie misérable de la petite fille ?

> Cosette montait, descendait, lavait, brossait, frottait, balayait, courait, trimait, haletait, remuait des choses lourdes, et, toute, chétive, faisait de grosses besognes. Nulle pitié, une maîtresse farouche, un maître venimeux. La gargote Thénardier était comme une toile où Cosette était prise et tremblait. L'idéal de l'oppression était réalisé par cette domesticité sinistre. C'était quelque chose comme la mouche servante des araignées.
>
> Victor Hugo, *Les Misérables*, II, 3, 1862.

FAIT ☐ REVU ☐

**Exercice 5** voir Fiche Savoir 4

## Les genres littéraires

**1.** Identifiez le destinataire de ce tract. Quelles suppositions peut-on faire sur l'identité de l'émetteur ?

**2.** Relevez et analysez les indices qui montrent que l'émetteur s'implique fortement dans son argumentation.

**3.** Par quels procédés de mise en page le message de l'argumentation est-il mis en valeur ?

> **LE VEAU EN BATTERIE, ÇA SUFFIT**
>
> **UNE SOUFFRANCE QUI PASSE PAR VOTRE ASSIETTE**
>
> Arraché brutalement à sa mère quelques jours après sa naissance, le veau est enfermé seul, sans contact avec ses congénères, maintenu dans un box étroit dans lequel il ne peut ni se coucher dans une position normale, ni se retourner. Pendant plusieurs mois, il reste dans ce box, ne recevant qu'une alimentation appauvrie en fer et sans fourrage. Affaibli, anémié, sans avoir vu ni prairie, ni soleil, il sera délivré… par la mort à l'abattoir.
>
> **Maintenant vous savez pourquoi la viande de ce veau élevé en batterie est <u>blanche</u> !**
>
> Quand vous achetez du veau, n'achetez pas de veau élevé en batterie.
>
> Mobilisons-nous dès aujourd'hui pour obtenir l'arrêt définitif de cet élevage.

FAIT ☐ REVU ☐

**Exercice 6** voir Fiche Savoir 5

## Les principales figures de style

**Relevez les parallélismes et expliquez l'effet recherché par l'auteur.**

> Les uns mouraient sans parler, les autres parlaient sans mourir, les uns mouraient en parlant, les autres parlaient en mourant.
>
> François Rabelais, *Gargantua*, 1534.

FAIT ☐ REVU ☐

**Exercice 7** voir Fiche Savoir 5

## Les principales figures de style

**Relevez les anaphores des extraits suivants. Précisez en une phrase l'effet produit par l'emploi de cette figure de style.**

> Rome, l'unique objet de mon ressentiment !
> Rome, à qui vient ton bras d'immoler mon amant !
> Rome qui t'a vu naître, et que ton cœur adore !
> Rome enfin que je hais parce qu'elle t'honore !
>
> Pierre Corneille, *Horace*, Acte IV, scène VI, 1640.

• • •

Il y a des petits ponts épatants
Il y a mon cœur qui bat pour toi
Il y a une femme triste sur la route

Guillaume Apollinaire, « Il y a », *Poèmes à Lou*, Éditions Gallimard, 1915.

Paris a froid Paris a faim
Paris ne mange plus de marrons dans la rue
Paris a mis de vieux vêtements de vieille
Paris dort tout debout sans aire dans le métro

Paul Éluard, « Courage », *Au rendez-vous allemand*, Éditions Gallimard, 1944.

FAIT ☐ REVU ☐



## Exercice 8 voir Fiche Savoir 5

### Les principales figures de style

**Relevez les accumulations dans les citations suivantes. Expliquez en une phrase quel est, pour chacune, l'effet recherché.**

**a)** « Va, cours, vole, et nous venge. » (Corneille)

**b)** « Un souffle, une ombre, un rien, tout lui donnait la fièvre. » (La Fontaine)

**c)** « Pierre marchait au milieu de ces gens, plus perdu, plus séparé d'eux, plus isolé, plus noyé, dans sa pensée torturante, que si on l'avait jeté à la mer du pont d'un navire. » (Maupassant)

**d)** « Ah ! Oh ! Je suis blessé, je suis troué, je suis perforé, je suis administré, je suis enterré. » (Jarry)

FAIT ☐ REVU ☐

## Exercice 9 voir Fiche Savoir 5

### Les principales figures de style

**Les phrases suivantes recherchent-elles un effet d'amplification ou d'atténuation ? Identifiez la figure de style utilisée.**

**a)** Je suis mort de rire.

**b)** Elle est maigre comme un clou.

**c)** Le courage n'est pas son fort.

**d)** Ils ont tout soldé à un prix hallucinant.

**e)** Il est devenu fou de rage.

**f)** Il a recommencé mille fois avant de réussir.

**g)** Il est mort des suites d'une longue et douloureuse maladie.

**h)** Il n'a pas inventé l'eau tiède.

FAIT ☐ REVU ☐

## Exercice 10 voir Fiche Savoir 5

### Les principales figures de style

**1.** **Repérez l'hyperbole présente dans ce passage.**

**2.** **Quel est l'effet produit par cette figure de style sur le portrait du personnage ?**

Il apportait dans la société une gaucherie sans timidité, une absence de forme convenue, un dédain si parfait de ce qu'on y admire, qu'au bout de quelques minutes, avec trois ou quatre syllabes, il avait trouvé moyen de se faire une meute d'ennemis acharnés.

Théophile Gautier, « Onuphrius », *Contes fantastiques*, 1832.

FAIT ☐ REVU ☐

## Exercice 11 voir Fiche Savoir 5

### Les principales figures de style

**Identifiez les euphémismes dans les citations suivantes. À quelle réalité ces trois citations renvoient-elles ?**

**a)** « Allons ! Il est bien temps que je désemplisse le monde. » (Victor Hugo)

**b)** « Dormir... enfin ! Je vais dormir » (Alfred de Musset)

**c)** « Le temps s'en va, le temps s'en va, ma Dame ;
Las ! le temps, non, mais nous nous en allons,
Et tôt serons étendus sous la lame » (Pierre de Ronsard)

FAIT ☐ REVU ☐

## Exercice 12 voir Fiche Savoir 5

### Les principales figures de style

**Le langage journalistique impose l'emploi d'euphémismes pour atténuer l'effet de brutalité de certains mots. Trouvez ceux couramment employés à la place des mots suivants.**

**a)** vieillard

**b)** pays sous-développé

**c)** cancer

**d)** aveugle

**e)** sourd

FAIT ☐ REVU ☐

**Exercice 13** voir Fiche Savoir 5

## Les principales figures de style

**Repérez les antithèses ou les oxymores dans ces extraits de chanson. Expliquez-les en une phrase.**

**a)** « Fantaisie Militaire » (Alain Bashung)

**b)** « Leur soleil nous fait de l'ombre » (Renaud)

**c)** « Douce violence » (Johnny Hallyday)

**d)** « Nous parlons en silence d'une jeunesse vieille » (Jacques Brel)

FAIT ☐ REVU ☐

**Exercice 14** voir Fiche Savoir 5

## Les principales figures de style

**Identifiez le comparé, l'outil de comparaison et le comparant. Précisez l'élément de sens commun qui justifie la comparaison.**

**a)** « Je suis rouge comme un bœuf écorché. » (Sartre)

**b)** « Les éclairs fusaient de la terre comme des jets d'eau. » (Giono)

**c)** « Le ciel n'est pas plus pur que le fond de mon cœur. » (Racine)

**d)** « Mon verre s'est brisé comme un éclat de rire. » (Apollinaire)

FAIT ☐ REVU ☐

**Exercice 15** voir Fiche Savoir 5

## Les principales figures de style

**1. À quelle réalité renvoie l'expression « l'or du soir qui tombe » ?**

**2. Expliquez en quoi cette expression constitue une métaphore.**

> « Je ne regarderai ni l'or du soir qui tombe
> Ni les voiles au loin descendant vers Harfleur »
> Victor Hugo, « Demain dès l'aube... », *Les Contemplations*, 1856.

FAIT ☐ REVU ☐

**Exercice 16** voir Fiche Savoir 5

## Les principales figures de style

**Repérez la périphrase dans cette citation. Quel personnage de la fable évoque-t-elle ?**

> « Celui de qui la tête au ciel était voisine
> Et dont les pieds touchaient à l'Empire des Morts »
> La Fontaine, « Le Chêne et le Roseau », *Les Fables*, 1668.

FAIT ☐ REVU ☐

**Exercice 17** voir Fiche Savoir 5

## Les principales figures de style

**Que signifie en réalité chacune des antiphrases suivantes ? Reformulez chaque idée exprimée sans avoir recours à l'ironie.**

**a)** Tes résultats du trimestre sont vraiment exceptionnels !

**b)** Bravo ! Continue comme ça ! Tu es sur la bonne voie !

**c)** J'ai eu 5 en maths : génial ! Il va être content, mon père !

FAIT ☐ REVU ☐

**Exercice 18** voir Fiche Savoir 6

## Les discours rapportés

**Relevez et classez les marques du discours direct : verbes introducteurs, marques de ponctuation, marques personnelles, marques verbales.**

**a)** Tout à coup le maréchal des logis cria à ses hommes : « Vous ne voyez donc pas l'Empereur, s... ! ». Sur-le-champ l'escorte cria : « Vive l'Empereur ! » à tue-tête.

Stendhal, *La Chartreuse de Parme*, 1839.

**b)** L'homme arriva tout de même à sortir de sa bouche quelque chose d'articulé : « Le maréchal des logis Barousse vient d'être tué, mon colonel » qu'il dit tout d'un trait.

Céline, *Voyage au bout de la nuit*, Éditions Gallimard, 1932.

FAIT ☐ REVU ☐

FRANÇAIS

## Exercice 19 voir Fiche Savoir 6

### Les discours rapportés

**1. Quelles sont les marques du dialogue dans le texte qui suit ? Qui sont les deux interlocuteurs ?**

**2. Associez à chaque réplique le verbe de parole qui convient : répliqua Jean-Louis, dit Josette, demanda Jean-Louis, essaya d'expliquer Josette, se moqua-t-il, maugréa-t-elle, dit Jean-Louis en s'énervant, reprit Josette.**

*Au musée.*
« On aurait dû prendre un guide, Jean-Louis.
– Un guide ? Pour quoi faire ?
– Pour expliquer, je comprends rien.
– Y a pas à comprendre, Josette, y a à ressentir.
– Je ressens pas, ça fait une heure que je ressens pas, c'est long.
– Parce que tu crois qu'un guide ça ressent ?
– Ça raconte, ça apprend au moins.
– Apprendre sans ressentir, merci bien, et pour vingt euros en plus ! Excuse-moi, mais c'est de l'arnaque. »

Jean-Michel Ribes, *Théâtre sans animaux*, Actes Sud, 2004.

FAIT ☐ REVU ☐

## Exercice 20 voir Fiche Savoir 6

### Les discours rapportés

**Réécrivez ce passage en transposant trois répliques au discours indirect.**

*Un marin les fit lever pour dérouler les câbles.*
« Où vont-ils donc ces bateaux-là ? hasarda Jacques.
– Ça dépend. Lequel ?
– Ce gros-là ?
– À Madagascar.
– Vrai ? On va le voir partir ?
– Non. Celui-là ne part que jeudi. Mais si tu veux voir un départ, faut t'amener ce soir à cinq heures : celui-ci, le *La Fayette*, part pour Tunis. »

Roger Martin du Gard, *Les Thibault*, Éditions Gallimard, 1922-1940.

FAIT ☐ REVU ☐

## Exercice 21 voir Fiche Savoir 6

### Les discours rapportés

**Quel est l'intérêt pour l'auteur de rapporter les paroles des personnages de cette façon ?**

Elle ne toucha pas à son café. Il aurait voulu qu'elle le bût. Il aurait terriblement voulu qu'elle le bût. Mais il ne le lui aurait dit pour rien au monde. Il n'était plus sûr de l'aimer. Il n'était plus sûr de rien. S'il y avait eu maldonne ? C'était trop atroce à penser. Il l'aimait, voyons, il l'aimait.

Louis Aragon, *Aurélien*, Éditions Gallimard, 1944.

FAIT ☐ REVU ☐

## Exercice 22 voir Fiche Savoir 6

### Les discours rapportés

**Réécrivez le passage suivant en utilisant le discours direct.**

Elle raconta tout de suite son histoire pour se poser : elle était mariée maintenant, elle avait épousé au printemps un ancien ouvrier ébéniste qui sortait du service et qui sollicitait une place de sergent de ville, parce qu'une place, c'est plus sûr et plus comme il faut.

Émile Zola, *L'Assommoir*, 1877.

FAIT ☐ REVU ☐

## Exercice 23 voir Fiche Savoir 7

### Les connecteurs logiques

**Quelle est la relation logique qui unit implicitement (c'est-à-dire sans connecteur) les propositions contenues dans les phrases suivantes ?**

**a)** Les jours se suivent, ils ne se ressemblent pas.
**b)** Il s'est blessé, on a dû l'hospitaliser d'urgence.
**c)** La tempête se lève, les bateaux rentrent au port.
**d)** Je m'inquiète pour toi, tu ne me donnes aucune nouvelle.
**e)** Son geste lui valut de nombreux ennuis : on le poursuivit, il fut condamné, il connut la prison.

FAIT ☐ REVU ☐

**Exercice 24** voir Fiche Savoir 7

## Les connecteurs logiques

**1. Quelle est la relation logique explicitée par les termes d'articulation contenus dans les phrases suivantes ?**

**2. Remplacez chaque connecteur par un terme d'articulation équivalent, en transformant la phrase si nécessaire.**

a) **Comme** il a beaucoup plu, la saison touristique a été décevante.

b) **D'une part**, les affiches publicitaires favorisent la consommation ; **d'autre part**, elles embellissent les rues.

c) **Certes**, le début est un peu lent, **mais** ce roman est passionnant.

d) Ce joueur a quitté le terrain **parce qu**'il prétend à tort que l'arbitrage était mauvais.

e) La vente des maillots de bain a baissé, **mais** celle des parapluies a augmenté.

f) J'ai adoré les poèmes de ce recueil **si bien que** j'ai emprunté d'autres livres de cet auteur.

FAIT ☐ REVU ☐

**Exercice 25** voir Fiche Savoir 7

## Les connecteurs logiques

**1. Replacez les termes d'articulation suivants dans le texte en respectant le développement logique du raisonnement : mais, par exemple, ainsi, en effet, car, c'est par exemple le cas pour, parce qu', cependant, certes.**

**2. Rédigez une phrase de conclusion au texte suivant en l'introduisant au moyen d'un terme d'articulation logique.**

Victimes de leur succès, de nombreux mots de verlan sont progressivement intégrés dans les dictionnaires, perdant (...) leur caractère marginal. (...) *ripou, meuf, keuf*, et de nombreux autres. (...), cette récupération est bénéfique (...) elle oblige le verlan à une créativité sans cesse renouvelée.
(...), créer un mot de verlan est en théorie une chose facile. (...) en théorie seulement ! (...) dans la pratique, il existe des règles secrètes que seuls connaissent les utilisateurs de cette langue de la rue. (...), personne n'a jamais entendu un jeune évoquer, (...), sa *tomo* pour désigner sa moto !

FAIT ☐ REVU ☐

**Exercice 26** voir Fiche Savoir 7

## Les connecteurs logiques

**1. Relevez les termes d'articulation logique présents dans cet extrait et indiquez quelle relation logique ils explicitent.**

**2. Reformulez en une phrase la conclusion à laquelle le raisonnement aboutit.**

Dire la vérité est utile à celui à qui on la dit, mais désavantageux à ceux qui la disent, parce qu'ils se font haïr. Or, ceux qui vivent avec les princes aiment mieux leurs intérêts que celui du prince qu'ils servent ; et ainsi, ils n'ont garde de* lui procurer un avantage en se nuisant à eux-mêmes.
Ce malheur est sans doute plus grand et plus ordinaire dans les plus grandes fortunes ; mais les moindres n'en sont pas exemptes, parce qu'il y a toujours quelque intérêt à se faire aimer des hommes. Ainsi la vie humaine n'est qu'une illusion perpétuelle ; on ne fait que s'entre-tromper et s'entre-flatter.

Blaise Pascal, *Pensées*, 1669.

* n'ont garde de : ils évitent de.

FAIT ☐ REVU ☐

FRANÇAIS

Exercice **27** voir Fiches Savoir 8 à 13

## S'entraîner au Bac (sujet n° 1)
## Objet d'étude : Identité et diversité

**Texte 1**

Parfois, l'on me demande si je ne souhaiterais pas un jour « rentrer chez moi » et quand je réponds que je n'ai plus d'autre chez moi que Paris, on est éberlué. J'essaie d'expliquer : je n'ai vécu dans aucune autre ville aussi longtemps (le record a été battu il y a trois ans déjà) ; je n'ai jamais vécu là où habitent maintenant ma mère et mon père (ce n'est d'ailleurs pas la même ville ni le même pays) ; pendant les neuf ans qu'a duré leur mariage, ils ont déménagé dix-huit fois (c'était l'une des raisons du divorce) ; j'ai quitté mon pays natal il y a quinze ans maintenant, c'est-à-dire la moitié de ma vie... Non. On ne comprend toujours pas. Pour un Européen, il est inconcevable que l'on ne ressente pas, loin de chez soi, le « mal du pays » et, *a fortiori*, que l'on n'ait pas de pays pour lequel le ressentir. J'envie parfois leur attachement à leur province ou à leur patrie ; j'envie aussi les « vrais » exilés, ceux qui disent aimer passionnément leur pays d'origine sans pouvoir pour des raisons politiques ou économiques y vivre ; dans ces moments, mon exil à moi réel me semble superficiel, capricieux, individualiste..., mais il n'en est pas moins réel, et de plus en plus réel à mesure que le temps passe. (...)
Quand, après un an ou deux d'absence, je descends de l'avion à Montréal, à Boston ou à New York, il y a toujours une mince épaisseur d'étrangeté au tout début : je perçois mon propre pays comme un pays étranger - ou plutôt, j'éprouve la sensation troublante, comme dans un rêve, que tout m'y est absolument familier et en même légèrement « déplacé ». Cette sensation dure très peu de temps, quelques jours tout au plus. Elle est remplacée par l'étouffement. Je commence à « faire corps », comme tu le dis si bien, avec cette langue maternelle, et avec cette mère patrie.

Nancy Huston, *Lettres parisiennes, histoires d'exil*, Éditions Barrault, 1986.

**Texte 2**

C'est un vieil homme debout à l'arrière d'un bateau. Il serre dans ses bras une valise légère et un nouveau-né, plus léger encore que la valise. Le vieil homme se nomme Monsieur Linh. Il est seul à savoir qu'il s'appelle ainsi car tous ceux qui le savaient sont morts autour de lui.
Debout à la poupe du bateau, il voit s'éloigner son pays, celui de ses ancêtres et de ses morts, tandis que dans ses bras l'enfant dort. Le pays s'éloigne, devient infiniment petit, et Monsieur Linh le regarde disparaître à l'horizon, pendant des heures, malgré le vent qui souffle et le chahute comme une marionnette. Le voyage dure longtemps. Des jours et des jours. Et tout ce temps, le vieil homme le passe à l'arrière du bateau, les yeux dans le sillage blanc qui finit par s'unir au ciel, à fouiller le lointain pour y chercher encore les rivages anéantis.

• • •

• • •

Quand on veut le faire entrer dans sa cabine, il se laisse guider sans rien dire, mais on le retrouve un peu plus tard, sur le pont arrière, une main tenant le bastingage, l'autre serrant l'enfant, la petite valise de cuir bouilli posée à ses pieds.

Une sangle entoure la valise afin qu'elle ne puisse pas s'ouvrir, comme si à l'intérieur se trouvaient des biens précieux. En vérité, elle ne contient que des vêtements usagés, une photographie que la lumière du soleil a presque entièrement effacée, et un sac de toile dans lequel le vieil homme a glissé une poignée de terre. C'est là tout ce qu'il a pu emporter.

Philippe Claudel, *La Petite Fille de Monsieur Linh*, Éditions Stock, 2005.

## Évaluation des compétences de lecture (10 points)

**Présentation du corpus**

**Question 1 : Présentez le corpus en trois à six lignes en montrant son unité et ses différences. (3 points)**

**Analyse et interprétation**

**Question 2 : Comment l'auteur du texte 1 ressent-elle son exil ? En ressent-elle une souffrance ? (3 points)**

**Question 3 : Quels indices permettent de dire que le départ du vieil homme du texte 2 est définitif ? Vous vous appuierez sur la construction du récit et le lexique employé. (4 points)**

## Évaluation des compétences d'écriture (10 points)

**Selon vous, dans quelle mesure l'identité d'une personne est-elle liée à son pays d'origine ?**

**Vous répondrez à cette question dans un développement argumenté d'une quarantaine de lignes en vous appuyant sur les textes du corpus, sur vos lectures de l'année et sur vos connaissances personnelles.**

**Exercice 28** voir Fiches Savoir 8 à 13

## S'entraîner au Bac (sujet n° 2)
## Objet d'étude : Au XXe siècle, l'homme et son rapport au monde à travers la littérature et les autres arts

### Texte 1

Sur mes cahiers d'écolier
Sur mon pupitre et les arbres
Sur le sable sur la neige
J'écris ton nom

Sur toutes les pages lues
Sur toutes les pages blanches
Pierre sang papier ou cendre
J'écris ton nom

Sur les images dorées
Sur les armes des guerriers
Sur la couronne des rois
J'écris ton nom

Sur la jungle et le désert
Sur les nids sur les genêts
Sur l'écho de mon enfance
J'écris ton nom (...)

Sur mes refuges détruits
Sur mes phares écroulés
Sur les murs de mon ennui
J'écris ton nom

Sur l'absence sans désirs
Sur la solitude nue
Sur les marches de la mort
J'écris ton nom

Sur la santé revenue
Sur le risque disparu
Sur l'espoir sans souvenir
J'écris ton nom

Et par le pouvoir d'un mot
Je recommence ma vie
Je suis né pour te connaître
Pour te nommer
Liberté

Paul Éluard, *Poésie et Vérité*, Éditions Gallimard, 1942.

### Texte 2

La veille au soir j'avais soufflé mes quinze bougies. Bientôt on fêterait un autre anniversaire, celui de la victoire de 1945. Le proviseur, qui avait décidé de projeter aux élèves un documentaire, nous avait réunis dans l'obscurité d'une salle de classe face à un drap tendu sur le tableau noir. Je m'étais retrouvé assis à côté du capitaine de l'équipe de football, un garçon râblé, chahuteur, aux cheveux taillés en brosse, qui ne m'avait jamais adressé la parole.
La projection commença : pour la première fois je vis les montagnes. Ces terribles montagnes dont je n'avais lu que des descriptions. Les bobines tournaient, dévidant leur pellicule, on n'entendait que le ronronnement du projecteur. Des terrils[1] de chaussures, de vêtements, des pyramides de cheveux et de membres. Ni figurants, ni décors, contrairement à ce film que ma mère et moi avions regardé en silence. Je serais bien allé m'enfermer pour échapper à ces images. L'une d'entre elles m'a rivé à mon siège : celle d'une femme qu'un soldat en uniforme tirait par un pied pour la précipiter dans une fosse déjà comble. Ce corps désarticulé avait été une femme. Une femme qui avait couru les magasins, contemplé dans un miroir la ligne élégante de sa nouvelle robe, une femme qui avait remis en place une mèche échappée de son chignon : elle n'était plus que cette poupée disloquée, traînée comme un sac et dont le dos rebondissait sur les cailloux d'un sentier.

Philipe Grimbert, *Un Secret*, Éditions Grasset & Fasquelle, 2004.

1. Terrils : mont de déchets à proximité d'une mine.

**Document iconographique**

Affiche publiée pour les 50 ans d'Amnesty International,
Janus Kortermann Jauch, février 2012.

**Évaluation des compétences de lecture (10 points)**

Présentation du corpus

**Question 1 :** Présentez le corpus en trois à six lignes, en montrant le thème commun qui unit les documents. **(3 points)**

Analyse et interprétation

**Question 2 :** En vous appuyant sur une étude précise des textes (lexique, figures de styles…), montrez que les auteurs mettent leur écriture au service d'une cause à défendre. **(4 points)**

**Question 3 :** De quel texte pourriez-vous rapprocher le document 3 ? Justifiez votre réponse. **(3 points)**

**Évaluation des compétences d'écriture (10 points)**

**Selon vous, est-il nécessaire que les arts témoignent de l'Histoire ? Ou bien existe-t-il des moyens plus efficaces pour cela ?**
**Vous répondrez dans un texte argumenté d'une quarantaine de lignes en vous appuyant sur les documents du corpus et vos connaissances.**

## Exercice 1

### Les objets d'étude au programme : vérifier ses connaissances

**1. c)** ; **2. a)** ; **3. a)** ; **4. a) c)** et **d)** ; **5. c)** et **d)** ; **6. b)** ; **7. b)** ; **8. a)** ; **9. b)** ; **10. c)** ; **11. c)** ; **12. c)** ; **13. c)** ; **14. b)** ; **15. a)** ; **16. b)** ; **17. b)** ; **18. a)** et **d)** ; **19. c)** ; **20. a)**

## Exercice 2

### Les genres littéraires

**1.** Le texte est un poème parce que : il est écrit en vers (12 vers de huit syllabes, des octosyllabes) ; il se compose de trois strophes de quatre vers (des quatrains) ; il possède des rimes croisées (ABAB).

**2.** Le poète veut émouvoir son lecteur en lui racontant une petite histoire, celle d'une jeune fille dont il est tombé amoureux mais qu'il n'a pas voulu retenir, se sentant trop vieux. Il s'agit d'un poème lyrique qui exprime les sentiments personnels de l'auteur, ici, la mélancolie (première personne du singulier, exclamations, antithèses entre la beauté de la jeune fille et la morosité du poète.

## Exercice 3

### Les genres littéraires

**1.** La tirade d'Harpagon devient franchement comique à partir des lignes 9-10 : l'avare se prend lui-même le bras par dépit, comme si cela pouvait lui rendre son argent. Dès lors, il ne cesse de chercher un coupable coûte que coûte, tout en s'adressant au cher argent disparu. Le public ne peut compatir au malheur de cet homme qui fait de l'argent une idée fixe.

**2.** L'œuvre de Molière exploite les moyens les plus divers pour déclencher le rire. Ainsi, cet extrait de *L'Avare* utilise le comique de situation en plaçant Harpagon seul sur scène, « sans chapeau » et essoufflé, face aux spectateurs heureux de le voir puni de son avarice. Dès les premières phrases, le rire est ensuite causé par les exagérations qui caractérisent le discours du vieil avare : il n'est pas seulement volé, il est « assassiné » ! Dans cette tirade, Molière utilise à la fois le comique de mots (« C'en est fait, je n'en puis plus, je me meurs, je suis mort, je suis enterré ! »), le comique de geste (« Il se prend lui-même le bras. ») et le comique de caractère : Harpagon est un être caricatural, dont le défaut est grossi au point de lui ôter une partie de son humanité.

## Exercice 4

### Les genres littéraires

**1.** Cosette, l'une des héroïnes des Misérables, est le personnage central de cet extrait. Elle apparaît ici comme une petite fille exploitée, esclave de la « gargote Thénardier », l'auberge appartenant à ceux qui l'ont adoptée.

**2.** Pour souligner la vie misérable de la petite fille, Victor Hugo utilise une énumération (« montait, descendait, lavait, etc. »), des métaphores (« un maître venimeux ») et des comparaisons (« quelque chose comme la mouche servante des araignées »).

## Exercice 5

### Les genres littéraires

**1.** Le destinataire du tract est constitué par l'ensemble de ceux qui mangent de la viande de veau. Son émetteur est probablement une association de consommateurs ou de défenseurs de la cause animale.

**2.** L'émetteur s'implique fortement au moyen du pronom personnel « nous », qui associe celui qui s'exprime au destinataire du message. Il utilise aussi le vocabulaire affectif (« affaibli », « anémié », « délivré… par la mort »). Il emploie enfin le mode impératif pour montrer son engagement (« n'achetez pas de veau »).

**3.** Le slogan en lettres majuscules, l'utilisation du gras sont autant de procédés de mise en page qui mettent en valeur le message de ce tract.

## Exercice 6

### Les principales figures de style

Les parallélismes (associés à la structure anaphoriques « les uns… les autres ») créent un effet de symétrie entre les différents groupes de personnages évoqués. La dernière phrase (qui utilise en plus le chiasme) répète à trois reprises, sous des formes différentes, les verbes « parler » et « mourir », créant ainsi un effet comique.

## Exercice 7

### Les principales figures de style

**a)** L'anaphore s'apparente ici à un cri, de haine en l'occurrence. L'émetteur renie sa ville qui a tué son amant. La répétition de ce nom sonne aussi comme une provocation, un défi lancé à Rome par une de ses enfants.

**b)** L'anaphore évoque l'amour du poète pour celle qu'il aime, comme une idée fixe qui l'obsède.

**c)** L'anaphore se double d'une personnification de la ville de Paris en martyr. La répétition est destinée à accentuer l'impression tragique rendue par le contraste entre ce nom de ville aux connotations glorieuses et la misère du tableau dressé ici. Cette répétition lancinante insiste sur les souffrances endurées par la capitale de la France pendant la Seconde Guerre mondiale.

## Exercice 8

### Les principales figures de style

**a)** « Va cours, vole et me venge. » : gradation d'intensité croissante. La phrase insiste sur l'urgence d'agir.

**b)** « Un souffle, une ombre, un rien, tout lui donnait la fièvre. » : gradation d'intensité décroissante. Le vers souligne la peur du personnage.

**c)** « Pierre marchait au milieu des gens, plus perdu, plus séparé d'eux, plus isolé, plus noyé, dans sa pensée torturante, que si on l'avait jeté à la mer du pont d'un navire. » : gradation d'intensité croissante. L'accumulation isole le personnage au sein de la foule.

**d)** « Ah ! Oh ! Je suis blessé, je suis troué, je suis perforé, je suis administré, je suis enterré. » : gradation d'intensité croissante. Ubu pastiche l'avare de Molière à travers cette gradation loufoque (« administré »).

## Exercice 9

### Les principales figures de style

**a)** « Je suis mort de rire » : hyperbole. Effet d'amplification.

**b)** « Elle est maigre comme un clou » : hyperbole. Effet d'amplification.

**c)** « Le courage n'est pas son fort » : euphémisme. Effet d'atténuation.

**d)** « Ils ont tout soldé à un prix hallucinant » : hyperbole. Effet d'amplification.

**e)** « Il est devenu fou de rage » : hyperbole. Effet d'amplification.

**f)** « Il a recommencé mille fois avant de réussir » : hyperbole. Effet d'amplification.

**g)** « Il est mort des suites d'une longue et douloureuse maladie » : euphémisme. Effet d'atténuation.

**h)** « Il n'a pas inventé l'eau tiède » : litote. Effet d'atténuation qui sert à amplifier.

## Exercice 10

### Les principales figures de style

**1.** « Une meute d'ennemis acharnés ».

**2.** L'effet produit s'appuie sur le contraste entre le portrait du personnage qui ouvre l'extrait et le jugement des autres, en opposition avec la réalité.

## Exercice 11

### Les principales figures de style

**a)** « Il est bien temps que je désemplisse le monde » : euphémisme pour atténuer l'annonce de la mort.

**b)** « Dormir… enfin ! Je vais dormir » : euphémisme (et presque litote) pour exprimer le désir de mort.

**c)** « Le temps s'en va », « nous nous en allons » : euphémismes pour exprimer l'arrivée inexorable de la mort. La dernière périphrase, « Et tôt serons étendus sous la lame », relève moins de l'euphémisme que de l'image macabre du travail de la « faucheuse ».

## Exercice 12

### Les principales figures de style

**a)** vieillard = troisième âge, quatrième âge

**b)** pays sous-développé = pays en voie de développement

**c)** cancer = longue et douloureuse maladie

**d)** aveugle = malvoyant, non-voyant

**e)** sourd = malentendant

## Exercice 13

### Les principales figures de style

**a)** « Fantaisie militaire » : juxtaposition de deux idées contradictoires : d'un côté l'originalité, voire l'extravagance du mot « fantaisie » et de l'autre la rigueur, voire la rigidité du mot « militaire ».

**b)** « Leur soleil nous fait de l'ombre » : image contradictoire d'un soleil qui n'apporte pas la joie ou la gaîté mais qui, au contraire, apporte le remords et la mauvaise conscience en l'occurrence.

**c)** « Douce violence » : oxymore classique qui associe deux mots de sens opposé pour suggérer l'idée ambiguë d'une « violence » maîtrisée et féconde.

**d)** « Nous parlons en silence d'une jeunesse vieille » : double oxymore qui associe d'une part la parole au silence et d'autre part la jeunesse à la vieillesse. Cette « jeunesse vieille » évoque la distance, maintenant très grande, qui sépare les locuteurs de leurs années de jeunesse, aujourd'hui très ancienne.

## Exercice 14

### Les principales figures de style

**a)** « Je suis rouge comme un bœuf écorché. » Comparé : « je ». Comparant : « un bœuf écorché ». Outil : « comme ». Élément de sens commun : la couleur (du sang).

**b)** « Les éclairs fusaient de la terre comme des jets d'eau. » Comparé : « les éclairs ». Comparant : « les jets d'eau ». Outil : « comme ». Élément de sens commun : le jaillissement, la manifestation soudaine du phénomène.

**c)** « Le ciel n'est pas plus pur que le fond de mon cœur. » Comparé : « le ciel ». Comparant « mon cœur ». Outil : expression comparative « pas plus que ». Élément de sens commun : la pureté (du ciel et des sentiments).

**d)** « Mon verre s'est brisé comme un éclat de rire. » Comparé : « Mon verre ». Comparant : « un éclat de rire ». Outil : « comme ». Élément de sens commun : la soudaineté, l'explosion.

## Exercice 15

### Les principales figures de style

**1.** « L'or du soir qui tombe » représente métaphoriquement le crépuscule (sa couleur dorée par une journée ensoleillée) qui envahit le ciel.

**2.** Cette vision compare le soleil couchant à de l'or, avec, pour points communs entre le comparant (l'or) et le comparé (le soleil couchant), la beauté, la couleur ou encore la valeur.

## Exercice 16

### Les principales figures de style

Le personnage évoqué dans la périphrase de la fable de la Fontaine est le chêne, symbole de puissance quasi divine comparé à la fragilité du roseau.

## Exercice 17

### Les principales figures de style

**a)** Tes résultats sont vraiment mauvais.

**b)** Arrête tes bêtises et reviens dans le droit chemin.

**c)** J'ai eu 5 en maths, c'est une catastrophe, mon père ne va pas être content.

## Exercice 18

### Les discours rapportés

**a) Stendhal :**
Verbe d'énonciation : « cria » ; « cria... à tue-tête ».
Ponctuation : deux points ; guillemets ; points d'exclamation et de suspension.
Marques personnelles : « vous ».
Marques verbales : « voyez ».

**b) Céline :**
Verbe d'énonciation : « arriva tout de même à sortir de sa bouche quelque chose d'articulé » ; « qu'il dit tout d'un trait ».
Ponctuation : deux points.
Marques personnelles : « mon colonel ».
Marques verbales : *aucune.*

## Exercice 19

### Les discours rapportés

**1.** Les marques du dialogue sont les guillemets et les tirets. Les interlocuteurs sont Jean-Louis et Josette, qui visitent un musée.

**2.** Le passage avec les verbes de parole :
« On aurait dû prendre un guide, Jean-Louis, *dit Josette.*
– Un guide ? Pour quoi faire ? *répliqua Jean-Louis.*
– Pour expliquer, je comprends rien, *essaya d'expliquer Josette.*
– Y a pas à comprendre, Josette, y a à ressentir, *dit Jean-Louis en s'énervant.*
– Je ressens pas, ça fait une heure que je ressens pas, c'est long, *maugréa-t-elle.*
– Parce que tu crois qu'un guide ça ressent ? *se moqua-t-il.*
– Ça raconte, ça apprend au moins, *reprit Josette.*
– Apprendre sans ressentir, merci bien, et pour vingt euros en plus ! Excuse-moi, mais c'est de l'arnaque. »

## Exercice 20

### Les discours rapportés

À Jacques qui demandait où allaient ces bateaux, le marin répondit que cela dépendait duquel il parlait. Quand Jacques précisa de quel bateau il parlait, l'autre répondit à Madagascar. Comme le jeune homme s'exclamait qu'on allait donc le voir partir, le marin lui apprit qu'il ne partait que le jeudi suivant et que s'il voulait assister à un départ, il lui faudrait revenir dans la soirée quand le *La Fayette* s'en irait pour Tunis.

## Exercice 21

### Les discours rapportés

Certaines phrases relèvent nettement de pensées rapportées parce qu'elles comportent des marques d'émotion où des marques du style direct comme l'interrogation : « Il aurait terriblement voulu qu'elle le bût. » (l. 1-2) ; « Mais il ne le lui aurait dit pour rien au monde » (l. 2-3) ; « Il n'était plus sûr de rien » (l. 4-5) ; « S'il y avait eu maldonne ? C'était trop atroce à penser. Il l'aimait, voyons, il l'aimait. »
L'entremêlement des différents niveaux de narration peut signifier une proximité entre le narrateur et le personnage. Il favorise aussi l'implication du lecteur.

## Exercice 22

### Les discours rapportés

Elle raconta tout de suite son histoire, pour se poser :
« Je suis mariée, maintenant, j'ai épousé au printemps un ancien ouvrier ébéniste qui sortait du service et qui sollicitait une place de sergent de ville, parce qu'une place, c'est plus sûr et plus comme il faut. »

## Exercice 23

### Les connecteurs logiques

**a)** Les jours se suivent, ils ne se ressemblent pas (opposition).

**b)** Il s'est blessé, on a dû l'hospitaliser d'urgence (cause/conséquence).

**c)** La tempête se lève, les bateaux rentrent au port (cause/conséquence).

**d)** Je m'inquiète pour toi, tu ne me donnes aucune nouvelle (conséquence/cause).

**e)** Son geste lui valut de nombreux ennuis : on le poursuivit, il fut condamné, il connut la prison (explication).

## Exercice 24

### Les connecteurs logiques

**1.** La relation logique indiquée par les connecteurs :

**a)** Cause
**b)** Addition
**c)** Concession
**d)** Cause
**e)** Opposition
**f)** Conséquence

**2.** La relation logique formulée par un autre connecteur :

**a)** **C'est parce qu**'il a beaucoup plu **que** la saison touristique a été décevante.

**b)** **D'un côté**, les affiches publicitaires favorisent la consommation ; **de l'autre**, elles embellissent les rues.

**c)** **Il est vrai que** le début est un peu lent, **toutefois** ce roman est passionnant.

**d)** Ce joueur a quitté le terrain **sous prétexte que** l'arbitrage était mauvais.

**e)** La vente des maillots de bain a baissé. **Cependant** celle des parapluies a augmenté.

**f)** J'ai **tellement** adoré les poèmes de ce recueil **que** j'ai emprunté d'autres livres de cet auteur.

## Exercice 25

### Les connecteurs logiques

Victimes de leur succès, de nombreux mots de verlan sont progressivement intégrés dans les dictionnaires, perdant **ainsi** leur caractère marginal. **C'est le cas de** *ripou*, *meuf*, *keuf*, et de nombreux autres. **Toutefois** cette récupération est bénéfique **car** elle oblige le verlan à une créativité sans cesse renouvelée.
**Ainsi**, créer un mot de verlan est en théorie une chose facile. **Mais** en théorie seulement ! **Car** dans la pratique, il existe des règles secrètes que seuls connaissent les utilisateurs de cette langue de la rue. **En effet**, personne n'a jamais entendu un jeune évoquer, **par exemple**, sa *tomo* pour désigner sa moto !

## Exercice 26

### Les connecteurs logiques

**1.** Les termes d'articulation logique : **mais** (opposition) ; **parce qu'** (cause) ; **Or** (opposition) ; **et ainsi** (addition + conséquence) ; **sans doute** (concession) ; **mais** (opposition) ; **parce que** ; **Ainsi** (conséquence).

**2.** Les relations entre les hommes sont trompeuses car ils sont hypocrites.

## Exercice 27

### S'entraîner au Bac (sujet n° 1)

**Compétences de lecture**

**1.** Le corpus est constitué de deux textes évoquant le thème de l'exil. La lettre de Nancy Huston affirme que sa ville d'adoption, Paris, est sa vraie patrie. L'extrait de roman de Philippe Claudel montre un vieil homme quittant son pays pour toujours. Deux émigrés aux destins différents.

**2.** Nancy Huston ne souffre pas de son exil, bien au contraire. Elle voit dans la France, son pays d'adoption, sa véritable patrie : « je n'ai plus d'autre chez moi que Paris ». Elle explique avoir eu l'habitude des déménagements depuis l'enfance et se sentir en pays étranger lorsqu'elle rentre dans son pays natal, les États-Unis.

**3.** On peut dire que l'exil du vieil homme semble définitif car le personnage est seul, avec un bébé et une valise, et regarde son pays s'éloigner « pendant des heures », voire « des jours ». On ressent sa détresse qui s'amplifie au fur et à mesure du récit. Chaque paragraphe l'éloigne de son pays. La dernière phrase du texte, dans laquelle le narrateur omniscient affirme que le maigre contenu de la valise « est là tout ce qu'il a à emporter » confirme ce sentiment.

**Compétences d'écriture**

*Exemple de réponse rédigée :*
L'éducation, les amis, l'école, le quartier... Nous construisons chacun notre identité à mesure que nous découvrons et apprenons de ceux qui nous entourent. L'identité change et évolue au fil du temps et des rencontres. Mais dans quelle mesure peut-on affirmer qu'elle est liée à notre pays d'origine ? C'est à cette question que nous allons essayer de répondre en nous demandant d'abord quelle est l'influence du pays dans lequel nous vivons sur notre identité, avant de voir dans quelle mesure un changement de pays peut transformer l'identité d'un individu.
Chaque nation a ses coutumes, ses lois, son histoire et une identité qui lui est propre. Chaque individu se reconnaît dans une langue, un drapeau, un hymne, une équipe de football... L'environnement dans lequel nous grandissons est ce qui fonde notre identité, du moins en partie. C'est ce qui nous rend proche de notre voisin et nous permet de le reconnaître même si nous ne l'avons jamais croisé auparavant. On le voit dans le corpus : ce qui brise le cœur de Monsieur Linh, le héros du roman de Claudel, c'est cette certitude qu'il a d'abandonner tout ce qui lui est cher. Une partie de son identité est brisée, anéantie par l'exil. Peut-être ne sera-t-il jamais plus lui-même... Nous sommes en effet tous attachés au pays qui nous a vus naître et grandir et dont nous sommes, en quelque sorte, les enfants.
Qu'en est-il réellement de l'identité de celui qui quitte la terre qui l'a bercé ? On voit dans le texte A que lorsque l'exil est choisi, comme pour Nancy Huston, il ne fait que participer à l'évolution de l'identité de celui qui fait ce choix. La romancière américaine aime la France et n'a « plus d'autre chez moi », comme elle l'affirme. La France est devenue son pays et participe à part entière à la construction de son identité. Cependant, le changement peut être difficile. C'est cette

histoire de migration forcée que raconte Azouz Begag dans son roman de filiation intitulé *Le Gone du Chaâba*. On les découvre, lui et toute sa famille, faire l'apprentissage d'un pays qui n'est pas le sien. Ensemble, ils doivent tant bien que mal tout réapprendre, tout changer, ce qui est très difficile : une nouvelle langue, des nouvelles manières de vivre, de se comporter... de devenir des « Gaulois » !

L'identité est donc, nous l'avons vu, fortement liée à notre pays d'origine, peut-être même au pays d'origine de nos ancêtres, également, même si c'est là un autre débat. Je pense personnellement que chacun réagit de manière différente à l'exil, seul moment où cette appartenance à un pays se fait sentir de manière cruelle. Peut-être l'identité devient-elle alors double, voire triple pour ceux qui bougent sans cesse... Notre identité change à chaque instant, à chaque fois que nous vivons un événement qui nous « touche », et donc nous transforme.

**Exercice 28**

## S'entraîner au Bac (sujet n° 2)

**Compétences de lecture**

**1.** Le corpus est constitué de deux textes et une image évoquant le thème de l'enfermement. Le poème de Paul Éluard a été écrit pendant la guerre, comme un hymne à la liberté. L'extrait de roman de Philippe Grimbert raconte comment, enfant, le narrateur découvre l'horreur des camps d'extermination nazis. Enfin, le document iconographique est une affiche publiée par l'ONG Amnesty international appelant à libérer tous les prisonniers.

**2.** Chacun à leur manière, les deux écrivains exaltent la notion de liberté et les valeurs qui lui sont liées. Paul Éluard choisit la poésie - on dirait presque une chanson - à travers « Liberté ». La répétition au début de chaque vers du connecteur spatial « sur », et l'anaphore à la fin de chaque strophe avec l'anaphore de la proposition « J'écris ton nom » prennent tout leur sens au dernier vers du poème. De la même manière, Philippe Grimbert raconte comment, à quinze ans, il fait la découverte des camps de concentration au cinéma. Il est « rivé à son siège », comme s'il était prisonnier lui aussi des camps. Les êtres qu'il décrit sont comme réduits à l'état d'objets : « corps désarticulé », « pyramides de cheveux et de membres », « poupée disloquée ». Dans les deux textes, la liberté apparaît comme la valeur la plus importante et la moins respectée.

**3.** On pourrait rapprocher l'image des deux textes, car elle porte sur le même thème : la liberté. Elle est plus proche encore du texte 2 car le barbelé qui traverse l'image en diagonale évoque avec force les camps de concentration de la Seconde Guerre mondiale. La main rouge qui fait le V de la victoire semble sur le point de couper cette barrière qui retient encore aujourd'hui des prisonniers dans le monde. Elle symbolise à la fois la volonté de se battre et l'impuissance à vaincre, à trancher définitivement tous les barbelés de la Terre.

**Compétences d'écriture**

*Exemple de réponse rédigée :*

Connaître le passé permet de mieux comprendre le présent et de préparer l'avenir. L'Histoire et la connaissance du passé sont donc nécessaires. Mais comment transmettre la foule d'événements qui constituent l'Histoire aux générations futures ? Nous verrons dans un premier temps que la documentation et l'étude scientifique sont indispensables pour transmettre les connaissances du passé. Puis, dans un second temps, nous nous demanderons en quoi les œuvres d'art peuvent participer à l'entretien de notre mémoire collective.

La connaissance du passé passe d'abord par l'étude de l'Histoire. Des empires de l'Antiquité aux attentats qui marquent le monde contemporain, des événements terribles ont jalonné l'Histoire des hommes. C'est pourquoi, depuis l'école maternelle jusqu'à l'université, les programmes scolaires gardent une place pour l'Histoire, ses guerres, ses changements de civilisations, ses génocides parfois... Les livres d'Histoire retracent ce passé d'une manière rigoureuse et scientifique, en s'appuyant sur les documents et les témoignages. Le texte 2 du corpus nous montre ainsi un jeune adolescent découvrant le film d'Alain Resnais, *Nuit et Brouillard*, qui retrace avec émotion la tragédie des camps d'extermination nazis. C'est seulement en connaissant les erreurs de leurs parents que les nouvelles générations pourront ne pas les reproduire...

De même, les documentaires qui passent à la télévision, comme le soir sur la chaîne Arte, renseignent avec objectivité ceux qui sont curieux de connaître le destin des civilisations disparues, comme celle des Romains ou de l'île de Pâques. Cependant, l'enseignement de l'Histoire est-il suffisant pour prendre pleinement conscience des leçons à tirer des erreurs passées ? Nous avons étudié en classe le tableau que Pablo Picasso a imaginé pendant la guerre d'Espagne, *Guernica*. Lorsqu'on connaît les origines de ce tableau, on est touché par ce qu'il représente, des «corps disloqués», qui annoncent ceux du texte 1 du corpus. Les artistes montrent dans leurs œuvres ce qu'ils ressentent devant les événements de l'Histoire, «face sa grande Hache» (Georges Perec). Le poème d'Éluard, «Liberté», rappelle à chacun que la liberté est une valeur essentielle pour laquelle il faut lutter, à chaque époque. Les artistes s'engagent dans leur temps et dénoncent mieux que les livres, les horreurs auxquelles ils assistent. Ce n'est hélas pas suffisant : Charlie Chaplin n'a pas empêché Hitler de régner en maître sur l'Europe, malgré son film *Le Dictateur* (1940). Mais la fréquentation des musées et la lecture des romans nous font réfléchir d'une autre manière sur le ressenti d'une époque.

En définitive, l'Histoire et les arts sont complémentaires. L'Histoire recherche l'objectivité et l'art joue avec les sentiments. Mais la leçon à en tirer est la même : sans connaître le passé, nous ne comprenons pas le présent et répétons toujours les mêmes erreurs. Je pense personnellement que l'enseignement de l'Histoire est fondamental, mais que les films, les livres, les tableaux ou même les chansons peuvent aussi nous aider à comprendre l'essentiel du passé.

# Les États-Unis et le monde (1917-1989) – Question obligatoire

LU ☐
SU ☐
REVU ☐

## 1 Un acteur majeur des relations internationales

**a) L'engagement dans la Première Guerre mondiale.** En 1917, l'entrée en guerre des États-Unis est annoncée comme une « croisade » pour la liberté et la démocratie. Le président Wilson est l'un des acteurs des traités de paix mettant fin au conflit.

**b) La victoire sur l'Allemagne et le Japon.** Après l'attaque japonaise sur Pearl Harbor en 1941, les États-Unis interviennent dans la Seconde Guerre mondiale. En 1945, ils jouent un rôle décisif dans l'élaboration de l'ordre du monde.

**c) Le face-à-face avec l'URSS.** À partir de 1947, les États-Unis et l'URSS s'opposent indirectement dans la guerre froide. Chacun s'entoure d'alliés ; le bloc capitaliste fait face au bloc communiste. L'équilibre de la terreur nucléaire rejette les crises en périphérie (Berlin, Cuba, guerre du Vietnam).
Des accords de désarmement, la chute du mur de Berlin (novembre 1989) et la disparition de l'URSS (décembre 1991), mettent fin à la division du monde en deux blocs.

## 2 Un rôle moteur dans l'économie mondiale

**a) Le modèle du capitalisme libéral.** L'économie américaine repose sur la libre entreprise. L'État intervient peu. Le culte de la réussite fait partie des valeurs de la société américaine.

**b) Une influence économique et financière mondiale.** Les multinationales américaines s'étendent dans le monde entier. Le dollar sert de monnaie internationale de référence.

**c) Le modèle de la société de consommation.** Les produits américains (jeans, Coca-Cola…) sont répandus partout dans le monde. Leur domination dans le cinéma et les télécommunications permet aux États-Unis de diffuser leur mode de vie et leurs valeurs.

## 3 Une « République impériale »

**a) La plus ancienne constitution du monde.** Votée en 1787, elle institue la démocratie libérale. Elle repose sur un pouvoir présidentiel fort et la séparation des pouvoirs. La vie politique est dominée par le bipartisme (parti républicain et parti démocrate).

**b) Les limites du modèle.** L'action politique est influencée par les groupes de pression ou lobbies. L'abstentionnisme est important. Les inégalités sociales et raciales demeurent fortes. Le modèle américain est remis en cause aux États-Unis et à l'étranger.

**c) La tentation hégémonique.** Les États-Unis interviennent dans le monde financièrement ou par la force pour sauvegarder leurs intérêts (soutien aux dictatures, renversement du socialiste Salvador Allende au Chili en 1973…).

**Notions**
Capitalisme ◆ Démocratie libérale ◆ Guerre froide ◆ Guerres mondiales ◆ Puissance

Savoir 1

# Les États-Unis et le monde (1917-1989) – Situations

LU ☐
SU ☐
REVU ☐

## 1 Les 14 points de Wilson

### 1. Des propositions pour la paix à venir

**a)** La Première Guerre mondiale n'est pas terminée mais dès janvier 1918, le président américain Wilson définit des objectifs pour la paix future. Son discours va servir de base à l'élaboration des traités de paix.

**b)** Wilson insiste sur le respect de la liberté et de la démocratie. Il prévoit la libération des territoires occupés comme la Belgique, les territoires russes... Il est favorable au « droit des peuples à disposer d'eux-mêmes » et propose des modifications de frontières dans le respect des revendications nationales. Les intérêts des populations colonisées devront être pris en compte à égalité avec ceux des pays colonisateurs, mais la colonisation n'est pas remise en cause.

### 2. Un nouveau type de relations internationales

**a)** Le président américain propose la fin de la diplomatie secrète. La réduction des armements doit être recherchée. Wilson suggère la formation d'une Société des Nations (SDN) garantissant l'indépendance politique et territoriale à tous les États.

**b)** Dans le domaine économique, Wilson propose la levée des barrières protectionnistes et la libre circulation sur les mers.

**c)** Les 14 points ont servi de base de discussion, mais en 1920 les États-Unis rejettent le traité mettant fin à la guerre, et de ce fait, ne font pas partie de la Société des Nations.

## 2 Le plan Marshall et le début de la guerre froide

### 1. Les objectifs du plan

**a)** Le plan s'inscrit dans la logique de l'endiguement. Les États-Unis s'inquiètent de la puissance de l'URSS au lendemain de la guerre. L'Armée rouge occupe alors la moitié de l'Europe.

**b)** Le 5 juin 1947 le général Marshall, secrétaire d'État américain, propose à l'Europe un plan de reconstruction qui a pour buts essentiels de reconstruire l'économie européenne ruinée par la guerre, de résorber la surproduction américaine et d'empêcher la progression du communisme.

### 2. Les mécanismes et conséquences du plan Marshall

**a)** Le plan, étalé sur quatre ans, consiste en 13 milliards de dollars de prêts et de dons en argent ou en nature.

**b)** L'aide à la reconstruction économique et financière est effective dans la majorité des pays bénéficiaires ; le plan favorise aussi les exportations américaines.

**c)** Mais il coupe l'Europe en deux. Le plan est accepté par 16 pays d'Europe occidentale. Il est refusé par les pays d'Europe de l'Est et par l'Union soviétique, mais accepté par la Yougoslavie. L'entrée dans la guerre froide est accélérée.

S'entraîner au Bac
Exercices 1-2-3 : p. 175

Savoir

2

LU ☐
SU ☐
REVU ☐

# L'idée d'Europe au XXe siècle Question obligatoire

## 1 Des projets anciens relancés par les guerres mondiales

**a) Des valeurs identiques.** Malgré les divisions qui durent depuis des siècles, des projets d'union ont été élaborés. Au XIXe siècle, Victor Hugo imagine des « États-Unis d'Europe ».

**b) Des guerres civiles européennes.** Les désastres des guerres mondiales relancent l'idée d'union européenne. En 1930, face à la crise économique, aux nationalismes, à la montée du nazisme, Aristide Briand propose une fédération européenne ; le projet est refusé par la Société des Nations. Le 19 septembre 1946, Winston Churchill invite les pays européens à s'unir et parle même d'États-Unis d'Europe.

## 2 Les étapes de la construction européenne

**a) Les conséquences du plan Marshall.** Les pays ayant accepté l'aide américaine se regroupent dans l'Organisation européenne de coopération économique (OECE).

**b) Le Conseil de l'Europe (1949).** Comme la Cour européenne des droits de l'Homme (1950), il a pour objectif « la protection des droits de l'Homme et des libertés fondamentales ».

**c) La Communauté européenne du charbon et de l'acier (CECA).** Instituée en 1951, elle contrôle la production de charbon et d'acier des six pays membres. Elle marque une étape essentielle dans la construction européenne et dispose de pouvoirs supranationaux.

**d) Les traités de Rome (1957)** créent la Communauté économique européenne (CEE), dont les objectifs sont l'union économique et douanière (marché commun), la sauvegarde de la paix et de la liberté, le progrès social. Ils créent aussi la Communauté européenne de l'énergie atomique (CEEA ou Euratom), qui a pour but d'associer la recherche et l'industrie nucléaire civile.

## 3 L'élargissement de l'Union européenne

**a) La naissance de l'Union européenne.** En 1992, le traité de Maastricht approfondit la CEE et la remplace par l'Union européenne (UE) qui met en place une citoyenneté européenne, une politique extérieure et de sécurité commune (PESC) et une monnaie commune.

**b) Des membres toujours plus nombreux.** La disparition des blocs de la guerre froide a accéléré l'élargissement de l'UE. Depuis 2013, celle-ci compte 28 États membres.

**c) Supranationalité et fédéralisme.** Les deux conceptions s'opposent. L'UE est un organisme supranational, mais elle n'est pas une fédération, elle ne constitue pas un État. Ainsi, les accords de Schengen (1995) qui supprimaient les contrôles aux frontières intérieures de l'UE peuvent être remis en cause.

Notions

Construction européenne ◆ Disparition des blocs ◆ Supranationalité ◆ Fédéralisme

# L'idée d'Europe au XX$^{e}$ siècle Situations

LU ☐
SU ☐
REVU ☐

## 1 Le plan Schuman

### 1. Un projet ambitieux

**a)** Le ministre français des Affaires étrangères Robert Schuman propose la mise en commun des productions de charbon et d'acier français et allemand, ainsi que celles de tout autre pays volontaire.

**b)** Le plan a pour but le redressement industriel des deux pays et la fin de leur antagonisme. Il prévoit aussi d'harmoniser et améliorer les conditions de la main-d'œuvre de ces industries.

**c)** La « Déclaration Schuman » possède également des objectifs à long terme. La CECA doit servir de base à l'élaboration progressive de l'Europe fédérale.

### 2. La mise en place et le bilan de la CECA

**a)** Le 18 avril 1951, six pays (France, RFA où le chancelier Adenauer est l'un des « pères » de la construction européenne, pays du Benelux et Italie) signent le traité de Paris créant la Communauté européenne du charbon et de l'acier (CECA).

**b)** La CECA, mise en place en 1952, est dirigée par une Haute Autorité supranationale, représentant les États mais indépendante politiquement et financièrement.

**c)** Les résultats économiques sont positifs. La CECA a amorcé la réconciliation et la coopération franco-allemande. Elle a facilité la création de l'Europe communautaire.

**d)** En 1967, les organes de la CECA fusionnent avec ceux de la CEE. En 2002, le traité de Paris est intégré à ceux de l'Union européenne.



## 2 Kohl, Mitterrand et l'Europe

### 1. Deux fortes personnalités

**a)** Le socialiste François Mitterrand est président de la République française de 1981 à 1995. Chancelier de la République fédérale d'Allemagne (RFA) de 1982 à 1998, Helmut Kohl est partisan de la poursuite de la coopération franco-allemande.

**b)** La réconciliation franco-allemande est symbolisée à Verdun en 1984, où Mitterrand et Kohl commémorent la Première Guerre mondiale. La construction européenne va s'approfondir dans les années 1980-1990 autour de l'axe franco-allemand.

**c)** La construction européenne séduit ; le nombre de membres de la CEE augmente, 11 en 1981, 12 en 1986. Des pays se portent candidats. La réunification allemande (1990) ouvre de nouvelles perspectives.

### 2. Des réalisations concrètes

**a)** Les échanges culturels franco-allemands sont facilités. Une chaîne de télévision franco-allemande est créée en 1988 (Arte).

**b)** En 1986, est signé l'Acte unique européen. Il prévoit la création d'une Union économique et monétaire pour le 1$^{er}$ janvier 1993 et une nouvelle coopération politique.

**c)** En 1989 est créée la brigade franco-allemande (Eurocorps en 1993).

**d)** Le traité de Maastricht (1992) instaure l'Union européenne, qui entre en vigueur en 1993. Il comprend la création de l'euro et de la citoyenneté européenne.

*S'entraîner au Bac*
Exercices 4-5-6 : p. 176-177

Savoir
3

# La décolonisation et la construction de nouveaux États : Inde, Algérie – Question obligatoire

LU ☐
SU ☐
REVU ☐

## 1 Le contexte favorable de l'après-guerre

**a) L'affaiblissement des puissances coloniales.** Leurs positions sont ébranlées. Les États-Unis et l'Union soviétique, s'appuyant sur l'ONU, dénoncent le phénomène colonial.

**b) L'essor des mouvements indépendantistes.** Ils mettent en évidence les contradictions des métropoles qui se sont battues au nom des valeurs démocratiques mais ne respectent pas ces valeurs dans les colonies.

## 2 Les indépendances de l'Inde et de l'Algérie

**a) L'indépendance de l'Inde.** Les leaders nationalistes Gandhi puis Nehru lancent des campagnes anti-anglaises non violentes. Après négociations, l'Inde accède à l'indépendance en 1947. L'opposition entre musulmans et hindous conduit à la partition du pays en deux États indépendants : le Pakistan musulman et la République indienne hindouiste.

**b) L'Algérie sous la colonisation.** L'Algérie colonisée est divisée en trois départements français. La population algérienne (8,4 millions de personnes) n'a pas l'égalité de fait avec les Européens (1 million). Les révoltes (Sétif en 1945) sont violemment réprimées.

**c) La guerre d'Algérie et l'indépendance.** La guerre éclate le 1er novembre 1954, à l'instigation du Front de libération nationale (FLN). En 1955, le gouvernement français fait appel au contingent. Les tortures et les attentats entraînent progressivement le rejet de la guerre par l'opinion publique. Le 18 mars 1962, les accords d'Évian mettent fin à la guerre, l'indépendance est proclamée le 5 juillet.

## 3 Décolonisation et construction des nouveaux États : Inde et Algérie

**a) Des lendemains difficiles.** La partition indienne déclenche une guerre civile. En 1948, Gandhi est assassiné par un fanatique hindou. En Algérie, les soldats musulmans de l'armée française (harkis) sont victimes de représailles ; plusieurs milliers d'entre eux se réfugient en France. De la même façon, près d'un million de Français d'Algérie, ou pieds-noirs, gagnent la France.

**b) Deux voies différentes de développement.** L'Inde, qui est une démocratie, a libéralisé son économie. L'autosuffisance alimentaire est réalisée ; l'Inde dispose d'industries de haute technologie et de la bombe atomique. Elle fait partie des puissances émergentes, mais les inégalités demeurent.

La République algérienne, d'abord dominée par un parti unique, est multipartite depuis 1989. La montée des islamistes a provoqué dans les années 1990 une terrible guerre civile. L'Algérie tire ses plus grandes ressources des hydrocarbures.

**c) Des leaders du tiers monde.** Des années 1950 aux années 1990, l'Inde et l'Algérie ont contribué à l'affirmation du tiers monde et du non-alignement (Bandung 1955, Alger 1973).

Notion
Décolonisation

Savoir 3

# La décolonisation et la construction de nouveaux États : Inde, Algérie – Situations

LU ☐
SU ☐
REVU ☐

## 1 Gandhi et la non-violence

### 1. Un leader exceptionnel

**a)** Gandhi (1869-1948) est un Hindou, né dans la caste des Vayshia (les marchands). Avocat formé à Londres, il s'installe en Afrique du Sud et défend la cause des Indiens immigrés.

**b)** En 1914, Gandhi rentre en Inde. Son objectif est de mettre fin à l'exploitation coloniale britannique. Symboliquement, il s'habille à l'indienne, fabrique lui-même ses vêtements et devient végétarien. Il choisit un mode d'action à la fois moral et politique : la non-violence.

**c)** Gandhi organise le boycott des produits britanniques, des marches de protestation, comme la marche du sel en 1930 contre le monopole de vente anglais. Il poursuit des grèves de la faim et est emprisonné plusieurs fois.

**d)** Son action, ajoutée au contexte favorable de l'après-guerre, aboutit à l'indépendance de l'Inde en 1947. Il n'évite cependant pas la partition entre le Pakistan et la République indienne.

### 2. Un mythe mondial

**a)** Surnommé « Mahatma », la « Grande Âme », Gandhi est considéré comme le « Père de la nation indienne ». Il meurt assassiné en 1948. Le jour anniversaire de sa naissance (2 octobre) est une fête nationale en Inde. Ce jour-là aussi, l'ONU célèbre la Journée de la non-violence.

**b)** La revendication par la non-violence a servi de modèle pour d'autres causes comme pour le mouvement des droits civiques de l'Américain Martin Luther King.

## 2 La Toussaint 1954

### 1. L'Algérie en 1954

**a)** La population algérienne, majoritairement rurale et peu scolarisée, manque de terres et occupe en général les emplois subalternes. À l'Assemblée algérienne, les 8,4 millions d'Algériens sont représentés par le même nombre de députés que les 984 000 Français.

**b)** Les mouvements anticolonialistes revendiquent l'indépendance ou l'autonomie. Ils peuvent être réformistes ou révolutionnaires.

### 2. La « Toussaint rouge »

**a)** Le 1er novembre 1954, 70 attentats éclatent dans une trentaine de points disséminés sur le territoire algérien, faisant 8 victimes. Ils sont organisés par le Front de libération nationale (FLN), créé le 10 octobre 1954.

**b)** Le FLN annonce ses objectifs : l'indépendance dans le cadre des principes islamiques, le respect des libertés fondamentales. Il appelle le peuple algérien à s'associer à « la lutte nationale ». Il en appelle aussi au soutien international, en particulier à celui des Nations unies. Le gouvernement Mendès France proclame l'état d'urgence, envoie des CRS et des parachutistes. Des réformes sont cependant envisagées. La guerre vient de commencer.

*S'entraîner au Bac*
Exercices 7-8-9 : p. 177-178

# Le monde depuis le tournant des années 1990 – Question obligatoire

LU ☐
SU ☐
REVU ☐

## 1 L'effondrement du modèle soviétique

**a) La fin des démocraties populaires.** Mikhaïl Gorbatchev, secrétaire du Parti communiste soviétique depuis 1985, engage des réformes qui donnent davantage de libertés. En 1989, les gouvernements communistes de Pologne, de Tchécoslovaquie et de RDA sont renversés. Des révolutions violentes éclatent avec succès en Roumanie et Bulgarie. Le 9 novembre, le mur de Berlin s'ouvre. L'Allemagne est réunifiée le 3 octobre 1990.

**b) L'effondrement de l'Union soviétique.** Au sein même de l'Union soviétique, les réformes échouent ; les revendications nationalistes se multiplient. Plusieurs républiques proclament leur indépendance. Le 21 décembre 1991, l'URSS fait place à la Communauté des États indépendants (CEI), avec 11 des anciens membres de l'URSS dont la Russie. Toutes les organisations économiques et militaires du bloc communiste sont dissoutes.

**c) L'extension de la démocratie libérale.** Les anciens régimes communistes adoptent le multipartisme et le libéralisme. Ils adoptent aussi l'économie de marché.

## 2 Un nouvel ordre mondial plus complexe

**a) Les États-Unis « gendarmes du monde ».** Après l'implosion de l'Union soviétique, les États-Unis restent seule hyper puissance dans le monde. Ils interviennent ainsi depuis 2001 en Afghanistan avec l'OTAN, puis en 2003 en Irak sans l'accord de l'ONU.

**b) Les puissances émergentes.** Dans le cadre de la mondialisation, des puissances s'affirment de plus en plus sur la scène internationale (Chine, Inde, Brésil).

**c) Le rôle des ONG.** Les organisations non gouvernementales jouent un rôle croissant aux côtés des États sur des problèmes planétaires tels celui du développement durable.

## 3 Les nouvelles menaces planétaires

**a) La multiplication des guerres civiles.** On assiste à l'affrontement entre nationalités (ex-Yougoslavie) ou à des conflits interethniques comme en Afrique. Ces luttes débouchent parfois sur des génocides, ainsi au Rwanda en 1994 ou à Srebrenica (Bosnie) en 1995.

**b) La prolifération des armements.** La prolifération des armes de destruction massive est difficile à contrôler (Corée du Nord...).

**c) Le terrorisme.** Le réseau terroriste islamiste Al-Qaïda a pu frapper les États-Unis, au cœur même de New York, le 11 septembre 2001. Le terrorisme frappe aussi l'Europe : attentats de Paris en 2015, de Bruxelles en 2016, perpétrés par l'« État islamique » que des interventions internationales tentent d'éradiquer au Moyen-Orient.

**Notions**

Effondrement du modèle soviétique ◆ Crise ◆ Génocide ◆ Terrorisme

# Le monde depuis le tournant des années 1990 – Situations

LU ☐
SU ☐
REVU ☐

## 1 La chute du mur de Berlin

### 1. Berlin, une ville divisée et occupée

**a)** Depuis 1945, Berlin est divisée en quatre secteurs d'occupation, soviétique à l'est, américain, britannique et français, à l'ouest.

**b)** La guerre froide entre l'Est et l'Ouest aboutit à la division de l'Allemagne en deux États séparés, la République fédérale d'Allemagne (RFA) à l'ouest et la République démocratique allemande (RDA) à l'est. Berlin devient une enclave dans la RDA.

**c)** À partir du 13 août 1961, la RDA édifie un mur entre Berlin-Est et Berlin-Ouest, afin de stopper l'exode vers l'ouest. Entre 1961 et 1981, 99 personnes meurent en tentant de franchir le mur.

### 2. La chute du « mur de la honte »

**a)** Le contexte est favorable. La politique réformiste de Mikhaïl Gorbatchev en URSS encourage les oppositions dans les démocraties populaires. Les manifestations massives se multiplient. Le régime communiste de la RDA est ébranlé.

**b)** Le 9 novembre, les autorités est-allemandes accordent la liberté de circulation. Le mur est ouvert et démantelé. Symboliquement, c'est la fin de la guerre froide.

**c)** Sur la base d'un plan proposé par le chancelier de la RFA, Helmut Kohl, le traité du 12 septembre 1990 entre Allemands et puissances alliées autorise la réunification. Le 3 octobre 1990, l'Allemagne est officiellement réunifiée.



## 2 Le 11 septembre 2001

### 1. L'attaque terroriste

**a)** Le 11 septembre 2001, les deux tours du World Trade Center à New York, symbole du capitalisme occidental, s'écroulent, touchées par deux avions. À Washington, le Pentagone est également la cible d'un autre avion terroriste.

**b)** Des réseaux terroristes internationaux sont impliqués. Les attentats sont attribués au réseau terroriste islamiste dirigé par Oussama Ben Laden, Al-Qaïda, qui a par la suite revendiqué ces attaques.

**c)** Le bilan est lourd. 2976 victimes ont été dénombrées dans les attentats, ainsi que des milliers de blessés.

### 2. Les réactions américaines

**a)** Dans un monde devenu global, les États-Unis constatent leur vulnérabilité. Afin de préserver la sécurité nationale, ils décident des attaques préventives contre les « États-voyous », alliés du terrorisme. Le combat contre le terrorisme devient aussi une lutte idéologique.

**b)** Les États-Unis interviennent avec l'OTAN en Afghanistan (2001-2014) et, par une décision unilatérale, avec une coalition restreinte, en Irak (2003-2011).

**c)** À l'issue d'une longue traque, Ben Laden est tué en mai 2011, au Pakistan, par une opération américaine menée secrètement.

*S'entraîner au Bac*
**Exercices 10-11-12 : p. 179**

Savoir 5

# La France dans l'UE et dans le monde Question obligatoire

LU ☐
SU ☐
REVU ☐

## 1 L'appartenance à l'Europe

**a) Le territoire européen le plus étendu (hors Russie).** La France couvre 545 000 km² (632 834 avec les eaux intérieures) et est située à l'extrémité occidentale du continent eurasiatique. Son territoire s'ouvre sur quatre mers ou océans (mer du Nord, Manche, Océan Atlantique, Méditerranée).

**b) Une grande puissance européenne.** La France est l'un des principaux fondateurs et acteurs de la construction européenne. Elle réalise plus de 60 % de ses échanges commerciaux et plus de 70 % de ses investissements avec l'Union européenne. Elle participe à des programmes européens comme ceux d'Airbus Industries ou d'Arianespace. La France est la première puissance agricole de l'UE et occupe le deuxième rang derrière l'Allemagne pour les produits industriels.

## 2 La population : répartition et mobilités

**a) L'inégale répartition.** Au 1er janvier 2016, La France compte 66,6 millions d'habitants, dont 64,5 en métropole. Les espaces à dominante urbaine regroupent 80 % de la population. La France est coupée en deux par la « diagonale du vide », des Pyrénées centrales aux pays de Meuse.

**b) Les mobilités de population.** Les déplacements pendulaires quotidiens concernent plus de 60 % de la population. Il existe aussi des mobilités de loisirs, saisonnières ou de week-end. En outre, 2 % des Français changent de résidence tous les ans.

**c) Un pays d'immigration.** On compte 200 000 entrées légales par an. Les étrangers et immigrés représentent plus de 8 % de la population française, dont 40 % d'Européens.

## 3 La France, 6e puissance économique du monde

**a) Une présence planétaire.** Les territoires d'Outre-mer (120 000 km²) sont dispersés partout dans le monde ; ils offrent une large ZEE (zone économique exclusive).

**b) La cinquième puissance commerçante du monde.** La France fait partie du G8, groupe des huit plus grandes puissances de la planète ; elle est le quatrième pays d'accueil des investissements directs à l'étranger (IDE) et est aussi la première destination touristique mondiale. Mais sa balance commerciale est déficitaire, la dette publique et le chômage sont importants. La croissance n'augmente que faiblement.

**c) Une puissance géopolitique et culturelle.** La France est l'un des cinq membres permanents du Conseil de sécurité de l'ONU. Elle dispose de sa propre force nucléaire. Le français est parlé par plus de 200 millions de personnes dans le monde.

Notions

Territoire ◆ Répartition ◆ Mobilité ◆ Puissance

# La France dans l'UE et dans le monde Situations

LU ☐
SU ☐
REVU ☐

## 1 Paris, ville mondiale

### 1. Un centre décisionnel national et mondial

**a)** Paris est le siège du pouvoir politique de la France. On y trouve les résidences du président de la République (l'Élysée), du Premier ministre (Matignon) et les sièges du Parlement. C'est aussi le siège de grandes organisations internationales (OCDE, UNESCO).

**b)** Paris occupe le 2e rang après Londres pour les implantations des grandes entreprises étrangères mondiales.

**c)** C'est une capitale culturelle mondiale et la ville la plus visitée du monde (28 millions de touristes par an). Le Louvre est le musée le plus visité au monde. Paris occupe le 1er rang mondial des villes d'accueil des salons et congrès.

### 2. Un pôle majeur de communications

**a)** Paris est un carrefour de communications, en particulier pour l'UE. La capitale se trouve à quelques heures d'accès de ses partenaires.

**b)** Le groupe Aéroports de Paris (Roissy, Orly, Le Bourget) génère un trafic de 90 millions de passagers par an. C'est le 2e rang européen et le 1er rang pour les marchandises.

**c)** Paris est un nœud routier et autoroutier. Le TGV relie la capitale à de grandes villes européennes.



## 2 L'Outre-mer et la puissance française

### 1. Un ensemble très diversifié

**a)** Les PTOM (Pays et Territoires d'Outre-mer) s'étendent sur 120 000 km² et comptent 2,7 millions d'habitants. Il existe plusieurs statuts : les DROM ou départements et régions d'Outre-mer (Martinique, Guadeloupe, Guyane, La Réunion et Mayotte, à la fois départements et régions), les TOM ou territoires d'Outre-mer (Terres australes et antarctiques françaises ou TAAF), les COM ou collectivités d'Outre-mer (Saint-Pierre-et-Miquelon). La Nouvelle-Calédonie possède un statut particulier.

**b)** L'Outre-mer français est en majorité composé d'îles et d'archipels sauf la Guyane, terre continentale de 85 000 km², surtout situés dans des mers tropicales.

**c)** L'Outre-mer représente un important intérêt géostratégique (la zone économique exclusive (ZEE) couvre 11 millions de km²). Il faut aussi compter avec les ressources minières comme le nickel de Nouvelle-Calédonie ou la base de Kourou en Guyane.

### 2. Des économies fragiles

**a)** La majorité des emplois relèvent du secteur tertiaire : administrations publiques, tourisme... Les transferts d'argent depuis la métropole sont massifs. L'agriculture est en crise et le secteur industriel peu important.

**b)** Le taux de chômage s'élève en moyenne entre 25 et 30 %.

**c)** Les économies sont dépendantes. L'Outre-mer reçoit des aides sociales de la métropole et de l'UE.

*S'entraîner au Bac*
Exercices 13-14-15 : p. 180-181

Savoir 6

# Acteurs et enjeux de l'aménagement des territoires – Question obligatoire

LU ☐
SU ☐
REVU ☐

## 1 Les acteurs de l'aménagement des territoires

**a) De 1945 à 1970, le rôle primordial de l'État.** L'État s'appuie sur des plans et des institutions comme la DATAR, délégation à l'aménagement du territoire et à l'action régionale, créée en 1963.

**b) Depuis 1970, la décentralisation.** Les lois de 1982 et 1983 donnent des pouvoirs aux régions, qui sont devenues en 2004 des collectivités territoriales tout comme les communes et les départements. Depuis 2016, la France ne compte plus que treize régions métropolitaines. Leurs compétences sont renforcées par la loi NOTRe (nouvelle organisation territoriale de la République, 7 août 2015).

**c) Le rôle de l'Union européenne.** Celle-ci intervient à partir de 1994, avec entre autres le FEDER, ou Fonds européen de développement économique régional. Elle encourage la coopération territoriale européenne entre régions ou États.

## 2 L'intercommunalité

**a) Les objectifs.** Face au grand nombre de communes, l'intercommunalité est conçue pour mieux maîtriser l'aménagement du territoire. Elle désigne les différents types de coopération entre les communes (gestion des services publics, réalisation d'équipements communs…). Par ailleurs, les fusions de communes sont encouragées ; la France compte en 2016 moins de 36 000 communes.

**b) Les modalités.** Depuis sa mise en place en 1992, des lois ont renforcé et simplifié l'intercommunalité. À partir de 2013, l'appartenance à un ECPI (établissement public de coopération intercommunale à fiscalité propre) est devenue obligatoire selon un certain seuil.

**c) Le cas des métropoles.** Les lois de 2010 et 2014 permettent aux communes des aires urbaines de plus de 400 000 habitants de se regrouper.

## 3 Les enjeux de l'aménagement

**a) Une logique de compétitivité.** L'aménagement des territoires prend en compte les défis de la mondialisation et recherche l'innovation : technopôles, systèmes productifs locaux (SPL), pôles de compétitivité.

**b) La recherche d'une gestion durable.** Le développement durable est pris en compte dans les politiques publiques (agendas 21 locaux…).

**c) La volonté d'équité territoriale.** Pour les villes (loi SRU, Solidarité et renouvellement urbains ; SCOT, Schémas de cohérence territoriale) ou pour les espaces ruraux, l'aménagement vise à promouvoir le progrès social, à réduire les inégalités territoriales, à parvenir à plus de cohésion sociale.

**Notions**

Aménagement des territoires ◆ Acteur ◆ Collectivité territoriale

# Acteurs et enjeux de l'aménagement des territoires – Situations

LU ☐
SU ☐
REVU ☐

## 1 Le Conservatoire du littoral

### 1. La création et les objectifs du Conservatoire

**a)** Le Conservatoire du littoral est un établissement public, créé en 1975, face au constat du bétonnage accéléré des côtes françaises.

**b)** Le Conservatoire intervient sur les espaces naturels et les paysages des rivages maritimes et lacustres (si les lacs concernés couvrent plus de 1 000 ha).

**c)** Le but est de protéger de manière définitive ces espaces, de les mettre en valeur et de constituer un patrimoine protégé et inaliénable.

### 2. Les actions du Conservatoire

**a)** Le Conservatoire rachète les terrains fragiles ou menacés. Il dispose d'un budget annuel d'environ 50 millions d'euros et mène ses actions en partenariat avec les collectivités territoriales, les usagers, les fondations et les entreprises.

**b)** Le patrimoine constitué est restauré, protégé, valorisé. Il est ouvert au public. La surveillance et l'entretien sont assurés par plus de 600 gardes du littoral.

**c)** Le Conservatoire du littoral est devenu propriétaire de plus de 138 000 ha sur 600 sites naturels, y compris Outre-mer. Il assure la protection de 1 200 km de côtes.



## 2 Un aménagement dans une communauté de communes

**Conseils généraux pour répondre au sujet**

**a)** Les thèmes concernés

Le **lieu** envisagé. Les échelles : locale, nationale, européenne.

Les **objectifs** de l'aménagement. À court terme ? À plus longue échéance ?

Les **travaux** envisagés. Durée ? Financement ? Moyens techniques mis en œuvre ?

Les **acteurs** de l'aménagement, publics et privés, décideurs et opérateurs.

Les **réalisations** déjà effectuées. Le projet est-il mené à bien ?

Les **conséquences** de l'aménagement ; l'impact sur les acteurs de l'intercommunalité. Qu'en est-il du développement durable ? De la compétitivité ?

**b)** Les notions-clés

**Aménagement, collectivité territoriale, décentralisation, intercommunalité, territoire.**

**c)** Les textes-clés

**Loi du 12 juillet 1999 (extraits) :** « La communauté de communes est un établissement public de coopération intercommunale regroupant plusieurs communes d'un seul tenant et sans enclave. Elle a pour objet d'associer des communes au sein d'un espace de solidarité, en vue de l'élaboration d'un projet commun de développement et d'aménagement de l'espace ».

**Charte de l'environnement (2004), inscrite dans le Préambule de la Constitution** (art. 6) « Les politiques publiques doivent promouvoir un développement durable. À cet effet, elles concilient la protection et la mise en valeur de l'environnement, le développement économique et le progrès social. »

*S'entraîner au Bac*
Exercices 16-17 : p. 181-182

Savoir 7

# Les transformations de l'espace productif et décisionnel – Question obligatoire

LU ☐
SU ☐
REVU ☐

## 1 Les mutations du système productif

**a) Les effets de la mondialisation.** La production s'adapte au marché international. La tendance est à la concentration, même si les PME-PMI restent dynamiques. Les grandes firmes délocalisent ; la France est le troisième investisseur mondial et le quatrième pays d'accueil des IDE (investissements directs à l'étranger).

**b) La tertiarisation du système productif.** Les services sont de plus en plus utilisés. 75 % de la richesse nationale proviennent du tertiaire. Les activités de recherche et de gestion comptent autant que la fabrication.

**c) La recherche de la synergie.** Les technopôles associent industries de haute technologie, recherche et organismes financiers. Les pôles de compétitivité structurent en réseau, des entreprises et des centres de recherche. Les clusters regroupent géographiquement, les entreprises d'une même filière « en grappes ».

## 2 Le mouvement de métropolisation

**a) La polarisation autour des grandes villes.** L'augmentation des échanges, en particulier internationaux, entraîne de nouvelles localisations. Les grandes villes, mieux desservies, concentrent les fonctions de commandement, de recherche et d'innovation. Elles attirent les emplois, en particulier du tertiaire supérieur, et polarisent ainsi l'espace productif.

**b) La suprématie parisienne.** Paris et la région Île-de-France dominent les autres pôles urbains. La région parisienne représente 30 % du PIB français.

**c) Des paysages spécifiques.** Le redéploiement de l'espace productif crée un paysage spécifique dans les métropoles : parcs d'activités, centres d'affaires, commerces...

## 3 La diversité des espaces productifs : permanences et mutations

**a) Les espaces productifs compétitifs.** Ce sont des régions comme l'Île-de-France et Rhône-Alpes-Auvergne, les espaces de la haute technologie (*Cosmetic Valley*...), mais aussi certains espaces agricoles d'agriculture intensive et compétitive tels que le Nord, le Bassin parisien, les espaces ruraux sous influence urbaine et les grands vignobles.

**b) Les espaces industriels en reconversion.** Ce sont des espaces d'industries traditionnelles (vieux bassins miniers, espaces industrialo-portuaires, espaces des petites industries).

**c) Les espaces agricoles fragiles.** Le modèle breton s'essouffle, face à la concurrence et à l'éloignement des marchés. Il s'agit aussi des zones de moyenne montagne et de leurs périphéries et des espaces ruraux en déprise.

Notion

Espaces productifs et décisionnels

Savoir
7

# Les transformations de l'espace productif et décisionnel – Situations

LU ☐
SU ☐
REVU ☐

## 1 L'espace productif d'une métropole

### 1. Le phénomène de métropolisation

**a)** En 1963, la DATAR crée 8 métropoles d'équilibre (Lyon, Marseille, ...) destinées à faire contrepoids à l'hypertrophie parisienne. Progressivement, des capitales régionales sont assimilées aux métropoles d'équilibre.

**b)** Les métropoles régionales sont organisées en système. Elles se trouvent à la tête d'un réseau urbain à différentes échelles spatiales. Elles centralisent des fonctions tant économiques que politiques et culturelles et exercent des fonctions de commandement. Les métropoles recherchent l'innovation et favorisent l'implantation de centres de recherche, de parcs d'activités, de technopôles, d'universités.

**c)** Les flux engendrés se traduisent aussi par un fort étalement urbain. La périurbanisation entraîne d'importants mouvements pendulaires.

### 2. Une géographie en mutation

**a) L'importance de l'arc méridional.** En dehors de Paris, métropole mondiale, et de l'exception lilloise, les métropoles régionales sont surtout situées le long d'un arc qui s'étire de Grenoble à Nantes et Rennes.

**b) Le nouveau concept de métropole.** Dans le cadre de l'intercommunalité, des métropoles se constituent avec des compétences ordinairement dévolues aux départements et régions. Elles concernent les territoires de plus de 400 000 habitants.

### 3. Critères d'étude d'une métropole

Localisation géographique/population/occupation de l'espace/aire d'influence régionale/intercommunalité/équipements/emplois/fonctions universitaire et recherche/fonctions commerciales/fonctions touristiques/pouvoir d'impulsion national et international/flux nationaux et internationaux.

## 2 La région de l'établissement

### 1. La région, un concept à plusieurs sens

**a)** La région géographique et historique, la région fonctionnelle, la région administrative, née de la décentralisation.

**b)** La région s'inscrit dans les réseaux européens et mondiaux.

**c)** Il existe une hiérarchie régionale entre régions dynamiques et régions fragiles. Le rayonnement de la région dépend surtout de la position par rapport à l'Europe, de la présence de métropoles, de l'importance des emplois qualifiés et de la recherche. Il existe aussi des disparités intra-régionales.

### 2. Critères d'étude d'une région

**a) L'identité régionale** (nom, situation géographique, population).

**b) Acteurs régionaux et aménagements** (fonctions et pouvoirs, plans et objectifs, réalisations).

**c) Le réseau régional** (infrastructures, autres métropoles, pôles de compétitivité).

**d) La région à l'échelle européenne et mondiale** (rayonnement, flux, perspectives).

*S'entraîner au Bac*
Exercice 18 : p. 182

# L'Union européenne et ses territoires Question obligatoire

LU ☐
SU ☐
REVU ☐

## 1 La construction de l'Union européenne

**a) Une construction géoéconomique.** Les pays membres ont choisi le libre-échange et l'économie de marché. La politique économique repose sur la préférence communautaire et la libre circulation des marchandises et des personnes.

**b) Une construction géopolitique.** Les membres de l'UE sont unis au nom de valeurs communes : la démocratie, le libéralisme, le droit et les libertés fondamentales.

**c) Les acquis communautaires.** Ce sont les institutions, les directives et règlements qui organisent la vie de l'UE. La citoyenneté européenne a été officialisée par le traité de Maastricht en 1992.

## 2 Un espace à géométrie variable

**a) Des élargissements ou retraits successifs.** Aux 6 signataires des traités de Rome (1957) se sont progressivement ajoutés d'autres États (28 depuis 2013 mais le retrait du Royaume-Uni est programmé). Les critères d'adhésion dépendent des situations économiques et sociales, de la présence d'institutions démocratiques et du respect des libertés fondamentales.

**b) Des accords qui se superposent.** 19 pays ont choisi une monnaie unique, l'euro. Pour faire partie de la zone euro, il faut satisfaire à des critères de convergence reposant sur une dette publique limitée. Depuis les accords de Schengen (1985), 26 États dont 4 associés hors Union forment un espace sans contrôle aux frontières intérieures (remis en cause par l'afflux des réfugiés depuis 2015).

**c) La conciliation des intérêts nationaux et communautaires.** Selon le principe de subsidiarité, une action est confiée à la collectivité la plus compétente pour cette tâche. Des discussions sur la forme future de l'Union opposent les fédéralistes, favorables à un gouvernement européen au-dessus des États, et les souverainistes, défendant une Europe des États.

## 3 Les contrastes territoriaux

**a) L'égalité politique théorique.** Grands et petits États sont en théorie égaux, mais les votes à la majorité qualifiée au Conseil de l'UE reposent sur l'importance de chaque population.

**b) Les différences entre États.** La taille, la population, la dynamique économique, mais aussi le niveau de vie différencient les États. L'UE a pour enjeu le rééquilibrage des économies et l'harmonisation des législations, en particulier la législation sociale.

**c) Les disparités à l'intérieur des États.** Résorber les déséquilibres sociaux et les disparités entre les régions est l'un des enjeux auxquels l'UE est confrontée. Le Fonds européen de développement régional (FEDER) apporte son aide aux régions en difficulté.

Notions

Espace Schengen ◆ Zone euro ◆ Acquis communautaires

Savoir 8

# L'Union européenne et ses territoires Situations

LU ☐
SU ☐
REVU ☐

## 1 Les frontières de l'Union européenne

### 1. L'évolution des frontières

**a)** L'UE élargit ses frontières vers l'Est. Cependant en 2016, les Britanniques, par référendum, ont choisi de quitter l'UE (Brexit).

**b)** Les accords de Schengen (1985) ont supprimé les contrôles aux frontières intérieures des pays signataires. Le Royaume-Uni et l'Irlande ont refusé les accords mais l'Islande, la Norvège, la Suisse, le Liechtenstein, non membres de l'UE, les ont signés.

**c)** Une structure commune incluant les signataires de Schengen a été créée en 2004 : il s'agit de FRONTEX, Agence européenne pour la coopération opérationnelle aux frontières extérieures. Elle exerce un rôle de surveillance mais aussi d'aide au retour. En outre, des accords de voisinage sont signés ponctuellement entre États membres de l'UE et leurs voisins non membres.

### 2. Les difficultés d'une politique migratoire commune

**a)** Des raisons familiales, économiques, politiques et des guerres poussent actuellement des centaines de milliers de migrants vers l'UE.

**b)** Les États tentent de coordonner leur politique de surveillance (postes de douanes, *hot points* pour les migrants venant massivement des zones en guerre).

**c)** Certains pays (Royaume-Uni, France...) pratiquent des politiques restrictives. Des États ont suspendu leurs dispositions de Schengen. Il est cependant difficile de concilier les besoins économiques ou démographiques et le respect des droits humains.

HISTOIRE GÉOGRAPHIE – EMC

## 2 Un grand projet européen : Galileo

### 1. Les caractéristiques du projet

**a)** Galileo est un système européen de navigation par satellites destiné à supprimer la dépendance de l'Europe envers les deux grands systèmes de navigation existant, l'américain GPS et le russe Glonass. Le projet a été décidé par l'UE en 2001.

**b)** Le système repose sur la mise sur trois orbites de 30 satellites positionnés en moyenne altitude, à 23 222 m de haut. L'ensemble s'appuie sur un maillage d'infrastructures au sol.

**c)** Galileo concernera de multiples domaines : les transports, les travaux publics, l'agriculture, la prospection pétrolière, les secours...

### 2. La mise en œuvre du projet

**a) La phase IOV** (validation en orbite) entre 2005 et 2012. Ces premiers lancements ont été effectués par une fusée russe Soyouz depuis Kourou, le centre spatial de Guyane.

**b) La phase IOC** (capacité opérationnelle initiale) devrait être achevée en 2019-2020.

**c)** Certains États comme la Chine et la Norvège ont décidé de participer au financement et un grand nombre de pays demandent à bénéficier du système.

*S'entraîner au Bac*
Exercices 19-20-21 : p. 182-183

# Pluralisme des croyances et laïcité

LU ☐
SU ☐
REVU ☐

## 1 La notion de laïcité

**a) La laïcité, valeur fondamentale de la République française.** Elle repose sur trois principes : la liberté de conscience et de culte, la séparation des institutions publiques et des organisations religieuses, l'égalité devant la loi quelles que soient les croyances et les convictions.

**b) La loi de 1905.** Base de la laïcité en France, la loi officialise la séparation des Églises et de l'État ; celui-ci garantit la liberté de conscience mais les croyances et les pratiques religieuses relèvent de la vie privée. L'État est neutre et indépendant de toutes les religions. Il n'exerce aucun pouvoir religieux et les Églises n'exercent aucun pouvoir politique. Cependant l'Alsace-Moselle, pour des raisons historiques, ne dépend pas de la loi de 1905.

**c) La garantie de la Constitution.** La constitution de la Ve République (1958) affirme le caractère laïc de la République française.

## 2 Le pluralisme des croyances

**a) La diversité des convictions.** Les grandes religions comme le judaïsme, le christianisme, l'islam et le bouddhisme coexistent en France. L'islam est devenu la deuxième religion de France après le catholicisme. Les non-croyants représentent plus de 50 % de la population.

**b) La diversité des lieux cultuels.** En 2015, on a recensé en France 45 000 églises catholiques, 4 000 temples protestants, 2 450 mosquées, 420 synagogues, 380 lieux de culte bouddhistes, 150 églises orthodoxes. La loi de 1905 interdit le financement public des lieux de culte. Depuis 1907, cependant, les églises appartiennent aux communes et doivent être entretenues par elles.

**c) La diversité des fêtes religieuses.** La vie quotidienne et le calendrier, sont rythmés par les fêtes chrétiennes (Toussaint, Noël, ...). Mais les autres religions ont aussi leurs fêtes propres : Yom Kippour, Hanoukka, Aït-El-Kebir, ... Elles ne donnent cependant pas lieu à des jours fériés officiels.

## 3 La République et les religions aujourd'hui

**a) Les enjeux de la laïcité.** La coexistence des religions, leur liberté d'expression mais aussi la liberté de ne pas croire doivent être assurées. La liberté, valeur de la République, et la cohésion nationale sont à ce prix. La laïcité, principe essentiel de la démocratie française, repose sur la neutralité de l'espace public et permet à tous de vivre ensemble.

**b) La défense et la réaffirmation de la laïcité à l'école.** La loi du 15 mars 2004 rappelle l'interdiction à l'école publique de « signes religieux ostentatoires ». Depuis 2013, la « Charte de la laïcité », affichée dans les locaux scolaires, rappelle les valeurs de la République.

**c) La lutte contre les communautarismes.** Défendre l'égalité de tous implique le refus des replis communautaires et la lutte contre les sectarismes. La laïcité induit la tolérance mais celle-ci s'exerce dans le respect de la loi commune et dans celui de l'ordre public.

Savoir
10

LU ☐
SU ☐
REVU ☐

# Biologie, éthique, société et environnement

## 1 La bioéthique, une notion récente

**a) La notion d'éthique et la naissance de la bioéthique.** L'éthique désigne la réflexion philosophique autour des valeurs de l'existence, des mœurs et de la morale. La bioéthique (*bio*, venant du grec *bios*, vie) est une branche de l'éthique. Elle est une réflexion par de multiples acteurs sur les pratiques médicales nouvelles et se traduit par des lois (1994, 2004, 2011).

**b) Les grandes questions bioéthiques contemporaines.** C'est par exemple, l'étude des caractères héréditaires des individus ou des plantes, leur transmission de génération en génération et leurs mutations. La science génétique peut ainsi créer le clone d'un animal ou créer des gènes résistant aux maladies. C'est aussi l'assistance médicale à la procréation (AMP). Celle-ci définit par des lois (2004 et 2011) l'usage de la procréation médicalement assistée (PMA), c'est-à-dire l'ensemble des pratiques permettant aux couples non fertiles d'avoir des enfants.

**c) La bioéthique, une notion relative.** La bioéthique évolue : ainsi le clonage animal est interdit en Europe ; la France interdit la GPA (gestation pour autrui). En 1983, est créé Le Comité Consultatif National d'Éthique ou CCNE qui a pour rôle de soulever les enjeux posés par les sciences de la vie et de la santé.

## 2 Citoyenneté et environnement

**a) L'impact de l'homme sur l'environnement.** C'est à partir de la Révolution industrielle et de l'urbanisation massive que les atteintes à l'environnement s'accentuent et menacent la biodiversité (variété des milieux naturels et des formes de vie sur la terre). Le réchauffement climatique dû en grande partie aux activités humaines (gaz à effet de serre) modifie et menace aussi la biodiversité.

**b) Les débats majeurs.** L'humanité produit de plus en plus de déchets qui polluent la planète. Les adversaires du nucléaire alarment sur la longévité des déchets (des milliers d'années). Les partisans mettent en avant l'indépendance énergétique et l'absence d'émission des gaz à effet de serre. Un autre débat concerne les OGM, organismes génétiquement modifiés (maïs, colza, ...). Les opposants dénoncent une menace sur la biodiversité et sur la santé humaine. Les partisans insistent sur le fait qu'aucun danger n'a encore été scientifiquement prouvé.

**c) Le développement durable.** L'homme doit ménager la nature par le développement durable, en répondant aux besoins du présent mais sans compromettre la capacité des générations futures à répondre aux leurs. Les actions s'effectuent à tous les niveaux (tri sélectif des déchets, agendas 21, sommets internationaux comme la Cop 21 en 2015). En France, le principe de précaution est inscrit dans la Constitution. Le Haut Conseil des biotechnologies, créé en 2008, est une instance indépendante qui rend des avis sur les questions de biotechnologies en particulier sur les OGM.

# Notions d'histoire

## 1. LES ÉTATS-UNIS ET LE MONDE (1917-1989)

- **Capitalisme :** système de production reposant sur l'entreprise privée, l'économie de marché et la primauté du capital financier.
- **Démocratie libérale :** régime politique représentatif dans lequel démocratie et libéralisme se complètent pour garantir les droits humains et les libertés individuelles et publiques.
- **Guerre froide :** conflit indirect opposant, de 1947 à 1989, les États-Unis et leurs alliés à l'URSS et ses alliés.
- **Guerres mondiales :** conflits majeurs du XX<sup>e</sup> siècle ayant impliqué de nombreux pays dans le monde et provoqué des désastres humains (des millions de morts) et matériels.
  Première Guerre mondiale : 1914-1918.
  Seconde Guerre mondiale : 1939-1945.
- **Puissance :** capacité d'un État à peser sur les autres États dans les domaines économique, financier, politique, diplomatique et culturel. La puissance peut être incomplète et ne s'exercer que dans un de ces domaines.

## 2. L'IDÉE D'EUROPE AU XX$^e$ SIÈCLE

- **Construction européenne :** nom donné au rapprochement progressif entre les États européens. Il est envisagé au lendemain de la Première Guerre mondiale mais commence à se réaliser seulement après la Seconde Guerre mondiale.
- **Disparition des blocs :** chute des démocraties populaires d'Europe et implosion de l'URSS (1989-1991) provoquant la fin du bloc communiste et la fin de la guerre froide.
- **Fédéralisme :** Système politique mettant en application le principe de la supranationalité.
- **Supranationalité :** est supranational ce qui se place au-dessus des souverainetés nationales (des nations et de leurs gouvernements et institutions).

## 3. LA DÉCOLONISATION ET LA CONSTRUCTION DE NOUVEAUX ÉTATS : INDE, ALGÉRIE

- **Décolonisation :** processus qui conduit à l'indépendance des territoires dominés et colonisés par des puissances européennes.

## 4. LE MONDE DEPUIS LE TOURNANT DES ANNÉES 1990

- **Crise :** rupture d'équilibre dans une situation donnée (économie, relations internationales...) et pouvant avoir de graves conséquences.
- **Effondrement du modèle soviétique :** effondrement du système de l'URSS. Celui-ci était politique, économique, social et culturel et affirmait l'idéal d'une société sans classes. Il s'appuyait sur un parti unique, le parti communiste. Les moyens de production étaient contrôlés par l'État. Le modèle s'effondre en 1991 avec l'implosion de l'URSS.
- **Génocide :** anéantissement volontaire et méthodique d'un groupe en raison de son appartenance ethnique, de sa nationalité ou de sa religion.
  Terme inventé en 1944 par le juriste Raphaël Lemkin pour désigner l'extermination des Juifs par les nazis.
- **Terrorisme :** action violente se manifestant ponctuellement par des attentats ou des prises d'otages. Elle s'inscrit dans une stratégie du faible au fort ; elle peut s'exercer dans le cadre d'un État ou dans le cadre international.

# Notions de géographie

## 1. LA FRANCE DANS L'UE ET DANS LE MONDE

- **Mobilité :** capacité ou propriété à changer d'espace de vie par un individu ou par un groupe, ce changement s'effectuant pour des motifs variés et de façon temporaire ou définitive. Les mouvements migratoires s'observent à des échelles spatiales différentes.

- **Puissance :** capacité d'un État à peser sur les autres États, dans les domaines économique, financier, politique, diplomatique et culturel. La puissance peut être incomplète et ne s'exercer que dans un de ces domaines.

- **Répartition :** manière dont sont distribués, répartis dans une catégorie ou une zone données, des êtres ou des choses.

- **Territoire :** espace délimité par des frontières, à l'intérieur desquelles s'exerce la souveraineté d'un État.

## 2. ACTEURS ET ENJEUX DE L'AMÉNAGEMENT DES TERRITOIRES

- **Acteur :** tout agent, qu'il soit individu, entreprise, collectivité locale, structure transnationale, qui soit susceptible d'avoir directement ou indirectement une action sur l'espace aménagé.

- **Aménagement des territoires :** ensemble des politiques mises en œuvre par des acteurs variés, de l'échelle locale à l'échelle européenne. Ces politiques sont destinées à prendre en compte les besoins et à organiser l'espace concerné au nom de l'équité territoriale.

- **Collectivité territoriale :** structure administrative française autre que l'État, qui prend en charge les intérêts de la population sur un territoire précis. Il s'agit des communes, des départements, des régions (y compris Outre-mer), des collectivités à statut particulier, des collectivités d'outre-mer.

## 3. LES TRANSFORMATIONS DE L'ESPACE PRODUCTIF DÉCISIONNEL

- **Espaces productifs et décisionnels :** espaces sur lesquels s'exerce une économie dépassant la coupure traditionnelle en secteurs d'activités (primaire, secondaire, tertiaire). On étudie les activités de production (agriculture, industrie), les activités péri-productives (transports, banques, services aux entreprises…) et les fonctions dites de reproduction sociale telles les administrations publiques, l'éducation, la santé…

## 4. L'UNION EUROPÉENNE ET SES TERRITOIRES

- **Acquis communautaires :** en droit européen, l'expression fait référence à l'ensemble des droits et obligations juridiques (le corpus juridique) qui lie les États membres.

- **Espace Schengen :** ensemble des pays européens créé en 1985 ayant supprimé leurs frontières intérieures et qui, dans cet espace, assurent la libre circulation des personnes et des biens. Les frontières extérieures demeurent surveillées.

- **Zone euro :** territoires européens où l'euro est la monnaie en circulation. La zone est contrôlée par la Banque centrale européenne, dont le siège est à Francfort.

## DES PRÉSIDENTS DES ÉTATS-UNIS

- **Woodrow Wilson** (1856-1924) : président des États-Unis à partir de 1912. Il fait entrer son pays dans la Première Guerre mondiale et expose ses idées pour l'après-guerre dans ses 14 points.
- **Franklin Delano Roosevelt** (1882-1945) est élu en 1932 président des États-Unis, puis est réélu trois fois. Après l'attaque de Pearl Harbor, il engage les États-Unis dans une guerre sur deux fronts et prépare la naissance d'une nouvelle organisation internationale, l'ONU.
- **John Fitzgerald Kennedy** (1917-1963) est élu président de États-Unis en 1960, il fait face à deux graves crises de la guerre froide, celles de Berlin et de Cuba. Il est assassiné le 22 novembre 1963 à Dallas.
- **George W. Bush** (né en 1946) : membre du parti républicain, il est président des États-Unis de 2000 à 2008. À la suite des attentats du 11 septembre 2001, sa présidence est marquée par la « guerre contre le terrorisme » et les interventions américaines en Afghanistan et en Irak.
Il est le fils de George Bush (né en 1924), président des États-Unis de 1989 à 1993 et qui eut à gérer le nouveau rôle mondial des États-Unis après l'implosion de l'Union soviétique.
- **Barack Obama** (né en 1961) : démocrate, président des États-Unis de 2008 à 2012, il est réélu en 2012. Il doit relancer l'économie américaine en crise. Moins interventionniste que son prédécesseur G. W. Bush, il désengage les États-Unis d'Irak ; il commande cependant l'opération qui aboutit à la mort du chef d'Al-Qaïda, Oussama Ben Laden, le 1er mai 2011.

## DES ACTEURS DE LA CONSTRUCTION EUROPÉENNE

- **Robert Schuman** (1886-1963) : démocrate chrétien et centriste, plusieurs fois ministre, il est l'auteur avec Jean Monnet de la déclaration du 9 mai 1950, texte fondateur de la construction européenne. R. Schuman est à l'origine de la CECA, première institution européenne supranationale.
- **Helmut Kohl** (né en 1930) : chancelier de la République fédérale d'Allemagne à partir de 1982, puis de l'Allemagne réunifiée après 1990, il renforce le « couple » franco-allemand et joue un rôle déterminant dans la création de l'Union européenne.
- **François Mitterrand** (1916-1996) : président socialiste de la République française de 1981 à 1995, il contribue largement au rapprochement franco-allemand et à la construction européenne.

## LA DÉCOLONISATION ET LA CONSTRUCTION DE NOUVEAUX ÉTATS

- **Décolonisation :** processus qui conduit à l'indépendance des territoires dominés et colonisés par des puissances européennes.
- **Indépendance :** fait pour une colonie de rompre tous les liens de subordination avec sa puissance dominante et de devenir un État souverain.
- **Tiers monde :** l'expression créée par le français Alfred Sauvy date de 1952. Elle désigne l'ensemble des pays en développement, en référence au tiers état d'avant 1789 en France et par opposition aux deux blocs de la guerre froide.

## L'UNION SOVIÉTIQUE

- **Modèle soviétique :** système politique, économique, social et culturel qui affirme l'idéal d'une société sans classes. Le modèle s'appuie sur un parti unique, le parti communiste. Les moyens de production sont contrôlés par l'État.
- **Mikhaïl Gorbatchev** (né en 1931) : dirigeant soviétique, il contribue à mettre fin à la guerre froide. Il ne peut cependant éviter l'implosion de l'Union soviétique en 1991.

# Repères de géographie

## LA FRANCE DANS L'UE ET DANS LE MONDE

- **Émigré :** personne ayant quitté son pays d'origine pour un autre.
- **Étranger :** toute personne qui réside dans un pays et qui n'en possède pas la nationalité.
- **Immigré :** personne résidant dans un pays étranger, de manière temporaire ou définitive.
- **Solde migratoire :** différence entre le nombre de personnes entrées sur un territoire (immigrants) et le nombre de personnes qui en sont sorties (émigrants). Le solde est indépendant de la nationalité.
- **Zone économique exclusive (ZEE) :** zone maritime qui s'étend jusqu'à 370 km des côtes d'un État et sur laquelle cet État exerce des droits exclusifs en matière d'exploration, d'exploitation, de protection et de gestion des ressources (pêche, ressources minérales et énergétiques sous-marines).

## ACTEURS DE L'AMÉNAGEMENT

| ÉCHELLE | NIVEAU CONCERNÉ |
|---|---|
| Locale | Communes |
| Locale | Regroupements de communes (intercommunalité) |
| Infra-régionale | Départements |
| Régionale | Régions |
| Nationale | État |
| Supra-nationale | Union européenne |

## LES ESPACES PRODUCTIFS

- **Pôle de compétitivité :** regroupement sur un territoire d'entreprises, d'organismes de recherche et de formation, fonctionnant en réseau afin d'augmenter la compétitivité d'un produit sur le marché national, européen et mondial.

## L'UNION EUROPÉENNE

*Repères chronologiques*
**1951 :** traité de la CECA (Communauté européenne du charbon et de l'acier)
**1957 :** traités de Rome. Naissance de la CEE.
**1995 :** entrée en vigueur des accords de Schengen
**1986 :** Acte unique européen
**1992 :** traité de Maastricht. Naissance de l'Union européenne (UE) et de l'Eurocorps.
**1999 :** création d'Europol
**2007 :** traité de Lisbonne
**2016 :** référendum britannique sur le Brexit

## Exercice 1 voir Fiche Savoir 1

### Les États-Unis et le monde (1917-1989)

1. Complétez le tableau ci-dessous en indiquant l'événement majeur correspondant à l'année inscrite.

| | |
|---|---|
| 1917 | |
| 1941 | |
| 1945 | |
| 1947 | |

2. Citez un président des États-Unis ayant joué un rôle majeur dans les relations internationales au XXe siècle.

3. Présentez une crise de la guerre froide en insistant sur le rôle des États-Unis dans cette crise.

4. « Les États-Unis ont gagné la guerre froide ». Justifiez ou infirmez cette affirmation.

FAIT ☐ REVU ☐

## Exercice 2 voir Fiche Savoir 1

### Les 14 points de Wilson

1. Présentez l'auteur du discours.

2. Dans quel contexte le document se situe-t-il ?

3. Comment ce discours montre-t-il la place et le rôle des États-Unis ?

4. En quoi est-il un tournant de l'histoire ?

« Des traités de paix ouverts, auxquels on a librement abouti, après lesquels il n'y aura ni action ou décision internationale privée d'aucune nature, mais une diplomatie franche et transparente. »
« Une absolue liberté de navigation sur les mers, en dehors des eaux territoriales, en temps de paix, aussi bien qu'en temps de guerre, sauf si les mers doivent être en partie ou totalement fermées afin de permettre l'application d'alliances internationales. »
« Le retrait autant que possible, de toutes les barrières économiques, et l'établissement d'une égalité des conditions de commerce parmi toutes les nations désirant la paix et s'associant pour la maintenir. »
« Des garanties adéquates à donner et à prendre afin que les armements nationaux soient réduits au plus petit point possible compatible avec la sécurité intérieure. »
« Un ajustement libre, ouvert, absolument impartial de tous les territoires coloniaux, se basant sur le principe qu'en déterminant toutes les questions au sujet de la souveraineté, les intérêts des populations concernées soient autant prises en compte que les revendications équitables du gouvernement dont le titre est à déterminer. »
« Une association générale des nations doit être constituée sous des alliances spécifiques ayant pour objet d'offrir des garanties mutuelles d'indépendance politique et d'intégrité territoriale aux petits comme aux grands États. »

Extraits du discours du président Wilson, 8 janvier 1918.

FAIT ☐ REVU ☐

## Exercice 3 voir Fiche Savoir 1

### Le plan Marshall et les débuts de la guerre froide

1. Que proposent les États-Unis ? (doc. n° 1)

2. Quels sont leurs objectifs ? (doc. n° 1)

3. Qui est le commanditaire de l'affiche et que veut-il dénoncer ? (doc. n° 2)

4. Comment les documents témoignent-ils des origines de la guerre froide ?

**Document n° 1 : Le plan Marshall**

« Il est logique que les États-Unis fassent tout ce qu'ils peuvent pour aider à rétablir la santé économique du monde, sans laquelle il ne peut y avoir aucune stabilité politique et aucune paix assurée. Notre politique n'est dirigée contre aucun pays, aucune doctrine, mais contre la famine, la pauvreté, le désespoir et le chaos. Son but doit être la reconnaissance d'une économie active dans le monde, afin que soient créées les conditions politiques et sociales où de libres institutions puissent exister ».

Discours du général Marshall, 5 juin 1947.

**Document n° 2 : Affiche contre le plan Marshall**

FAIT ☐ REVU ☐

## Exercice 4 voir Fiche Savoir 2

### L'idée d'Europe au XXe siècle

1. Indiquez à quels événements de la construction européenne les dates suivantes correspondent : 1947, 1992.

2. Complétez le tableau ci-dessous en précisant à quel moment de l'idée d'Europe, le personnage cité appartient.

| | |
|---|---|
| ARISTIDE BRIAND | |
| WINSTON CHURCHILL | |
| ROBERT SCHUMAN | |
| FRANÇOIS MITTERRAND | |

3. Présentez une réalisation ou un projet européen.

4. « La France et l'Allemagne sont les pays moteurs de la construction européenne ». Expliquez cette affirmation en en faisant éventuellement la critique.

FAIT ☐ REVU ☐

## Exercice 5 voir Fiche Savoir 2

### Le plan Schuman

1. Présentez l'auteur du texte (doc. n° 1)

2. Quelle est sa proposition ? (doc. n° 1)

3. Quelle en serait la conséquence pour les relations de la France et de l'Allemagne ? (doc. n° 1)

4. Expliquez la couleur bleue figurant sur le document n° 2.

**Document n° 1**

« L'Europe ne se fera pas d'un coup, ni dans une construction d'ensemble : elle se fera par des réalisations concrètes créant d'abord une solidarité de fait. Le rassemblement des nations européennes exige que l'opposition séculaire de la France et de l'Allemagne soit éliminée. L'action entreprise doit toucher au premier chef la France et l'Allemagne.
Dans ce but, le gouvernement français propose immédiatement l'action sur un point limité mais décisif.
Le gouvernement français propose de placer l'ensemble de la production franco-allemand de charbon et d'acier sous une Haute Autorité commune, dans une organisation ouverte à la participation des autres pays d'Europe ».

Extraits de la déclaration de Robert Schuman, 9 mai 1950.

**Document n° 2 : La CECA**

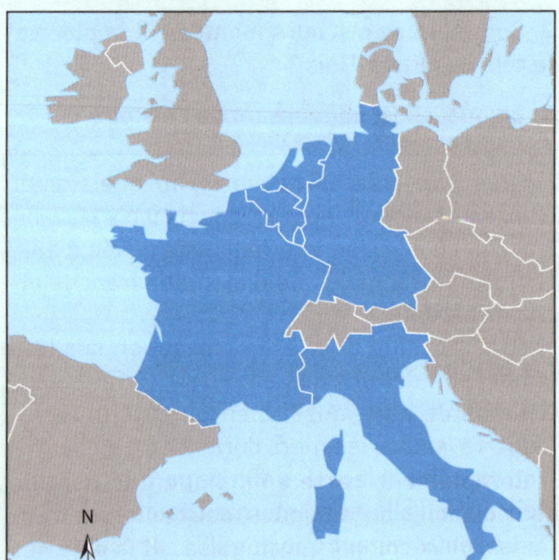


FAIT ☐ REVU ☐

HISTOIRE GÉOGRAPHIE – EMC

## Exercice 6 voir Fiche Savoir 2

### Kohl, Mitterrand et l'Europe

1. Identifiez les deux personnages.
2. Quelle est la signification de leur geste ?
3. En quoi le lieu est-il symbolique ?

**Kohl et Mitterrand, le 22 septembre 1984 à Verdun**

FAIT ☐ REVU ☐

## Exercice 7 voir Fiche Savoir 3

### La décolonisation et la construction de nouveaux États : Inde, Algérie

1. Complétez la carte en indiquant le nom de deux colonies britanniques, deux colonies françaises, deux colonies portugaises et la date des indépendances.
2. Indiquez par un astérisque les pays où se sont déroulées des guerres d'indépendance.
3. Expliquez en quoi le contexte de 1945 est favorable à la décolonisation.
4. Présentez les principales étapes de la décolonisation de l'Inde et la partition.

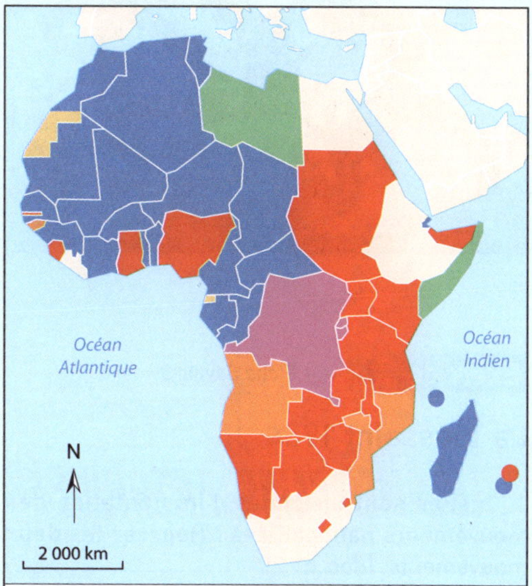


**Les empires coloniaux en 1945**
(colonies, protectorats, mandats)

- Royaume-Uni
- France
- Belgique
- Espagne
- Portugal
- Italie

FAIT ☐ REVU ☐

## Exercice 8 voir Fiche Savoir 3

### Gandhi et la non-violence

1. Quel est l'objectif final de la « marche du sel » ? (doc. n° 1)
2. Quelle forme de lutte politique Gandhi applique-t-il ainsi ? (doc. n° 1)
3. Pourquoi le choix de tisser ses vêtements et le choix même de ceux-ci est-il symbolique ? (doc. n° 1 et doc. n° 2)

**Document n° 1 : La marche de protestation contre la taxe britannique sur le sel, 1930**

**Document n° 2 : Gandhi filant au rouet ses propres vêtements**

FAIT ☐ REVU ☐

## Exercice 9 voir Fiche Savoir 3

## La Toussaint 1954

1. Quelles sont les zones d'implantation des mouvements nationalistes ? Repérez les deux mouvements. (doc. n° 2)
2. Quel est le but du FLN ? (doc. n° 1)
3. Par quel moyen compte-t-il y parvenir ? (doc. n° 1)
4. Comment les deux documents illustrent-ils le début de la guerre d'Algérie ? (doc. n° 1 et doc. n° 2)

**Document n° 1 : Les revendications du FLN**

*But : L'Indépendance nationale par :*

**1.** La restauration de l'État algérien, souverain, démocratique et social dans le cadre des principes islamiques.

**2.** Le respect de toutes les libertés fondamentales sans distinction de race ni de confession.

[...]

*Moyens de lutte :*

Conformément aux principes révolutionnaires, et compte tenu des situations intérieure et extérieure, la continuation de la lutte par tous les moyens jusqu'à la réalisation de notre but.

Front de libération nationale,
proclamation du 1er novembre 1954.

FAIT ☐ REVU ☐

**Document n° 2 : Les débuts de l'insurrection algérienne**

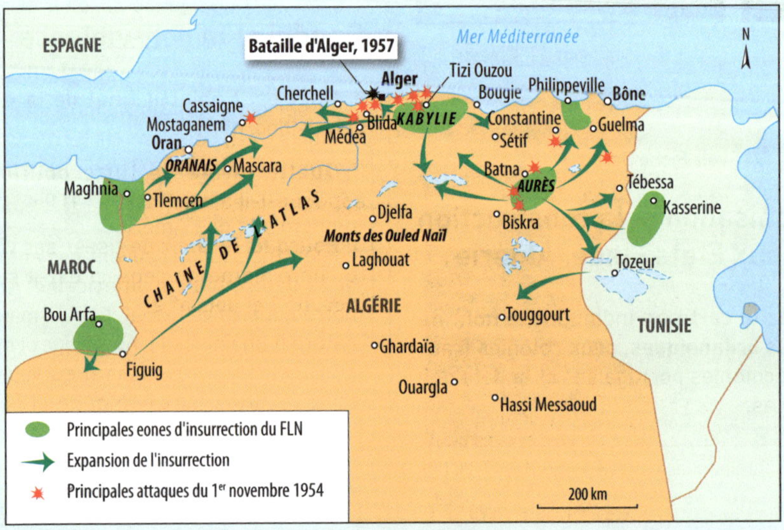




HISTOIRE GÉOGRAPHIE – EMC

## Exercice 10 voir Fiche Savoir 4

### Le monde depuis le tournant des années 1990

1. Complétez le tableau ci-dessous.

| | |
|---|---|
| 1990 | Réunification de l'Allemagne |
| 1991 | |
| 2001 | |
| | Attentats terroristes en France |

2. Présentez les étapes de l'effondrement du bloc communiste.

3. Citez trois présidents américains depuis les années 1990.

4. « Les États-Unis » sont l'hyper puissance mondiale. Expliquez ou infirmez cette proposition.

FAIT ☐ REVU ☐

## Exercice 11 voir Fiche Savoir 4

### La chute du mur de Berlin

1. Que représente la photographie ?

2. Rappelez ce qu'est ce « mur ».

3. Comment la photographie illustre-t-elle la fin de la guerre froide ?

**Ruines du mur de Berlin, 11 août 2011**

© AP/Markus Schreiber, *Le Monde Europe*, 18-09-2013.

FAIT ☐ REVU ☐

## Exercice 12 voir Fiche Savoir 4

### Le 11 septembre 2001

1. De quel événement les documents sont-ils les témoignages ?

2. Présentez l'auteur du discours (doc. n° 2)

3. Comment l'attaque terroriste est-elle analysée ? (doc. n° 2)

4. Quelle est la décision politique annoncée ?

**Document n° 1 : L'attaque sur les tours du World Trade Center à New York (11 septembre 2001)**

**Document n° 2 : Discours du président des États-Unis George W. Bush le soir du 11 septembre 2001 depuis la Maison Blanche**

« Aujourd'hui, nos concitoyens, notre mode de vie, notre liberté même ont été attaqués dans une série d'actes terroristes meurtriers et délibérés. [...] Les attaques terroristes peuvent secouer les bases de nos plus grands bâtiments, mais elles ne peuvent pas toucher les fondements de l'Amérique. Ces actes brisent l'acier, mais ils ne peuvent pas entamer celui de la détermination américaine. Aujourd'hui notre nation a vu le mal, le plus mauvais de la nature humaine. [...] L'Amérique et nos amis et alliés se joignent à tous ceux qui veulent la paix et la sécurité dans le monde et nous feront front ensemble pour gagner la guerre contre le terrorisme. »

FAIT ☐ REVU ☐

## Exercice 13 voir Fiche Savoir 5

### La France dans l'UE et dans le monde

**1.** Placez sur le fond de carte les noms de trois régions françaises et de cinq grandes métropoles régionales.

**2.** Citez deux firmes transnationales françaises et deux firmes transnationales étrangères implantées en France.

**3.** Présentez des exemples de la place de la France dans le monde. Donnez des exemples économiques, géopolitiques ou culturels.

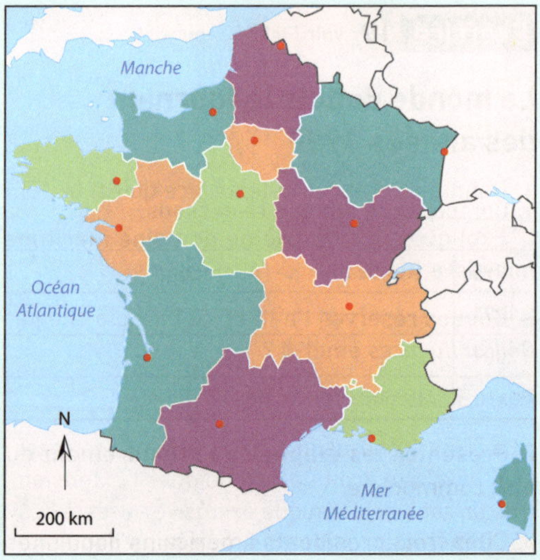


FAIT ☐ REVU ☐

## Exercice 14 voir Fiche Savoir 5

### Paris, ville mondiale

**1.** Quels lieux sont les centres du pouvoir politique ?

**2.** Quels équipements culturels et sportifs peut-on repérer ?

**3.** Montrez d'après la carte que Paris est aussi une métropole internationale.

**Paris capitale nationale et ville mondiale**

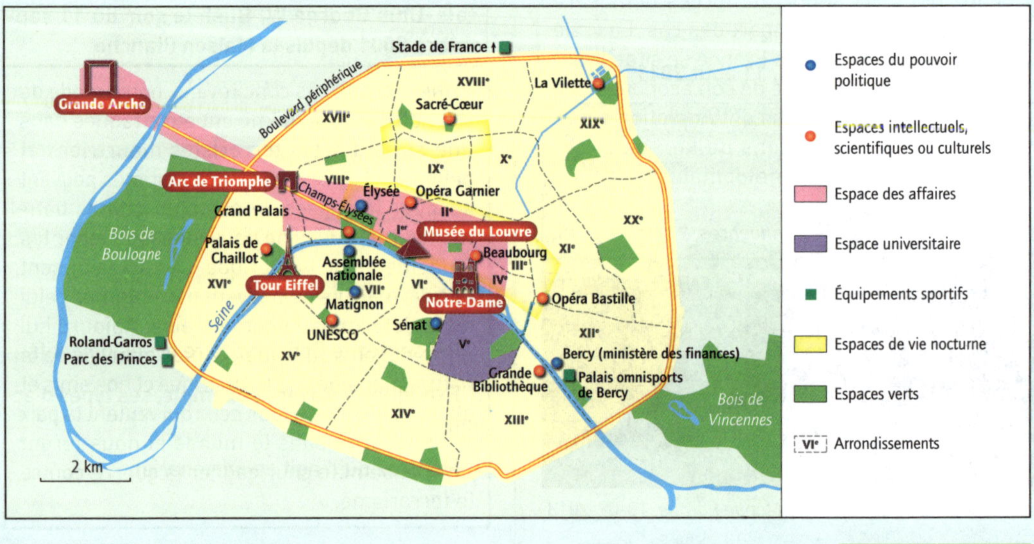


FAIT ☐ REVU ☐

## Exercice 15 voir Fiche Savoir 5

### L'Outre-mer et la puissance française

1. Définissez d'après le texte 1 ce qu'est la ZEE.

2. Expliquez le « deuxième domaine maritime mondial » (texte 2).

3. Quelles réserves l'auteur de l'article cité par *Géoconfluences* émet-il ?

**Texte 1**

La ZEE s'étend jusqu'à 200 milles marins, mais un pays a le droit de revendiquer l'extension de sa zone économique exclusive au-delà des 200 milles traditionnels, et jusque dans une limite de 350 milles, en faisant entrer en ligne de compte, études géologiques à l'appui, les limites de son plateau continental qui s'étend sous les eaux.
C'est ainsi que la France vient d'étendre son domaine maritime de 579 000 km², soit l'équivalent de la superficie de l'hexagone.

*Revue maritime*, « *Vous avez dit 11 millions de km² ?* », Vice-amiral François Pézard, n° 292, 2011.

**Texte 2**

Induire dans l'esprit des Français que nos espaces maritimes nationaux abritent nos principales richesses du futur est, en l'état actuel, au mieux imprudent. Mais cristalliser leur nationalisme sur l'étendue de leur « empire maritime » ne peut que les engager dans une logique d'affrontement dans un contexte où le rapport de forces nous sera défavorable dans la plupart des cas. La vraie richesse maritime de la France se situe avant tout dans le dynamisme de son économie liée à la mer et non dans la contemplation satisfaite de ses « 11 millions de km² de zones économiques, deuxième domaine maritime mondial ».

*Géoconfluences*, 9 octobre 2015.

FAIT ☐ REVU ☐

## Exercice 16 voir Fiche Savoir 6

### Acteurs et enjeux de l'aménagement des territoires français

1. Situez sur le fond de carte la région Ile-de-France, la région Rhône-Alpes Auvergne.

2. Indiquez les trois villes dépassant le million d'habitants.

3. Présentez trois acteurs intervenant dans l'aménagement des territoires.

4. « Il y a plus de 36 000 communes en France ». Justifiez ou critiquez cette affirmation.

5. Donnez une définition de l'intercommunalité.

6. Présentez un aménagement local en indiquant les territoires concernés, les acteurs et les objectifs ainsi que les réalisations.

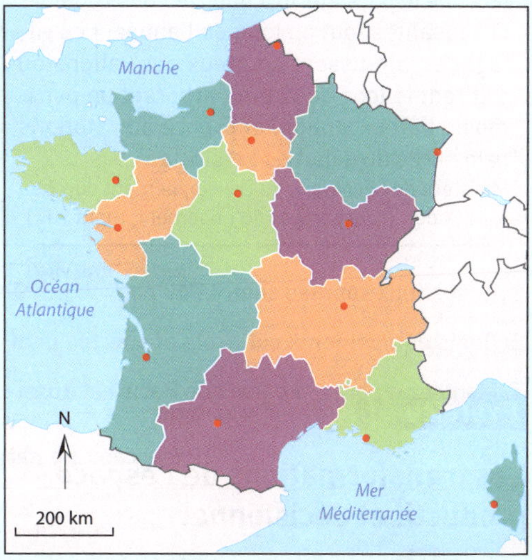


FAIT ☐ REVU ☐

## Exercice 17 voir Fiche Savoir 6

### Le Conservatoire du littoral

1. Présentez le Conservatoire et ses objectifs.

2. Expliquez à travers l'exemple, ses types d'actions.

3. Montrez qu'il agit en partenariat.

**Un exemple d'action : L'attribution du label « Grand Site de France » au site protégé des Deux Caps/Gris-Nez Blanc-Nez (Pas-de-Calais)**

L'obtention du label « Grand site de France » marque la reconnaissance d'un travail engagé par les collectivités territoriales et l'État depuis 1978 pour **réhabiliter le site, préserver son patrimoine et accueillir un public atteignant aujourd'hui 1 million de visiteurs**. Le label a été attribué au Conseil général du Pas-de-Calais, qui anime le projet du Grand Site en partenariat avec le Parc naturel régional des caps et marais d'Opale, le syndicat mixte de gestion des espaces naturels Eden 62 et le Conservatoire du littoral. S'étendant sur huit communes du Pas-de-Calais, face à l'Angleterre, ce territoire est constitué de falaises surplombant la mer, de plages immenses, mais aussi de dunes, landes, zones humides et estuaires. L'agriculture y est très vivante et façonne le paysage, lui conférant des couleurs changeantes tout au long de l'année. Les villages se blottissent au creux des vallons ou s'étirent le long de la mer, arborant un patrimoine bâti exceptionnel propre aux stations balnéaires du début du XXe siècle.

Ministère de l'Écologie, du Développement durable, des Transports et du Logement, mars 2011.

FAIT ☐ REVU ☐

## Exercice 18 voir Fiche Savoir 7

## Les transformations de l'espace productif et décisionnel

1. Indiquez sur la carte deux espaces industriels en reconversion et deux espaces agricoles compétitifs.
2. Citez deux facteurs de localisation des activités économiques.
3. Expliquez ce qu'est un pôle de compétitivité. Donnez un exemple.
4. « Les métropoles sont des espaces décisionnels ». Justifiez cette affirmation.

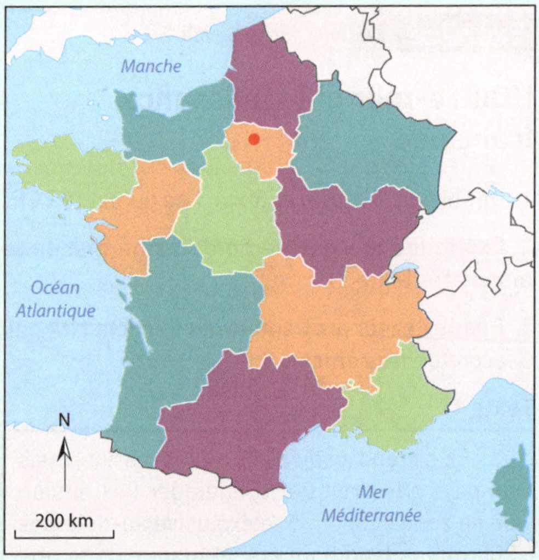


FAIT ☐ REVU ☐

## Exercice 19 voir Fiche Savoir 8

## Les frontières de l'UE

1. Définissez ce qu'est l'espace Schengen.
2. Dans quelle mesure l'espace Schengen correspond-il à l'espace de l'Union européenne ?
3. Comment et dans quelles limites, l'espace Schengen contribue-t-il à la cohésion européenne ?

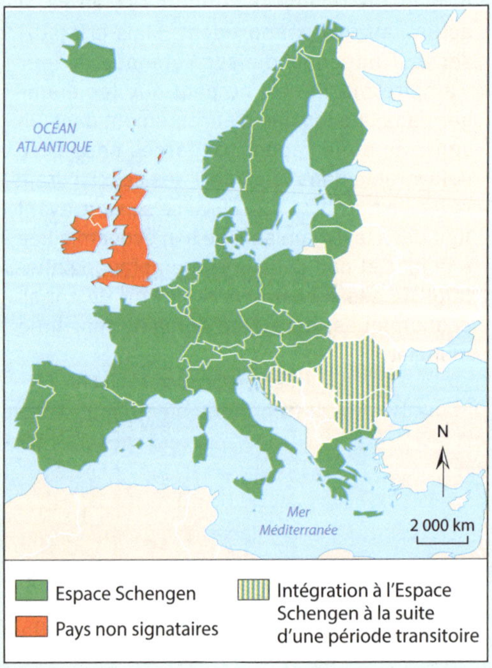


FAIT ☐ REVU ☐

## Exercice 20 voir Fiche Savoir 8

### L'Union européenne et ses territoires

1. Situez sur la carte ci-dessous dix États membres de l'Union européenne.
2. Situez les trois villes sièges des institutions européennes.
3. Définissez ce qu'est la zone euro. Coïncide-t-elle avec l'Union européenne ?
4. Qu'est-ce que le FEDER ? Quels sont ses objectifs ?
5. Présentez un projet commun aux États membres.

FAIT ☐ REVU ☐

## Exercice 21 voir Fiche Savoir 8

### Un grand projet européen

1. Quel est, ici, l'objectif d'Ariane ?
2. Où la base de lancement se situe-t-elle ?
3. Quels sont les pays concernés ?
4. Comment le document montre-t-il qu'Ariane est un exemple de coopération européenne réussie ?

*La 200e fusée Ariane lance le deuxième cargo de l'Europe*

Pour le 200e vol de son histoire, la fusée Ariane doit mettre sur orbite mardi soir, à 23 h 08, heure de Paris, le vaisseau cargo sans équipage « Johannes-Kepler », l'engin spatial le plus lourd jamais lancé par l'Europe. Avec une masse totale de 20 tonnes au décollage, dont un peu plus de 7 tonnes de fret, ce mastodonte de plus de 10 m de haut pour 4,5 m de diamètre doit ravitailler la Station spatiale internationale (ISS) et ses six membres d'équipage qu'il rejoindra le 23 février au terme d'une course-poursuite d'une huitaine de jours. Il s'agit du second véhicule de transfert automatique (ATV-2) affrété par l'Agence spatiale européenne (ESA), partenaire de l'ISS avec les États-Unis, la Russie, le Canada et le Japon. Il a été fabriqué par un consortium d'une trentaine d'industriels européens, implantés dans dix pays, sous la maîtrise d'œuvre d'Astrium Space Transportation, filiale du groupe EADS.

*Le Figaro*, 15 février 2011.

FAIT ☐ REVU ☐

## Exercice 1

### Les États-Unis et le monde (1917-1989)

**1.**

| | |
|---|---|
| 1917 | Entrée des États-Unis dans la Première Guerre mondiale |
| 1941 | Pearl Harbor. Entrée des États-Unis dans la Seconde Guerre mondiale |
| 1945 | Fin de la Seconde Guerre mondiale |
| 1947 | Doctrine Truman (endiguement) ; plan Marshall ; début de la guerre froide |

**2.** Wilson, F. D. Roosevelt, Truman, Eisenhower, Kennedy, Carter, Clinton, Bush (père et fils)...

**3.** Cuba est une île proche de la Floride où Fidel Castro, au pouvoir depuis 1959, s'est rapproché de l'URSS surtout après l'échec d'un débarquement d'exilés cubains aidés par les États-Unis et destiné à le renverser (Baie des Cochons, 15 avril 1961). L'Union soviétique dirigée par Nikita Khrouchtchev est sur le point d'installer des fusées offensives à moyenne portée à Cuba. Le président américain John Kennedy décide une « quarantaine » (blocus de l'île), et annonce son intention d'arraisonner tout navire soviétique porteur de missiles et de charges nucléaires. Le monde se pense « au bord du gouffre ». Mais la crise se dénoue : les navires soviétiques font demi-tour, les installations démontées, les États-Unis renoncent à envahir Cuba. Cette crise montre la tension et le rapport de forces entre les deux grandes puissances dominatrices où la menace nucléaire et l'arme économique font aussi partie des caractéristiques de la guerre froide. Elle est aussi une première tentative de dialogue entre les deux grandes puissances.

**4.** Les États-Unis restent la seule grande puissance après l'effondrement du bloc soviétique et l'implosion de l'URSS.

## Exercice 2

### Les 14 points de Wilson

**1.** Le discours est prononcé par le président américain, le démocrate Woodrow Wilson.

**2.** Les États-Unis sont entrés en guerre depuis janvier 1917. Toutes les tentatives de paix ont échoué. Wilson en propose une, sur de nouvelles bases.

**3.** Le discours s'adresse aux nations belligérantes. Il montre la place importante prise par les États-Unis dans les relations internationales et le rôle qu'ils veulent jouer alors.

**4.** Outre la place mondiale des États-Unis, le discours pose les jalons de la mondialisation économique, de la décolonisation. C'est aussi un moment important pour la diplomatie mondiale avec la création de la Société des nations.

## Exercice 3

### Le plan Marshall et les débuts de la guerre froide

**1.** En 1947, les États-Unis proposent à l'Europe ruinée par la Seconde Guerre mondiale une aide économique et financière, le plan Marshall.

**2.** Cette aide a pour but de sauver les populations et de restaurer l'économie européenne (et par là même mondiale) ; elle est aussi inspirée par la crainte de voir les peuples dans la misère se tourner vers le communisme.

**3.** L'affiche de 1952 est commanditée par le Parti communiste français. La pieuvre symbolise les États-Unis et leur « impérialisme ». Les communistes qui ne font plus partie du gouvernement en France depuis 1947, évoquent les Américains comme des colonisateurs.

**4.** Seize pays d'Europe occidentale ont accepté l'aide et se sont regroupés dans l'OECE (Organisation européenne de coopération économique), chargée de répartir l'argent du plan Marshall. En revanche, les pays communistes sauf la Yougoslavie ont refusé le plan. L'acceptation ou non du plan Marshall est l'un des éléments ayant contribué à la coupure de l'Europe en deux et à la constitution des deux blocs de la guerre froide. Parallèlement, s'est constituée l'OTAN (Organisation du Traité de l'Atlantique Nord) en 1949 et a éclaté la première grande crise, le blocus de Berlin aboutissant à la formation des deux Allemagne.

## Exercice 4

### L'idée d'Europe au XX^e^ siècle

**1.** 1947 : plan Marshall (OECE), 1992 : traité de Maastricht

**2.**

| | |
|---|---|
| **ARISTIDE BRIAND** | 1929 : devant la SDN, Briand propose de créer un lien fédéral entre les pays européens. |
| **WINSTON CHURCHILL** | 1946 : Churchill propose de réaliser des États-Unis d'Europe. |
| **ROBERT SCHUMAN** | 1950 : discours de Robert Schuman aboutissant à la création de la CECA |
| **FRANÇOIS MITTERRAND** | 1984 : relance de la réconciliation franco-allemande (commencée par de Gaulle-Adenauer) et de la construction européenne autour de l'axe franco-allemand. |

**3.** Par exemple Erasmus (programme d'échanges d'étudiants et d'enseignants), Ariane (programme européen de mise en orbite de satellites)...

**4.** On peut dire que la réconciliation franco-allemande a été l'un des fondements de la construction européenne à travers la CECA ou le traité franco-allemand de 1963 entre de Gaulle et Adenauer. L'entente plus ou moins étroite des deux pays les plus puissants de l'UE est un gage de solidité pour l'UE.

## Exercice 5

## Le plan Schuman

**1.** Robert Schuman est, en mai 1950, le ministre français des Affaires étrangères.

**2.** Il propose la réalisation d'une « Communauté européenne du charbon et de l'acier » ; le plan est inspiré par Jean Monnet. Ce serait la mise en commun de la production du charbon et des produits sidérurgiques. Ce plan prépare à une union européenne future, celle-ci ne pouvant, selon ses concepteurs, se réaliser que progressivement, et à partir d'opérations concrètes.

**3.** Le plan rendrait la guerre impossible entre les deux pays puisque la production d'acier, hautement symbolique, sert à faire des armes de guerre.

**4.** La couleur bleue correspond aux États membres de la CECA.

## Exercice 6

## Kohl, Mitterrand et l'Europe

**1.** Il s'agit à gauche, sur la photo, du socialiste François Mitterrand, président de la République française de 1981 à 1995 et à droite d'Helmut Kohl, chancelier de l'Allemagne fédérale (RFA) de 1982 à 1998.

**2.** Ces mains unies symbolisent la réconciliation franco-allemande.

**3.** Verdun a été l'une des batailles les plus meurtrières et très emblématique de la Première Guerre mondiale. Les deux hommes se recueillent devant le Mémorial.
Rappel : La construction européenne sous Mitterrand-Kohl

| | |
|---|---|
| **SEPTEMBRE 1984** | Rencontre de Verdun |
| **FÉVRIER 1986** | Acte unique européen |
| **OCTOBRE 1986** | Mesures favorisant les échanges culturels |
| **MARS 1988** | Conseil financier et économique franco-allemand |
| **NOVEMBRE 1988** | Création de la chaîne télévisée franco-allemande, Arte |
| **OCTOBRE 1989** | Création de la brigade franco-allemande (Eurocorps en 1993) |
| **NOVEMBRE 1989** | Chute du mur de Berlin |
| **AVRIL 1990** | Proposition Mitterrand-Kohl de création d'une Union politique européenne |
| **OCTOBRE 1990** | Réunification de l'Allemagne |
| **DÉCEMBRE 1991** | Accords de Maastricht, préparés à Paris et à Bonn |
| **FÉVRIER 1992** | Signature du traité de Maastricht |
| **NOVEMBRE 1993** | Entrée en vigueur de Maastricht : l'Union européenne remplace la CEE |
| **JUILLET 1994** | L'Eurocorps allemand participe au défilé du 14 juillet à Paris |

## Exercice 7

# La décolonisation et la construction de nouveaux États : Inde, Algérie

**1.** et **2.**

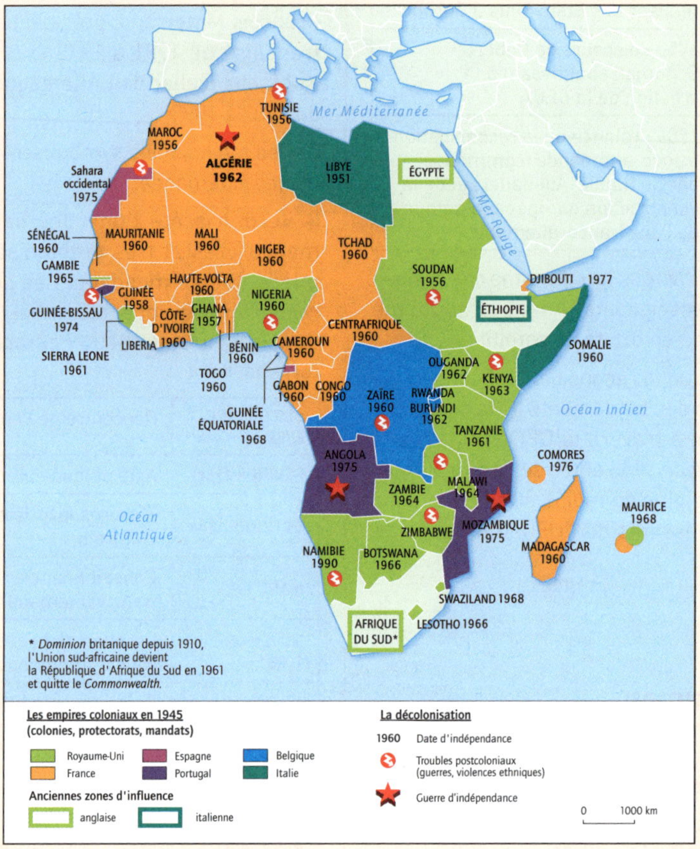


**3.** Les puissances coloniales sont affaiblies par la guerre ; leur prestige est ébranlé. Elles ont aussi promis au moins des réformes aux peuples colonisés. Les États-Unis et l'Union soviétique, appuyés sur l'ONU, dénoncent le phénomène colonial.

**4.**

| | |
|---|---|
| 1919 | Gandhi à la tête du Parti du Congrès dirige une campagne de protestation contre la répression britannique sur les activités « subversives ». Répression d'Amritsar (400 morts). |
| 1920 | choix de la « non-violence » pour la lutte pour l'indépendance. Gandhi lance le boycott du textile anglais pour défendre la production indienne. |
| 1930 | « Marche du sel ». |
| 1940 | Campagne de désobéissance civile. |
| 1942 | Campagne « *Quit India* » (« Quittez l'Inde »). |
| 1946 | Le gouvernement britannique (Clement Atlee, travailliste) vote l'indépendance de l'Inde. |
| 1947 | 15 août, indépendance de l'Inde et du Pakistan (partition entre hindouistes et musulmans). Massacres. Nehru, premier ministre de l'Union indienne. Octobre : première guerre indo-pakistanaise à propos du Cachemire. |
| 1948 | 30 janvier, assassinat de Gandhi par un extrémiste hindou. Février : indépendance de Ceylan (Sri Lanka). |
| 1950 | 26 janvier, proclamation officielle de la République indienne, entrée en vigueur de la constitution. |

## Exercice 8

### Gandhi et la non-violence

**1.** La « marche » a pour but de protester contre le monopole britannique sur le sel (impôt et interdiction d'en récolter). C'est aussi pour Gandhi, une étape vers l'indépendance.

**2.** Il applique le principe de non-violence et choisit des campagnes de protestation et de boycott.

**3.** Il symbolise ainsi le rejet de la production britannique (industrielle) qui s'est faite au détriment de la production indienne (artisanale). C'est aussi le désir de revenir à la tradition et à l'identité indiennes.

## Exercice 9

### La Toussaint 1954

**1.** Les principaux foyers d'insurrection du FLN (Front de libération nationale) se situent sur la frontière algéro-marocaine, en Kabylie et dans les Aurès. L'expansion de l'insurrection se porte aussi contre les régions détenues par le Mouvement national algérien, (MNA), mouvement indépendantiste également mais adversaire du FLN.

**2.** Le but est l'indépendance de l'Algérie.

**3.** Par « tous les moyens », la négociation mais aussi la lutte armée

**4.** Les documents montrent la détermination du FLN à obtenir y compris par les attentats l'indépendance nationale. Si le gouvernement français ne cède pas, le recours à la violence et à la guerre vont en découler.

## Exercice 10

### Le monde depuis le tournant des années 1990

**1.**

| | |
|---|---|
| 1990 | Réunification de l'Allemagne |
| 1991 | Implosion de l'URSS ; elle devient la CEI ou Communauté des États indépendants |
| 2001 | Attentats terroristes aux États-Unis (New York, Washington) |
| 2015 | Attentats terroristes en France à Paris |

**2.** L'Union soviétique disparaît officiellement le 21 décembre 1991. Les réformes du dirigeant soviétique Mikhaïl Gorbatchev, au pouvoir depuis 1985, ont donné davantage de libertés. Dans les démocraties populaires européennes, les régimes communistes s'effondrent les uns après les autres, pacifiquement ou par des révolutions. Le 9 novembre 1989, le mur de Berlin, symbole de la guerre froide et du monde bipolaire, est ouvert. L'Allemagne est réunifiée le 3 octobre 1990. À l'intérieur même de l'Union soviétique, le mécontentement grandit contre l'échec des réformes, les revendications nationalistes se multiplient. Plusieurs républiques proclament leur indépendance. En décembre 1991, la CEI remplace l'Union soviétique. Elle comprend alors 11 membres sur les quinze États de l'ex-Union (9 actuellement).

**3.** George Bush (1989-1993), William Clinton (1993-2001), George W. Bush (2001-2009), Barak Obama (2009-2017)

**4.** Les États-Unis sont la seule grande puissance et même hyperpuissance à la fin de la guerre froide. Le modèle libéral en économie et la démocratie libérale ont triomphé sur l'URSS et le modèle soviétique. Cependant, le monde est devenu davantage multipolaire (puissances émergentes comme la Chine ou l'Inde) et la puissance américaine est remise en cause.

## Exercice 11

### La chute du mur de Berlin

**1.** La photographie représente des ruines du mur de Berlin.

**2.** À partir du 13 août 1961, la RDA édifie un mur entre Berlin-Est et Berlin-Ouest, afin de stopper l'exode vers l'ouest. Ce « mur de la honte », ainsi appelé par les Occidentaux était long de 155 km ; 136 personnes sont officiellement mortes en raison de l'existence du mur dont 99 en tentant de le franchir.

**3.** Le 9 novembre, les autorités est-allemandes accordent la liberté de circulation. Le mur est ouvert dans la nuit du 9 au 10 et démantelé. La coupure de l'Europe en deux (le « rideau de fer » selon l'expression de Churchill) et qui symbolisait aussi la division du monde en deux blocs est terminée. C'est la fin de la guerre froide.

## Exercice 12

## Le 11 septembre 2001

**1.** La destruction des tours du World Trade Center de New York par des attentats terroristes.

**2.** Le discours est prononcé par le président américain George W. Bush, président depuis 2001 (son père a également été président de 1989 à 1993).

**3.** L'attaque, selon le président américain, a pour cible les valeurs américaines (mode de vie, libertés), les bases même de la démocratie des États-Unis. Cette attaque est perpétrée par des êtres mauvais qui sont le « mal ».

**4.** La riposte sera la recherche d'un front d'alliances contre ce « mal » et ira jusqu'à la guerre.

## Exercice 13

## La France dans l'UE et dans le monde

**1.**

**Carte des régions françaises au 1er juillet 2016.**

**2.** PSA, Total... Toyota, Sony...

**3.** La France est la sixième puissance économique mondiale (puissance agricole, industrielle, forte exportatrice de services) ; elle siège au Conseil de sécurité des Nations unies et y dispose du droit de veto. Son rôle militaire est important : participation aux opérations de maintien de la paix et de la lutte contre le terrorisme (Libye, Mali...) ; elle possède des bases militaires comme Djibouti. La France est aussi une puissance nucléaire. Le rayonnement français est également culturel (prix Nobel de littérature, place du cinéma français, gastronomie française...). L'importance de la communauté francophone, permet à la France de garder une influence culturelle mondiale (francophonie). Elle défend ainsi la langue française mais aussi la diversité culturelle et les droits de l'homme.

## Exercice 14

### Paris, ville mondiale

**1.** Le palais de l'Élysée, résidence du président de la République, l'hôtel Matignon, résidence du Premier ministre et les sièges du Parlement (palais Bourbon et palais du Luxembourg).

**2.** On y trouve des monuments comme la Tour Eiffel, l'Arc de triomphe et Notre-Dame, des musées comme le Louvre, le centre Pompidou, le palais de Chaillot, la Cité des sciences et de l'industrie, des opéras (Garnier et Bastille), la Grande Bibliothèque... Pour le sport : le Parc des Princes, Roland-Garros, le palais omnisports de Bercy (Accord Hôtel Arena), le grand Stade de France en périphérie...

**3.** La présence de l'OCDE et de l'UNESCO montre aussi que Paris est une métropole internationale, de même la présence de centres de congrès comme le Parc des expositions.
C'est également un carrefour européen et mondial.

## Exercice 15

### L'Outre-mer et la puissance française

**1.** C'est le territoire maritime qui s'étend jusqu'à 200 milles des côtes d'un État et dont l'exploitation est exclusivement réservée à celui-ci. On peut maintenant étendre jusqu'aux limites du plateau continental, jusqu'à 350 milles.

**2.** La France possède le second domaine maritime en superficie de ZEE derrière les États-Unis.

**3.** L'auteur émet un avis pondéré. L'exploitation de la ZEE est une vision pour l'avenir. Il faut plutôt envisager le présent et la richesse actuelle se trouve dans son économie liée à la mer (flottes diverses, pêche, élevages marins, production d'énergie...). En outre, les rivalités à propos de la ZEE risquent de provoquer des conflits d'où la France ne sortira sans doute pas victorieuse.



## Exercice 16

### Acteurs et enjeux de l'aménagement des territoires français

**1.**

**Carte des régions françaises au 1er juillet 2016.**

**2.** Paris, Lyon, Marseille.

**3.** L'État qui a été le premier aménageur, les collectivités territoriales dont le rôle a crû avec la décentralisation, l'Union européenne.

**4.** Le nombre est maintenant inférieur à 36 000 en raison des fusions de communes.

**5.** L'intercommunalité désigne les différents types de coopération entre les communes. Il peut s'agir de la gestion de services publics locaux (ramassage d'ordures ménagères...) et de la réalisation d'équipements locaux ou bien de la conduite de projets de développement local. La première forme d'intercommunalité est apparue en 1890 (le syndicat intercommunal). Depuis 1992, des lois l'ont renforcée et simplifiée. Par exemple, à partir de 2013, l'appartenance à un ECPI est devenue obligatoire.

**6.** *Choix libre de l'élève.*

## Exercice 17

### Le Conservatoire du littoral

**1.** Le Conservatoire du littoral est un établissement public, dépendant de l'État, dont la vocation, depuis 1975, est de protéger de manière définitive les espaces maritimes et lacustres (si les lacs concernés couvrent plus de 1 000 ha). Le Conservatoire peut intervenir aussi en mer. Son action concerne la métropole, les DROM et Saint-Pierre-et-Miquelon. Le but est aussi de constituer un patrimoine protégé et inaliénable.

**2.** Le Conservatoire rachète les terrains fragiles ou menacés. Il les réhabilite, peut y constituer des parcs naturels mais maintient aussi les activités humaines respectueuses de l'environnement (comme ici l'agriculture et le tourisme). Il décerne des labels, « Grand site de France » dans l'exemple.

**3.** Il agit en partenariat avec les ministères, les collectivités publiques (communes, conseils départementaux et régionaux mais aussi organismes publics et privés, Union européenne, personnes privées.

## Exercice 18

### Les transformations de l'espace productif et décisionnel

**1.** Espaces industriels en reconversion : Nord-Pas-de-Calais, Lorraine.
Expaces agricoles compétitifs : Bordelais, Bretagne...

**2.** Les premières localisations se sont faites sur les sources de matières premières ou d'approvisionnement ou près des grands foyers de consommation ou ponctuellement à la suite d'initiatives individuelles ou familiales ainsi Peugeot à Sochaux. Dans les années 1960, l'industrie s'est diffusée vers les littoraux. Puis il y eut de nouvelles stratégies transfrontalières avec des aides de l'Europe. L'étape actuelle, depuis les années 1980, s'appuie sur la recherche et l'innovation, les capacités de financement et le rapport à la mondialisation, la qualité de l'environnement (transports...). Les métropoles deviennent ainsi des lieux particulièrement attractifs du moins pour les industries à forte valeur ajoutée.

**3.** Les pôles de compétitivité, selon la DATAR, sont le « rassemblement sur un territoire bien identifié et sur une thématique ciblée, d'entreprises petites et grandes, de laboratoires de recherche et d'établissements de formation ». Ils travaillent en synergie, ainsi le pôle Énergivie en Alsace. Certains sont qualifiés de « mondiaux » comme Aerospace dans le Sud-ouest. ». Ainsi, la *Cosmetic Valley* est-elle un pôle de compétitivité axé sur la parfumerie ; elle englobe 200 entreprises et 16 000 emplois dans les régions Ile-de-France, Centre-Val-de-Loire et Normandie.

**4.** Les métropoles concentrent des fonctions stratégiques de commandement, de gestion des administrations ou des entreprises, des fonctions logistiques aussi. Elles sont également des pôles d'attraction et de rayonnement à l'échelle régionale, voire nationale et internationale.

## Exercice 19

### Les frontières de l'Union européenne

**1.** L'accord de Schengen signé en 1985 par l'Allemagne, le Benelux et la France prévoyait la suppression du contrôle des personnes à l'intérieur des frontières communautaires. En 1990, la Convention de Schengen promulgue l'ouverture des frontières entre les pays signataires et entre en vigueur en 1995. Elle a été renforcée par le traité de Lisbonne en décembre 2007. Cet espace est un « espace de liberté, de sécurité, de justice ». La participation à l'espace Schengen peut être momentanément suspendue (avec l'accord des États membres) pour des raisons exceptionnelles comme c'est le cas actuellement devant l'arrivée massive des migrants.

**2.** L'espace Schengen qui comprend 26 États, ne coïncide pas avec l'Union européenne. Entré en vigueur en 1995, il compte vingt-deux États membres de l'Union européenne et quatre États associés non-membres de l'UE (l'Islande, la Norvège, la Suisse, le Liechtenstein). Le Royaume-Uni et l'Irlande n'en font pas partie et quatre autres États de l'UE n'ont qu'une participation incomplète : la Roumanie, la Bulgarie, la Croatie et Chypre. Les territoires d'Outre-mer ne sont pas membres non plus.

**3.** Cet espace contribue à l'unification de l'Europe car il crée un espace de libre circulation entre les États et concerne plus de 500 millions d'Européens. Il induit aussi une politique commune mais montre aussi les limites de celle-ci (on le voit aussi actuellement à travers la question des migrants).

## Exercice 20

### L'Union européenne et ses territoires

**1.** et **2.**

* En 2016, le Royaume-Uni a voté par référendum une sortie de l'UE.

**3.** La zone euro est dirigée par la Banque centrale européenne. Cette zone a été créée pour éviter la trop grande instabilité des taux de change et pour lutter contre la spéculation financière. Actuellement l'euro, adopté par les banques en 1999 et devenu monnaie fiduciaire en 2002, est la deuxième monnaie internationale. La zone ne coïncide pas : 19 pays sur les 28 membres de l'Union européenne font partie de la zone euro, plus le Kosovo et le Monténégro (sans accord officiel et sans pouvoir d'émission) ainsi que des micro-États avec accord (San Marin, le Vatican, Monaco et « de facto » Andorre), font partie de la zone euro. Les collectivités françaises du Pacifique (Nouvelle-Calédonie, Polynésie française et Wallis-et-Futuna) devraient aussi adopter l'euro dans l'avenir.

**4.** Le rôle du FEDER (Fonds européen de développement régional) est d'apporter son aide aux régions en difficulté afin de réduire les inégalités. Une politique de cohésion a été définie en 2014. Il s'agit de créer de la croissance et des emplois, de lutter contre le changement climatique et la dépendance énergétique, de réduire la pauvreté et l'exclusion sociale.

**5. a)** Ariane est un programme européen de mise en orbite de satellites lancé en 1973 et mis en œuvre par l'Agence spatiale européenne (ESA). Elle comprend actuellement 20 pays dont des États non-membres de l'Union européenne comme la Suisse. La France est représentée par le CNES (Centre national d'études spatiales).

**b)** Galileo est un système européen de navigation par satellites ; le projet a été décidé par l'Union européenne en 2001. Le système repose sur la mise sur trois orbites de 30 satellites qui doivent aider les transports, les travaux publics, l'agriculture, la prospection pétrolière, les secours... Le financement et l'utilisation ne sont pas uniquement européens mais concernent aussi d'autres États dans le monde comme la Chine ou la Norvège.

## Exercice 21

## Un grand projet européen

**1.** Ariane, lanceur lourd européen, doit lancer un lourd « cargo » de ravitaillement pour la station spatiale internationale (ISS).

**2.** La base de lancement se situe à Kourou en Guyane.

**3.** Les pays concernés sont les membres de l'Agence spatiale européenne (ASE ou ESA en anglais), plus les États-Unis, la Russie, le Canada et le Japon.

**4.** Le lanceur Ariane, fruit d'une collaboration européenne, rappelée ici par l'ASE et la filiale d'EADS maîtresse d'œuvre ; trente industriels européens de dix pays différents, ont fabriqué le « cargo ».

Savoir
1

# Le groupe verbal

LU ☐
SU ☐
REVU ☐

## 1 L'ordre des mots dans la phrase

| PHRASE | CONSTRUCTION | EXEMPLES |
|---|---|---|
| AFFIRMATIVE | Sujet + (auxiliaire) + V | *Simon smokes. Ken can cook.* |
| NÉGATIVE | Sujet + auxiliaire + *not/n't* + V | *Donald doesn't drive. Kate can't count.* |
| QUESTIONS | (*Wh.../how...*) + auxiliaire + sujet + V | *What can a cat scratch? Is Liz fit?*<br>*How do you do?* |

## 2 Les principaux temps

| TEMPS | FORMES = SUJET + ... | USAGES | EXEMPLES |
|---|---|---|---|
| PRÉSENT | V (+ *-s* à la 3e pers.) | Généralités, goûts | *Lily likes lemonade.* |
| PRÉSENT *-ING* | *be* + V + *-ing* | Situations particulières | *You're reading this page!* |
| FUTUR SIMPLE | *will* + V | Projets, prévisions | *Elections will take place in 2020.* |
| FUTUR *GOING TO* | *be going to* + V | Intentions, futur proche | *I'm going to write to the Mayor.* |
| PRÉTÉRIT | V + *-ed* ou irrégulier | Fini + précis | *Sam saw Sid last Sunday.* |
| *PRESENT PERFECT* | *have* + V + part. passé<br>*have been* + V + *-ing* | Pas précis ou pas fini | *Bart has bought a boat.*<br>*Willy has worked for weeks.* |
| CONDITIONNEL | *could* (pourrais) + V<br>*should* (devrais) + V<br>*would* + V | Suggestion<br>Conseil<br>Situation envisagée | *Cooper could cook soup.*<br>*Charles should change shoes.*<br>*Mike would like a bike.* |

## 3 Les auxiliaires de modalité

Construction : sujet + auxiliaire + verbe.
Deux sens : 1. Vie quotidienne. 2. Hypothèse.

| AUX. | USAGES | EXEMPLES |
|---|---|---|
| *MAY* | **1.** Permission (peut)<br>**2.** Pas sûr (*might* : moins sûr = peut éventuellement) | **1.** *You may not drive fast in town.*<br>**2.** *It may rain in Marseille tomorrow.* |
| *CAN* | **1.** Capacité (peut)<br>**2.** Possible (*could* : moins sûr = pourrait) | **1.** *Cats can catch mice.*<br>**2.** *A new strategy can be a good idea.* |
| *MUST* | **1.** Devoir (doit)<br>**2.** Sûr (*should* : moins sûr = devrait) | **1.** *You must go and see this film!*<br>**2.** *My train must arrive at 10.* |

S'entraîner au Bac
Exercices 1, 2, 3, 4 : p. 204

# Le groupe nominal

LU ☐
SU ☐
REVU ☐

## 1 Pluriel des noms dénombrables / indénombrables

– Dénombrables = objets qu'on peut compter > ils ont un singulier et un pluriel.
– Indénombrables (notions, matières, aliments) = non comptables > pas de pluriel.

**Dénombrables :** *a flower, two flowers.* **Indénombrables :** *love, peace, coffee, plastic*
**Attention :** *information* (les informations), *homework* (les devoirs), *furniture* (les meubles), *luggage* (les bagages), *advice* (les conseils), *fruit* (les fruits)

## 2 *The* ou ø ?

– *The* > précis, singulier ou pluriel / ø (absence d'article) > généralité.

*The cakes I make.* (Les gâteaux que je fais.) *I like cakes.* (J'aime les gâteaux.)

– Les noms propres ne sont pas précédés de *the* car ils sont uniques. Cela vaut pour les pays sauf lorsqu'ils contiennent un nom commun.

*France, Great Britain / the United States / the United Kingdom*

## 3 Adjectifs

Ils sont invariables et se placent avant le nom qu'ils accompagnent : *black taxis.*

### 3.1. Comparatifs (on compare deux éléments)

| | | |
|---|---|---|
| plus + adj. + que | **adj. court + *-er than*<br>*more* + adj. long + *than*** | *-y* > *-ier* Exemple : *funny* > *funnier*<br>Comparatifs irréguliers : *good* > *better* (mieux) ;<br>*bad* > *worse* (pire) ; *far* > *farther* (plus loin) |
| moins + adj. + que | ***less* + adj. + *than*** | |
| aussi + adj. + que | ***as* + adj. + *as*** | |

### 3.2. Superlatifs (on parle du seul élément qui sort du lot)

| | | |
|---|---|---|
| le plus + adj. | **adj. court + *est*<br>*the most* + adj. long** | *-y* > *-ies* Exemple : *happy* > *happiest*<br>*good* > *the best* (le meilleur) ; *bad* > *the worst* (le pire) |
| le moins + adj. | ***the least* + adj.** | |

## 4 Pronoms relatifs qui, que

| | HUMAIN | NON HUMAIN |
|---|---|---|
| SUJET | ***who*** (qui) | *which*, ***that*** (qui) |
| COMPLÉMENT | Ø, ***that*** (que) | *which*, ***that***, Ø (que) |

Autres relatifs : ***whose*** (= dont, jamais suivi de *the* : *the man whose photo...* = l'homme dont la photo...), ***where*** (*the place where...* = l'endroit où...), ***when*** (*the day when...* = le jour où...), ***why*** (*the reason why...* = la raison pour laquelle...)

*S'entraîner au Bac*
Exercices 5, 6, 7 : p. 204-205

# Les nombres et les quantités

LU ☐
SU ☐
REVU ☐

## 1 Les nombres

**1.1.** *Dozen, hundred, thousand* et *million* sont invariables lorsqu'ils sont précédés d'un chiffre.

*two dozen eggs, three hundred people.* Mais : *million<u>s</u> of people*

**1.2.** À l'oral, les dizaines sont précédées de *and* dans un nombre contenant au moins trois chiffres. À l'écrit, on place une virgule avant les milliers et la virgule décimale française est un point en anglais.

3**,**052 : *three thousand **<u>and</u>** fifty two* (trois mille cinquante deux).
3**.**55 : *three point fifty five* (trois virgule cinquante cinq).

**1.3.** Les nombres ordinaux se forment (à partir du 4^e^) en ajoutant *-th* à la fin du nombre (il y a juste quelques variantes orthographiques comme : *fifth, ninth...*).

Le 1^er^ = *the first* ; le 2^e^ = *the second* ; le 3^e^ = *the third* ; le 4^e^ = *the fourth*, le 5^e^ = *the fifth...*
*the twenty-first* (= 21^e^) ; *the forty-third* (= 43^e^) ; *the hundredth* (= 100^e^)...

On les utilise aussi pour exprimer une fraction et les dates.

Un tiers = *a third*, un quart = *a fourth*.
Le 3 juin = *June 3^rd^* (On dira : « *June the third* ».)

## 2 La quantité indéfinie : *some – any – no* et leurs composés

- *Some, any* et *no* seuls = du, de la, des, quelques...
- *Some* dans les phrases affirmatives ; *any* dans les questions ou dans les phrases avec négation ; *no* dans les phrases négatives sans autre négation.

*You'll find some milk in the fridge but there's no butter left.*

- Composés : *somebody, someone* (quelqu'un), *anybody/anywhere/anything* (n'importe qui/n'importe où/n'importe quoi), *nobody/nothing* (personne, rien)...

## 3 Pour indiquer un excès : « trop »

- Devant un adjectif : *My brother is **too** young to go to the pub.*
- Devant une quantité : ***too** many* + dénombrable pluriel/*too much* + indénombrable (*too much* peut être employé seul).

*There are <u>too many</u> cars and <u>too much</u> noise in big cities. Some people work <u>too much</u>.*

Attention, *too* après un mot ou une phrase signifie « aussi, également » : *My friend lives in Paris <u>too</u>.*

## 4 Dates et âge

***on*** + date/jour ; ***in*** + année/mois ; pour donner son âge : *I am ... years old.*

*I was born on June the 1^st^. I was born in 1996, I am twenty years old.*

S'entraîner au Bac
Exercices 8, 9, 10 : p. 205

ANGLAIS

# La prononciation et l'intonation

LU ☐
SU ☐
REVU ☐

## 1 Les mots

### 1.1. Prononciation : quelques règles et conseils

Règle 1 : voyelle/consonne + voyelle = son long ou diphtongue.

*cat/Kate* [ei], *rid/ride* [aɪ], *ton/tone* [əʊ], *pet/Pete* [i:]

Règle 2 : devant une consonne double, le son voyelle est court.

*write* [aɪ]/*wri**tt**en* [i] ; *wine* [aɪ]/*wi**nn**ing* [i]

Conseil 1 : pour les voyelles, il faut bien distinguer les sons « courts » des sons « longs ».

*fit/feet ; slip/sleep ; cat/cart…*

Conseil 2 : pour les consonnes, il faut bien distinguer les sons « **ch** » et « **tch** » et veiller à la prononciation du « ***th*** » (jamais « v » !).

*ships/chips ; three/tree ; three/free*

Conseil 3 : la terminaison ***-able*** ne se prononce pas « abeul » mais presque « eubo ».

comfortable = [ˈkʌmftəbəl]

### 1.2. Accentuation : règles

**a)** Mots terminant par *-ic(s), -ical, -ion, -ian, -ial, -ity, -ety* : accent de mot sur la syllabe qui précède les terminaisons.

*economic, economical, solution, technician, official, commercial, intensity, society*
Exceptions en *-ic*: *Arabic, arsenic, catholic, heretic, politics, rhetoric.*

**b)** Verbes se terminant par *-ate* (et de plus de 2 syllabes) : l'accent de mot se place deux syllabes avant la terminaison.

*accelerate, collaborate, manipulate*

**c)** Mots avec consonne doublée : accent de mot avant la dernière consonne doublée.

*cigarette, coffee, committee, graffiti*

**d)** Les terminaisons *-ing* et *-ed* ne déplacent pas l'accent du mot racine.

*interest > interesting, interested*
*challenge > challenging, challenged*

## 2 La phrase, rythme et intonation

**2.1.** Les mots accentués sont les mots importants. Dans *What time is it?* seul *time* est accentué.

**2.2.** Dans une phrase, l'intonation est descendante sauf dans les questions qui commencent par un auxiliaire (et parfois pour indiquer la surprise ou l'ironie).

S'entraîner au Bac
Exercices 11, 12, 13 : p. 205-206

# Les mots de liaison, les prépositions

LU ☐
SU ☐
REVU ☐

## 1 Les mots de liaison

### 1.1. Pour annoncer le plan

*first of all* = tout d'abord
*at the beginning* = au début
*at the end* = à la fin
*finally* = finalement

### 1.2. Pour indiquer une liaison entre des idées

*so/consequently* = par conséquent, donc
*in short* = en bref
*since* = puisque
*because* = parce que
*because of* = à cause de
*besides* = d'ailleurs
*that is to say* = c'est-à-dire
*anyway* = de toute façon
*in addition/moreover* = de plus
*in spite of* = malgré
*either ... or...* = soit ... soit...
*neither... nor...* = ni... ni...

### 1.3. Pour donner des exemples

*such as* = comme/tel que
*for example/for instance* = par exemple
*actually/in fact* = en fait
*in particular/in general* = en particulier/en général

## 2 Les prépositions à connaître

### 2.1. Précisions de temps

**a)** *For* indique **la durée totale d'une action**. Il peut donc accompagner tous les temps.

*How long can you work? > I can work for hours* (pendant des heures). *Yesterday I worked for 6 hours.*

**b)** *Ago* indique **le temps écoulé depuis que l'action a eu lieu**. Elle est finie et définie, donc *ago* n'accompagne que le prétérit.

*How long ago did he pass his exam? > He passed his exam two years ago.* (= Il a réussi son examen il y a 2 ans.)

**c)** *Since* indique **le début d'une action non terminée** (donc avec *present perfect*).

*Since when...? > I have been working here since 2009.* (= Je travaille ici depuis 2009.)
**Attention :** *We've been together since we met.* (= On est ensemble depuis qu'on s'est rencontrés. L'action qui **suit** *since* est passée et finie, donc au prétérit.)

### 2.2. « Pour » / « Pour que »

« Pour » = *for* + nom ; *to* + verbe. « Pour que... » = *for* + nom et *to* + verbe.

*That film is for children. They bought the DVD to please their children. Here is the address for you to find the cinema easily.*

S'entraîner au Bac
Exercices 14, 15, 16 : p. 206

# Présenter un sujet

LU ☐
SU ☐
REVU ☐

**La liste de 3 sujets que vous présenterez le jour de l'examen peut comporter plusieurs types de supports : un événement, un extrait d'œuvre, un objet. L'expérience professionnelle peut aussi être abordée dans une question complémentaire.**

## 1 Présenter un événement, son expérience

Il s'agit de relater des faits : il faudra donc être précis et ordonner les faits chronologiquement (voir **FICHE SAVOIR 5**), les présenter de façon vivante en illustrant par des anecdotes. Pour la partie 2, préparez une fiche de vocabulaire spécifique au domaine (ou à l'entreprise) dont vous parlez.

**1.** Introduction : expliquez votre choix de sujet, indiquez quand cela a eu lieu.

**2.** Pour développer, donnez des détails précis et utilisez essentiellement le prétérit.

– S'il s'agit d'un stage, indiquez le nom de l'entreprise, son type d'activité, sa taille, le lieu où vous avez travaillé, comment vous avez trouvé l'entreprise. Expliquez en quoi a consisté le stage : ce qu'on vous a demandé, les points positifs, les difficultés rencontrées.

*I chose to speak about this company because I attended an interesting training course there in November.*

– S'il s'agit d'un événement : indiquez son contexte (historique, politique, sportif...), soulignez les aspects culturels, son intérêt (pour vous, la société, le monde...)

*I chose to speak about London because I met tourists from London last year and they invited me over to spend a week there.*

LEXIQUE

*I was asked to* = on m'a demandé
*I was offered* = on m'a proposé/offert
*to carry out* = mener à bien
*thanks to* = grâce à
*to go on/to attend a training course* = suivre une formation, faire un stage
*to do work experience* = faire un stage en entreprise
Attention : *a two-week training period* = un stage de 2 semaines, *week* ne prend pas de *s*.

## 2 Présenter une œuvre, un objet

Pour la description, utilisez le présent, *there is/are, we can see/notice*... et utilisez la même démarche pour tout type d'image (**FICHE SAVOIR 9**).

Pour parler de l'auteur : utilisez le présent s'il est encore en vie, le prétérit dans le cas contraire. Pour expliquer la création de l'œuvre ou d'événements associés, utilisez le prétérit (faits passés).

## 3 Conclure

Expliquez votre choix : le rôle que cette expérience/événement a joué dans votre vie (*present perfect*, voir **FICHE SAVOIR 1**), l'importance de l'objet, de l'œuvre dans la culture. Vous pouvez ouvrir la réflexion sur vos projets en utilisant cette fois le futur.

*I'd like to/I want to/I intend to (+ V), Next year I will...*

*S'entraîner au Bac*
Exercices 17, 18, 19, 20 : p. 206-207

# Répondre à des questions

LU ☐
SU ☐
REVU ☐

## 1 Comprendre la question

### 1.1. Identifier les pronoms interrogatifs

Revoyez les pronoms interrogatifs (*who, what*, etc. et *how* et ses composés) et leur sens. Attention : *What ... for?* = Dans quel but ? On y répond par : *to* + V, alors qu'une question commençant par *Why* demande une cause.

*Why did you choose this CD? Because of quality of the group.*
*What did you choose this subject for? To show that music plays a real role.*

Attention également aux questions contenant *what* et *like*.

*What was it like to work there?* = Comment c'était de travailler là-bas ?
*What did you like when you worked there?* = Qu'avez vous aimé... ?

### 1.2. Identifier le temps de la question

Repérez l'auxiliaire ou la terminaison du verbe, pour reprendre le temps dans votre réponse.
L'auxiliaire *do* indique le temps (présent/passé : *do, does* ou *did*) à réutiliser mais pas à reprendre dans les réponses.

*Who did you have the time to meet? I only had the time to meet the boss.*
*Where will you work next summer? I'll work...*

### 1.3. Si l'on ne comprend pas la question

Ne pas hésiter à faire répéter : *I'm sorry, I didn't understand your question. Could you repeat it, please?*

## 2 Répondre

- Respectez l'ordre de la phrase en anglais (FICHE SAVOIR 1).
- Ne répondez pas par quelques mots, formulez des réponses complètes : *Yes, I do. No, I don't, because...*
- Si vous hésitez, utilisez des *gap-fillers* (« bouche-trous ») : *Well, er..., actually* (en fait)... *Let me think...,The thing is..., The problem is..., The point is..., I'd say that...*
- Si vous êtes à court de mots, pensez à utiliser des synonymes. Pensez aussi au stock de verbes irréguliers et aux mots transparents (mots en *-tion*, en *-ic(al)*) : *pollution, civilization, creation, dramatic, economic, historical, geographical...* Attention : *politics* = la politique ; *a policy* = une politique.
- Si vous devez absolument demander un mot, demandez-le en anglais : *What's the English for...? What's the verb for ... in English?*
- Si vous voulez donner votre opinion, variez les expressions : *I think (that)...* = je pense que..., *I believe (that)...* = je crois que..., *in my opinion, in my view, according to me...*

**S'entraîner au Bac**
**Exercices 21, 22 : p. 207**

Savoir

8

# Comprendre un document écrit

LU ☐
SU ☐
REVU ☐

## 1 Avant la lecture : identifier le document

Repérez la source (journal, magazine, livre...), la date, l'auteur (est-il connu ?). Les illustrations guident la lecture : lisez la légende de l'image s'il y en a une. Attention, un copyright n'est pas une légende : il est précédé de ©.

## 2 Première lecture : comprendre globalement

Pour comprendre un texte écrit, deux lectures sont nécessaires : la première, rapide, pour une vue d'ensemble et une deuxième pour voir les détails et vérifier ce qu'on a compris à la première lecture.

**Éléments à repérer :**

- Dans un article de journal, **le gros titre** (= *headline*) contient **les mots-clés** (= *key words*) et donne l'idée principale qui figure aussi dans le premier paragraphe.
- Dans le texte, en principe **un paragraphe = une idée**. Cela doit guider la lecture.
- **Les noms propres** vont permettre de répondre aux questions : qui ? et où ?.
- Identifiez ce à quoi se réfèrent **les nombres** présents dans le texte (dates, quantités, âge... : voir FICHE SAVOIR 3). Ils aident à répondre aux questions : quoi ?, quand ?, quel âge ?...
- **Le temps des verbes** est significatif :
  - les prétérits indiquent un événement passé lié au sujet principal ;
  - le présent indique une opinion, un fait de société ou une description.
- **Les pronoms** utilisés indiquent si l'auteur s'adresse au lecteur (*I/you*), s'il parle de personnes en particulier (*he/she, they*), s'il décrit des faits généraux (*they, people*).
- **Les auxiliaires de modalité** indiquent si l'auteur donne des conseils (*you can, you should*), prévoit des événements à venir (*will, should*), envisage des possibilités (*can, may, might*), etc.

## 3 Deuxième lecture : entrer dans les détails

- Intéressez-vous à des **points précis** : les exemples donnés, les chiffres choisis, la relation entre les personnes mentionnées (différences, points communs).
- Cherchez si besoin **le sens des mots inconnus** : grâce au contexte immédiat, ou en en retrouvant sa racine et en le décomposant. **Ne cherchez pas à tout comprendre.**

> - Dans la phrase : *Don't be cowed by others' attitudes. Speak your mind!*, l'opposition entre *Don't be cowed* et *speak* permet de deviner que *be cowed* signifie le contraire de *speak*, donc il peut vouloir dire « se taire, se laisser impressionner ».
> - Dans la phrase *What you've done is unforgivable!*, pour deviner le sens du mot *unforgivable*, on sait que *un-* en début de mot correspond à in-/im- en français, que *-able* en fin de mot indique un adjectif (comme en français) et que *forgive* est un verbe irrégulier connu (*give* = donner, *forgive* = pardonner), on aboutit donc à « impardonnable ».

- Résumez mentalement, en français, ce que vous avez compris.

S'entraîner au Bac
Exercice 23 : p. 208

ANGLAIS

# Analyser une image

LU ☐
SU ☐
REVU ☐

**Qu'il s'agisse d'une image isolée (photo, peinture) ou associée à un texte (article de journal), la démarche d'analyse est la même. Si l'image figure dans votre liste à l'examen, vous la présenterez en anglais, si elle est associée au document inconnu proposé par l'examinateur, vous répondrez aux questions en français.**

## 1 Identifier

Repérez l'année, l'auteur, le titre ou la légende. Ces indications peuvent faire partie de votre introduction, à l'oral.

*This photo was taken in [date/place] by [photographer].*
*This painting was painted in [date/place] by [painter].*

LEXIQUE
*photograph* = photo ; *photographer* = photographe ; *painting* = peinture ; *painter* = peintre ; *caption* = légende ; *drawing* = dessin

## 2 Décrire très brièvement

Partez du plus important pour aller aux détails. Ne dites que ce qui est intéressant.

*In the background there is (are)/We can see...*
*The main* (= principal) *subject is ...*

LEXIQUE
*setting* = décor ; *in the foreground* = au premier plan ; *in the middle distance* = au deuxième plan ; *in the background/at the back* = en arrière-plan, au fond ; *in the corner* = dans le coin ; *at the top/at the bottom* = en haut/en bas ; *in the center* = centre ; *on the right/left* = à droite/gauche ; *shade, shadow/light* = ombre/lumière

## 3 Commenter et donner son opinion

Expliquez l'intérêt de l'image (artistique, publicitaire ou informatif). Décrivez l'impression donnée. Pour finir, donnez votre opinion et justifiez-la.

*The focus is on...= our attention is first caught by... so the reader/spectator will immediately have the impression that... I think that/In my opinion the photographer/painter/journalist/advertiser has wanted to* + V (= a voulu)... *because...*

LEXIQUE
*to focus on* = faire la mise au point sur, s'intéresser à ; *to convey a message* = transmettre un message ; *to intend to* + V = avoir l'intention de ; *to try to* + V = essayer de ; *to underline* = souligner ; *to suggest* = suggérer ; *convincing/successful* = convaincant(e)/réussi(e)

S'entraîner au Bac
Exercice 24 : p. 208

# Analyser un cartoon, une BD

LU ☐
SU ☐
REVU ☐

## 1 Commenter un dessin ou une BD

La démarche d'analyse et de présentation est la même que pour une image simple (voir **FICHE SAVOIR 9**), mais la forme et le but visé par l'auteur sont spécifiques.

### 1.1. Identifier et décrire

Si cela est possible, vous indiquerez d'où est extrait le dessin (journal, magazine) et quelle en est la cible (le type de dessin et les textes sont adaptés à la cible).
Décrivez ensuite les éléments présents : composition, couleurs, style de dessin, les personnages et objets importants.
Si le dessin (la BD) accompagne un article de presse, vous aurez déjà identifié le document. Vous expliquerez maintenant la relation image-texte en soulignant les points communs (sujet, lieu, personnages).

### 1.2. Décomposer et interpréter

Vous déduisez ce que l'auteur a voulu exprimer grâce au texte dans les bulles, aux symboles dans le dessin, aux références éventuelles à d'autres images connues, à des héros, à des endroits, etc.
Pour conclure, vous pourrez expliquer pourquoi, selon vous, le dessin est intéressant (ou pas), pourquoi il atteint son but (ou pas) en s'appuyant sur différents critères tels que la qualité artistique, l'humour, l'accord ou le désaccord avec l'idée principale, la clarté du message, etc.

*I think the aim* (= le but) *of this caricature is to denounce... And, according to me* (= selon moi), *this cartoon reaches its target* (= atteint son but) *because the situation is clear/the drawing is funny/the text in the balloons refers to a film that all teenagers know...*

LEXIQUE
*cartoon, cartoonist* = dessin, dessinateur humoristique ; caricature ; *caption* = légende d'image ; *layout* = composition ; *font* = police de caractères ; *baloon* = bulle ; *frame* = cadre ; *to criticize* = critiquer ; *to make fun of* = se moquer de ; *to ridicule* = ridiculiser ; *to attack* = dénoncer ; *to draw* = dessiner ; *to exaggerate* = exagérer ; *grim humour* = humour noir

## 2 Analyser une publicité

Expliquez les liens entre le(s) texte(s) et l'image. Observez la place des éléments (*the slogan/the logo/the text/the photo*).

LEXIQUE
*ad/advert/advertisement* = publicité imprimée ; *to advertise (for)* = faire de la publicité pour ; *brand* = marque ; *target* = cible ; *buyer* = acheteur ; *to attract people's attention* = attirer l'attention des gens ; *purpose/goal/aim* = le but ; *link* = lien ; *pun* = jeu de mot ; *a means of* + V-*ing* = un moyen de ; *layout* = mise en page ; *in bold characters* = en caractères gras ; *in capitals* = en majuscules

S'entraîner au Bac
Exercice 24 : p. 208

Savoir

11

# Présenter un graphique

LU ☐
SU ☐
REVU ☐

## 1 Démarche

**a)** Identifiez le type de graphique et sa source, le pays (= *country*)/la ville (= *city*)/le lieu où ont été recueillies les données.

*The figures correspond to the number of people who lived in Boston between 1995 and 2015.*

**b)** Décrivez ensuite les informations : à quoi correspondent les chiffres, comment ils évoluent, et comparez les différentes données.

*The blue line corresponds to... and the red one shows ...*
*We can see that there are more people in Boston in 2015 than in 1995. The population has grown a lot ...*

**c)** Concluez en faisant un résumé des informations, puis en expliquant l'intérêt des données : liez le graphique au sujet de l'article s'il s'agit d'un journal, expliquez pourquoi le graphique présente un intérêt... Vous pouvez compléter en décrivant des situations similaires ou contraires.

*I think the situation is similar in x city because people tend to go to big cities when they're looking for a job...*

LEXIQUE

*a graph* = un graphique ; *a bar chart* = un graphique à barres ; *a table* = un tableau ; *a diagram* = un diagramme ; *a pie chart* = un diagramme circulaire (en camembert) ; *a dot* = un point ; *a column* = une colonne ; *a line* = une ligne ; *a dotted line* = une ligne pointillée ; *a broken line* = une ligne discontinue ; *a solid line* = une ligne continue ; *a slice/a share* = une portion ; *a scale* = une échelle ; *a figure* = un chiffre ; *a data* = une donnée ; *a percentage* = un pourcentage ; *10% = ten per cent* ; *a period* = une période ; *a trend* = une tendance ; *average* = moyen(ne) ; *a loss* = une perte ; *a gain* = un gain ; *low* = bas ; *high* = élevé ; *both* = tous les deux ; *to account for* = expliquer, justifier ; *to publish* = publier ; *to grow* = s'accroître ; *to improve* = (s')améliorer ; *to increase* = augmenter, croître ; *to decrease* = baisser decroître

## 2 Structures à utiliser

Pour décrire un graphique, vous aurez besoin d'exprimer des quantités (voir **FICHE SAVOIR 3**), de faire des comparaisons avec le comparatif et le superlatif (voir **FICHE SAVOIR 2**) et vous pourrez avoir besoin des comparatifs progressifs :

- « de plus en plus » = *more and more* [adjective] / adjective + *-er and adjective* + *-er* ;
- « de moins en moins » = *less and less* [adjective] ; *fewer and fewer* + nom pluriel.

*The graph shows that the city is <u>bigger and bigger</u>. It's <u>more and more polluted</u>, <u>noisier and noisier</u>. There are <u>more and more</u> people too. And there are <u>fewer and fewer</u> gardens.*

S'entraîner au Bac
Exercice 25 : p. 209

Les sujets de ces exercices sont tous différents : ils peuvent enrichir votre lexique et certains peuvent servir d'exemples de commentaires.
Faites ces exercices sur un brouillon pour pouvoir les refaire en cas de résultat insuffisant.

**Exercice 1** voir Fiche Savoir 1

## Choisir le bon présent

**Présent simple ou présent V + *-ing* ? Mettez le verbe entre crochets au temps qui convient.**

**Young people and jobs**

Nowadays people [have] lots of difficulties to find a job. Young people [work] for months as trainees and they [earn] very little money. I have a friend, Sammy: at the moment, he [work] for a big building company to pay for his school. And every month his parents [help] him!

FAIT ☐ REVU ☐

**Exercice 2** voir Fiche Savoir 1

## Choisir entre *preterit* et *present perfect*

**Mettez le verbe au temps qui convient.**

**The progress of surgery[1]**

Before the XIX^th^ century operations [be] horrific procedures, and most patients [die] from post-operative shock or infection. But in 1800 the scientist Humphrey Davy [find] out that laughing gas was an anaesthetic and Wilhelm Roentgen [discover] x-rays.
Now things [improve] thanks to other anaesthetics and antiseptics. Of course the number of operations [grow] since the XIX^th^ century but new blood transfusion techniques [save] many lives Karl Landsteiner [discover] blood groups in 1901. And surgeons [become] more and more skilled.

1. La chirurgie.

FAIT ☐ REVU ☐

**Exercice 3** voir Fiche Savoir 1

## Respecter les constructions

**Trouvez, pour chaque proposition, la forme correcte du verbe.**

**Food packaging[1]**

How [do/does/doing] manufacturers[2] choose their food packaging? Of course food packaging will [preserved/preserve/preserving] and protect the product. It can also [made/make/making] the product more attractive to the consumer and easier to transport. Plastics are [using /used/uses] a lot in food packaging because they are resistant and cheap to produce. Paper, card, metal and glass can also [is/be/was/been] used for packaging. Manufacturers have [sticking/sticks/to stick] labels [carried/carrying/carry] information for the consumer.

1. Les emballages alimentaires.
2. Les fabricants.

FAIT ☐ REVU ☐

**Exercice 4** voir Fiche Savoir 1

## Utiliser le bon auxiliaire modal

**Trouvez l'auxiliaire qui convient suivant le degré de certitude du détective.**

**Crime scene**

The detective observed the scene and thought : "I am nearly sure : the doctor [may/can/must] have committed the crime in the kitchen. I am certain: we [should/may/might] find a proof there. But I hesitate: he [should/can/must] have used a knife or scissors. And we don't know when he did it exactly: it [might/should/must] have been 9:30 or 10 o'clock. Perhaps later..."

FAIT ☐ REVU ☐

**Exercice 5** voir Fiche Savoir 2

## Utiliser le bon article

**Complétez le texte par *a, an, the* ou *ø*.**

**Businesses: definitions**

... business is ... organisation engaged in ... commercial or industrial activities. It can make goods or provide services (goods are ... products such as ... books or ... cars.)
Businesses range from ... small firms run by just one person to large companies which employ thousands of ... people.
Nearly half ... million businesses start up each year. ... vast majority of businesses are very small and operate in ... service sector

FAIT ☐ REVU ☐

## Exercice 6 voir Fiche Savoir 2

### Former le comparatif et le superlatif

**Mettez l'adjectif à la bonne forme.**

**Do super powers make a man happy?**

The original super-hero was Superman : he was [strong] ... man in the world, he could fly [fast] ... a plane, he could see [far] ... anyone else. But what about his life? The [powerful] man in the universe worked as an anonymous reporter, he had to be [clumsy (= *maladroit*)] ... others, his boss bullied (= *maltraitait*) him ... than other reporters. And in his Fortress of Solitude he was [happy] ... than other people ...

FAIT ☐ REVU ☐

## Exercice 7 voir Fiche Savoir 2

### Utiliser le bon pronom relatif

**Complétez avec le pronom relatif qui convient (*who, that, why* ou *when*).**

**Guy Fawkes day, the failure of a plot[1]**

Guy Fawkes Day is an annual commemoration ... is observed on 5 November in Great Britain. It commemorates the day ... Guy Fawkes was arrested, in 1605: he was a member of a group of plotters ... had placed explosives beneath the House of Lords to kill the king. The Londoners celebrated the fact ... King James had survived and they lit bonfires ... were seen all around London. That is the reason ... there are still people ... burn the effigy of Guy Fawkes every year.

1. L'échec d'un complot.

FAIT ☐ REVU ☐

## Exercice 8 voir Fiche Savoir 3

### Dire un nombre

**Écrivez ces nombres en toutes lettres, puis énoncez-les à haute voix.**

**a.** 2,056 – **b.** 9.5 – **c.** $300 – **d.** the 51st – **e.** 1/100

FAIT ☐ REVU ☐

## Exercice 9 voir Fiche Savoir 3

### Choisir entre *some*, *any* et *no*.

**Complétez les phrases avec *some*, *any* ou *no*.**

**Life at the North Pole?**

... people say that living at the North Pole must be fantastic. But does ... live at the North Pole? No, there's ... life AT the North Pole itself. There is ... actual land at the North Pole itself, so ... inhabitants, ... animals actually live there either as there is ... food. ... species live AROUND the Pole, in the Arctic Ocean.

But be careful! There are ... people who live IN North Pole: it's a small town in Alaska. And ... child in the US knows it's Santa Claus's town!

FAIT ☐ REVU ☐

## Exercice 10 voir Fiche Savoir 3

### Parler de dates et d'âge

**Dites-le anglais.**

**a.** J'aurai 19 ans la semaine prochaine.

**b.** Je passe mon examen oral jeudi.

**c.** La reine Victoria est morte en 1901. Elle avait 81 ans.

**d.** Amundsen a atteint le Pôle Nord en 1926. C'était en mai.

**e.** Mon frère a eu 16 ans le mois dernier.

FAIT ☐ REVU ☐

## Exercice 11 voir Fiche Savoir 4

### Trouver l'intrus

**Trouvez le mot dont la voyelle se prononce différemment des autres.**

**a.** think – stick – time – with

**b.** fat – park – thank – pack

**c.** pole – bone – rose – done – hope

**d.** been – steam – this – week – feel

**e.** say – says – red – ten – bet

FAIT ☐ REVU ☐

## Exercice 12 voir Fiche Savoir 4

### Accentuer les mots au bon endroit

**Trouvez la syllabe accentuée des mots suivants.**
**a.** democratic – **b.** politician – **c.** society – **d.** exaggerate – **e.** exhibition – **f.** fantastic – **g.** finished – **h.** communicated – **i.** financial

FAIT ☐ REVU ☐

## Exercice 13 voir Fiche Savoir 4

### Lire avec la bonne intonation

**Indiquez pour chaque phrase si l'intonation est montante ou descendante.**
**a.** I have never heard such a funny story.
**b.** Can you open the door, please?
**c.** Which paragraph shall I read?
**d.** This cartoon is very interesting, I think.

FAIT ☐ REVU ☐

## Exercice 14 voir Fiche Savoir 5

### Organiser votre présentation

**Complétez le texte par les mots de liaison de la liste suivante : *because of, but, finally, first, so, then.***

**Bad luck**[1]

My wedding was supposed to be the most beautiful day in my life ... it wasn't! ... my fiancé arrived late at the wedding ceremony ... a traffic jam on the road. ... my parents got lost on the way to the reception site ... we had to wait for them. ... during the reception the fire alarm went off! What a day!

1. Manque de chance.

FAIT ☐ REVU ☐

## Exercice 15 voir Fiche Savoir 5

### Choisir la préposition de temps

**Replacez les mots suivants dans le texte : *ago, for, in, on, since.***

**London**

Two thousand years ... , London was invaded by the Romans. It was the capital of Roman Britain ... four centuries. And ... that period London has never stopped growing. ... 1666, ... September 2, the Great Fire destoyed 60% of the City but it was rebuilt and the town continued to expand. A few years ... London even hosted the Olympic Games.

FAIT ☐ REVU ☐

## Exercice 16 voir Fiche Savoir 5

### Exprimer « pour »

***For* ou *to* ? Complétez.**
In Venezuela, in 1975, José Abreu founded a music education program ... rescue poor kids from their environment in slums (= bidonvilles).
The program got violins and other musical instruments ... the kids ... practise.
The system was not only created ... the children ... play classical music, but also ... them ... develop their talents.
Abreu even formed a Symphony Orchestra in 1990 ... give concerts in the US and in Europe.

FAIT ☐ REVU ☐

## Exercice 17 voir Fiche Savoir 6

### Énoncer ce qui est pertinent

**Vous voulez parler d'une recette de l'*Indian Tandoori Chicken*. Parmi les phrases suivantes trouvez celles qui se rapportent au sujet.**
**a.** I think food is part of the culture of a country.
**b.** I have a new cooking book.
**c.** Indian food became fashionable (= à la mode) in England during Queen Victoria's reign in the XIX$^{th}$ century.
**d.** This dish (= plat) is interesting because the tandoor is typically Indian.
**e.** There are more than 9,000 Indian restaurants in England, which show that the British love Indian food.
**f.** I think India has nice monuments.
**g.** There's a strong link between India and Great Britain because India was a British colony until 1947.

FAIT ☐ REVU ☐

ANGLAIS

## Exercice 18 voir Fiche Savoir 6

### Ordonner une présentation

**Vous voulez présenter un poème qui vous a touché. Dans quel ordre allez-vous énoncer les phrases suivantes ?**

a. There are no rhymes but...

b. It was written in...

c. I was touched by this poem because...

d. This poem is an extract from...

e. And the words are chosen to express love...

FAIT ☐ REVU ☐

## Exercice 19 voir Fiche Savoir 6

### Utiliser le temps approprié

**Pour chacune des idées suivantes, quel temps allez-vous utiliser ?**

a. Vous racontez votre arrivée au stage.

b. Vous décrivez les difficultés que rencontrent les jeunes actuellement en Grande-Bretagne.

c. Vous présentez vos projets de carrière.

d. Vous expliquez ce qu'on pourrait faire pour économiser l'énergie.

e. Vous listez les films que vous avez déjà vus.

FAIT ☐ REVU ☐

## Exercice 20 voir Fiche Savoir 6

### Raconter une anecdote

**Mettez ce texte au passé.**

I have a dream. I arrive at the office early. My boss is already there. He is phoning. Then he turns round and sees me. He says to me "Why don't you put on your jeans?" And then I realize that I have put on a bathing suit instead of my trousers. That's when I wake up.

> Last night I...

FAIT ☐ REVU ☐

## Exercice 21 voir Fiche Savoir 7

### Identifier le sujet de la question

**Associez les réponses aux questions.**

Questions :

a. Why did you choose this company?

b. What did you ask a certificate for?

c. What was working in a team like?

d. What did you like in the team?

e. Did you like working in a team?

Réponses :

A. Great. And sometimes fun.

B. To show it next time I'm looking for a job.

C. Yes, I really did.

D. I think it's because they're really good.

E. The feeling you're never alone.

FAIT ☐ REVU ☐

## Exercice 22 voir Fiche Savoir 7

### Anticiper les questions

**En partie 1 de l'épreuve, vous avez présenté un article expliquant que la chaîne de magasins Marks and Spencer propose à ses clients de recycler leurs anciens vêtements quand ils en achètent des neufs. En partie 2, parmi les questions suivantes, lesquelles pourraient vous être posées ?**

a. Do you think it's a good idea?

b. Do you think it can bring new customers to M&S?

c. Is M&S British or Italian?

d. What do you think of this idea?

e. What do you think the British Government should do?

f. Can you think of other things retailers[1] could do to waste[2] less?

1. Les commerçants.
2. Gâcher.

FAIT ☐ REVU ☐

## Exercice 23 voir Fiche Savoir 8

## Comprendre un document écrit

**Student deceives friends and family**

Zilla V. deceived her loved ones into thinking she was enjoying an exotic five-week holiday across Asia. But the 25-year-old was actually still at home in Amsterdam and used Photoshop to create the images before posting them on Facebook.

The graphics student was waved off at the airport by her family before she took a train back to Amsterdam and spent the following 42 days indoors cleverly altering images.

For five weeks Zilla seemed to go snorkelling in turquoise blue water, sample authentic Asian food, travel in traditional tuk-tuks and she even visited a Buddhist temple. She even created the illusion of a Thai hotel room in her own bedroom, using old Christmas decorations and an umbrella, to fool her parents during Skype sessions.

Zilla said, 'My goal was to prove how common and easy it is for people to distort reality.'

**1. Choisissez la bonne proposition.**

**A.** De quoi parle l'article ?

**a.** D'une fille de 25 ans partie en Asie pour Noël.

**b.** D'un jeune asiatique qui voyage pour donner des cours d'informatique.

**c.** D'une jeune fille qui a trompé ses proches sur les réseaux sociaux.

**B.** Où Zilla a-t-elle séjourné pendant 5 semaines ?

**a.** En Thailande – **b.** À Amsterdam – **c.** Dans un temple bouddhiste.

**C.** Pendant 5 semaines, Zilla a (plusieurs réponses) :

**a.** voyagé en pousse-pousse. **b.** visité un temple.

**c.** retouché des photos. **d.** utilisé des décorations de Noël pour simuler un décor thaïlandais.

**e.** communiqué avec ses parents sur Skype et Facebook.

**D.** Le but de Zilla était de :

**a.** mentir à ses parents pour les rendre ridicules.

**b.** prouver qu'on peut jouer avec la réalité.

**c.** apprendre à se servir de Photoshop.

**2. Quel paragraphe :**

**a.** explique le but que Zilla s'était fixé ?

**b.** décrit ses activités en détails ?

**c.** indique ce qu'elle a fait au moment de son départ ?

**d.** résume la situation ?

**3. Que signifient les mots suivants dans le texte ? Aidez-vous du contexte pour deviner.**

**a.** *deceive*: décevoir – déchoir – tromper – voler

**b.** *actually*: actuellement – en réalité – activement

**c.** *snorkelling*: faire de la plongée – chasser des oiseaux – raconter des histoires

**d.** *sample*: exemple – échantillonner – goûter

FAIT ☐ REVU ☐

## Exercice 24 voir Fiche Savoir 9-10

## Analyser un document illustré

**1. Cette photo représente :**

**a.** un panneau d'interdiction de jeter des ordures sur la voie publique.

**b.** un panneau d'interdiction de consommer de l'alcool.

**c.** un panneau qui annonce la vérification de quantités d'alcools achetées.

**2. La photo a été prise à :**

**a.** New York. – **b.** Londres. – **c.** Metropolis.

**3. L'illustration montre :**

**a.** que l'interdiction vaut pour tout type d'alcool.

**b.** qu'on peut boire des jus de fruits en canettes.

**c.** que boire est une activité conviviale.

**4. Le texte :**

**a.** met en garde contre l'abus d'alcool.

**b.** indique qu'on ne peut pas vous empêcher de boire.

**c.** dit qu'il faut obéir si un policier intervient.

**5. En cas de refus d'obtempérer, on risque :**

**a.** la peine de mort.

**b.** l'arrestation et une forte amende.

**c.** de se voir confisquer l'alcool.

**d.** rien.

FAIT ☐ REVU ☐

## Exercice 25 voir Fiche Savoir 11

# Présenter un graphique

**Average hours per weekday spent by highschool students in various activities in 2014**

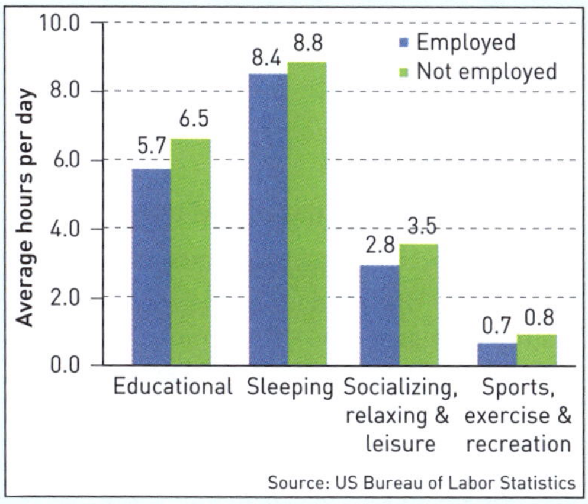


**1. This is:**
a. a pie chart. – b. a bar chart. – c. a table.

**2. It was published by:**
a. a US private company. – b. a British department. – c. an American official agency.

**3. It gives information on what highschool[1] students do:**
a. in their free time. – b. during weekdays. – c. during the week-end.

**4. Right or wrong?**
a. Employed students spend less time studying.
b. Unemployed students sleep longer.
c. Students practise sport every day for hours.
d. Unemployed students have more time to make friends.
e. Students spend about one third of a day studying.

1. Lycée.

FAIT ☐ REVU ☐

ANGLAIS

## Exercice 1

### Choisir le bon présent

**Young people and jobs**

Nowadays people have lots of difficulties to find a job. Young people work for months as trainees and they earn very little money. (Généralités : nowadays = de nos jours.)

I have a friend, Sammy: at the moment, he is working for a big building company to pay for his school. (Cas précis + at the moment > présent V + *-ing*.)

And every month his parents help him! Habitude > présent simple.

## Exercice 2

### Choisir entre *preterit* et *present perfect*

**The progress of surgery**

were (passé fini et défini : avant le XIXe siècle)
died
found
discovered (passés finis et définis : en 1800)
have improved (ça s'est passé, ça vaut jusqu'à maintenant, pas de date précise : présent perfect).
has grown
have saved
discovered (ici on a à nouveau une date > prétérit)
have become (évolution non datée touchant au présent > present perfect).

## Exercice 3

### Respecter les constructions

Il faut ici comprendre et respecter la structure du groupe verbal : l'accord sujet verbe ou auxiliaire (*-s* de 3e personne) et l'enchaînement des formes verbales. Ainsi après *have* on ne trouve que le participe passé, après *be* (à n'importe quel temps), on peut trouver une verbe + *-ING* ou un participe passé (qui forme le passif, comme en français).

**Food packaging**

How do manufacturers choose their food packaging? Of course food packaging will preserve (Base verbale après *will*) and protect the product. It can also make (base verbale après les auxiliaires de modalité) the product more attractive to the consumer and easier to transport. Plastics are used (passif : les plastiques sont utilisés – ils ne sont pas "en train d'utiliser" ou "utilisant" !) a lot in food packaging because they are resistant and cheap to produce. Paper, card, metal and glass can also be used (passif : *be* suit l'auxiliaire de modalité donc base verbale) for packaging. Manufacturers have to stick (*have to* est l'équivalent de *must*, et derrière *have*, on ne peut trouver qu'un participe passé, or *stuck* n'était pas proposé) labels carrying information for the consumer. (= portant, équivalent ici de *that carry*).

## Exercice 4

### Utiliser le bon auxiliaire modal

**Crime scene**

The detective observed the scene and thought: "I am nearly sure: the doctor must have committed the crime in the kitchen (il est quasiment certain et *must* indique la plus grande certitude parmi les 3 auxiliaires proposés). I am certain: we should find a proof there (même chose). But I hesitate: he can have used a knife or scissors (il n'est plus aussi sûr. On aurait pu trouver *may* également). And we don't know when he did it exactly: it might have been 9:30 or 10 o'clock. Perhaps later..." (*we don't know* implique une hypothèse peu étayée donc *might*).

## Exercice 5

### Utiliser le bon article

**Businesses: definitions**

A business is an organisation (noms comptables singuliers) engaged in ø commercial or industrial activities. (pluriel général)

It can make goods or provide services (goods are ø products such as ø books or ø cars.) (pluriels généraux aussi)

Businesses range from ø small firms (pluriel général) run by just one person to large companies which employ thousands of ø people.

Nearly half a million (nom comptable singulier) businesses start up each year. The vast majority (singulier précis) of businesses are very small and operate in the service sector (ce secteur en particulier).

## Exercice 6

### Former le comparatif et le superlatif

the strongest (le plus fort, superlatif : il sort du lot), faster than (on compare Superman à un avion donc comparatif), farther than (on compare Superman à n'importe qui d'autre donc comparatif), most powerful (il n'y en a qu'un, lui, donc superlatif), clumsier than others (on le compare aux autres), more (même chose), less happy (comparatif : il était moins heureux que les autres).

## Exercice 7

### Utiliser le bon pronom relatif

that (objet, sujet de "is"), when, who (humain sujet de "had"), that, that, why, who.

## Exercice 8

### Dire un nombre

**a.** Two thousand and fifty six – **b.** Nine point five – **c.** Three hundred dollars – **d.** The fifty first – **e.** One hundredth

## Exercice 9

### Choisir entre *some*, *any* et *no*

**Life at the North Pole?**

Some people say (= Des gens disent, il y a des gens qui disent, certaines personnes diront…) that living at the North Pole must be fantastic. But does anything/anybody live at the North Pole? No, there's no life at the North Pole itself (= pas de vie, aucune vie au pôle à proprement parler). There is no actual land at the North Pole itself, so no inhabitants, no animals actually live there either as there is no food. Some species (= Certaines espèces) live around the Pole, in the Arctic Ocean. But be careful! There are some people (= il y a des gens) who live IN North Pole: it's the name of a small town in Alaska. And any child (= n'importe quel enfant) in the US will tell you it's Santa Claus's town!

## Exercice 10

### Parler de dates et d'âge

**a.** I'll be 19 (years old) next week. **b.** I'm taking my oral exam on Thursday. **c.** Queen Victoria died in 1901. She was 81 (years old). **d.** Amundsen reached the North Pole in 1926. It was in May. **e.** My brother was 16 last month.

## Exercice 11

### Trouver l'intrus

**a.** time (son /ai/, les autres ont un /i/ court)
**b.** park (c'est le son de car, les autres ont le son /æ/ de cat)
**c.** done (c'est le son de "sun", les autres ont le son /əv/ de « no »)
**d.** this (les autres ont un /i/ long)
**e.** say (/ei/, les autres ont le son /e/. Attention « said » a bien le même son que « red » !

## Exercice 12

### Accentuer les mots au bon endroit

**a.** democratic – **b.** politician – **c.** society – **d.** exaggerate – **e.** exhibition – **f.** fantastic – **g.** finished – **h.** communicated – **i.** financial

## Exercice 13

### Lire avec la bonne intonation

Toutes descendantes sauf **b.**

## Exercice 14

### Organisez votre présentation

but, First, because of, Then, so, Finally.

## Exercice 15

### Choisir la préposition de temps

**London**

Two thousand years ago, London was invaded by the Romans. It was the capital of Roman Britain for four centuries. And since that period London (cette période = début de la croissance de Londres) has never stopped growing. In 1666, on September 2, the Great Fire destoyed 60% of the City but it was rebuilt and the town continued to expand. A few years ago London even hosted the Olympic Games.

## Exercice 16

### Exprimer « pour »

to rescue. for the kids to practise. for the children to play classical music, for them to develop their talents. to give concerts.

ANGLAIS

## Exercice 17

### Énoncer ce qui est pertinent

Toutes sauf **b.** et **f.** parlent de l'intégration de la nourriture indienne dans la culture britannique, ses causes et ses effets. On parle bien de civilisation. La phrase **b.** ne donne qu'une information personnelle et la **f.** parle de tourisme.

## Exercice 18

### Ordonner une présentation

**d.** – **b.** – **a.** – **e.** – **c.**
Identification – description – analyse – opinion personnelle.

## Exercice 19

### Utiliser le temps approprié

**a.** prétérit (récit passé) – **b.** présent simple (généralités) – **c.** futur : *will* (projets) – **d.** conditionnel : *could* – *should* (suggestion, conseil) – **e.** present perfect (bilan, constat)

## Exercice 20

### Raconter une anecdote

Last night I had a dream. I arrived at the office early. My boss was already there. He was phoning. Then he turned round and saw me. He said to me "Why didn't you put on your jeans?" And then I realized that I had put on a bathing suit instead of my trousers. That's when I woke up.

## Exercice 21

### Identifier le sujet de la question

**a.** D. – **b.** B. – **c.** A. – **d.** E. – **e.** C.

## Exercice 22

### Anticiper les questions

Toutes les questions traitent bien du sujet sauf les questions **c.** (qui parle de nationalité) et **e.** (qui mentionne une possible intervention du gouvernement).

## Exercice 23

### Comprendre un document écrit

**1.** A. : **c.**; B. : **b.**; C. : **c.**, **d.**, **e.**; D. : **b.**

**2. a.** : §4 ; **b.** : §3 ; **c.** : §2 ; **d.** : §1

**3. a.** *deceive*: tromper ; **b.** *actually*: en réalité ; **c.** *snorkelling*: faire de la plongée ; **d.** *sample*: goûter

## Exercice 24

### Analyser un document illustré

**1.** = **b.**; **2.** = **b.** (£500) ; **3.** = **a.**; **4.** = **c.**; **5.** = **b.** et **c.**

## Exercice 25

### Présenter un graphique

**1.** = **b. 2.** = **c. 3.** = **b.**

**4. a.** = right ; **b.** = right ; **c.** = wrong ; **d.** = right ; **e.** = wrong (one fourth : about 6 hours/24)

ANGLAIS

Savoir 1

LU ☐
SU ☐
REVU ☐

# Les métiers

**On classe un métier en fonction de la branche professionnelle et du secteur d'activité auquel il appartient, ainsi que du niveau de qualification et de formation requis.**

## 1 Les secteurs d'activité et les branches professionnelles

### 1.1. Les secteurs d'activité

Pour identifier le secteur d'activité auquel appartient une entreprise, il faut considérer ce qu'elle produit ou ce qu'elle vend. Si elle a plusieurs activités, elle appartient au secteur de son activité principale, celle qui est la plus importante pour elle.

- Le secteur primaire regroupe l'ensemble des activités dont la finalité consiste en une exploitation des ressources naturelles (agriculture, pêche, forêts, mines).
- Le secteur secondaire regroupe l'ensemble des activités de transformation de matières premières (industries, construction).
- Le secteur tertiaire recouvre un ensemble d'activités qui vont du commerce à l'administration, en passant par les transports, la finance, l'immobilier, les services.
- Le secteur quaternaire regroupe les activités liées à l'information et à la communication (presse, télécommunications, Internet, recherche).

### 1.2. Les branches professionnelles

L'INSEE a établi une nomenclature des activités françaises (NAF), qui identifie les branches professionnelles. Toutes les entreprises qui produisent ou vendent les mêmes biens ou services appartiennent à la même branche professionnelle.

## 2 Le métier et le niveau de qualification

### 2.1. Le métier

Un métier se définit par la formation nécessaire pour l'exercer, par les tâches à accomplir, par les responsabilités qui lui sont liées et les possibilités d'évolution. Un métier est une activité humaine, le plus souvent à but lucratif. C'est aussi un savoir-faire acquis qui nécessite l'amélioration permanente de ce savoir.

### 2.2. Le niveau de qualification

Un niveau de qualification dépend de la formation nécessaire pour occuper un poste dans le monde professionnel. Il témoigne des capacités de chacun à accomplir les tâches confiées et à prendre des responsabilités plus ou moins importantes.

## 3 Les formations

Le niveau de formation représente la condition de départ pour exercer un métier. La formation initiale est celle reçue pendant ses études au lycée ou dans un centre de formation. La formation continue s'effectue tout au long de la vie professionnelle.

**mots clés** Secteur d'activité ◆ Branche professionnelle ◆ Métier ◆ Qualification ◆ Formation initiale ◆ Formation continue

*S'entraîner au Bac*
Exercice 2 : p. 261

Savoir
2

# Le contexte institutionnel de l'activité professionnelle

LU ☐
SU ☐
REVU ☐

**L'environnement institutionnel d'une profession comprend de nombreux partenaires. Trois catégories d'organismes sont en relation avec les entreprises.**

## 1 Les chambres consulaires

### 1.1. Les chambres de métiers et de l'artisanat (CMA)

Les CMA ont en charge toutes les questions concernant l'artisanat. Les entreprises artisanales sont présentes dans les secteurs de l'alimentation, du bâtiment, de la production et des services. Ces chambres assurent des missions de formation, d'enregistrement des entreprises et de représentation auprès des pouvoirs publics.

### 1.2. Les chambres de commerce et d'industrie (CCI)

Les CCI sont des établissements publics, placés sous la tutelle de l'État.
Les principales missions d'une CCI portent sur la formation des jeunes, la gestion d'infrastructures (ports, aéroports...) et l'aide à la création d'entreprise.

### 1.3. Les chambres d'agriculture

Les chambres d'agriculture représentent les intérêts du monde agricole et l'ensemble de ses intervenants : exploitants, salariés, organisations agricoles.

## 2 Les organisations professionnelles

Certaines organisations professionnelles représentent les salariés des entreprises, d'autres les patrons. Leur principal rôle est de défendre les intérêts de leurs membres auprès des pouvoirs publics. Elles signent des accords sur les salaires, les conditions de travail et la formation professionnelle.

## 3 Les administrations et les collectivités territoriales

### 3.1. Les administrations publiques

Elles regroupent l'État, les collectivités territoriales et les administrations de Sécurité sociale. Elles s'occupent des services collectifs (justice, santé, éducation).

### 3.2. Les collectivités territoriales

- La région est dotée d'un conseil régional. Ses missions portent sur le développement économique, l'aménagement du territoire, les transports, la formation.
- Le département est géré par un conseil départemental élu pour six ans. Ses missions comprennent l'action sociale, l'éducation, l'aménagement, la culture, le sport.
- Les communautés de communes et les communautés d'agglomération gèrent l'aménagement de l'espace, le développement économique, la politique de la ville.
- La commune est la plus petite collectivité territoriale. Le maire est l'exécutif de la commune qu'il représente et dont il gère le budget. Il est élu pour six ans.

**mots clés** Chambre consulaire ◆ Collectivité territoriale

Savoir 3

# Les différentes organisations

LU ☐
SU ☐
REVU ☐

**Une organisation est un groupe de personnes qui ont décidé de s'organiser pour agir ensemble en se fixant un objectif commun.**

## 1 La diversité des organisations

### 1.1. Les formes d'organisations

- Les entreprises produisent des biens et des services qu'elles vendent à des clients dans le but de gagner de l'argent (but lucratif). Une entreprise individuelle est gérée par une seule personne. À partir de deux propriétaires, on parle de société.
- Les organisations publiques proposent des services, le plus souvent gratuits, à la collectivité. On distingue les entreprises publiques, qui produisent des biens et des services marchands et ont un objectif de profit comme les entreprises privées, et les administrations publiques, qui produisent des services non marchands.
- Les organisations à but non lucratif proposent des services, gratuits ou non, à un groupe de personnes sans chercher à faire de bénéfices. Elles ont pour objectif la solidarité et l'équité. Elles fournissent soit des biens et des services marchands (mutuelles et coopératives) soit des services non marchands (associations).

### 1.2. Les besoins couverts par les organisations

La diversité des organisations répond à trois catégories de besoins :

- des besoins économiques, quand l'organisation satisfait des intérêts privés ;
- des besoins sociaux, quand elle satisfait uniquement l'intérêt de ses membres ;
- des besoins sociétaux, quand elle satisfait l'intérêt collectif.

## 2 Le secteur marchand et le secteur non marchand

- Certaines organisations, notamment les entreprises, proposent leurs productions aux consommateurs à des prix qui leur permettent de réaliser un bénéfice. Cette production est dite « marchande » et l'organisation appartient au secteur marchand.
- D'autres organisations, notamment les associations, mettent leurs productions gratuitement ou quasi gratuitement (à un prix inférieur à 50 % du coût de production) à la disposition des utilisateurs/consommateurs. Cette production est alors dite « non marchande » et l'organisation appartient au secteur non marchand.

## 3 La marchandisation des services non marchands

La marchandisation d'un service est son passage de la forme non marchande à la forme marchande. Un service non marchand devient une marchandise lorsque son prix ne permet plus au plus grand nombre de personnes d'y accéder. Cette situation, fréquente dans les secteurs de la santé et de l'éducation, rend difficile de dire si ce type de service appartient au secteur marchand ou non marchand.

**mots clés**

**Entreprise ◆ Organisation publique ◆ Organisation à but non lucratif ◆ Secteur marchand ◆ Secteur non marchand**

*S'entraîner au Bac*
Exercice 1 : p. 259

ÉCONOMIE-DROIT

Savoir

4

# Les finalités et les objectifs des organisations

LU ☐
SU ☐
REVU ☐

**Les organisations ont des finalités qui varient en fonction de leur objet et des besoins économiques et sociaux qu'elles remplissent.**

## 1 La différence entre finalité et objectif

La finalité d'une entreprise est le but à atteindre, la valeur qui justifie son existence. Un objectif est une étape, un moyen d'atteindre la finalité. C'est un but concret à réaliser dans un délai précis. Il est exprimé quantitativement ou qualitativement.

## 2 Les missions de service public

Une mission de service public correspond à une activité qui profite à toute la population ; on parle d'« activité d'intérêt général ». Les principales missions de service public portent sur la sécurité des personnes et des biens, l'éducation de la population, la santé et l'accès aux soins et l'accès à la culture.

Il existe trois grandes catégories de services publics :

- les services publics relevant de la responsabilité traditionnelle de l'État (la sécurité, la justice, les finances du pays, l'Administration...) ;
- les services non marchands qui sont mis gratuitement ou quasi gratuitement à la disposition de tous (la santé, la culture, l'enseignement, la Sécurité sociale...) ;
- les services marchands qui sont vendus à la population par des entreprises qui dépendent de l'État ou à qui l'État a confié la mission (les transports, l'énergie, les télécommunications, La Poste...).

## 3 Les fonctions économique et sociale d'une organisation

### 3.1. La fonction économique

Elle repose sur un objectif de rentabilité économique. La création de richesse conduit à la réalisation d'un profit qui est réparti entre les personnes.

### 3.2. La fonction sociale

De plus en plus, se développe un secteur d'économie sociale ou solidaire dont l'objectif est de privilégier le service à la personne plutôt que la recherche du profit.

## 4 La création de richesse

La création de richesse est le résultat d'une activité économique dans laquelle la valeur de ce qui est produit est supérieure à la valeur des éléments utilisés pour cette production. Cette notion est à distinguer de celle de profit. Le profit réalisé permet de rémunérer les propriétaires de l'entreprise. Il représente la différence entre les recettes (ressources) et les dépenses.

**mots clés** Finalité ◆ Création de richesse ◆ Profit

*S'entraîner au Bac*
Exercice 1 : p. 259

Savoir

5

# Les acteurs des organisations

LU ☐
SU ☐
REVU ☐

**Au sein d'une organisation, chaque acteur est identifié par son rôle et ses objectifs.**

## 1 Les acteurs de l'association

### 1.1. La participation à la vie associative

Toute personne peut participer à la vie d'une association. Dans la vie associative, on distingue différents acteurs aux niveaux d'engagement différents :
- les membres fondateurs à l'origine de l'association et les adhérents qui entrent dans l'association moyennant une cotisation ;
- les membres bienfaiteurs qui versent une cotisation annuelle supérieure et les membres d'honneur qui rendent des services sans payer de cotisation ;
- les participants ponctuels.

Ils s'engagent tous bénévolement, sans contrepartie.

### 1.2. Le fonctionnement d'une association

Pour fonctionner, une association doit élire un conseil d'administration et désigner en son sein les trois membres du bureau, qui la dirigent au quotidien :
- le président, qui représente l'association devant la justice et dirige ;
- le secrétaire, qui assure les tâches administratives ;
- le trésorier, qui mène la gestion de l'association et tient la comptabilité.

Les décisions importantes de l'association sont prises à l'unanimité des membres.

## 2 Les acteurs de l'entreprise

### 2.1. Les propriétaires

Les propriétaires des entreprises sont des individus, isolés ou associés, ou des actionnaires. Ils apportent les ressources financières pour créer l'entreprise. Dans les petites entreprises, l'entrepreneur est à la fois le propriétaire et le patron qui dirige l'activité des employés. On parle alors de chef d'entreprise.

### 2.2. Les dirigeants

Ils prennent les décisions importantes et gèrent les budgets et les hommes.
Dans les moyennes et les grandes entreprises, le dirigeant est rarement le propriétaire. L'entreprise appartient le plus souvent à des personnes qui nomment à sa tête des dirigeants salariés qui rendent des comptes à un conseil d'administration. Dans les micro-entreprises (moins de 10 salariés) et les PME (petites et moyennes entreprises, de 10 à 249 salariés), les dirigeants sont le plus souvent les propriétaires.

### 2.3. Les employés

Ce sont la plupart du temps des salariés qui travaillent, avec un contrat qui les lie à une entreprise en échange d'un salaire. Par leur travail, ils créent la richesse de l'entreprise. Ils peuvent être responsables de certaines décisions et, dans ce cas, ont la qualification de cadres.

**mots clés** : Adhérent ◆ Bénévole ◆ Propriétaire ◆ Dirigeant ◆ Salarié

Savoir 6

# Les partenaires de l'entreprise

LU ☐
SU ☐
REVU ☐

**Les partenaires de l'entreprise sont présents tout au long de la vie de l'entreprise.**

## 1 Les banques

### 1.1. L'accompagnement par les banques

Les banques accompagnent les chefs d'entreprise tout au long de l'existence de l'entreprise. Elles proposent différents services.

EXEMPLES Ouverture d'un compte, prêts, placements financiers, carte bancaire...

### 1.2. Le financement par les banques

Tout au long de son développement, l'entreprise est dans l'obligation d'investir pour acquérir de nouveaux moyens de production. Le recours aux banques est la solution la plus souvent utilisée par les petites et moyennes entreprises afin d'obtenir un financement de leurs activités. En contrepartie, elles paient des intérêts à la banque.

## 2 Les pouvoirs publics

### 2.1. Les aides fournies par les pouvoirs publics

Une entreprise peut recevoir des aides de l'État et/ou des collectivités locales, en particulier lors de sa création. Les formes les plus courantes d'aide sont :
- les réductions ou suppressions d'impôts, de taxes, de charges sociales ;
- les primes et les subventions.

### 2.2. Les obligations imposées par les pouvoirs publics

- Les obligations sociales sont liées aux salariés : les entreprises qui emploient du personnel ont l'obligation de payer des charges sociales pour la retraite et la Sécurité sociale de chaque salarié. Les cotisations sont versées à l'Urssaf.
- Les obligations fiscales concernent le paiement d'impôts et de taxes en fonction de la nature de l'activité et du montant du chiffre d'affaires de l'entreprise.

## 3 Les assurances

Toute entreprise peut un jour être victime d'un sinistre susceptible d'interrompre son activité. Pour se protéger, les entreprises ont recours aux services des assureurs. On distingue trois grandes catégories d'assurances :
- l'assurance des biens de l'entreprise, pour les risques liés aux dégradations, aux pannes ou aux vols (locaux, machines, marchandises) ;
- l'assurance de responsabilité, pour les dégâts causés à des tiers ;
- l'assurance des personnes, pour les baisses d'activité de l'entreprise.

**mots clés** Banque ◆ État ◆ Collectivités locales ◆ Assurances

S'entraîner au Bac
Exercice 1 : p. 259

Savoir 7

# Les différents types d'entreprises

LU ☐
SU ☐
REVU ☐

**Différents indicateurs économiques et différentes formes juridiques sont utilisés pour caractériser la diversité des entreprises.**

## 1 Les critères économiques

### 1.1. En fonction de la performance économique

Les critères qui permettent de mesurer la performance d'une entreprise sont :
- le chiffre d'affaires (CA), qui correspond au montant des ventes réalisées ;
- le bénéfice, soit la différence entre le CA et l'ensemble des coûts de l'entreprise ;
- le nombre de clients, qui est un critère alternatif au chiffre d'affaires ;
- la part de marché, soit le rapport entre les ventes d'un produit et le total du marché.

### 1.2. En fonction de la taille

Pour classer les entreprises selon leur taille, on utilise le critère de l'effectif.

| CATÉGORIES | EFFECTIF EMPLOYÉS | NOMBRE D'ENTREPRISES |
|---|---|---|
| Micro-entreprises | Moins de 10 salariés | Environ 2,5 millions |
| Petites et moyennes entreprises (PME) | De 10 à 249 salariés | 130 000 |
| Entreprises de taille intermédiaire | De 250 à 4 999 salariés | 4 500 |
| Grandes entreprises (GE) | À partir de 5 000 salariés | 217 |

## 2 Les critères juridiques

### 2.1. L'entreprise publique et l'entreprise privée

Une entreprise publique est une entreprise dont le capital appartient en majorité, voire en totalité, à l'État ou à une collectivité territoriale (ex. : EDF). Les pouvoirs publics peuvent ainsi exercer sur leur activité une influence prépondérante.
Dans une entreprise privée, le capital est détenu par des personnes privées.

### 2.2. L'entreprise individuelle et la société de personnes

Le statut juridique d'une entreprise dépend de deux critères :
- le nombre de personnes responsables de l'entreprise ;
- l'étendue de la responsabilité de ces personnes.

Dans une entreprise individuelle, une même personne est à la fois propriétaire de l'entreprise et gestionnaire de l'entreprise. Elle est entièrement responsable de l'entreprise et peut, en cas de dettes, être obligée de payer avec ses biens propres.
Dans une société, des personnes mettent en commun de l'argent pour développer une activité. Elles confient le plus souvent la gestion à une personne de confiance. En cas de dettes, la responsabilité de chaque associé est limitée à la somme qu'il a apportée.

**mots clés** Entreprise publique ◆ Entreprise privée ◆ Entreprise individuelle ◆ Société

Savoir

8

LU ☐
SU ☐
REVU ☐

# La coordination et la prise de décision

**La structure d'une entreprise se définit en fonction de l'organisation interne choisie. Plusieurs logiques d'organisation sont possibles. Le choix d'une structure interne doit être cohérent par rapport aux objectifs de l'entreprise et faciliter ainsi la prise de décision.**

## 1 Les structures d'entreprise

### 1.1. La répartition des tâches

Les entreprises peuvent adopter différents types de structure selon la manière dont elles organisent la répartition du travail à l'intérieur de leurs différents services. La structure d'une entreprise donne la répartition des tâches, des responsabilités et du pouvoir au sein de celle-ci.

### 1.2. L'organigramme

La structure d'une entreprise est habituellement représentée par un schéma appelé « organigramme ». L'observation de l'organigramme d'une entreprise indique le nombre de niveaux de responsabilité de la structure.

EXEMPLE

L'exemple ci-dessous fait apparaître trois niveaux.

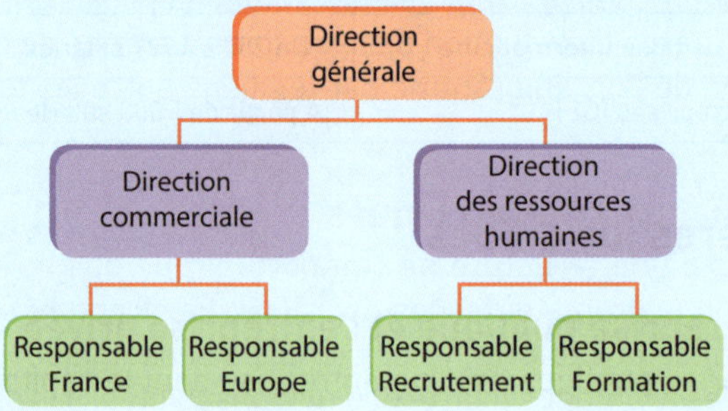


### 1.3. La structure fonctionnelle

Dans une structure fonctionnelle, l'entreprise est organisée selon de grandes fonctions (commerciale, production, gestion des ressources humaines…). Elle repose sur deux principes :

- la voie hiérarchique : chaque subordonné est placé sous la responsabilité d'une seule personne dont il reçoit des ordres et à qui il doit rendre compte. C'est une « liaison hiérarchique » ;
- la communication entre les personnes, à la fois verticale (selon la voie hiérarchique) et horizontale (coopération au même niveau hiérarchique).

### 1.4. Les structures divisionnelles

#### a) La structure par produits

L'entreprise est organisée en fonction des différents biens ou services qu'elle produit. Chacune des divisions « produit » peut ensuite être structurée selon le modèle de la structure fonctionnelle.

ÉCONOMIE-DROIT

Ce type de structure est fréquemment utilisé par les grandes entreprises.

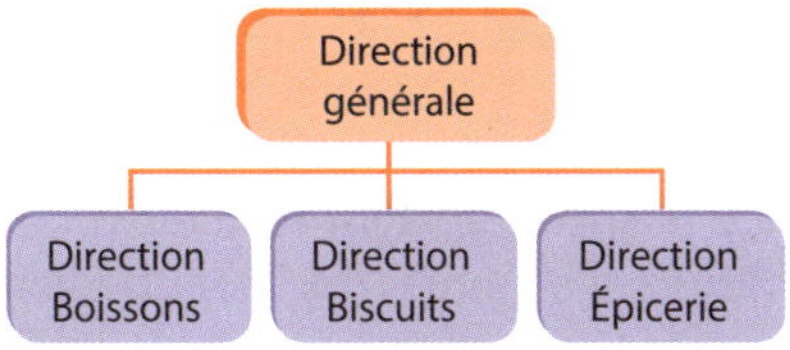


**b) La structure géographique**

Ce mode d'organisation est valable pour des entreprises présentes sur des marchés dispersés géographiquement. De nombreuses entreprises multinationales l'ont adopté.

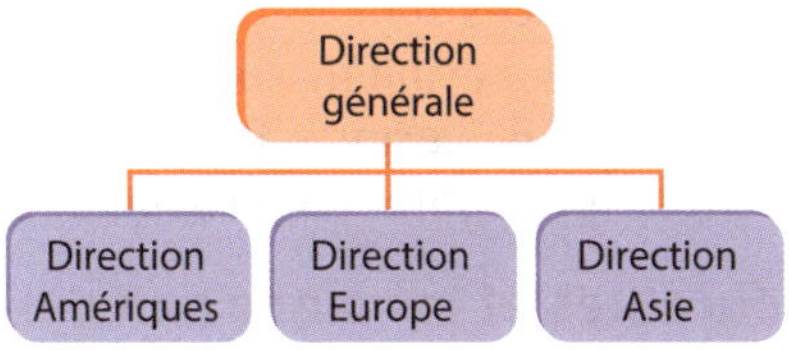


## 2 La prise de décision

### 2.1. La notion de décision

De nombreuses décisions sont prises en permanence dans les entreprises. La décision est un choix entre plusieurs solutions possibles, compte tenu d'un ou de plusieurs critères d'évaluation des solutions. La prise de décision apparaît dans la construction de l'organigramme par les liens entre les différents niveaux de responsabilité.

### 2.2. Les liaisons hiérarchiques

Dans le cas d'une structure ne comportant que des liaisons hiérarchiques, une seule personne prend toutes les décisions. La structure de l'entreprise a la forme d'une pyramide et l'autorité y est exercée à sens unique, du haut vers le bas. Cela comporte des avantages (clarté des responsabilités, pas de conflit d'autorité), mais également des inconvénients (pas d'initiatives personnelles, lourdeur de la prise de décision).

### 2.3. Les liaisons de conseil

Un conseiller apparaît dans l'organigramme par un lien horizontal. Il est placé sous la responsabilité d'un supérieur hiérarchique mais il n'a pas d'ordre à donner à ceux qui sont placés en dessous de lui dans la structure ; c'est une « liaison de conseil » ou « fonctionnelle ».

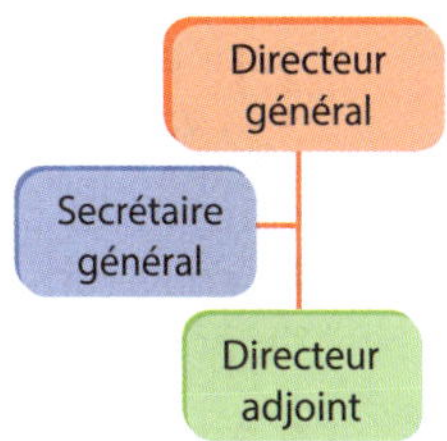


**mots clés** Organigramme ◆ Structure fonctionnelle ◆ Structure par produits ◆ Structure géographique ◆ Décision ◆ Liaisons hiérarchiques ◆ Liaisons de conseil

Savoir 9

# L'entreprise et son marché

LU ☐
SU ☐
REVU ☐

**On identifie le marché d'une entreprise en fonction des biens et/ou des services qu'elle commercialise.**

## 1 Les biens et les services

### 1.1. La distinction entre biens et services

Les biens sont des objets fabriqués par l'homme à l'aide d'outils ou de machines (ex. : un téléviseur). Les services sont immatériels : ils représentent un travail fourni (ex. : une coupe de cheveux). Les biens sont dits matériels et les services immatériels. La commercialisation de certains biens s'accompagne de services liés pour inciter le client à acheter en profitant d'un avantage supplémentaire.

### 1.2. Les biens durables et les biens non durables

Les biens sont durables s'ils sont utilisables régulièrement sur une durée assez longue (ex. : kite-surf). Ils sont dits « semi-durables » s'ils servent régulièrement sur une durée de vie plus courte (ex. : pile électrique). Ils sont non durables s'ils sont détruits à la première utilisation (ex. : boisson énergisante).

## 2 Les clients et les fournisseurs

### 2.1. Les grandes catégories de clients

Un client est une personne qui achète les biens et les services de l'entreprise. Chaque catégorie de clients a des besoins propres auxquels l'entreprise s'adapte.

### 2.2. Les grandes catégories de fournisseurs

Un fournisseur est une entreprise qui vend des produits à d'autres entreprises.
Il existe trois catégories de fournisseurs :

- les fournisseurs de biens, qui vendent des fournitures ou des marchandises ;
- les fournisseurs de matériels destinés à la production et de mobilier ;
- les fournisseurs de services.

## 3 Le marché et la concurrence

### 3.1. Le marché d'une entreprise

Le marché regroupe les consommateurs d'un produit sur un territoire géographique délimité et durant un laps de temps précis. Le marché amont est constitué des fournisseurs. Le marché aval englobe les prescripteurs (qui recommandent l'achat du produit), les clients et les distributeurs.

### 3.2. La concurrence

Elle représente l'ensemble des entreprises qui proposent des produits ou des services répondant au même besoin. Chaque entreprise tente de se différencier en mettant en avant un avantage sur ses concurrents : prix, qualité, innovation, etc.

**mots clés** Bien ◆ Service ◆ Bien (non) durable ◆ Client ◆ Fournisseur ◆ Marché ◆ Concurrents

ÉCONOMIE-DROIT

Savoir
10

# La politique commerciale

LU ☐
SU ☐
REVU ☐

**La politique commerciale désigne l'ensemble des décisions ou des pratiques d'une entreprise relatives à la commercialisation de ses produits ou services.**

## 1 La politique de produit

La politique de produit d'une entreprise regroupe l'ensemble des décisions qui portent sur les performances et les qualités de ses produits ainsi que sur leur design, leur packaging (emballage extérieur) et leur marque.
Le couple marché/produit correspond à la combinaison d'un produit et d'un type de clients auquel ce produit est destiné plus particulièrement.

## 2 La politique de prix

Pour fixer le prix d'un produit, l'entreprise doit tenir compte :
- des prix affichés par les concurrents ;
- du niveau de prix acceptable par le consommateur (prix psychologique) ou du prix maximal auquel le client est prêt à acheter le produit ;
- des dépenses nécessaires pour acquérir ou fabriquer le produit, afin que sa vente assure un bénéfice.

## 3 La politique de distribution

Le réseau de distribution est constitué de l'ensemble des détaillants et grossistes qui mettent les produits d'une entreprise à disposition des consommateurs intermédiaires (magasins) ou finaux. L'entreprise doit mettre en place un réseau de distribution qui lui permette d'atteindre ses objectifs de vente.
Un canal de distribution correspond à toutes les étapes que parcourt un produit entre l'usine dans laquelle il a été fabriqué et le magasin dans lequel il est mis en vente. Il peut être plus ou moins direct, en fonction du nombre d'intermédiaires séparant le producteur du consommateur.

## 4 La politique de communication

La promotion des ventes regroupe l'ensemble des actions commerciales qui visent à inciter le consommateur potentiel à l'achat du produit, en lui accordant un avantage limité dans le temps.
La publicité représente l'« action de rendre public ». Elle utilise différents médias (presse, radio, affichage, télévision, Internet) pour faire connaître au public un produit. Les objectifs de la publicité sont d'informer sur les caractéristiques d'un produit et de provoquer l'achat.
Le marketing direct consiste à établir un contact direct avec un client identifié le plus souvent grâce à un fichier, soit pour le conquérir, soit pour le fidéliser.

mots clés

Politique commerciale ◆ Couple marché/produit ◆ Réseau de distribution ◆ Promotion

# Les fonctions et caractères du droit

LU ☐
SU ☐
REVU ☐

**Le droit est l'ensemble des règles qui doivent être respectées par tous.**

## 1 L'objet du droit

Le droit fixe les limites aux libertés de chacun et régit les rapports entre les personnes. Nul ne peut se faire justice à soi-même : en cas de litige, il faut saisir la justice.

## 2 Les caractères du droit

La règle de droit a un caractère général, impersonnel et obligatoire.

EXEMPLE
Le Code civil prévoit que la majorité est fixée à 18 ans accomplis. Cette règle ne vise personne en particulier et s'applique à tous ceux qui ont atteint l'âge de 18 ans.

## 3 Les fonctions de la règle de droit

### 3.1. Une fonction de régulation

Le droit organise la société au nom des valeurs collectives que ses membres partagent. Les règles de droit évoluent et s'adaptent en fonction des choix politiques et sociaux correspondant à un état de la société à un instant donné.

EXEMPLE
Le droit évolue pour s'adapter à la demande sociale de réparation des dommages individuels (erreur médicale, etc.) et collectifs (catastrophes naturelles, etc.)

### 3.2. Une fonction de sanction

Les règles de droit s'imposent à tous. Ceux qui ne les respectent pas sont sanctionnés.

## 4 Les droits

Le droit objectif regroupe les règles qui régissent les relations des personnes vivant dans une société. Elles sont élaborées et sanctionnées par l'autorité publique (ex. : le droit de grève).
Le droit objectif reconnaît aux personnes des droits individuels très concrets, appelés « droits subjectifs », du fait qu'ils ont pour titulaires les sujets de droit.

EXEMPLE
Une personne propriétaire d'un appartement a un droit de propriété sur son bien, en vertu duquel elle peut l'habiter, le louer ou le vendre.

Ainsi, tous les individus, en leur qualité de sujets de droit, détiennent des pouvoirs et peuvent, en cas de conflit, les faire respecter devant la justice.

mots clés
**Caractère général, impersonnel et obligatoire de la règle de droit ◆ Droit objectif ◆ Droits subjectifs**

Savoir
12

# Les droits fondamentaux

LU ☐
SU ☐
REVU ☐

Ils constituent des fondements essentiels des sociétés démocratiques.

## 1 Les droits de l'homme et les libertés fondamentales

### 1.1. L'étendue des droits de l'homme et des libertés fondamentales

Ces droits et libertés fondamentales sont reconnus par la Constitution.

EXEMPLES La liberté du commerce et de l'industrie ; la liberté du travail pour tous...

### 1.2. La protection des droits de l'homme et des libertés fondamentales

Les droits de l'homme, énoncés dans la Déclaration des droits de l'homme et du citoyen de 1789, puis complétés dans le préambule de la Constitution de 1946, ont été repris dans le préambule de la Constitution de la Ve République de 1958.
L'inscription des droits de l'homme dans la Constitution garantit leur respect. En effet, la Constitution est la règle suprême, elle se situe au sommet du système juridique français. Toutes les lois doivent donc lui être conformes.

EXEMPLE La CNIL (Commission nationale de l'informatique et des libertés) protège la vie privée et les libertés des citoyens dans le monde numérique.

## 2 L'encadrement des libertés par le droit

Le droit fixe ce qu'il est possible ou interdit de faire. Il veille ainsi au respect de l'ordre public, c'est-à-dire de l'ensemble des règles qui s'imposent à tous.
Dans l'intérêt de tous, le droit peut donc limiter l'usage de certaines libertés. La notion d'ordre public permet de poser des limites aux libertés individuelles.

EXEMPLE Le propriétaire d'une radio peut utiliser son bien mais il ne doit pas en faire un usage abusif en perturbant le sommeil de ses voisins.

## 3 Les devoirs et obligations liés aux libertés

Des devoirs et des obligations sont les contreparties des libertés fondamentales. Les pouvoirs publics peuvent restreindre les droits fondamentaux s'il existe un risque de troubles pour l'ordre public.

EXEMPLE L'interdiction de l'incitation à la haine est une limite à la liberté d'expression.

De leur côté, les individus profitent de leurs droits mais ils ont aussi des devoirs : respecter l'ordre public, payer des impôts, etc.
Il existe aussi des devoirs et des obligations liés aux libertés fondamentales au niveau européen.

EXEMPLE Le droit de circuler et travailler sur le territoire des autres pays membres.

mots clés

**Droits fondamentaux ◆ Libertés fondamentales ◆ Constitution ◆ Déclaration des droits de l'homme et du citoyen ◆ Ordre public**

# Savoir 13

# Les sources du droit

LU ☐
SU ☐
REVU ☐

**On distingue deux types de sources aux règles de droit : les sources directes et les sources indirectes.**

## 1 Les sources directes du droit

### 1.1. Le bloc constitutionnel

La Constitution est l'ensemble des règles qui précisent l'organisation et le fonctionnement des pouvoirs publics en fixant des principes fondamentaux (ex. : la liberté syndicale).

Les traités sont négociés par plusieurs États qui s'engagent mutuellement. Au niveau européen, les traités communautaires forment le droit originaire s'imposant à tous les États membres. Il est enrichi par les institutions européennes (Parlement, Commission...) : on parle alors de « droit dérivé ». Celui-ci comprend les règlements, qui sont directement applicables dans les 27 États membres de l'Union européenne, et les directives, qui obligent les États membres à modifier leur droit pour atteindre certains objectifs.

### 1.2. Le bloc législatif

Il comprend les lois, qui sont des dispositions abstraites, générales et permanentes. Elles sont votées par le Parlement (Assemblée nationale et Sénat).

### 1.3. Le bloc réglementaire

On distingue les décrets (actes pris par le pouvoir exécutif : président de la République et Premier ministre) et les arrêtés (arrêtés ministériels pris par les ministres ; arrêtés préfectoraux pris par les préfets ; arrêtés municipaux pris par les maires).

## 2 Les sources indirectes du droit

- La jurisprudence est l'ensemble des décisions rendues par les tribunaux.
- Les coutumes ou usages s'imposent par habitude ou par croyance.

## 3 La hiérarchie des normes

Le droit national ressemble à une pyramide au sommet de laquelle se trouve la Constitution. Au-dessous, on trouve la loi, qui est supérieure aux règlements pris par le pouvoir exécutif. Chaque texte doit être en conformité avec ceux qui lui sont supérieurs dans la hiérarchie. Lorsqu'il y a divergence entre une règle de droit communautaire et une règle de droit national, c'est le droit communautaire qui s'impose.

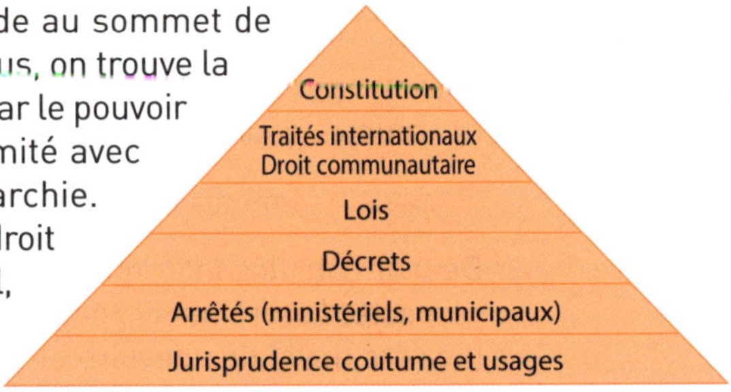


**mots clés** Constitution ◆ Traités ◆ Règlements ◆ Directives ◆ Lois ◆ Décrets ◆ Arrêtés ◆ Jurisprudence ◆ Coutume

*S'entraîner au Bac*
Exercice 1 : p. 259

ÉCONOMIE-DROIT

Savoir
14

# Les titulaires de droits subjectifs

LU ☐
SU ☐
REVU ☐

**Les titulaires de droits subjectifs sont les personnes physiques et les personnes morales qui possèdent la personnalité juridique.**

## 1 La personnalité juridique

La personnalité juridique, reconnue aux êtres humains, leur confère l'aptitude d'avoir des droits (acheter, voter...) mais aussi des obligations (payer des impôts, respecter les lois). Les enfants ou les personnes dont les facultés mentales et/ou physiques sont altérées disposent aussi de la personnalité juridique.

## 2 Les personnes physiques

### 2.1. Les éléments d'identification

- Le nom se compose du nom de famille (nom patronymique) et d'un ou de plusieurs prénoms, permettant de distinguer les membres d'une même famille.
- Le domicile est le lieu où la personne réside habituellement.
- La nationalité est le lien juridique rattachant un individu à un État. La nationalité française peut être obtenue par la filiation, la naissance sur le territoire français (si l'un des deux parents y est lui-même né), le mariage ou la naturalisation.
- Le patrimoine est l'ensemble des droits et obligations d'une personne, évalués en monnaie. Seules les personnes juridiques peuvent avoir un patrimoine et toute personne juridique dispose d'un seul et unique patrimoine.

### 2.2. La capacité des personnes physiques

Toute personne physique est capable, c'est-à-dire titulaire de droits. La capacité juridique est donc l'aptitude à être titulaire de droits (capacité de jouissance) et à les exercer librement (capacité d'exercice).
Certaines personnes sont titulaires de droits mais ne peuvent les mettre en œuvre, par exemple les mineurs. Elles sont alors privées de la capacité d'exercice. D'autres, en raison de leur état mental ou physique pouvant causer un préjudice à autrui ou à eux-mêmes, sont privés de tout ou partie de leur capacité d'exercice.

## 3 Les éléments d'identification des personnes morales

Des personnes physiques peuvent souhaiter se regrouper afin d'exercer une activité ensemble et ainsi donner naissance à une « personne morale ».
Bénéficiant de la personnalité juridique, la personne morale dispose d'un nom (dénomination sociale), d'un domicile (siège social) et d'une nationalité.
Il existe des personnes morales de droit privé, avec ou sans but lucratif (une société, une association), et des personnes morales de droit public, collectivités ou établissements publics (l'État, une commune, un lycée).

**mots clés** **Personnalité juridique ◆ Capacité juridique ◆ Capacité de jouissance ◆ Capacité d'exercice ◆ Personne morale**

ÉCONOMIE-DROIT

Savoir

# 15 La preuve des droits subjectifs

LU ☐
SU ☐
REVU ☐

**Les personnes qui demandent à la justice de régler leur litige doivent apporter les preuves de ce qu'elles réclament.**

## 1 La charge de la preuve

Prouver un droit, c'est apporter la preuve de ce que l'on prétend. Celui qui réclame l'exécution d'un droit doit prouver qu'il existe, et celui qui prétend avoir exécuté son obligation peut rapporter la preuve qu'il a respecté son obligation.

## 2 Les modes de preuve

Tous les moyens de preuve n'ont pas la même valeur. On dit que les preuves écrites sont « parfaites » car elles sont difficiles à contester.

### 2.1. Les preuves écrites

- L'acte authentique est passé devant un officier ministériel (notaire, huissier) et a, de ce fait, une grande force probante. Cette forme authentique est obligatoire pour certains actes (ex. : vente d'un immeuble).
- Les actes sous seing privé sont des écrits rédigés et signés par des particuliers s'engageant les uns envers les autres. Ils respectent des exigences de forme.

### 2.2. Les autres modes de preuve

Depuis la loi du 13 mars 2000, l'écrit sur support électronique est admis comme preuve avec la même force probante que l'écrit sur support papier.
Il peut s'agir aussi d'un témoignage (déclaration faite par une personne étrangère à une affaire et qui dit ce qu'elle a vu ou entendu) et d'un simple écrit.

## 3 L'admissibilité de la preuve

### 3.1. La preuve des actes juridiques : les preuves parfaites

Un acte juridique est un contrat qui a pour but de créer des effets juridiques. Dès lors qu'il porte sur un montant d'au moins 1 500 €, la preuve de l'existence de cet acte se fait en apportant l'écrit qui a été signé par les parties.

EXEMPLE Un créancier pourra produire le contrat qui engageait l'autre partie à lui payer une certaine somme ou à lui livrer un bien.

### 3.2. La preuve des faits juridiques : la liberté de la preuve

Pour les faits juridiques (événements quelconques qui produisent des conséquences juridiques sans que les intéressés les aient volontairement recherchées), toutes les formes de preuve sont recevables car ils sont imprévisibles. Ces preuves peuvent être contestées.

EXEMPLE Le témoignage apporté par une personne suite à un accident de voiture.

**mots clés** : Charge de la preuve ◆ Preuve écrite ◆ Acte authentique ◆ Acte sous seing privé ◆ Témoignage

Savoir
16

# La responsabilité

LU ☐
SU ☐
REVU ☐

**Chacun est responsable de ses actes et doit en assumer les conséquences.**

## 1 Les responsabilités pénale et civile

### 1.1. Sanctionner en cas de responsabilité pénale

Une personne est responsable pénalement lorsqu'elle a commis une faute pénale, c'est-à-dire une infraction (ex. : un vol, un meurtre). Elle doit être sanctionnée par une amende et/ou une peine de prison.

### 1.2. Réparer en cas de responsabilité civile

Une personne commet une faute civile si elle cause un dommage à autrui. Elle engage alors sa responsabilité civile et doit réparer ce dommage par le versement d'une indemnisation financière : les dommages-intérêts. On distingue :

- la responsabilité civile contractuelle, qui est invoquée dans le cas d'un contrat mal ou non exécuté par le débiteur (*cf.* fiche Savoir 39) ;
- la responsabilité civile délictuelle, qui est invoquée dans le cas d'un comportement fautif qui crée des dommages à autrui.

## 2 La responsabilité civile délictuelle

Pour obtenir réparation, la victime d'une infraction doit établir l'existence des trois éléments constitutifs de la responsabilité civile délictuelle.

| LE FAIT GÉNÉRATEUR | LE DOMMAGE RÉPARABLE | LE LIEN DE CAUSALITÉ |
|---|---|---|
| Il s'agit d'une faute personnelle intentionnelle (une intention de nuire…) ou non intentionnelle (une imprudence…). | La victime doit avoir subi un dommage ou un préjudice certain, qui peut être matériel, corporel ou moral. | La faute doit être la cause du dommage. Le lien de causalité doit être prouvé par celui qui s'estime victime. |

Il existe différents cas de responsabilité civile délictuelle.

| LA RESPONSABILITÉ DU FAIT PERSONNEL | LA RESPONSABILITÉ DU FAIT D'AUTRUI |
|---|---|
| On est responsable de sa propre faute ou de sa négligence. (ex. : une personne bouscule et fait chuter un passant). | On peut être responsable du fait des personnes dont on a la charge.<br>Exemples :<br>– les parents sont responsables des dommages provoqués par leurs enfants ;<br>– les employeurs sont responsables des dommages provoqués par leurs salariés. |

Actuellement, la volonté croissante de l'indemnisation des victimes et le désir de prévenir les risques conduisent au développement de l'assurance. On dit que le risque est « socialisé » car il est pris en charge par la collectivité par le biais de l'assurance.

**mots clés**

**Responsabilité pénale ◆ Dommages-intérêts ◆ Responsabilité civile contractuelle ◆ Responsabilité civile délictuelle**

Savoir

17

# L'organisation judiciaire

LU ☐
SU ☐
REVU ☐

**Tout titulaire d'un droit doit pouvoir le faire respecter et faire sanctionner par la justice les atteintes qui y sont portées. Il doit respecter les règles organisant la justice.**

## 1 Les deux ordres de juridiction

| ORDRE JUDICIAIRE | | ORDRE ADMINISTRATIF : LES JURIDICTIONS ADMINISTRATIVES |
|---|---|---|
| LES JURIDICTIONS CIVILES | LES JURIDICTIONS PÉNALES | |
| Pour les procès entre les particuliers : tribunal d'instance, tribunal de grande instance, conseil de prud'hommes, tribunal de commerce… | Pour défendre l'ordre public et sanctionner les infractions à la loi pénale : tribunal de police, tribunal correctionnel, cour d'assises… | Pour juger les litiges entre les particuliers ou les entreprises et les administrations : tribunal administratif, cour administrative d'appel et Conseil d'État. |

## 2 Les tribunaux et leur compétence

| LA COMPÉTENCE D'ATTRIBUTION | LA COMPÉTENCE TERRITORIALE |
|---|---|
| Il faut d'abord déterminer le tribunal compétent en raison de la nature du litige.<br>Ex. : un litige entre un salarié et son employeur est jugé par le conseil de prud'hommes. | Celui qui agit en justice (le demandeur) doit saisir le tribunal de la ville où se trouve le domicile (ou le siège social) de la personne attaquée (le défendeur). |

## 3 Les voies de recours

| L'APPEL | LE POURVOI EN CASSATION |
|---|---|
| Le justiciable mécontent du jugement rendu par un tribunal a la possibilité d'être rejugé par une juridiction supérieure, dite « du second degré » : la cour d'appel confirme ou infirme la décision du tribunal. | Après décision de la cour d'appel, le plaideur peut encore se pourvoir en cassation devant la Cour de cassation. La Cour contrôle que les décisions de justice sont en conformité avec les règles de droit. |

## 4 Les acteurs de la justice et le déroulement d'un procès

La justice est rendue par des juges professionnels et exceptionnellement par des juges non professionnels (conseil de prud'hommes). Les auxiliaires de justice tels que les avocats, les huissiers et les greffiers sont des professionnels du droit indispensables au bon fonctionnement de la justice.

Un procès se déroule en plusieurs étapes : convocation des parties, échange des moyens de preuve, auditions des parties, jugement prononcé après une période de délibéré.

**mots clés** Ordre judiciaire ◆ Ordre administratif ◆ Compétence d'attribution ◆ Compétence territoriale ◆ Cour d'appel ◆ Cour de cassation

Savoir 18

# Le management des ressources humaines

LU ☐
SU ☐
REVU ☐

**Le management des ressources humaines (RH) désigne l'ensemble des moyens mis en œuvre par l'entreprise pour garantir une adéquation entre ses ressources et ses besoins en personnel.**

## 1 Les objectifs du management des RH

Le management des RH recouvre un ensemble de missions, parmi lesquelles :
- la gestion administrative (gestion de la paie, des congés, des absences…) ;
- la gestion des carrières (formation des salariés, mise en place d'une procédure de promotion leur permettant de progresser dans l'entreprise…) ;
- la gestion des effectifs (plan de recrutement ou de licenciement…).

Le management des RH doit permettre de prévenir certains dysfonctionnements susceptibles d'avoir des conséquences graves pour l'entreprise.

EXEMPLES
Conflits sociaux, grèves, actes d'insubordination, absentéisme.

Il doit assurer la sécurité et la santé au travail des salariés.

EXEMPLES
Lutte contre les accidents du travail, l'exposition au stress.

La motivation des salariés doit être l'une des priorités de l'entreprise car sa réussite en dépend. Si les salariés sont motivés, ils seront plus performants.

## 2 Les styles de direction

| STYLES DE DIRECTION | INTÉRÊTS | LIMITES |
|---|---|---|
| Management autoritaire | Les salariés sont guidés de façon ferme. | Il n'y a pas de place pour les initiatives des salariés. |
| Management paternaliste | Le manager peut être proche de ses collaborateurs mais le pouvoir est totalement centralisé. | Risque de tension avec le personnel qui ne peut participer à la prise de décision. |
| Management consultatif | La communication fonctionne à double sens au sein de l'équipe. | Risque de perte de temps dans le processus de décision. |
| Management participatif | Les collaborateurs sont associés à la prise de décision. | Les collaborateurs doivent être créatifs. |

## 3 La communication interne dans les organisations

La communication interne contribue à l'efficacité du travail et à la motivation des salariés. Elle peut être formelle, c'est-à-dire officielle (note de service, affiche, courriel, réunion) ou informelle (impromptue entre les salariés).

mots clés
**Management des ressources humaines ◆ Motivation ◆ Styles de direction ◆ Communication interne**

ÉCONOMIE-DROIT

Savoir 19

# Le recrutement

LU ☐
SU ☐
REVU ☐

**Une organisation recrute pour adapter le nombre de ses salariés à ses besoins en emplois. La politique de recrutement peut prendre plusieurs formes.**

## 1 Les enjeux du recrutement

La politique de recrutement doit permettre d'ajuster les ressources en moyens humains aux besoins actuels et futurs de l'organisation. En fonction des circonstances, l'organisation peut donc recruter ou réduire ses effectifs, ou encore flexibiliser le travail en faisant varier le nombre d'heures travaillées selon les périodes voire former le personnel pour qu'il acquière de nouvelles qualifications.
Elle doit donc être en mesure de définir ses besoins en compétences internes.

## 2 Les types de recrutement

Le recrutement est un acte très difficile car il prend du temps et engage une entreprise et un salarié pour un avenir de durée variable.

| LE RECRUTEMENT INTERNE | LE RECRUTEMENT EXTERNE |
|---|---|
| L'organisation propose à un salarié un nouveau poste, de nouvelles responsabilités et une nouvelle mission.<br>Un recrutement interne permet de réaliser des économies puisque le candidat est déjà dans l'organisation. L'entreprise connaît bien les candidats qui, eux-mêmes, connaissent bien l'entreprise. C'est aussi un bon outil de motivation. | L'organisation cherche un nouveau collaborateur à l'extérieur, c'est-à-dire sur le marché du travail, par différents moyens : petites annonces, recours à un cabinet de recrutement.<br>L'arrivée d'un nouveau collaborateur peut enrichir l'organisation. Mais ce recrutement est coûteux et comporte un risque de mauvaise adaptation du nouveau salarié. |

## 3 Le principe de non-discrimination à l'embauche

L'employeur peut recruter le candidat de son choix, à condition qu'il ne commette pas d'actes de discrimination. Lors d'une phase de recrutement, il est donc interdit de poser au candidat des questions sur sa sexualité et sa situation matrimoniale, ses activités syndicales, ses opinions politiques ou ses convictions religieuses.

EXEMPLE
Les mentions sur la limite d'âge ou l'état de santé sont interdites dans les offres d'emploi car elles constituent une forme de discrimination.

Les informations demandées doivent présenter un lien direct et nécessaire avec l'emploi proposé ou avec l'évaluation de ses aptitudes professionnelles.

EXEMPLE
Une femme candidate à un emploi n'est pas tenue de révéler sa grossesse.

**mots clés** Recrutement interne/externe ◆ Principe de non-discrimination

*S'entraîner au Bac*
Exercice 2 : p. 261

# Le contrat de travail

LU ☐
SU ☐
REVU ☐

**La loi encadre la relation de travail qui lie les employeurs aux salariés par le contrat de travail.**

## 1 La relation employeur/salariés

Le contrat de travail engage une personne, le salarié, à travailler pour le compte et sous la direction d'une autre, l'employeur, moyennant une rémunération. L'élément principal du contrat de travail est le lien de subordination qui consiste, pour le salarié, à exécuter son travail sous l'autorité de l'employeur.
Les parties au contrat ont des obligations réciproques : le salarié doit exécuter le travail indiqué dans le contrat, l'employeur doit fournir le travail et régler le salaire.

## 2 Les pouvoirs de l'employeur

| POUVOIR DE DIRECTION | POUVOIR RÉGLEMENTAIRE | POUVOIR DISCIPLINAIRE |
|---|---|---|
| L'employeur fixe les conditions de travail dans l'entreprise et donne des ordres et des directives aux salariés. | Le règlement intérieur (obligatoire dans les entreprises d'au moins 20 salariés) définit les règles d'hygiène, de sécurité et de discipline. | L'employeur peut prendre des sanctions (blâme, avertissement, licenciement) contre un salarié qui commet une faute en exécutant son travail. |

## 3 Les différents contrats de travail

- Le contrat à durée indéterminée (CDI) est conclu sans limitation de durée et prend fin à l'initiative de l'une des parties.
- Le contrat à durée déterminée (CDD) est conclu par écrit pour un temps fixé à l'avance. Il est prévu pour faire face à des besoins momentanés de main-d'œuvre.
- Le contrat de travail temporaire (CTT), obligatoirement écrit, est conclu entre une entreprise de travail temporaire (l'agence d'intérim) et un salarié (l'intérimaire) pour accomplir une tâche précise et temporaire.

EXEMPLE Le remplacement d'un salarié en cas d'absence.

- Destinés aux jeunes de 16 à 25 ans rémunérés en pourcentage du SMIC, le contrat d'apprentissage et le contrat de professionnalisation permettent d'alterner des périodes d'apprentissage en entreprise et d'enseignement en centre de formation.

## 4 Les clauses particulières du contrat

Une clause de résultat peut être proposée à un commercial qui percevra des primes, en plus de son salaire fixe, s'il réalise certains objectifs.
Une clause de non-concurrence interdit au salarié, après résiliation de son contrat de travail, l'exercice de certaines activités pouvant nuire à son ancien employeur.

**mots clés** Contrat à durée indéterminée ◆ Contrat à durée déterminée ◆ Contrat de travail temporaire ◆ Contrat d'apprentissage

*S'entraîner au Bac*
Exercice 2 : p. 261

# La rupture du contrat de travail

LU ☐
SU ☐
REVU ☐

**Le droit encadre la rupture du contrat de travail et ses conséquences.**

## 1 La fin du contrat à l'initiative du salarié

| LA DÉMISSION | LE DÉPART À LA RETRAITE |
|---|---|
| La démission doit être librement et clairement exprimée à l'employeur et doit respecter un délai de préavis, qui varie en fonction de son ancienneté et de sa qualification. | Le salarié peut prendre sa retraite dès qu'il a atteint l'âge lui donnant droit à une pension de vieillesse, en respectant un délai de préavis. |

## 2 La fin du contrat à l'initiative de l'employeur

Pour ne pas être qualifié de licenciement abusif, un licenciement doit reposer sur une cause réelle (c'est-à-dire sur des faits existants) et sérieuse (c'est-à-dire nécessitant vraiment le départ du salarié).

### 2.1. Le licenciement pour motif personnel

Le licenciement pour motif personnel est lié à la personne du salarié et peut être justifié soit par une faute, soit par une inaptitude physique ou une insuffisance personnelle si le salarié n'exécute pas son travail de façon satisfaisante.
La procédure de licenciement se fait en trois temps :
1. Envoi en recommandé d'une lettre de convocation à un entretien préalable
2. Entretien préalable : l'employeur indique les motifs de sa décision
3. Lettre recommandée précisant les motifs du licenciement.

Des indemnités de rupture (indemnité de licenciement, indemnité compensatrice de congés payés) sont versées au salarié licencié sous certaines conditions.

### 2.2. Le licenciement pour motif économique

Il fait suite à la suppression ou à la transformation de l'emploi. Il peut être lié au refus par le salarié d'une modification d'un élément essentiel de son contrat de travail, consécutive à des difficultés économiques ou à des mutations technologiques.

EXEMPLES
Perte d'un nombre important de clients, informatisation d'un service.

L'employeur doit être dans l'impossibilité de conserver le salarié. Des mesures préventives sont imposées aux employeurs, comme l'obligation de reclassement au sein de l'entreprise.

### 2.3. Les autres modes de rupture

La mise à la retraite peut être décidée si le salarié a atteint l'âge requis.
La rupture conventionnelle met fin au contrat de travail d'un commun accord entre le salarié et l'employeur, moyennant le versement par l'entreprise d'une somme forfaitaire.

mots clés
**Démission ◆ Cause réelle et sérieuse ◆ Licenciement pour motif personnel ◆ Licenciement pour motif économique ◆ Rupture conventionnelle**

# La durée du travail

LU ☐
SU ☐
REVU ☐

**La durée du travail des salariés est très réglementée. Il s'agit du temps pendant lequel le salarié peut légalement travailler.**

## 1 Le temps de travail

### 1.1. La durée effective du travail

C'est le temps durant lequel le salarié est à la disposition de l'employeur et doit se conformer à ses directives et pour lequel il est rémunéré.

### 1.2. L'amplitude de la journée de travail

C'est la durée qui s'écoule, au sein d'une même période de 24 heures consécutives, entre le début du travail d'un salarié et la fin de son service.

### 1.3. La durée légale du travail

La durée légale du travail est limitée à 35 heures de travail effectif par semaine. Il est possible de travailler plus (heures supplémentaires) ou de travailler moins (temps partiel). La durée hebdomadaire de travail ne peut excéder 48 heures et une moyenne de 44 heures par semaine sur une période de 12 semaines consécutives. La durée journalière ne peut excéder 10 heures.
Les salariés bénéficient d'un jour de repos dominical, qui est donc non travaillé.

### 1.4. Les heures supplémentaires

- Ces heures effectuées au-delà de la durée légale de 35 heures donnent droit à une majoration de salaire de 25 % pour les 8 premières heures (de la 36e à la 43e heure) et de 50 % pour les heures suivantes.
- Le repos compensateur est un temps de repos accordé en remplacement du paiement des heures supplémentaires.

### 1.5. Le travail à temps partiel

La durée de travail d'un salarié à temps partiel est inférieure à la durée légale hebdomadaire. Il peut soit être choisi par le salarié, soit être imposé par l'employeur.

## 2 Les congés payés

Ils sont de 2 jours et demi par mois de travail effectif. 12 jours ouvrables doivent être pris en continu. Le nombre de jours de congé est calculé en fonction du nombre de jours effectivement travaillés pendant la période de référence, qui va du 1er juin de l'année précédente au 31 mai de l'année suivante.

## 3 Les autres congés

Les salariés ont droit, sous certaines conditions, à d'autres congés.

EXEMPLE
Tout salarié a droit à un congé payé de 4 jours pour son mariage.

**mots clés** : **Heures supplémentaires ◆ Temps partiel ◆ Repos compensateur ◆ Période de référence**

Savoir

23

# La rémunération

LU ☐
SU ☐
REVU ☐

**Versée par l'employeur, la rémunération est la contrepartie du travail effectué par les salariés dans l'entreprise.**

## 1 Le cadre juridique de la rémunération

La rémunération regroupe les sommes versées aux salariés (salaire de base, primes, gratifications, commissions...) et les avantages en nature (voiture de fonction...). Le salaire est librement négocié entre l'employeur et son salarié, sauf exceptions encadrées par le législateur.

### 1.1. Le SMIC

Le salaire minimum interprofessionnel de croissance (SMIC) garantit aux salariés les moins qualifiés un revenu décent. Il correspond à un salaire horaire minimal en dessous duquel aucun salarié (des secteurs privé et public) ne peut être payé. Il est revalorisé chaque année sous certaines conditions.

### 1.2. La remise d'un bulletin de salaire

L'employeur doit impérativement délivrer au salarié un bulletin de paie à chaque versement de rémunération. Ce bulletin doit comporter un certain nombre de mentions obligatoires : montant brut de la rémunération, cotisations sociales, etc.

## 2 La politique de rémunération

Elle doit concilier les contraintes de l'entreprise et les aspirations des salariés. Elle peut être liée aux performances du salarié ou aux résultats collectifs.

## 3 L'épargne salariale

Ce sont des dispositifs permettant aux salariés d'être associés financièrement à la bonne marche de leur entreprise. On distingue :

- la participation (obligatoire dans les entreprises de plus de 50 salariés), qui permet à l'entreprise d'attribuer une partie de ses bénéfices aux salariés ;
- l'intéressement (facultatif), qui est calculé à partir des résultats de l'entreprise.

Ces deux dispositifs sont versés au salarié ou bloqués 5 ans sur un plan épargne entreprise au nom du salarié.

## 4 La rémunération des dirigeants

Les résultats de l'entreprise sont liés au travail des dirigeants et à leur capacité à mobiliser les équipes. Souvent, les dirigeants perçoivent un bonus indexé sur leurs performances individuelles et les résultats de l'entreprise. Ce bonus représente une part croissante de la rémunération des dirigeants.

**mots clés** SMIC ◆ Participation ◆ Intéressement

S'entraîner au Bac
Exercice 2 : p. 261

# La formation

LU ☐
SU ☐
REVU ☐

**Les salariés peuvent se former tout au long de leur vie, en tout ou partie sur leur temps de travail.**

## 1 La formation, un droit pour les salariés

La formation initiale s'acquiert dans les établissements scolaires pour préparer des diplômes (CAP, baccalauréat, BTS).
La formation continue permet au salarié de développer ses compétences, d'évoluer et de s'adapter aux évolutions de son poste, voire de retrouver un emploi. La formation est effectuée soit dans l'entreprise (formation interne), soit par le biais d'organismes spécialisés (formation externe).

## 2 La formation, une obligation pour l'entreprise

L'entreprise doit contribuer au financement de la formation, sachant qu'elle lui permet d'améliorer sa productivité.

EXEMPLE
Formation pour préparer l'utilisation de nouvelles technologies dans l'entreprise.

## 3 Les modalités de la formation professionnelle

Pendant la formation, le contrat de travail est maintenu, le salarié continue de percevoir sa rémunération.

### 3.1. Le plan de formation

Le plan de formation est élaboré par le chef d'entreprise après consultation des représentants du personnel. Il regroupe les actions de formation pour l'année à venir.

### 3.2. Le compte personnel de formation (CPF)

Tout salarié ou demandeur d'emploi possède un compte personnel de formation pendant toute sa vie professionnelle. Le salarié conserve son compte en cas de changement d'entreprise ou de perte d'emploi. Il permet de cumuler jusqu'à 150 heures de formation (24 heures par an pour un temps plein les cinq premières années, puis 12 heures les années suivantes).

### 3.3. Le congé individuel de formation (CIF)

Le CIF offre la possibilité au salarié de suivre, sous certaines conditions, la formation de son choix pour obtenir une qualification supérieure, pour changer de métier ou pour s'orienter vers d'autres activités (culturelles, sociales ou associatives).

### 3.4. La validation des acquis de l'expérience (VAE)

La VAE permet au salarié de faire valider son expérience professionnelle en recevant un diplôme (CAP, bac pro…) ou un certificat de qualification professionnelle.

**mots clés**

**Formation initiale ◆ Formation continue ◆ Plan de formation ◆ Compte personnel de formation ◆ Congé individuel de formation ◆ Validation des acquis de l'expérience**

# La négociation collective

LU ☐
SU ☐
REVU ☐

**Les interlocuteurs de cette négociation sont appelés « partenaires sociaux ». Leurs discussions peuvent aboutir à différents types de texte.**

## 1 Le dialogue social

Les parties prenantes au dialogue social sont, d'une part, les salariés, représentés par des délégués syndicaux et, d'autre part, les employeurs, représentés par des membres des organisations syndicales patronales.

### 1.1. La recherche de l'amélioration des conditions de travail

Employeurs et salariés recherchent des accords sur les conditions de travail et la rémunération. Il s'agit de procurer aux salariés des avantages non prévus par la loi.

EXEMPLES Revalorisation de la grille de salaire, instauration d'une prime annuelle.

### 1.2. L'élimination des conflits

C'est en négociant régulièrement sur les conditions de travail au sein des organisations que les conflits sur le lieu de travail peuvent être évités.

### 1.3. Les modalités du dialogue social

La loi oblige les entreprises à organiser chaque année des négociations collectives sur les salaires, l'organisation du temps de travail, l'égalité entre hommes et femmes, le temps partiel choisi, l'évolution des recrutements.

## 2 Les conventions et accords collectifs

On distingue les accords collectifs, qui ne portent que sur un seul thème de négociation, et les conventions collectives, qui traitent l'ensemble des conditions de travail.

EXEMPLE La convention collective du bâtiment contient des dispositions renégociées concernant les salaires et les conditions de travail (un accord collectif portant sur le stress...).

Les accords collectifs peuvent être négociés :
- soit au niveau d'une entreprise (ex. : accord chez Renault) ;
- soit au niveau d'une profession (ex. : accord dans l'industrie hôtelière) ;
- soit au niveau interprofessionnel, avec des règles applicables à l'ensemble des branches d'activité sur des sujets d'intérêt commun, comme la formation (ex. : accord national interprofessionnel (ANI) sur le stress).

## 3 Les principes régissant la négociation collective

L'objectif général est d'améliorer la situation des salariés par rapport à ce que prévoit la loi. Cependant, depuis quelques années, des accords dits « dérogatoires » autorisent les partenaires sociaux à s'entendre sur des dispositions moins favorables.

EXEMPLE Dérogation à la règle du repos dominical.

**mots clés**

**Accord collectif ◆ Convention collective**

# La représentation des salariés

LU ☐
SU ☐
REVU ☐

**On distingue les représentants élus (délégués du personnel et membres du comité d'entreprise) et les représentants désignés (délégués syndicaux).**

## 1 Les représentants élus

### 1.1. Les délégués du personnel (DP)

Les DP sont élus pour quatre ans parmi les employés des entreprises d'au moins 11 salariés. Leur nombre (de 1 à 9) dépend de l'effectif de l'entreprise.
Ce sont les porte-parole des salariés : ils présentent les réclamations individuelles ou collectives des salariés et veillent au respect du droit du travail.

### 1.2. Le comité d'entreprise (CE)

Ses membres sont élus pour quatre ans dans les entreprises comptant au moins 50 salariés. Le CE regroupe une fois par mois l'employeur, qui en est le président, et les salariés élus. Ses ressources proviennent de l'employeur, qui lui verse des subventions de fonctionnement et une contribution patronale obligatoire.

#### a) Ses attributions économiques

Le CE a un rôle consultatif sur la gestion de l'entreprise et sur ce qui touche à l'emploi et aux conditions de travail.

EXEMPLES Durée du travail, introduction de nouvelles technologies.

L'employeur doit, selon une périodicité variée, fournir au CE des informations (rapport d'activité...). Le CE doit être informé et consulté préalablement à tout projet de restructuration ou toute mesure risquant de modifier les conditions de travail.

#### b) La responsabilité des activités sociales et culturelles

Le CE assure aussi la gestion des activités sociales et culturelles au bénéfice des salariés et de leur famille.

EXEMPLES Centres de vacances, clubs sportifs.

## 2 Les délégués syndicaux

Sous certaines conditions, un syndicat peut créer une section syndicale dans une entreprise ou un établissement de plus de 50 salariés et désigner un délégué syndical. Le délégué syndical représente le syndicat auprès de l'employeur pour formuler des propositions, des revendications ou négocier des accords. Il fait le lien entre les salariés et l'organisation syndicale à laquelle il appartient.

## 3 Le droit à des moyens matériels

Les représentants du personnel disposent chaque mois d'un crédit d'heures pour se consacrer à leurs activités. Ils bénéficient aussi d'un local aménagé.

**mots clés** — Délégué du personnel ◆ Comité d'entreprise ◆ Délégué syndical

Savoir 27

# Les conflits collectifs

LU ☐
SU ☐
REVU ☐

**Les conflits opposent un employeur à un ensemble de salariés sur des intérêts collectifs. Ils s'expriment à travers les mouvements de grève.**

## 1 La grève

Une grève est un arrêt collectif et concerté du travail pour obtenir satisfaction sur des réclamations professionnelles. Pour être licite, elle doit remplir trois conditions.

### 1.1. La cessation du travail

Une grève doit être une cessation franche du travail, même si elle est de courte durée. Les arrêts de travail répétés et de courte durée sont licites, à condition qu'ils n'entraînent pas la désorganisation de l'entreprise.

EXEMPLE Un arrêt de travail d'un quart d'heure toutes les heures pendant une semaine.

### 1.2. Un mouvement collectif et concerté

Même si elle n'est suivie que par une minorité de salariés, la grève est un mouvement collectif (une seule personne ne peut se mettre en grève).

### 1.3. Des motifs professionnels

Les revendications doivent être d'ordre professionnel et portées à la connaissance de l'employeur sur lequel le but est de faire pression.

EXEMPLES Revendication salariale, protestation contre des licenciements.

## 2 Les limites du droit de grève

La grève est abusive lorsque les revendications sont excessives ou irréalistes, ou qu'elles révèlent une volonté manifeste de désorganiser l'entreprise (ex. : grève tournante). Hormis ces cas, les salariés ne peuvent être sanctionnés pour fait de grève, sauf commission d'une faute lourde (ex. : actes de violence).

## 3 Les conséquences de la grève

La grève suspend le contrat de travail en entraînant une retenue sur le salaire des grévistes proportionnelle à la durée du conflit.

## 4 Le *lock-out*

Le *lock-out* est la fermeture temporaire de l'entreprise, décidée par l'employeur, pour ne pas assumer la charge du fonctionnement d'une entreprise perturbée par une grève ou une menace de grève. Les salariés ne sont plus rémunérés.
Le *lock-out* est en principe une action irrégulière car il représente une suspension unilatérale des contrats de travail. Il n'est toléré que dans quelques cas.

EXEMPLE Mise en danger de l'entreprise et des salariés qui travaillent.

mots clés

Grève ◆ *Lock-out*

Savoir

28

# Les facteurs de production

LU ☐
SU ☐
REVU ☐

**Pour produire, une entreprise combine deux facteurs : le travail et le capital.**

## 1 Le facteur travail

### 1.1. La nature du facteur travail

Le facteur travail correspond aux activités qu'un individu accomplit pour produire un bien ou un service. Les activités professionnelles sont classées en trois formes :
- le travail d'exécution, qui consiste à effectuer des tâches manuelles ou intellectuelles, à caractère répétitif ;
- le travail de direction, qui consiste à gérer un service ou une entreprise ;
- le travail de création, qui consiste à mettre au point de nouveaux procédés ou produits ou à améliorer des procédés ou des produits existants.

### 1.2. La quantité de facteur travail

La quantité de facteur travail dont dispose une entreprise ou un pays dépend :
- du nombre de personnes disponibles pour travailler ;
- du nombre d'heures de travail que chaque individu peut fournir.

Le produit de ces deux éléments indique la quantité de facteur travail disponible.

## 2 Le facteur capital

Le facteur capital est principalement technique. Il se compose des biens utilisés pour produire, tels que les machines, le mobilier et le matériel. Ces biens, qui servent à l'activité sur une durée relativement longue, sont qualifiés de « capital fixe ». Ils entraînent des investissements, que l'on peut classer en trois catégories :
- les investissements de capacité, pour augmenter la production ;
- les investissements de remplacement, pour remplacer du matériel usagé ;
- les investissements de modernisation, pour acquérir du matériel plus performant.

## 3 La combinaison des facteurs et le progrès technique

Pour produire, une entreprise combine les facteurs de production, c'est-à-dire qu'elle associe une quantité de facteur travail à une quantité de facteur capital.
La productivité mesure l'efficacité de la combinaison des facteurs utilisés par l'entreprise. Elle permet de comparer ce qui est produit aux moyens utilisés pour produire. L'entreprise cherche en permanence à améliorer sa productivité.
Le progrès technique conduit les entreprises à innover de deux façons :
- l'innovation de produit : création d'un produit nouveau ;
- l'innovation de procédé : mise en place de nouvelles techniques de production ou vente.

**mots clés**
**Facteur travail ◆ Capital technique ◆ Capital fixe ◆ Productivité ◆ Combinaison des facteurs ◆ Progrès technique**

*S'entraîner au Bac*
Exercice 2 : p. 261

Savoir 29

# L'organisation de la production

LU ☐
SU ☐
REVU ☐

**L'organisation de la production d'une entreprise révèle un double choix, stratégique et technologique : produire soi-même ou sous-traiter, produire sur stock ou en flux tendus.**

## 1 Le choix du mode de production

### 1.1. La production en interne

Une entreprise produit en interne si elle produit elle-même les biens ou les services qu'elle vend. L'avantage qu'elle en retire est de conserver son savoir-faire et d'être indépendante pour la fabrication.

### 1.2. Le recours à la sous-traitance

Une entreprise (donneur d'ordre) a recours à la sous-traitance quand elle confie à une autre entreprise la réalisation d'une partie ou de la totalité de sa production.
La sous-traitance est dite « de spécialité » lorsque le donneur d'ordre fait appel à une entreprise qui dispose de moyens et de compétences dont lui-même ne dispose pas et qui sont nécessaires pour réaliser le produit.
La sous-traitance est dite « de capacité » lorsque le donneur d'ordre, qui est pourtant équipé des moyens nécessaires pour produire, manque de capacité de production et fait appel à une autre entreprise pour satisfaire la demande de ses clients.

### 1.3. Les avantages et les inconvénients de la sous-traitance

Le recours à la sous-traitance procure des avantages au donneur d'ordre :
- elle lui permet de limiter ses investissements ;
- elle lui permet de réaliser des économies dans la gestion de ses stocks ;
- elle lui assure une plus grande flexibilité dans sa production.

La sous-traitance présente également des inconvénients pour le donneur d'ordre :
- elle entraîne une dépendance vis-à-vis du sous-traitant ;
- elle rend plus difficile la protection de ses secrets de fabrication ;
- elle ne lui permet pas de maîtriser la totalité du processus de production.

## 2 Le choix du mode de gestion de la production

### 2.1. La production sur stock

Pour produire, une entreprise constitue différents stocks dans lesquels elle prélève ce qui est nécessaire à chaque étape de sa production. La gestion de ces stocks est importante car il faut éviter les ruptures de stock sans avoir des réserves trop importantes. La production sur stock nécessite d'investir dans des entrepôts.

### 2.2. La production en flux tendu

L'entreprise organise sa production en fonction des demandes des clients. Chaque commande entraîne la fabrication du produit demandé. Ce système de production est appelé « juste-à-temps ». L'objectif de la production en flux tendu est de réduire les stocks, ce qui procure des économies pour la trésorerie de l'entreprise.

**mots clés** Sous-traitance ◆ Juste-à-temps ◆ Production en flux tendu

Savoir

30

# L'organisation du travail

LU ☐
SU ☐
REVU ☐

**L'organisation du travail définit les principes et les modalités de la mise en œuvre du capital humain dans la production.**

## 1 Les principes de l'organisation du travail

### 1.1. Taylor et l'organisation scientifique du travail (OST)

L'ingénieur américain Frederick Winslow Taylor (1856-1915) a cherché à définir, grâce à l'organisation scientifique du travail (OST), la méthode de travail la plus efficace. L'OST s'appuie sur les principes suivants :

- la séparation entre les tâches de conception et d'exécution ;
- la décomposition du travail en tâches spécialisées, simples et rapides à exécuter ;
- la rémunération des salariés en fonction de leur productivité.

Chaque ouvrier exécute une seule tâche, voire un seul geste, en un temps précis.

### 1.2. Les apports du fordisme

Dès 1903, Henry Ford (1863-1947), industriel américain, s'inspire du taylorisme pour mettre en place une nouvelle forme d'organisation du travail fondée sur :

- le travail à la chaîne chronométré ;
- la standardisation des produits, tous identiques et fabriqués de la même façon.

### 1.3. Les limites de l'OST

À partir de 1970, ces modèles montrent certaines limites :

- la difficulté d'adapter la production à la chaîne aux attentes des clients ;
- les contraintes physiques imposées par les cadences de production ;
- le faible niveau de qualification du travail demandé, qui se traduit par un manque de motivation des salariés et un absentéisme important.

## 2 Les nouvelles formes d'organisation du travail

### 2.1. La polyvalence des salariés

L'organisation du travail a évolué vers de nouvelles formes, plus soucieuses de l'individu. La polyvalence des tâches a remplacé progressivement l'ouvrier spécialisé.

### 2.2. L'enrichissement des tâches

Il consiste à introduire des activités plus attractives, voire plus qualifiées, de façon à élever le niveau de responsabilité du salarié en même temps que sa motivation.

### 2.3. La motivation des salariés

Elton Mayo (1880-1949), sociologue américain, a mis en évidence l'importance de la motivation. Elle dépend, d'une part, des conditions matérielles (salaire, avantages, horaires) et, d'autre part, des conditions psychologiques (formation, travail en équipe).

**mots clés** : Organisation scientifique du travail ◆ Fordisme ◆ Standardisation ◆ Polyvalence ◆ Enrichissement des tâches ◆ Motivation

*S'entraîner au Bac*
Exercice 2 : p. 261

# La valeur ajoutée

LU ☐
SU ☐
REVU ☐

**La valeur ajoutée créée par une entreprise permet de rémunérer les facteurs de production : le travail et le capital.**

## 1 La notion de valeur ajoutée

La valeur ajoutée (VA) correspond à la richesse créée par une entreprise grâce aux facteurs travail et capital. À chaque étape, de la matière première au produit fini, l'entreprise ajoute au produit une valeur supplémentaire. La valeur ajoutée représente la différence entre la valeur du bien ou service obtenu et celle des biens ou services utilisés pour le produire. Les biens et services achetés à d'autres entreprises pour être utilisés dans la production constituent des consommations intermédiaires.

VA = Prix de vente – Consommations intermédiaires

## 2 Le partage de la valeur ajoutée

La valeur ajoutée est distribuée entre quatre bénéficiaires directs :

- les salariés reçoivent une part de la valeur ajoutée à travers leur rémunération (salaire, primes, commissions et avantages reçus en contrepartie du travail fourni) ;
- les actionnaires, qui ont prêté des capitaux à l'entreprise et ont reçu en échange des actions, perçoivent des dividendes ;
- l'État perçoit des taxes, impôts et cotisations sociales ;
- les entreprises conservent une part du bénéfice pour financer leur développement.

Le partage de la VA est de plus en plus favorable aux propriétaires de capitaux, au détriment des salariés. Cette situation a commencé au début des années 1980. Elle montre l'importance prise par le facteur capital dans le développement des entreprises.

## 3 Les conséquences du partage de la valeur ajoutée

### 3.1. Les conséquences économiques et sociales du partage de la VA

Lorsque le partage de la valeur ajoutée est favorable aux salariés, ils peuvent dépenser davantage pour consommer les biens et les services produits par les entreprises. S'il leur est défavorable, ils perdent du pouvoir d'achat.

Dans le même temps, les entreprises cherchent à récompenser les actionnaires propriétaires. Et elles seront tentées de conserver une partie importante de la valeur ajoutée pour financer leurs investissements.

### 3.2. L'intervention de l'État dans la répartition de la VA

L'État peut intervenir dans le partage de la valeur ajoutée. Il met en place une politique de redistribution destinée à :

- améliorer la situation financière des bénéficiaires par le versement de prestations sociales ;
- soutenir l'activité économique des entreprises en leur accordant des subventions, des exonérations de charges ou des avantages fiscaux.

**mots clés** Valeur ajoutée ◆ Consommations intermédiaires ◆ Dividendes

Savoir

32

LU ☐
SU ☐
REVU ☐

# La performance, la rentabilité et la croissance de l'entreprise

**La notion de performance de l'entreprise englobe différents aspects : économiques, sociaux, environnementaux. L'objectif final d'une entreprise est d'être rentable, c'est-à-dire capable de dégager un bénéfice.**

## 1 Les performances de l'entreprise

La performance d'une entreprise dépend de l'efficacité de sa gestion et de sa compétitivité. Mais au-delà de ses performances économiques, l'entreprise doit également intégrer dans ses activités les préoccupations sociales et environnementales qui émanent des salariés, actionnaires, clients, fournisseurs, opinion publique...
Les performances d'une entreprise s'apprécient en utilisant des indicateurs économiques (productivité, valeur ajoutée économique...), sociaux (*turn-over*, absentéisme, satisfaction au travail) et environnementaux (bilan carbone...).
Ces indicateurs sont regroupés dans un tableau de bord utilisé comme un outil d'aide à la décision qui permet de vérifier si les objectifs fixés ont été atteints.

## 2 La rentabilité de l'entreprise

### 2.1. Le coût de revient et la marge

Le coût de revient prend en compte la somme des dépenses nécessaires pour mettre en vente le produit.
La rentabilité économique se mesure avant tout par la marge dégagée lors de la vente d'un produit : Marge = Prix de vente – Coût de revient
Le résultat qu'obtient l'entreprise correspond à la somme des marges qu'elle dégage de ses ventes. Il s'agit d'un bénéfice s'il est positif, d'une perte s'il est négatif.

### 2.2. La capacité d'autofinancement

La capacité d'autofinancement (CAF) permet à l'entreprise de financer par elle-même ses investissements sans être obligée de s'adresser à ses actionnaires ou aux banques. La CAF représente les ressources financières de l'entreprise.

### 2.3. Le résultat d'exploitation

Il correspond au bénéfice qu'une entreprise retire de son activité et représente la base de sa rentabilité. Plus le résultat d'exploitation est important par rapport aux capitaux investis, plus l'entreprise est rentable.

## 3 La croissance de l'entreprise

La croissance d'une entreprise correspond à l'augmentation de sa taille dans le temps. Elle permet d'assurer sa pérennité.
L'entreprise a le choix entre deux solutions :

- la croissance interne (nouveaux locaux, lancement de nouveaux produits...) ;
- la croissance externe, par l'acquisition d'une ou plusieurs autres entreprises.

**mots clés**
**Performance ◆ Indicateurs ◆ Coût de revient ◆ Rentabilité ◆ Résultat ◆ Capacité d'autofinancement ◆ Croissance interne/externe**

Savoir

33

# La croissance économique

LU ☐
SU ☐
REVU ☐

**Le concept de croissance économique désigne une augmentation de la production de biens et de services dans un pays durant une certaine période, et l'enrichissement des habitants.**

## 1 La mesure de la croissance

### 1.1. Le produit intérieur brut (PIB)

Le PIB est un indicateur de mesure des richesses créées dans un pays donné et pour une année donnée. Il représente la somme des valeurs ajoutées réalisées par l'ensemble des entreprises du pays.

### 1.2. Le PIB et la croissance de l'économie

Le PIB est très souvent utilisé pour mesurer la croissance d'une région, d'un pays, d'un groupe de pays. On calcule alors l'évolution du PIB entre deux années :

$$\text{Taux de croissance} = \frac{PIB_N - PIB_{N-1}}{PIB_{N-1}}$$

Le calcul du PIB n'intègre pas toute une partie de l'activité économique : l'économie souterraine (travail au noir), les échanges non monétaires tels que le troc ou les productions domestiques (jardinage, bricolage...) et le bénévolat sont oubliés par la comptabilité nationale, ce qui sous-évalue la production nationale.

## 2 Les finalités de la croissance

### 2.1. L'amélioration du niveau de vie

La croissance de l'économie a pour finalité la distribution de revenus supplémentaires à la population d'un pays. Ce supplément de revenus améliore le niveau de vie des ménages, qui pourront soit épargner, soit consommer.

### 2.2. La comparaison des niveaux de vie

En divisant le PIB d'un pays par le nombre de ses habitants (PIB/habitant), on obtient un indicateur du niveau de vie utile pour établir des comparaisons internationales. Pour mesurer la croissance du niveau de vie, on calcule l'augmentation du PIB par habitant entre deux années.

## 3 L'évolution de la mesure de la croissance

### 3.1. L'indice de développement humain (IDH)

L'IDH est un indicateur qui évalue le niveau de développement d'un pays. Il prend en compte des données plus qualitatives : espérance de vie, niveau d'instruction.

### 3.2. Le PIB vert

Le PIB vert est un PIB corrigé des atteintes à l'environnement. Il s'agit d'ajouter au PIB les valeurs estimées de certains grands facteurs de bien-être, puis de retrancher les coûts liés à la pollution et à la réduction des ressources naturelles.

**mots clés** PIB ◆ PIB/habitant ◆ IDH ◆ PIB vert

Savoir

34

# Le développement durable

LU ☐
SU ☐
REVU ☐

L'objectif du développement durable est d'assurer la satisfaction des générations actuelles sans compromettre celle des générations futures.

## 1 Les origines du développement durable

Le développement économique a des conséquences négatives sur l'environnement. La dégradation de la nature et l'épuisement des ressources naturelles ont conduit à une prise de conscience des dégâts causés à la planète.

Le développement durable est un mode de croissance qui permet de concilier, sur le long terme, progrès économique, social et environnemental. Ce concept a été défini en 1987 dans le rapport Brundtland remis aux Nations unies.

## 2 La mise en œuvre du développement durable

### 2.1. Les trois piliers du développement durable

Le développement durable repose sur trois piliers :
- écologique : le développement ne doit pas avoir d'effet négatif sur l'environnement ;
- économique : il doit instaurer des relations économiques équitables ;
- social : il doit promouvoir l'accès de tous à la santé et à l'éducation.

### 2.2. Les principes du développement durable

Le développement durable met en avant quatre principes :
- la solidarité avec les générations futures. Il s'agit de laisser à nos descendants un monde dans lequel les ressources naturelles seront suffisantes pour assurer une vie de qualité ;
- la participation de tous les acteurs de la société civile. L'État n'est pas le seul responsable du développement durable, ses objectifs ne peuvent être atteints que si l'ensemble des acteurs de la société civile agissent en commun ;
- la solidarité entre les populations de la planète. Les pays pauvres ont besoin de la croissance de leur économie pour répondre aux besoins de leurs populations et pour éviter la surexploitation de certaines ressources ;
- le principe de précaution : il concerne des situations qui présentent un risque important de dommages graves ou irréversibles, en l'absence de connaissance scientifique sur le sujet. Le principe est mis en œuvre par les autorités du pays.

## 3 Les actions en faveur du développement durable

- Le protocole de Kyoto est un traité international, signé en 1997 dans le cadre des Nations unies, qui vise à lutter contre le changement climatique en réduisant les émissions de gaz carbonique.
- En 2015, la COP21 a réuni 195 pays dans le cadre de l'organisation des Nations unies. Un accord international sur le climat, applicable à tous les pays, a été validé par tous les participants. Il fixe comme objectif une limitation du réchauffement climatique compris entre 1,5 °C et 2 °C d'ici 2100.

**mots clés** Développement durable ◆ Protocole de Kyoto ◆ COP21

Savoir

35

# Le marché et la concurrence

LU ☐
SU ☐
REVU ☐

**Le fonctionnement du marché est encadré, au niveau national et européen, par des règles qui veillent au respect d'une concurrence libre et non faussée.**

## 1 L'économie de marché

L'économie de marché suppose que les individus puissent acquérir et échanger librement les biens et les services. Deux principes juridiques en sont le fondement :
- la liberté contractuelle, qui permet à chacun de choisir la personne ou l'entreprise avec laquelle il va échanger ;
- le droit de propriété, qui autorise chaque personne à devenir propriétaire d'un bien. La propriété d'un bien permet de l'utiliser et d'en percevoir des revenus librement.

Afin de garantir le bon fonctionnement du marché, les pouvoirs publics contrôlent le respect de la concurrence au niveau national (Autorité de la concurrence) et européen (Commission européenne).

## 2 Les composantes du marché

Le marché d'un bien ou d'un service est composé de l'ensemble des vendeurs et des acheteurs qui participent à l'échange de ce bien ou service.
Sur les marchés de produits de consommation, on distingue, à côté des acheteurs qui consomment déjà le produit, des consommateurs potentiels, appelés « non-consommateurs relatifs ». Ils sont une cible pour les entreprises, qui mettent en place une stratégie pour les attirer.

## 3 Les mécanismes de la concurrence

### 3.1. La relation entre l'offre de biens (ou services) et le prix

Si le prix d'un bien ou d'un service augmente, les vendeurs peuvent espérer obtenir un bénéfice plus important sur la vente. Cette situation a deux conséquences :
- encourager de nouvelles entreprises à produire pour ce marché ;
- inciter les entreprises qui sont déjà offreurs à produire davantage.

### 3.2. La relation entre la demande de biens (ou services) et le prix

Si le prix d'un bien diminue, les consommateurs sont encouragés à acheter davantage. La baisse des prix entraîne une augmentation de la demande globale. À l'inverse, l'augmentation des prix se traduit par une diminution de la demande globale.

### 3.3. L'équilibre entre l'offre et la demande

Sur un marché, l'échange entre offreurs et demandeurs d'un bien se réalise à un prix appelé « prix d'équilibre ». Au-dessus de ce prix, l'offre est trop importante par rapport à la demande et une partie de la production ne trouve pas d'acheteurs. En dessous, il y a trop d'acheteurs et la quantité offerte ne peut satisfaire toute la demande.

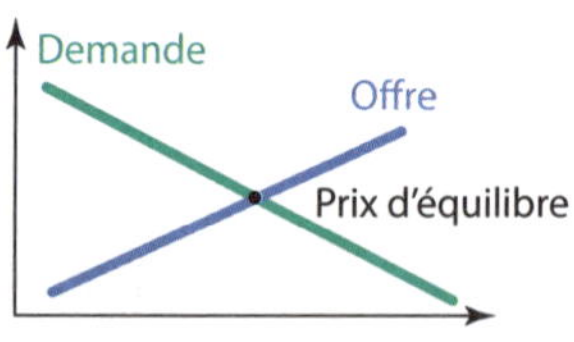


**mots clés** Économie de marché ◆ Liberté contractuelle ◆ Droit de propriété ◆ Prix d'équilibre

ÉCONOMIE-DROIT

Savoir

36

# Le fonctionnement des marchés

LU ☐
SU ☐
REVU ☐

**L'intensité de la concurrence sur un marché dépend du nombre d'offreurs. Elle a des conséquences sur la fixation du prix d'échange qui diffère selon que l'on se place sur le marché des biens et services ou sur le marché du travail.**

## 1 La structure des marchés

### 1.1. La concurrence

L'ouverture d'un marché à la concurrence doit permettre à de nouvelles entreprises d'offrir leurs produits ou leurs services sur ce marché.
Le fait qu'un marché soit concurrentiel améliore la situation des consommateurs en favorisant le maintien de prix bas et un niveau de qualité plus élevé.

### 1.2. L'oligopole

Un marché oligopolistique correspond à une situation dans laquelle quelques offreurs proposent leurs produits à un grand nombre d'acheteurs (ex. : marché de la téléphonie mobile). Sur un tel marché, les règles de la concurrence doivent normalement s'appliquer. Il arrive cependant que l'existence d'un oligopole lèse les intérêts des consommateurs. C'est le cas lorsque les offreurs s'entendent pour fixer leur prix au-dessus du prix du marché et ainsi augmenter leurs bénéfices.

### 1.3. Le monopole

Le monopole représente une situation de marché dans laquelle une entreprise domine tout ou partie des échanges (ex. : Google pour les moteurs de recherche en Europe). Aucun concurrent n'est capable de rivaliser avec elle. L'entreprise monopolistique bénéficie d'une grande liberté pour fixer ses prix.

## 2 Les mécanismes de la fixation des prix

### 2.1. La fixation des prix sur le marché des biens et services

La fixation des prix sur le marché des biens et services dépend de trois facteurs :
- la demande : une demande importante favorise des prix élevés ;
- les coûts de production : le prix de vente ne peut être inférieur au coût de fabrication ;
- les prix pratiqués par les concurrents.

### 2.2. La fixation des salaires sur le marché du travail

La fixation des salaires dépend de l'existence d'un accord entre les représentants des salariés et les représentants des employeurs. Dans la plupart des branches d'activité, une convention collective établit une grille des salaires pour chaque catégorie de personnel en fonction de la qualification et de l'ancienneté.

**mots clés** Oligopole ◆ Monopole ◆ Convention collective

*S'entraîner au Bac*
Exercice 2 : p. 261

ÉCONOMIE-DROIT

Savoir

37

# La consommation

LU ☐
SU ☐
REVU ☐

**La consommation est liée au pouvoir d'achat. Le budget des ménages dépend principalement de leurs revenus disponibles et du niveau des prix.**

## 1 Les formes de la consommation

### 1.1. Les biens durables et les biens non durables

Les ménages consomment pour satisfaire leurs besoins. Leur consommation est dite « finale » car elle entraîne la destruction des biens et des services. Les biens dits « durables » sont progressivement utilisés dans le temps. Les biens dits « non durables » sont détruits immédiatement.

### 1.2. La consommation marchande et la consommation non marchande

La consommation finale des ménages porte sur des biens et des services marchands et non marchands. Elle inclut l'autoconsommation, c'est-à-dire les biens produits et consommés par les ménages (ex. : les légumes de son potager).

## 2 Les déterminants de la consommation

Le niveau de consommation des ménages est lié aux revenus et aux prix de vente des biens et des services.
Des facteurs sociologiques influencent le niveau et la structure de la consommation d'un ménage : sa composition, son lieu d'habitation, l'âge de ses membres, la profession et catégorie sociale (PCS) à laquelle il appartient.

## 3 Le budget des ménages

### 3.1. Les coefficients budgétaires

Le budget des ménages peut être analysé grâce aux coefficients budgétaires. Ils indiquent la façon dont un consommateur répartit ses dépenses entre les différentes familles de biens (ou services). Cette répartition est très influencée par le revenu : la part du logement est plus élevée chez les ménages pauvres, celle des loisirs est plus importante chez les ménages riches.

### 3.2. Les taux d'équipement en biens durables

Les biens durables (automobile, tablette tactile, machine à laver, blouson, etc.) occupent une place croissante dans la consommation des ménages. Le taux d'équipement indique la proportion des ménages équipés d'un bien durable.

### 3.3. L'augmentation de la consommation contrainte

On appelle « dépenses contraintes » les dépenses pré-engagées, c'est-à-dire liées à des contrats difficiles à renégocier (logement, assurances, abonnement téléphonique…). Leur poids pèse de plus en plus sur le budget des ménages.

**mots clés**
Biens durables/non durables ◆ Consommation marchande/non marchande ◆ Coefficients budgétaires ◆ Consommation contrainte

*S'entraîner au Bac*
Exercice 3 : p. 263

Savoir 38

# Les libertés économiques et le droit de propriété

LU ☐
SU ☐
REVU ☐

**Les libertés économiques regroupent la liberté du commerce et de l'industrie et la libre circulation des biens et des personnes. Elles reposent sur le droit de propriété.**

## 1 Les libertés économiques

La liberté du commerce et de l'industrie confère à tout individu la liberté d'entreprendre l'activité économique de son choix. La libre circulation des biens et des personnes permet aux citoyens européens de travailler dans le pays de l'Union européenne de leur choix.

## 2 Le droit de propriété

### 2.1. Les trois éléments constitutifs du droit de propriété

Le droit de propriété comporte trois attributs :
- l'*usus* (droit de se servir de la chose) ;
- le *fructus* (droit d'en percevoir les fruits et les produits) ;
- l'*abusus* (droit de disposer de la chose).

Le droit de propriété est un droit absolu, c'est-à-dire que le propriétaire peut user et disposer de la chose comme bon lui semble.

### 2.2. Les limites du droit de propriété

Le droit de propriété peut être limité par la protection de l'intérêt général et la protection des intérêts particuliers.

EXEMPLES
Hauteur maximale des constructions, troubles anormaux de voisinage.

### 2.3. Les propriétés corporelle et incorporelle

Le droit de propriété peut porter sur des biens corporels (choses matérielles) ou incorporels (choses immatérielles, sans existence physique, comme la clientèle).

## 3 La propriété intellectuelle

### 3.1. Le droit d'auteur

Il protège les œuvres de l'esprit si elles sont originales. L'œuvre est protégée du seul fait de sa création, sans formalités, pour une durée réglementée.

### 3.2. La propriété industrielle

Le brevet est un titre délivré par l'Institut national de la propriété industrielle (INPI) à l'auteur d'une invention qui doit être nouvelle, reposer sur une activité inventive et être susceptible d'application industrielle.
La marque est un « signe » servant à distinguer les biens ou services d'une entreprise par rapport à ceux de ses concurrents.

**mots clés**
Liberté du commerce et de l'industrie ◆ Libre circulation des biens et des personnes ◆ *Usus* ◆ *Abusus* ◆ *Fructus* ◆ Brevet ◆ Marque

Savoir
39

# Les obligations et le contrat

LU ☐
SU ☐
REVU ☐

**Le contrat crée des droits et des obligations pour chacune des parties signataires, c'est-à-dire le créancier et le débiteur.**

## 1 La notion de contrat

La liberté contractuelle comporte trois aspects :
- la liberté de contracter ou non ;
- la liberté de choisir la personne avec laquelle on veut s'engager ;
- la libre détermination du contenu du contrat.

Les personnes qui concluent un contrat échangent leur consentement.
La signature d'un contrat fait naître des obligations entre les cocontractants :
- l'obligation de faire : accomplir un acte précis, livrer un bien, payer le prix ;
- l'obligation de ne pas faire : s'abstenir de faire un acte particulier.

## 2 La typologie des contrats

### 2.1. Classification selon le mode de formation

| | |
|---|---|
| CONTRAT CONSENSUEL | Il est formé par le seul échange des consentements (ex. : achats de la vie courante). |
| CONTRAT SOLENNEL | Il doit respecter certaines formalités écrites (ex. : l'achat d'un appartement nécessite un acte notarié). |

### 2.2. Classification selon le contenu des obligations

| | |
|---|---|
| CONTRAT SYNALLAGMATIQUE | Les parties ont des obligations réciproques (ex. : la vente d'un bien). |
| CONTRAT UNILATÉRAL | Une seule personne a une obligation envers une autre. |

### 2.3. Classification selon le mode d'exécution

| | |
|---|---|
| CONTRAT À EXÉCUTION INSTANTANÉE | Les obligations doivent être exécutées en une seule fois (ex. : vente d'un objet). |
| CONTRAT À EXÉCUTION SUCCESSIVE | Les obligations sont échelonnées dans le temps (ex. : contrat de location). |

### 2.4. Classification selon la liberté de négociation

| | |
|---|---|
| CONTRAT DE GRÉ À GRÉ | Le contrat est négocié par les parties sur un pied d'égalité (ex. : vente d'un bien entre particuliers). |
| CONTRAT D'ADHÉSION | Rédigé par le contractant le plus fort, il ne peut être qu'accepté ou refusé par l'autre partie (ex. : contrat de transport avec la RATP). |

## 3 L'inexécution du contrat

### 3.1. Les conditions de la responsabilité contractuelle

Les parties ont voulu le contrat et celui-ci s'impose à elles : c'est la force obligatoire du contrat.

Le contrat ne peut être remis en cause ou rompu qu'avec l'accord des deux parties. En cas de non-respect des obligations du contrat par l'une des parties, l'autre partie peut engager la responsabilité contractuelle du débiteur.

Pour cela, il faut établir :

- une faute (fait de ne pas avoir exécuté les obligations nées du contrat) ;

EXEMPLE
Le fournisseur qui livre du matériel abîmé

- un dommage certain (corporel, matériel ou moral) ;

EXEMPLE
Si ce fournisseur ne livre pas le matériel en bon état à son client, celui-ci ne peut pas le revendre et perd donc une partie de son chiffre d'affaires.

- un lien de causalité entre les deux.

EXEMPLE
Il y a bien un lien entre la mauvaise livraison du fournisseur et la perte de chiffre d'affaires de l'entreprise cliente.

### 3.2. La mise en œuvre de la responsabilité civile contractuelle

On distingue deux cas.

- Une obligation de moyens oblige le débiteur à tout mettre en œuvre pour accomplir une tâche. En effet, le débiteur d'une obligation de résultat est tenu de fournir le résultat auquel il s'est engagé. Le client devra alors prouver l'inexécution de cette obligation.

EXEMPLES
Le médecin s'engage à mettre en œuvre tous les moyens afin d'améliorer l'état du patient mais pas de le guérir. La société qui répare une machine défectueuse peut être soumise à une obligation de résultat en ce qui concerne le remplacement de certaines pièces de rechange.

- Une obligation de résultat contraint le débiteur à atteindre un résultat précis. S'il n'y parvient pas, il commet une faute qui n'est pas à prouver.

EXEMPLE
Si un transporteur n'a pas réalisé la livraison attendue, sa responsabilité est encourue de plein droit. Cette opération relativement simple ne présente en effet pas de risque particulier. Le transporteur s'est engagé au résultat précis de livrer la marchandise à une date spécifiée et non pas simplement à essayer de le faire.

### 3.3. La résolution ou la résiliation

- La résolution fait disparaître le contrat rétroactivement depuis son origine : les parties sont alors remises dans l'état où elles se trouvaient à la date de la conclusion du contrat.
- La résiliation rompt le contrat pour l'avenir. Elle porte essentiellement sur des contrats à exécution successive pour lesquels il est impossible de restituer les obligations remplies par une partie.

mots clés
**Contrat ◆ Obligation ◆ Obligation de moyens ◆ Obligation de résultat ◆ Résolution ◆ Résiliation**

Savoir

40

# La régulation de la concurrence

LU ☐
SU ☐
REVU ☐

**Sur un marché, les entreprises se disputent une clientèle. Les moyens employés doivent être conformes aux usages commerciaux afin de préserver une concurrence saine.**

## 1 Les comportements anticoncurrentiels interdits

### 1.1. Les ententes illicites

On parle d'entente illicite lorsque plusieurs entreprises se mettent d'accord pour restreindre ou fausser le jeu de la concurrence sur un marché (ex. : accord sur un prix de vente). Les ententes sont interdites en France comme au niveau européen, sauf si elles sont justifiées en faisant naître un progrès économique.

### 1.2. Les abus de position dominante

Il s'agit pour une entreprise de profiter de façon excessive de l'état de dépendance économique dans lequel se trouve, à son égard, un client ou un fournisseur.

### 1.3. Les organes de contrôle de la concurrence

En France, c'est l'Autorité de la concurrence qui veille au libre jeu de la concurrence et réprime les ententes et les abus de position dominante. Elle peut prononcer des sanctions pécuniaires. Au niveau européen, c'est la Commission européenne.

## 2 Le contrôle des concentrations

Une concentration consiste à augmenter la taille d'une entreprise par regroupement avec une autre entreprise. Les concentrations sont autorisées seulement si elles ne créent pas une position dominante susceptible de déboucher sur des abus.

## 3 La protection des concurrents

### 3.1. La notion de concurrence déloyale

Elle regroupe des comportements constituant une faute, intentionnelle ou non, pouvant porter préjudice aux entreprises concurrentes. On distingue :

- le dénigrement de la personne ou des produits d'un concurrent ;
- la désorganisation d'un concurrent en débauchant son personnel ;
- la confusion, en imitant les signes distinctifs d'un concurrent (un produit, sa marque) ou en exploitant sa réputation (parasitisme).

### 3.2. L'action en concurrence déloyale

Pour obtenir réparation, l'entreprise lésée doit rapporter la preuve de la faute du concurrent, du préjudice matériel (ex. : perte de chiffre d'affaires) ou moral (ex. : atteinte à la réputation) et du lien de causalité entre les deux.

**mots clés** : Entente ◆ Abus de position dominante ◆ Concentration ◆ Concurrence déloyale

*S'entraîner au Bac*
**Exercice 3 : p. 263**

Savoir

41

# La protection du consommateur

LU ☐
SU ☐
REVU ☐

Les relations entre consommateurs et professionnels sont déséquilibrées. Le législateur intervient donc pour protéger les consommateurs.

## 1 La protection lors de la formation du contrat

### 1.1. L'obligation d'information du vendeur professionnel

Les professionnels vendeurs de biens ou prestataires de services ont l'obligation légale d'informer les consommateurs, avant la conclusion du contrat, sur les caractéristiques essentielles du bien ou du service qu'ils achètent.

### 1.2. Le droit de rétractation

Pour certains contrats, la loi prévoit un délai de rétractation de 14 jours pour les achats effectués par Internet ou par téléphone.

### 1.3. Le refus de vente

Sauf exceptions, cette pratique est interdite et sanctionnée par la loi.

### 1.4. L'interdiction des pratiques déloyales et trompeuses

Une pratique est déloyale si elle influence le jugement du consommateur de façon malhonnête. Elle est trompeuse en cas d'informations fausses ou mensongères.

## 2 La protection lors de l'exécution du contrat

### 2.1. L'interdiction des clauses abusives

Dans les contrats conclus entre professionnels et non-professionnels, les clauses qui ont pour objet de procurer un avantage excessif au professionnel sont dites « abusives ». Elles sont considérées comme nulles, mais le contrat existe toujours.

### 2.2. L'obligation de garantie à la charge des professionnels

| LA GARANTIE LÉGALE DE CONFORMITÉ | LA GARANTIE LÉGALE DES VICES CACHÉS | LA GARANTIE COMMERCIALE |
|---|---|---|
| Le professionnel a l'obligation de fournir un bien correspondant à la description des produits. | Le vendeur doit garantir son produit pour tout défaut empêchant d'en faire un usage normal ou tout défaut ne pouvant être décelé au moment de l'achat. | Cette garantie est facultative et supplémentaire pour se démarquer des concurrents. |

### 2.3. L'obligation de sécurité incombant aux professionnels

Les professionnels sont dans l'obligation de fournir des informations très précises sur les conditions de fabrication et d'utilisation du produit.

**mots clés** Délai de rétractation ◆ Pratique déloyale et trompeuse ◆ Clause abusive ◆ Obligation de garantie ◆ Obligation de sécurité

S'entraîner au Bac
Exercice 3 : p. 263

Savoir

42

# Les politiques économiques

LU ☐
SU ☐
REVU ☐

**Le fonctionnement du marché ne permet pas toujours d'aboutir à une situation d'équilibre. Cette limite justifie la mise en œuvre d'une politique économique, qui désigne l'ensemble des mesures prises par les pouvoirs publics pour atteindre les grands équilibres économiques.**

## 1 Les objectifs de la politique économique

### 1.1. La croissance du PIB et le plein-emploi

La croissance du PIB est l'objectif principal de la politique économique. L'État cherche à promouvoir une croissance économique forte et durable qui contribue au bien-être de la population et au plein-emploi.

### 1.2. La stabilité des prix

L'État cherche à garantir le pouvoir d'achat des agents économiques en luttant contre l'inflation. Il recherche donc la stabilité des prix.

### 1.3. L'équilibre des échanges extérieurs

Le solde de la balance commerciale d'un pays mesure la différence entre ses exportations et ses importations. La balance commerciale est dite en équilibre si les exportations permettent de couvrir les importations.

## 2 La politique conjoncturelle

La conjoncture correspond au bulletin de santé au jour le jour de l'économie. La politique conjoncturelle vise à corriger les déséquilibres qui apparaissent à court terme. Elle a deux volets.

### 2.1. La politique budgétaire

Elle consiste à utiliser certains instruments budgétaires (dépenses publiques, endettement public, prélèvements fiscaux) pour agir sur la conjoncture. Dans la zone euro, les politiques budgétaires sont soumises au respect du Pacte de stabilité et de croissance, qui impose que le déficit public des États membres ne dépasse pas 3 % de leur PIB.

### 2.2. La politique monétaire

Elle a pour objectif d'assurer la stabilité de la valeur de la monnaie en contrôlant la quantité de monnaie en circulation dans l'économie. Dans la zone euro, la politique monétaire est placée sous la responsabilité de la Banque centrale européenne.

## 3 La politique structurelle

C'est une politique sur le long terme visant à modifier durablement la structure de l'économie. La politique structurelle porte sur des domaines tels que l'industrie, l'aménagement du territoire ou le soutien à l'innovation. Elle intègre aussi toutes les actions en faveur du développement durable.

**mots clés** — **Politique conjoncturelle ◆ Politique budgétaire ◆ Politique monétaire ◆ Politique structurelle**

Savoir
43

# La lutte contre les déséquilibres

LU ☐
SU ☐
REVU ☐

**Sur le marché des biens et des services marchands, l'inflation témoigne d'un dysfonctionnement de l'évolution du niveau des prix. Sur le marché du travail, le chômage est lié à un déséquilibre global entre l'offre et la demande de travail.**

## 1 L'inflation

### 1.1. Les signes de l'inflation

L'inflation se caractérise par une hausse généralisée du niveau moyen des prix. Elle est mesurée par un indice des prix à la consommation observé par l'INSEE (Institut national de la statistique et des études économiques). Si l'indice augmente, cela signifie qu'il y a inflation.

### 1.2. Les causes et les conséquences de l'inflation

L'inflation peut avoir deux causes :
- une demande supérieure à l'offre incitant les producteurs à augmenter leurs prix ;
- une augmentation du coût de revient que les fabricants répercutent sur leurs prix.

Avec l'inflation, la perte de valeur de la monnaie peut conduire à une baisse du pouvoir d'achat des ménages si leurs revenus augmentent moins vite que les prix.

## 2 Le chômage

### 2.1. La mesure du chômage

Selon l'INSEE, est chômeur toute personne en âge de travailler, sans emploi, immédiatement disponible et à la recherche d'un travail à temps plein. Le nombre de chômeurs est évalué par l'INSEE et des statistiques sont fournies par Pôle emploi :

Taux de chômage = Nombre de personnes au chômage × 100

### 2.2. Les caractéristiques des chômeurs

Le chômage touche davantage certaines catégories de la population : les moins de 25 ans, les femmes, les ouvriers et les employés. La persistance de la crise entraîne un allongement de la durée du chômage et une augmentation du chômage de longue durée (plus d'un an).

### 2.3. Les causes du chômage

Le chômage a trois causes principales :
- la mondialisation, avec les délocalisations d'entreprises ;
- les nouvelles technologies, qui détruisent des emplois dans les activités obsolètes ;
- le recours aux heures supplémentaires plutôt que la création d'emplois.

## 3 Les dysfonctionnements du marché du travail

Certains secteurs manquent de main-d'œuvre. On identifie trois causes :
- le manque de candidats correspondant aux qualifications exigées ;
- des offres d'emploi dans des régions différentes de celles des demandeurs ;
- des offres d'emploi ne suscitant pas l'intérêt des demandeurs.

**mots clés**

**Inflation ◆ Taux de chômage**

Savoir 44

# Les revenus et la redistribution

LU ☐
SU ☐
REVU ☐

**Les revenus des ménages sont issus de deux répartitions : la répartition primaire de la valeur ajoutée et la redistribution de revenus de transfert.**

## 1 Les revenus primaires

### 1.1. Les revenus d'activité

Les revenus d'activité regroupent les revenus des salariés et les bénéfices encaissés par les entrepreneurs individuels. Les revenus des salariés sont constitués par les salaires bruts, les primes, les avantages divers, desquels sont déduites les cotisations sociales.

### 1.2. Les revenus du patrimoine

Les propriétaires d'un capital peuvent obtenir trois sortes de revenus : les loyers perçus sur les biens immobiliers loués, les dividendes perçus sur les actions détenues, les intérêts perçus sur les placements financiers.

## 2 Les inégalités dans la répartition des revenus primaires

Le revenu primaire est le revenu que les ménages tirent de leur contribution à l'activité économique, soit directement (revenu d'activité salariée ou non salariée), soit indirectement (revenu de placement mobilier ou immobilier).
À l'issue de la répartition primaire, les inégalités de revenus sont importantes entre les catégories sociales les plus aisées et les moins aisées.

## 3 La répartition secondaire des revenus : la redistribution

Pour corriger les inégalités, l'État met en place un mécanisme de redistribution qui :
- opère des prélèvements (impôts, cotisations sociales) sur les revenus primaires ;
- redistribue ces prélèvements en fonction du statut des ménages et de leur situation sociale (ce sont les « revenus de transfert »).

L'État organise la redistribution des richesses dans un objectif de protection sociale de tous contre les risques de la vie.

## 4 Les modalités de la redistribution

À l'issue du processus de redistribution, les ménages disposent de leur revenu disponible, c'est-à-dire celui qu'ils peuvent consommer ou épargner.

Revenu disponible des ménages = Revenus primaires – Prélèvements fiscaux et sociaux + Revenus de transfert

La redistribution englobe aussi la production de biens publics par l'État et les collectivités locales. C'est un bien ou un service qui se définit par la non-rivalité (la consommation par une personne ne réduit pas la consommation par une autre) et la non-exclusion (personne n'est exclu de la consommation d'un bien public).

EXEMPLES L'éclairage public, les bibliothèques, le système de santé…

**mots clés** : **Revenus d'activité ◆ Revenus du patrimoine ◆ Revenus de transfert ◆ Revenu disponible ◆ Bien public**

ÉCONOMIE-DROIT

**Exercice 1** voir Fiches Savoir 3, 4, 6 et 13

## Les banques partenaires de l'entreprise

**Situation**

Vous réalisez votre période de formation en milieu professionnel dans la société Gardaloc, située dans le département du Gard et spécialisée dans la location d'échafaudages. Votre tutrice, Mme Coudeville, gérante de l'agence, vous propose de suivre les relations de l'entreprise avec la Banque Populaire du Sud. Celle-ci vient d'envoyer un courrier informant d'une modification des paiements en espèces. Votre chargé des relations client vous a également adressé des informations sur l'utilisation des lecteurs de carte bancaire. Mme Coudeville vous demande de suivre ce dossier car les clients règlent très souvent la location des échafaudages en espèces. Elle souhaite également moderniser les encaissements en installant un lecteur de carte bancaire. Elle met à votre disposition un dossier documentaire et vous charge de réaliser une étude.

**PARTIE 1 : Analyse du dossier documentaire**

**1. Après avoir étudié les documents 1 et 2, complétez un tableau d'analyse pour chacun d'eux (titre du document, auteur, date, source, idées principales).**

**2. Définissez le concept de « décret » (document 1) et expliquez le « rôle des banques pour les opérations d'encaissement des commerçants » (document 2).**

**3. Pour réaliser votre étude, vous disposez également des documents 3 et 4. Sélectionnez celui qui vous semble le plus pertinent pour enrichir votre étude et justifier votre choix.**

**PARTIE 2 : Rédaction de l'étude**

**À l'aide de vos connaissances, du travail effectué en première partie et en veillant à illustrer vos propos avec des situations vécues au cours de vos différentes périodes de formation en milieu professionnel, rédigez une étude argumentée et structurée (avec le plan apparent : une introduction, deux parties et une conclusion).**

**Celle-ci répondra à la problématique de votre responsable et aux consignes ci-dessous :**

**Quel rôle jouent les banques dans les transactions réalisées par les entreprises commerciales ?**

**– Vous présenterez dans un premier temps l'évolution de la réglementation juridique.**

**– Vous expliquerez dans un second temps le conseil et l'assistance que la banque peut apporter en matière de sécurité.**

### Document 1 : Abaissement du plafond des paiements en espèces

**Publication du décret abaissant le plafond de paiement en espèces**

Jusqu'à présent, les achats pouvaient être réglés en espèces jusqu'à 3 000 euros. Ce plafond sera porté à 1 000 euros au 1er septembre 2015. L'objectif de cette mesure est de limiter la part des transactions anonymes dans l'économie qui peuvent être liées à des opérations de fraude, de blanchiment, voire de financement du terrorisme.

Source : www.achatlocal-consorhonealpes.com

### Document 2 : Rôle des banques pour les opérations d'encaissement des commerçants

Pour pouvoir accepter le paiement par carte bancaire, les commerçants sont tenus de s'équiper d'un lecteur de carte bancaire, appelé aussi terminal de paiement électronique (TPE).

Le terminal de paiement électronique (TPE) peut être :

• loué à la banque du commerçant dans le cadre d'un contrat qui peut prévoir la maintenance et la mise à niveau logicielle. Les contrats de location contiennent une clause déterminant le nombre maximal de transactions : en cas de dépassement, le commerçant est tenu de demander une autorisation à la banque. Le montant de la location dépend du contrat : nombre de transactions, service d'authentification... ;

• acheté par le commerçant, qui doit alors en gérer la maintenance. Le prix moyen d'achat d'un terminal de paiement oscille entre 500 et 700 €. Le contrat de vente oblige le commerçant à prendre un abonnement pour la maintenance du terminal de paiement. Ce contrat de maintenance varie de 120 à 200 € par an.

http://carte-bancaire.ooreka.fr

▶▶▶

**Document 3 : Les terminaux de paiement électronique**

***Gérez vos encaissements grâce aux terminaux de paiement électronique. Entrez dans une nouvelle ère monétique et facilitez les paiements de vos clients.***

**Offrez à vos clients la possibilité de payer par carte bancaire**
Les terminaux de paiement électronique Banque Populaire vous permettent d'accepter les paiements effectués avec toutes les cartes du marché.

**Diminuez le risque d'impayés**
Les paiements de vos clients vous sont garantis jusqu'à 100 euros. Au-delà, votre appareil appelle automatiquement le Centre d'autorisation pour garantir la transaction. Attention : cette garantie n'est pas valable sur la vente à distance.

**Simplifiez vos remises en banque**
Votre terminal de paiement Banque Populaire mémorise tous les paiements par carte et les transfère automatiquement sur votre compte bancaire. Vous simplifiez ainsi votre gestion et gagnez du temps en diminuant votre volume d'espèces et de chèques à traiter.

**Maintenance et assistance**
Fixe ou portable, nous vous louons le matériel électronique que vous choisissez et en assurons la maintenance. Vous bénéficiez également d'un service d'assistance téléphonique.

**Acceptez les paiements par cartes American Express**
En rejoignant le réseau American Express, vous vous ouvrez de nouvelles opportunités de développement et dynamisez votre activité commerciale.

**Nouveaux**
Vous faites moins de 12 000 € d'encaissements CB ou vous démarrez votre activité, découvrez à notre agence notre nouvelle offre « PETITS REMETTANTS ». Si vous faites moins de 1 000 € de remises par mois, vous bénéficiez d'un forfait allant de 1,90 € à 3,80 € par mois.

www.bpbfc.banquepopulaire.fr

**Document 4 : Assurer les activités de l'entreprise**

***Assurez vos moyens de paiement professionnels, vos papiers et vos clés, c'est simple avec Sécuripro !***

Sécuripro est un contrat de prévoyance destiné aux professionnels qui couvre les risques liés à l'utilisation frauduleuse des moyens de paiement suite à leur perte ou vol, ainsi que le vol ou la perte des papiers et clés, lorsqu'ils sont concomitants au vol ou perte des moyens de paiement.

**Protégez-vous 24 heures/24 et 7 jours/7, en France comme à l'étranger**

- En cas d'utilisation frauduleuse de vos moyens de paiement (multi-comptes et multi-émetteurs) perdus ou volés.
- En cas de vol par agression des fonds et valeurs transportés sur le trajet entre vos locaux professionnels et votre agence bancaire, et inversement.
- En cas de vol ou perte de vos papiers ou clés simultanément à l'un des deux événements.

**Profitez d'une couverture étendue**

- À l'ensemble de vos comptes Banque Populaire.
- À tout compte détenu dans un autre établissement bancaire français.

**Bénéficiez d'un plafond d'indemnisation qui peut atteindre 5 700 € par année d'assurance et par adhérent.**

www.cotedazur.banquepopulaire.fr

FAIT ☐ REVU ☐

## Exercice 2 voir Fiches Savoir 1, 19, 20, 23, 28, 30 et 36

# Le fonctionnement du marché du travail

**Situation**

Vous réalisez votre période de formation en milieu professionnel dans une entreprise qui gère une plateforme d'emplois pour le compte d'une importante société d'intérim. Votre tutrice, Martine Sclotour, responsable du site, vous propose de suivre les différentes propositions reçues des entreprises et des personnes à la recherche d'un emploi. Vous devrez en particulier observer l'influence du contexte économique sur les contrats proposés.

**PARTIE 1 : Analyse du dossier documentaire**

**1. Après avoir identifié et étudié les documents 1 et 2, complétez un tableau d'analyse pour chacun d'eux (titre du document, auteur, date, source, idées principales).**

**2. Définissez le concept de « CDI » (document 1) et l'expression « gestion flexible des personnels » (document 2).**

**3. Qu'est-ce que la polyvalence dans l'organisation du travail (document 1) ?**

**4. Pour réaliser votre étude sur le fonctionnement du marché du travail, vous disposez également des documents 3 et 4. Sélectionnez celui qui vous semble le plus pertinent pour illustrer votre étude sur l'influence du contexte économique sur les contrats proposés. Vous expliquerez votre choix.**

**PARTIE 2 : Rédaction de l'étude**

**À l'aide de vos connaissances, du travail effectué en première partie et en veillant à illustrer vos propos avec des situations vécues au cours de vos périodes de formation en milieu professionnel, rédigez une étude argumentée et structurée (avec le plan apparent : une introduction, deux parties et une conclusion).**

**Votre étude répondra aux questions ci-dessous :**
**- Quelles sont les conséquences du choix d'un contrat de travail pour les entreprises et pour les salariés ?**
**- Comment l'entreprise adapte-t-elle ses besoins de main-d'œuvre en fonction de la situation de son marché ?**

**Document 1 : Annonce de contrat en CDI dans la restauration**

MAGASINIER(ÈRE)/PLONGEUR(SE) (F/H)
Société RESTOCOLL
France – Région de Nîmes
1 700 € par mois sur 13 mois
CDI

CONTEXTE

Nous recherchons un(e) magasinier(ère)/plongeur(se) polyvalent(e) au sein d'un restaurant assurant une prestation de 450 repas par jour. Vous gérez l'ensemble des stocks du site et participez à la passation des commandes. Vous assurez la réception des marchandises et leur rangement. Vous réalisez également les inventaires et le suivi des stocks et contribuez à leur bonne rotation. Vous accompagnez les équipes de production au quotidien (sorties de marchandises). De plus, vous participez activement à la plonge batterie.

PROFIL

Vous justifiez d'une première expérience dans la gestion d'une unité de production. Vous êtes rigoureux(se), organisé(e) et savez également faire preuve de réactivité. Vous avez le sens du travail en équipe, ce qui vous permettra de collaborer avec les différents intervenants de la restauration du site. Vous êtes apte à porter des charges.

INFORMATIONS COMPLÉMENTAIRES

Poste à pourvoir à partir du 1er janvier 2017
Rythme de travail : du lundi au vendredi

Source : www.achatlocal-consorhonealpes.com

▶▶▶

## Document 2 : L'évolution des contrats de travail

Le contexte économique actuel incite les demandeurs d'emploi à rechercher des emplois stables avec un contrat de travail à durée indéterminée (CDI). Dans le même temps, les entreprises ont un rythme de travail irrégulier avec des niveaux de commandes qui peuvent varier d'une période à l'autre.
Ainsi, les responsables des ressources humaines souhaitent avoir une gestion flexible de leur personnel. Ils proposent des contrats de travail précaires avec une durée limitée dans le temps (type contrat à durée déterminée) ou bien ils ont recours à l'intérim avec des contrats de travail temporaires. Seuls les secteurs dans lesquels les difficultés pour trouver une main-d'œuvre qualifiée sont importantes proposent de nombreuses offres d'emploi en CDI.

lagazettedunet.com, mai 2016

## Document 3 : Les contrats de travail dans la restauration collective

Dans le secteur de la restauration collective, les contrats de travail sont 90 % en CDI. La part de CDD représente généralement le remplacement des personnes absentes de l'entreprise afin de ne pas impacter le bon fonctionnement du service. Dans le cas où un CDD prouve ses motivations et sa capacité de travail, il sera mis en tant que candidat prioritaire pour un CDI.
Selon l'endroit où la personne travaille, les rythmes ne sont pas les mêmes, tout comme les contrats proposés. Dans la restauration scolaire, nous retrouvons souvent des temps partiels. Dans la restauration d'entreprise, les semaines comptent entre 35 et 39 heures avec des heures supplémentaires qui sont payées. Dans les établissements de santé par exemple, il est possible de travailler le week-end.

http://carriere-restauration.com

## Document 4 : Répartition des effectifs en CDD et CDI par tranche d'âge

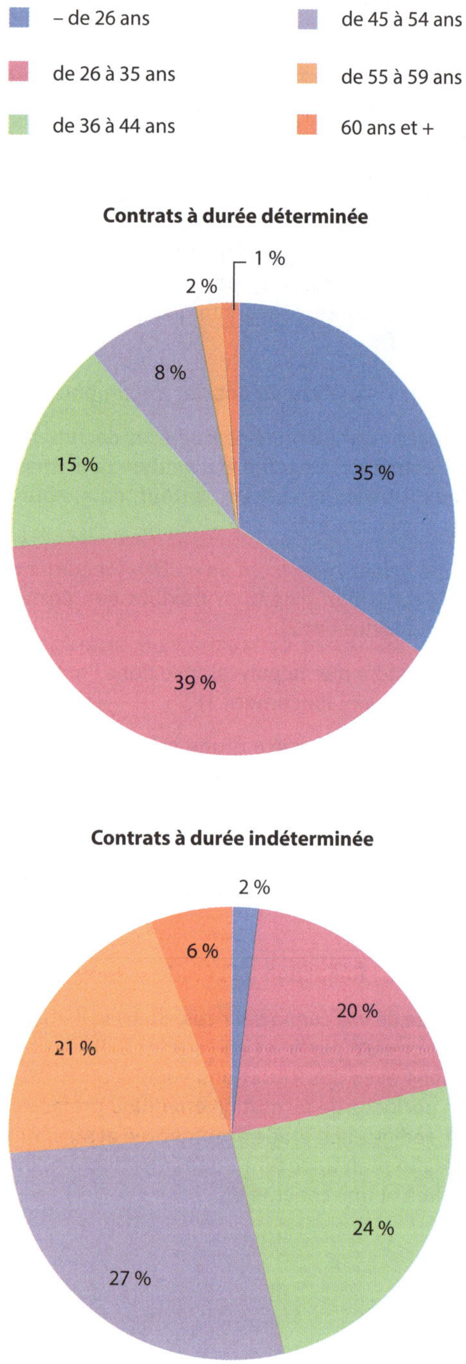


*Rapport sur l'emploi 2014*, Commission paritaire nationale emploi formation professionnelle.

FAIT ☐ REVU ☐

ÉCONOMIE-DROIT

## Exercice 3 voir Fiches Savoir 37, 40 et 41

# La loi Hamon : protéger les consommateurs et leur rendre du pouvoir d'achat

**Situation**

Vous êtes en stage au sein du service juridique d'une enseigne commercialisant des produits culturels à la fois en magasins et par le biais de la vente en ligne. Votre responsable, Mme Calas, prépare une réunion sur les effets de la loi Hamon. Le thème portera sur les mesures qui tendent, d'une part, à renforcer la protection des consommateurs et, d'autre part, à leur redonner du pouvoir d'achat.

Les différents participants doivent disposer d'un dossier complet sur les thèmes abordés afin de préparer leurs interventions. Votre responsable a commencé à constituer un dossier documentaire qu'elle vous remet (documents 1 à 4).

**PARTIE 1 : Analyse du dossier documentaire**

1. Après avoir identifié et étudié les documents 1 à 4, complétez un tableau d'analyse pour chacun d'eux (titre du document, auteur, date, source, idées principales).

2. Définissez les concepts de « délai de rétractation » (document 2) et « pouvoir d'achat » (document 3).

3. Relevez des exemples de mesures censées protéger davantage les consommateurs et expliquez en quoi celles-ci peuvent aboutir à l'objectif annoncé.

4. Relevez des exemples de mesures censées fournir davantage de pouvoir d'achat aux consommateurs.

5. Expliquez en quoi consistent « les dépenses contraintes » (document 3). Vous en donnerez quelques exemples.

**PARTIE 2 : Rédaction de l'étude**

À l'aide de vos connaissances et du travail effectué en première partie, rédigez une étude argumentée et structurée (avec le plan apparent : une introduction, deux parties et une conclusion) d'une page au maximum. Celle-ci répondra à la problématique et aux consignes ci-dessous :

Quelles sont les limites de la concurrence sur un marché réglementé ?

Pour répondre à la question, vous expliquerez :
- d'une part, en quoi la protection des consommateurs est renforcée par la loi Hamon ;
- d'autre part, en quoi cette même loi permet de renforcer le pouvoir d'achat des consommateurs.

**Document 1 : Des exemples de mesures de la loi Consommation (dite loi Hamon)**

MINISTÈRE DE L'ÉCONOMIE, DE L'INDUSTRIE ET DU NUMÉRIQUE
SECRÉTARIAT D'ÉTAT AU COMMERCE, À L'ARTISANAT, À LA CONSOMMATION ET À L'ÉCONOMIE SOCIALE ET SOLIDAIRE

Mise à jour du 18 mars 2016

**LOI CONSOMMATION DU 17 MARS 2014 * :**
**dates d'entrée en vigueur des principales mesures**

| | Mesure concernant | Je peux | Quand ? *(date d'entrée en vigueur de la mesure)* |
|---|---|---|---|
| EN VIGUEUR | Auto-écoles | Ne plus payer de frais à mon auto-école pour la restitution de mon dossier | 19 mars 2014 |
| EN VIGUEUR | Tests de grossesse & produits pour lentilles | Acheter des tests de grossesse et du liquide d'entretien pour lentilles dans n'importe quel commerce | 19 mars 2014 |
| EN VIGUEUR | Maisons de retraite | Ne plus avoir à payer des prestations non réalisées lorsqu'un parent quitte sa maison de retraite<br>Bénéficier d'un état des lieux à l'entrée et à la sortie de la maison de retraite | 19 mars 2014<br>Pour tout contrat conclu depuis le 19 mars 2014 |
| EN VIGUEUR | Transposition de la directive droit des consommateurs (information précontractuelle et formulaires de résiliation pour la vente à distance et le démarchage, etc.) | Être mieux informé lors d'un achat, en magasin, en ligne, ou par démarchage - bénéficier de 14 jours de délai de rétractation - être mieux protégé dans le cadre du démarchage - être remboursé sous 14 jours en cas de rétractation ou d'annulation | 13 juin 2014, le décret du 17 septembre 2014 en précise les modalités |
| EN VIGUEUR | Interdiction des cases précochées | Ne plus avoir à payer des prestations précochées auxquelles je n'ai pas fait attention | 13 juin 2014 |
| EN VIGUEUR | Remboursement des taxes aériennes en cas de non-utilisation du billet d'avion | Me faire rembourser les taxes et redevances aériennes lorsque mon billet n'a pas été utilisé ; sans frais sur Internet et dans la limite de 20% du montant remboursé dans les autres cas | Contrats conclus après le 13 juin 2014 |
| EN VIGUEUR | Création de la mention « Fait maison » en restauration | Savoir quels sont les plats faits maison réalisés à partir de produits crus transformés sur place sur le menu des restaurants | 15 juillet 2014 (décret du 11 juillet 2014, modifié par le décret du 6 mai 2015) |

www.economie.gouv.fr

▶▶▶

**Document 2 : Mieux protéger les consommateurs**

■ **Délai de rétractation porté de 7 à 14 jours**

La loi Consommation permet au consommateur de bénéficier d'un temps de réflexion plus long suite à une commande en ligne. S'il souhaite retourner son achat, le délai de rétractation est désormais de 14 jours, contre 7 aujourd'hui.

■ **Livraison**

La loi Consommation instaure l'obligation pour le professionnel de livrer le bien acheté par Internet à la date indiquée dans son offre commerciale. À défaut d'indication d'une date de livraison, le professionnel est tenu de livrer au plus tard dans les 30 jours à compter de la commande

■ **Remboursement sous 14 jours maximum**

Grâce à la loi Consommation, le consommateur est remboursé dans un délai de 14 jours maximum après avoir exercé son droit de rétractation auprès du professionnel ou constaté un défaut de fabrication du produit.

■ **Protection contre ventes forcées (cases pré-cochées)**

Avec la loi Consommation, le consommateur est mieux protégé des ventes forcées par Internet. Désormais, les professionnels n'ont plus la possibilité de pré-cocher des options supplémentaires payantes lors d'une commande en ligne empêchant la facturation de services non souhaités par le consommateur.

■ **Obligation pour le professionnel de fournir plus d'informations au consommateur avant l'achat sur Internet**

La loi Consommation permet au consommateur d'être mieux informé sur le bien qu'il achète par Internet. Les professionnels de la vente en ligne doivent afficher de façon claire les caractéristiques du produit, les modalités de paiement et les éventuelles restrictions de livraison.

■ **Comparateurs de prix en ligne**

La loi Consommation pose l'exigence pour les comparateurs de prix en ligne de fournir une information loyale, claire et transparente. Pour cela, les sites marchands devront fournir toutes les informations pertinentes à ces comparateurs.

www.economie.gouv.fr

**Document 3 : Rendre du pouvoir d'achat**

Avec la loi Consommation, la volonté du gouvernement était d'abord de redonner du pouvoir d'achat aux Français, en permettant :

• de changer son contrat d'assurance emprunteur jusqu'à un an après la signature du prêt, ce qui offrira le temps aux nouveaux acquéreurs de comparer les autres assurances offrant les mêmes garanties ;

• d'ouvrir à la concurrence certains produits pour les rendre moins coûteux, comme les lunettes et lentilles, les tests de grossesse ou les produits d'entretien de lentilles ;

• de résilier à tout moment son contrat d'assurance automobile ou habitation, après un an de contrat. Il s'agit d'une mesure déterminante pour aider les consommateurs à rechercher les meilleurs tarifs pour les contrats d'assurance, qui constituent des dépenses contraintes et représentent 5 % de leur budget ;

• que les consommateurs paient des prix plus justes correspondant à la réalité des services rendus, comme des tarifs de parking facturés au quart d'heure et plus à l'heure, la suppression des frais de transfert de dossier lors d'un changement d'auto-école. [...]

**PAYER MES LUNETTES MOINS CHER**

Sur Internet, les lunettes coûtent aujourd'hui jusqu'à 70 % moins cher qu'en magasin pour des montures et verres identiques.
La concurrence des sites de vente en ligne va avoir un effet à la baisse sur les prix pratiqués dans les réseaux de distribution physiques.
En ouvrant la distribution de lunettes et de lentilles, la loi renforce la concurrence, avec des baisses attendues de l'ordre de 25 %.
Bénéfique pour les consommateurs, cette mesure aura également des effets sur la croissance et l'emploi.

www.gouvernement.fr

**Document 4 : Lutter contre le démarchage abusif**

## UN EXEMPLE : LA LUTTE CONTRE LE DÉMARCHAGE ABUSIF

**Avant la loi**

Un consommateur, lassé de recevoir chaque jour plusieurs appels téléphoniques de prospection commerciale, décide de s'inscrire sur liste orange. Pourtant, même après cela, il continue de recevoir des appels téléphoniques de la part de professionnels utilisant des fichiers de prospection dont les données ne sont pas recroisées acec celles contenues dans l'annuaire et la liste orange.

**Après la loi**

Le même consommateur s'inscrit sur la nouvelle liste d'opposition au démarchage téléphonique. De ce fait, il ne reçoit plus d'appels téléphoniques à vocation commerciale non sollicités. Et quand bien même il continuerait d'en recevoir, il pourra le signaler à la DGCCRF (Direction générale de la concurrence, de la consommation et de la répression des fraudes), qui sanctionnera le professionnel.

www.gouvernement.fr

Exercice 1

## Les banques partenaires de l'entreprise

### PARTIE 1 : Analyse du dossier documentaire

**1.** Tableaux d'analyse des documents 1 et 2

| DOCUMENT 1 | |
|---|---|
| TITRE DU DOCUMENT | Abaissement du plafond des paiements en espèces |
| AUTEUR | Non précisé |
| DATE | 27 juin 2015 |
| SOURCE | www.achatlocal-consorhonealpes.com |
| IDÉES PRINCIPALES | La réglementation sur les paiements en espèces auprès des professionnels change.<br>Depuis le 1er septembre 2015, les transactions ne peuvent s'effectuer en espèces que jusqu'à 1 000 euros.<br>Le texte qui annonce cette information est un décret publié au Journal Officiel.<br>Le but du gouvernement avec ce décret est de lutter contre la fraude et le blanchiment. |

| DOCUMENT 2 | |
|---|---|
| TITRE DU DOCUMENT | Rôle des banques pour les opérations d'encaissement des commerçants |
| AUTEUR | Non précisé |
| DATE | Non précisé |
| SOURCE | http://carte-bancaire.ooreka.fr |
| IDÉES PRINCIPALES | Les terminaux de paiement sont utiles pour les commerçants.<br>Il existe un système de location par l'intermédiaire des banques ou d'achat par le commerçant.<br>Le texte expose les caractéristiques des 2 systèmes : location ou achat. |

**2.** Un décret est un acte réglementaire qui a la force d'une loi. Il est décidé et pris par le président de la République ou le Premier ministre, ou conjointement par ces deux autorités, en vertu de leur pouvoir réglementaire.
Les banques conseillent et assistent les entreprises commerciales pour leurs opérations d'encaissement. Elles informent sur les dispositions légales en vigueur (paiement en espèces). Elles proposent leurs services pour procéder à l'encaissement des cartes de crédit avec un système sécurisé.

**3.** Pistes de justifications

*Si votre choix s'est porté sur le document 3 :* ce document donne des informations précises sur :
– les avantages des terminaux de paiement électronique pour les commerçants ;
– les solutions techniques et d'assistance proposées.

*Si votre choix s'est porté sur le document 4 :* ce document permet de découvrir :
– un contrat d'assurance qui protège les commerçants contre les risques de fraude des clients ;
– les conditions de mise en œuvre de l'assurance pour les commerçants.

### PARTIE 2 : Rédaction de l'étude

*Introduction*
Les banques sont un partenaire essentiel des entreprises avec des échanges quasi quotidiens. Ainsi, de nombreuses informations juridiques sont transmises par les banques. Elles interviennent également sur le plan économique en apportant une assistance, en particulier sur les problèmes de sécurisation des transactions.

*I. L'évolution de la réglementation juridique*
Les banques jouent un rôle clé pour informer les entreprises commerciales des évolutions des textes juridiques qui organisent les activités économiques. L'exemple de la nouvelle réglementation pour le paiement en espèces des clients le montre. Les entreprises comme les banques doivent veiller à l'origine des fonds qu'elles encaissent dans le cadre de la lutte, menée par les pouvoirs publics, contre les fraudeurs, mais également contre le crime organisé et le terrorisme.
Le changement réglementaire peut conduire l'entreprise à revoir son système d'encaissement avec l'assistance de son banquier.

*II. Le conseil et l'assistance en matière de sécurité*
La banque est un partenaire incontournable de l'entreprise car son action englobe aussi bien les offres de gestion des fonds de l'entreprise que la fourniture de prestations en matière d'assurance et de protection.

*Conclusion*
Les banques sont souvent le premier partenaire de l'entreprise, et sont présentes tout au long de sa vie. Les services proposés vont de l'information à la gestion et à l'accompagnement des projets.

## Exercice 2

# Le fonctionnement du marché du travail

### PARTIE 1 : Analyse du dossier documentaire

**1.** Tableaux d'analyse des documents 1 et 2

| DOCUMENT 1 | |
|---|---|
| TITRE DU DOCUMENT | Annonce de contrat en CDI dans la restauration |
| AUTEUR | Non précisé |
| DATE | Non précisé |
| SOURCE | www.achatlocal-consorhonealpes.com |
| IDÉES PRINCIPALES | L'annonce comporte trois informations essentielles :<br>– la nature de l'emploi proposé ;<br>– le type de contrat de travail ;<br>– la rémunération.<br>Les autres informations précisent le détail de la mission, les compétences attendues et les conditions de travail. |

| DOCUMENT 2 | |
|---|---|
| TITRE DU DOCUMENT | L'évolution des contrats de travail |
| AUTEUR | Non précisé |
| DATE | Mai 2016 |
| SOURCE | lagazettedunet.com |
| IDÉES PRINCIPALES | En période de crise, les salariés recherchent des emplois stables.<br>Les entreprises préfèrent adapter leur besoin en main-d'œuvre à l'évolution de leur marché.<br>Elles proposent surtout des emplois à durée limitée ou précaire. |

**2.** Le CDI ou contrat à durée indéterminée est un contrat sans limitation de durée, à temps plein ou à temps partiel, conclu entre un employeur et un salarié. Le CDI est la forme juridique la plus courante de la relation de travail.
La « gestion flexible des personnels » signifie que l'entreprise veut pouvoir embaucher ou supprimer des emplois en fonction de l'évolution de son marché. En matière de contrats de travail, elle privilégiera les contrats à durée déterminée ou les contrats d'intérim.

**3.** L'organisation du travail privilégie la polyvalence dans laquelle chaque individu est capable de remplir des tâches distinctes. Ce système est considéré comme plus soucieux de l'épanouissement au travail que la spécialisation des tâches qui définit l'organisation scientifique de Taylor.
La polyvalence signifie que le niveau de formation des individus doit être plus élevé que dans le cas de la spécialisation.

**4.** Pistes de justifications
*Si votre choix s'est porté sur le document 3 :* ce document est pertinent car il donne des informations sur :
– la place des CDI dans la restauration collective ;
– une situation de recours aux CDD ;
– les conditions de rémunération et de travail selon les types d'entreprise.

*Si votre choix s'est porté sur le document 4 :* ce document est intéressant car :
– il compare la part des CDD et des CDI selon les tranches d'âge ;
– il permet d'apprécier le degré de stabilité des emplois selon l'âge.

### PARTIE 2 : Rédaction de l'étude

*Introduction*
Il existe différents types de contrats de travail proposés aux salariés à l'embauche. Le choix d'un contrat lors de la rédaction de l'offre d'emploi entraîne des avantages et des inconvénients pour les entreprises comme pour les salariés. De plus en plus, les entreprises adaptent leurs besoins en main-d'œuvre aux évolutions économiques de leurs marchés.

*I. Les conséquences du choix d'un contrat de travail*
Il existe deux principaux contrats de travail : le CDI et le CDD. Le CDI n'impose pas de limitation de durée, ce qui n'empêche pas, sous certaines conditions, de rompre le contrat. Le CDD prévoit la fin du contrat à une date fixée par avance avec, sous certaines conditions, la possibilité de le renouveler.
Le choix de l'un ou l'autre contrat procure des avantages et des inconvénients pour les entreprises comme pour les salariés. Le recours au CDI renforce la stabilité des personnels, ce qui est favorable à l'implication des salariés et à la maîtrise des tâches à accomplir. Le CDD permet à l'entreprise d'adapter ses effectifs à ses besoins. Il permet également d'apprécier l'implication et les compétences d'un salarié et de proposer, le cas échéant, un CDI à l'issue du CDD.

*II. Les entreprises évoluent de plus en plus dans un environnement économique incertain*
L'évolution de la demande des clients sur un marché donné est rapide et les technologies ou les nouveaux produits apparaissent à un rythme de

plus en plus rapide. Cette situation contribue à favoriser l'offre de CDD mais aussi de contrats à temps partiel. Ces contrats concernent de plus en plus les jeunes arrivant sur le marché du travail.

*Conclusion*
Le contexte économique est de plus en plus incertain pour les entreprises, ce qui les conduit à privilégier des contrats à durée déterminée et à temps partiel. Cette situation accroît la précarité des salariés et développe leurs incertitudes quant à leur avenir.

## Exercice 3

## La loi Hamon : protéger les consommateurs et leur rendre du pouvoir d'achat

### PARTIE 1 : Analyse du dossier documentaire

**1.** Tableaux d'analyse des documents 1 à 4

| DOCUMENT 1 | |
|---|---|
| TITRE DU DOCUMENT | Des exemples de mesures de la loi Consommation (dite loi Hamon) |
| AUTEUR | Non précisé |
| DATE | 22 octobre 2015 |
| SOURCE | www.economie.gouv.fr |
| IDÉES PRINCIPALES | Ce document expose un certain nombre de mesures entrées en vigueur par application de la loi Hamon.<br>On constate que toutes ces mesures vont dans le même sens, à savoir une meilleure information des consommateurs sur différents sujets de leur vie quotidienne. |

| DOCUMENT 2 | |
|---|---|
| TITRE DU DOCUMENT | Mieux protéger les consommateurs |
| AUTEUR | Non précisé |
| DATE | Non précisé (*a priori* même date que le document 1) |
| SOURCE | www.economie.gouv.fr |
| IDÉES PRINCIPALES | Ce document regroupe principalement les nouveaux délais permettant aux consommateurs de faire valoir leurs droits à la suite d'achats sur Internet.<br>On remarque ainsi que le délai de rétractation est allongé à 14 jours pour donner plus de temps de réflexion aux consommateurs.<br>Il est aussi question du renforcement de l'obligation, pour le professionnel, de fournir plus d'informations aux consommateurs qui achètent sur Internet. |

| DOCUMENT 3 | |
|---|---|
| TITRE DU DOCUMENT | Rendre du pouvoir d'achat |
| AUTEUR | Non précisé |
| DATE | Non précisé (mais même date que le document 1) |
| SOURCE | www.gouvernement.fr/action/la-loi-consommation |
| IDÉES PRINCIPALES | Le document donne des exemples de mesures prises par le gouvernement pour donner davantage de pouvoir d'achat aux consommateurs.<br>Ceux-ci peuvent ainsi changer leur contrat d'assurance après avoir comparé les offres d'autres assureurs, résilier leur contrat d'assurance automobile ou habitation après un an de contrat.<br>On y repère aussi la nouvelle mesure concernant l'achat de lunettes sur Internet. La loi permettant à une plus grande concurrence de s'exercer, le prix des lunettes devrait baisser de l'ordre de 25 %.<br>On relève aussi que cette mesure pourra avoir des effets positifs sur la croissance et l'emploi. |

| DOCUMENT 4 | |
|---|---|
| TITRE DU DOCUMENT | Lutter contre le démarchage abusif |
| AUTEUR | Non précisé |
| DATE | Non précisé (mais même date que le document 1) |
| SOURCE | www.gouvernement.fr/action/la-loi-consommation |
| IDÉES PRINCIPALES | Pour lutter contre le démarchage abusif des consommateurs par téléphone et le sanctionner, la loi permet dorénavant aux consommateurs de s'inscrire sur une liste d'opposition au démarchage téléphonique. |

**2.** Le délai de rétractation est le droit dont dispose un consommateur pour annuler un achat pendant une durée limitée.
Le pouvoir d'achat est la mesure de la quantité de biens et de services que les revenus permettent d'acquérir.

**3.** Les exemples de mesures censées protéger davantage les consommateurs sont nombreux :
- l'interdiction des cases précochées empêche le consommateur d'avoir à payer des prestations qu'il n'aurait pas commandées, il est ainsi protégé contre les ventes forcées ;
- la livraison doit être effectuée dans les 30 jours à compter de la commande : cette mesure protège le consommateur contre des délais trop longs ou incertains ;
- le consommateur doit être remboursé sous 14 jours au maximum après avoir exercé son droit de rétractation ou constaté un défaut de fabrication.

**4.** Le changement possible d'assureur un an après la signature du prêt et l'ouverture à la concurrence de certains produits pour les rendre moins coûteux (lunettes, lentilles et produits d'entretien de lentilles, tests de grossesse) sont autant de mesures susceptibles de fournir davantage de pouvoir d'achat aux consommateurs. En effet, comme les consommateurs dépensent moins sur ces produits, ils disposent de plus d'argent pour dépenser sur d'autres produits.

**5.** Les dépenses contraintes sont des dépenses obligatoires. Ainsi, l'assurance voiture et l'assurance habitation sont des assurances que chacun doit souscrire obligatoirement. Il s'agit d'obligations légales.

## PARTIE 2 : Rédaction de l'étude

*Introduction*

Dans un contexte économique difficile, il est nécessaire de créer de nouveaux moyens pour rééquilibrer les pouvoirs entre consommateurs et professionnels. Le contrat de consommation est un contrat par nature déséquilibré puisque le professionnel possède beaucoup plus d'informations qui échappent au consommateur. La concurrence est la rivalité entre les entreprises poursuivant le même but sur le marché. Un marché réglementé est un ensemble d'échanges sur lesquels les négociations obéissent à un certain nombre de règles et dont le respect est contrôlé par exemple par l'État, afin de limiter les effets néfastes d'une concurrence qui pourrait être déloyale.

Le pouvoir d'achat est la capacité des consommateurs à pouvoir acheter des biens et des services grâce à leurs revenus disponibles. Il est dès lors possible de s'interroger sur les limites de la concurrence sur un marché réglementé. Pour cela, le renforcement de la protection des consommateurs et celui du pouvoir d'achat par la loi Hamon seront étudiés dans deux parties.

*I. Le renforcement de la protection des consommateurs*

Par un certain nombre de mesures, la loi a voulu protéger davantage les consommateurs. Ainsi, le consommateur dispose désormais d'un délai de 14 jours pour exercer son droit de rétractation d'un contrat conclu à distance, à la suite d'un démarchage téléphonique, sans avoir à motiver sa décision ni à supporter d'autres coûts que ceux légalement prévus (comme le coût de renvoi des biens). Il en va de même avec l'amélioration de l'information et le renforcement des droits des consommateurs lors du démarchage et de la vente à distance, avec de nouvelles garanties, un aménagement des règles de livraison et de remboursement.

*II. L'amélioration du pouvoir d'achat des consommateurs*

La loi Hamon doit aussi améliorer le pouvoir d'achat des consommateurs en favorisant la concurrence dans divers secteurs de la vie quotidienne, comme les assurances habitation et automobile plus facilement résiliables sans frais. La loi Consommation allonge aussi le délai pendant lequel les clients pourront invoquer un défaut de conformité d'un article en cas de panne, sans avoir à se justifier.

En outre, afin de mieux informer les consommateurs, les fabricants sont incités à afficher la durée de vie de leurs produits et les vendeurs doivent informer le consommateur sur la date et la période de disponibilité des pièces détachées à l'utilisation du bien avant la conclusion du contrat et par écrit.

*Conclusion*

La consommation joue un rôle essentiel dans notre économie. Parallèlement, le pouvoir d'achat est l'une des préoccupations majeures des Français. Avec la crise, il est important de leur redonner confiance et de leur donner les armes pour se défendre en cas de litiges. La loi Consommation, dite loi Hamon, a voulu renforcer la protection des consommateurs contre les pratiques déloyales et donc améliorer leur information et leur pouvoir d'achat. Le marché plus réglementé doit permettre de rééquilibrer les pouvoirs entre consommateurs et professionnels.

# Statistique

## 1 Statistique à une variable (programme de Première)

### 1.1. Le mode

Le mode est la valeur de la variable statistique qui a le plus grand effectif. C'est un indicateur de tendance centrale. Dans le cas d'une distribution en classes, le mode est le centre de la classe modale. Il peut exister plusieurs modes.

### 1.2. L'écart type

L'écart type est un indicateur de dispersion de la série statistique. Il se note σ (« sigma »). Il traduit une moyenne d'écarts autour de la valeur moyenne $\overline{x}$. Pour certaines distributions statistiques, on constate qu'environ 95 % des valeurs de la variable appartiennent à l'intervalle $[\overline{x} - 2\sigma ; \overline{x} + 2\sigma]$.

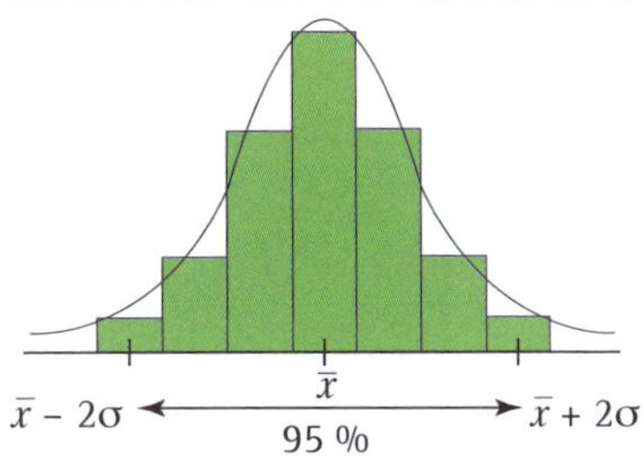

Courbe de Gauss

### 1.3. L'écart interquartile

L'écart interquartile est la différence entre le troisième et le premier quartile de la série statistique. Écart interquartile = $Q_3 - Q_1$. C'est un indicateur de dispersion.

### 1.4. Les indicateurs statistiques

Pour comparer des séries statistiques, on utilise les indicateurs de tendance centrale (mode, moyenne, médiane) et les indicateurs de dispersion (étendue, écart type, écart interquartile).

Une série statistique peut se caractériser par les couples d'indicateurs $(\overline{x} ; \sigma)$ ou ($Me$, écart interquartile).

**RAPPELS**

La moyenne s'obtient par le calcul suivant :

$$\overline{x} = \frac{n_1x_1 + n_2x_2 + \ldots + n_px_p}{N}$$

$x_i$ = valeur du caractère ou centre de la classe
$n_i$ = effectif de $x_i$
$N = n_1 + n_2 + \ldots + n_p$ = effectif total

La médiane est la valeur $Me$ telle que :
- au moins la moitié des valeurs de la série sont inférieures ou égales à $Me$ ;
- au moins la moitié des valeurs de la série sont supérieures ou égales à $Me$.

L'étendue mesure l'écart entre la plus grande et la plus petite valeur du caractère.

### 1.5. Diagrammes en boîte à moustaches

Le diagramme en boîte à moustaches permet de visualiser 5 données : le minimum et le maximum, le premier et le troisième quartile, la médiane d'une série statistique.

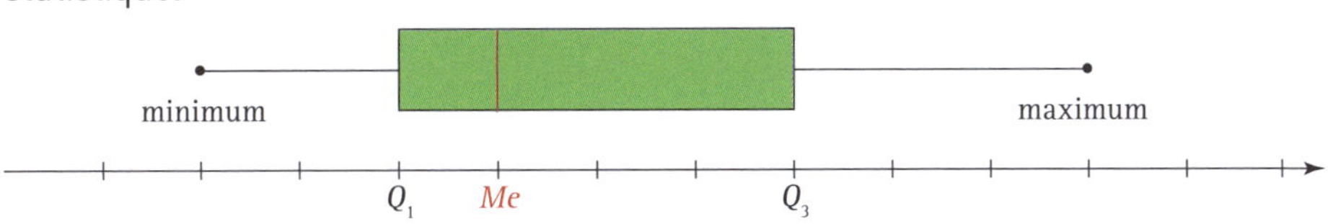

# 2 Statistique à deux variables

## 2.1. Série statistique à deux variables

Une série statistique quantitative à deux variables est donnée par des couples de valeurs $(x_i, y_i)$.

## 2.2. Représentation graphique

On représente graphiquement une série statistique à deux variables par un nuage de points. Les points ont pour coordonnées les couples $(x_i, y_i)$.
L'assistant graphique du tableur ou la calculatrice graphique permettent d'obtenir le nuage de points.

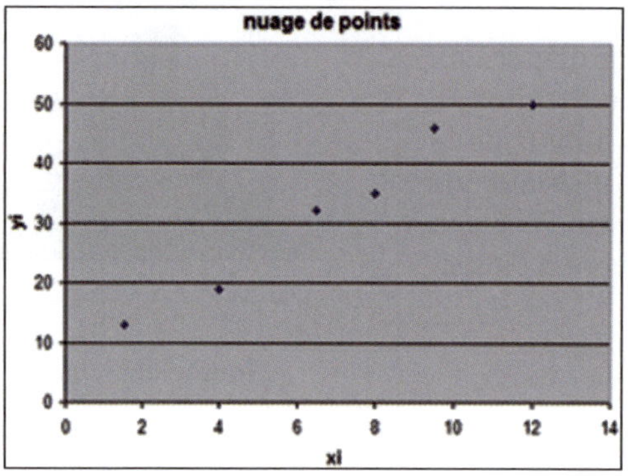


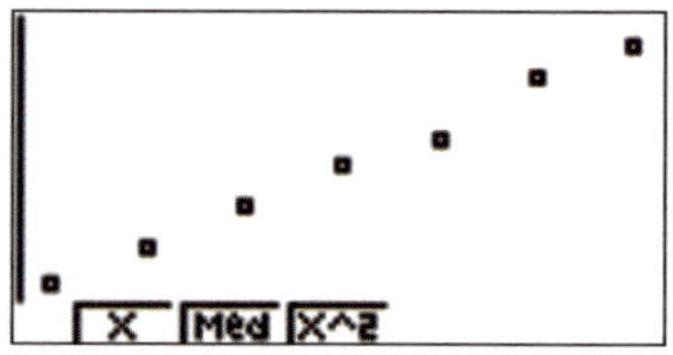


## 2.3. Point moyen $G(\overline{x}, \overline{y})$

On appelle point moyen d'une série statistique à deux variables le point, noté $G$, dont les coordonnées sont : $\overline{x}$ = moyenne des valeurs $x_i$ et $\overline{y}$ = moyenne des valeurs $y_i$.

## 2.4. Ajustement affine

Lorsque le nuage de points a une forme allongée, on peut l'ajuster par une droite.
Le tableur et la calculatrice permettent de tracer la droite d'ajustement et de donner son équation. Le point moyen appartient à la droite d'ajustement.

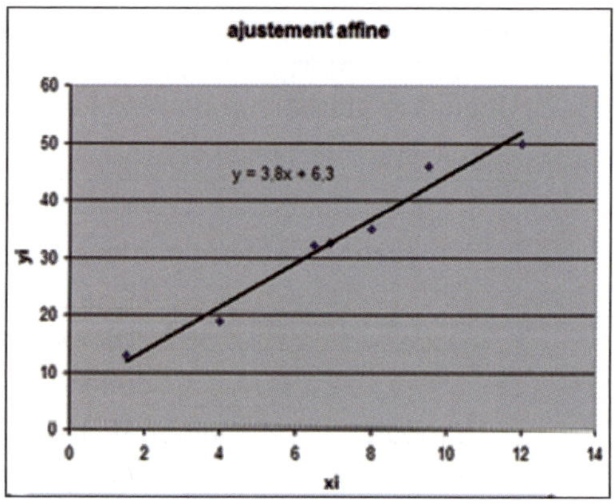


## 2.5. Prévisions

La droite d'ajustement affine permet d'effectuer des prévisions.
On utilise l'équation de la droite pour calculer la valeur prévisible de $y$ en fonction de celle de $x$ ou inversement.

*S'entraîner au Bac*
Exercices 1 à 12 : pp. 295 à 297

# Probabilités

LU ☐
SU ☐
REVU ☐

## 1 Fluctuation d'échantillonnage (programme de Première)

### 1.1. Échantillon

Le tirage au hasard et avec remise de $n$ éléments dans une population permet de constituer un échantillon aléatoire de taille $n$. Lorsque l'effectif ($N$) de population est suffisamment grand par rapport à $n$, le prélèvement d'un échantillon peut être assimilé à un tirage avec remise. La constitution d'échantillons permet de faire des prévisions (cas des sondages).

On note $p$ la fréquence relative à un caractère de la population et $f$ la fréquence relative à ce même caractère pour l'échantillon prélevé.

### 1.2. Échantillonnage d'une fréquence

La constitution d'une série d'échantillons aléatoires de même taille $n$ permet de calculer la moyenne de la distribution d'échantillonnage de la fréquence $f$ :

Moyenne des fréquences des échantillons $= \dfrac{f_1 + f_2 + \ldots + f_k}{k}$ ;

$k$ = nombre d'échantillons.

Lorsque la taille $n$ des échantillons augmente, on observe que la moyenne des fréquences $f_i$ se stabilise autour de la valeur $p$.

EXEMPLE
$p = 0{,}3$.
6 simulations (moyenne de cinq échantillons de taille $n = 100, 200, \ldots, 2000$).

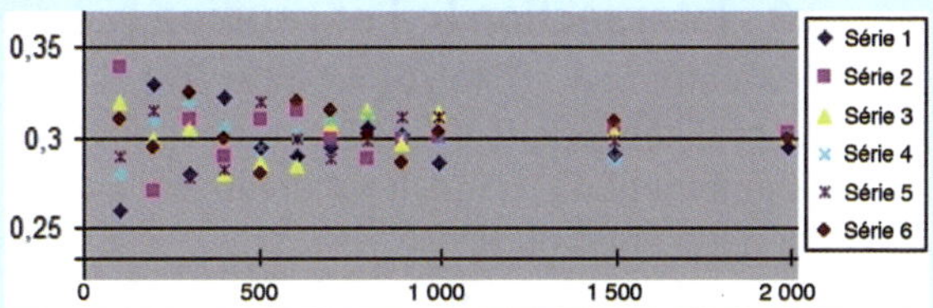


### 1.3. Intervalle de fluctuation

On appelle intervalle de fluctuation, l'intervalle $\left[p - \dfrac{1}{\sqrt{n}} ; p + \dfrac{1}{\sqrt{n}}\right]$.

$n$ = taille de l'échantillon ; $p$ = fréquence du caractère dans la population.

La probabilité que la fréquence $f$ d'un échantillon aléatoire de taille $n$ appartienne à l'intervalle de fluctuation est supérieure à 0,95.

EXEMPLE
Simulation : 400 échantillons de taille $n = 100$ avec $p = 1/3$.

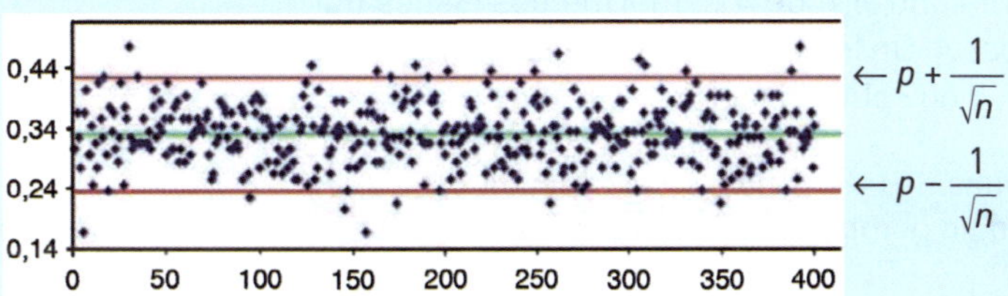


95 % des fréquences appartiennent à l'intervalle de fluctuation.

L'appartenance ou non de la fréquence $f$ d'un échantillon à l'intervalle de fluctuation permet d'interpréter certaines données statistiques et de juger de la pertinence des observations. C'est la situation d'un contrôle de qualité.

# 2 Probabilités

## 2.1. Probabilité d'un événement

La fréquence de réalisation d'une issue, lorsqu'une expérience aléatoire est reproduite un très grand nombre de fois, se stabilise autour d'un nombre $p$.
$p$ est la probabilité de l'issue. La probabilité est un nombre compris entre 0 et 1.
La somme des probabilités de toutes les issues de l'univers $\Omega$ est égale à 1.
La probabilité d'un événement $A$, notée $p(A)$, est la somme des probabilités des issues qui le réalisent.

EXEMPLE Lancer d'un dé, événement : sortie d'un nombre pair.
$p(\text{pair}) = p(2) + p(4) + p(6) = \frac{1}{6} + \frac{1}{6} + \frac{1}{6} = \frac{3}{6} = \frac{1}{2}$.

Un événement formé d'une seule issue est appelé événement élémentaire.

## 2.2. Équiprobabilité

Si les événements élémentaires ont tous la même probabilité, ils sont équiprobables.

$p = \frac{1}{\text{nombre d'issues de } \Omega}$ ; $p(A) = \frac{\text{nombre d'issues réalisant } A}{\text{nombre d'issues de } \Omega}$

EXEMPLE Tirer un cœur dans un jeu de 32 cartes : $p(\text{cœur}) = \frac{8}{32} = \frac{1}{4} = 0{,}25$.

## 2.3. Intersection ($\cap$) et réunion ($\cup$) d'événements

L'événement $A \cap B$ (on lit « $A$ inter $B$ ») est formé des issues qui réalisent à la fois $A$ et $B$.
L'événement $A \cup B$ (on lit « $A$ union $B$ ») est formé des issues qui réalisent $A$ ou $B$.
$p(A \cup B) = p(A) + p(B) - p(A \cap B)$.

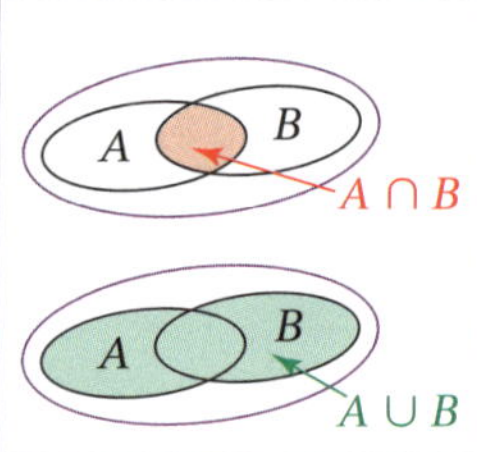


## 2.4. Événements incompatibles, événement contraire

• $A$ et $B$ sont deux événements incompatibles si $A \cap B = \emptyset$ (aucune issue ne réalise à la fois $A$ et $B$) et alors $p(A \cap B) = 0$. Dans ce cas, $p(A \cup B) = p(A) + p(B)$.

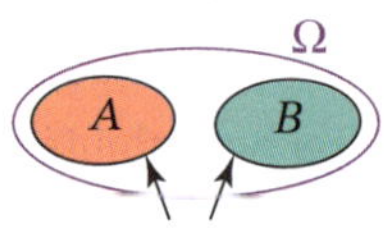

$A$ et $B$ sont incompatibles

EXEMPLE La sortie d'une carte de carreau et la sortie d'une carte de pique sont des événements incompatibles.

• L'événement contraire de $A$ est formé des issues qui ne réalisent pas $A$. On le note $\overline{A}$ (on lit « $A$ barre »).
$p(A) + p(\overline{A}) = 1$, d'où : $p(\overline{A}) = 1 - p(A)$.

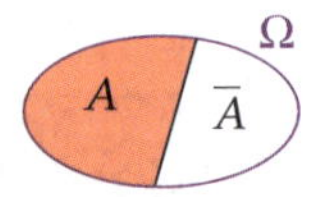


EXEMPLE Dans un lancer de dé, l'événement contraire de la sortie d'un nombre pair est la sortie d'un nombre impair.

*S'entraîner au Bac*
**Exercices 13 à 24 : pp. 297 à 300**

*Savoir*

**3**

LU ☐
SU ☐
REVU ☐

# Suites numériques

## 1 Suites numériques

Une suite numérique est une suite de nombres dont les termes sont notés : $u_1$, $u_2$, $u_3$, ..., $u_n$.
$u_1$ est le premier terme de la suite. On lit « $u$ indice 1 », c'est le terme de rang 1.
$u_n$ se lit « $u$ indice $n$ » ; c'est le terme de rang $n$.

## 2 Suites arithmétiques

• Une suite arithmétique est une suite de nombres telle que chacun de ses termes, autre que le premier, s'obtient en ajoutant au terme précédent, un même nombre appelé raison. $u_{n+1} = u_n + r$
et $r$ est la raison de la suite.

• Les termes d'une suite arithmétique sont représentés par des points alignés.
Si $r > 0$ la suite est croissante.
Si $r < 0$ la suite est décroissante.

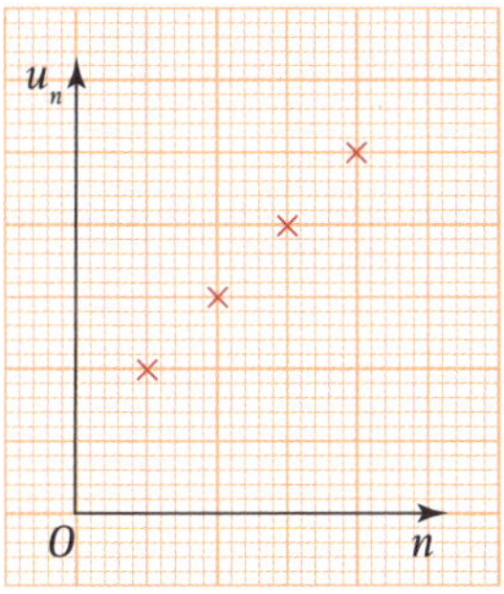


$r > 0$

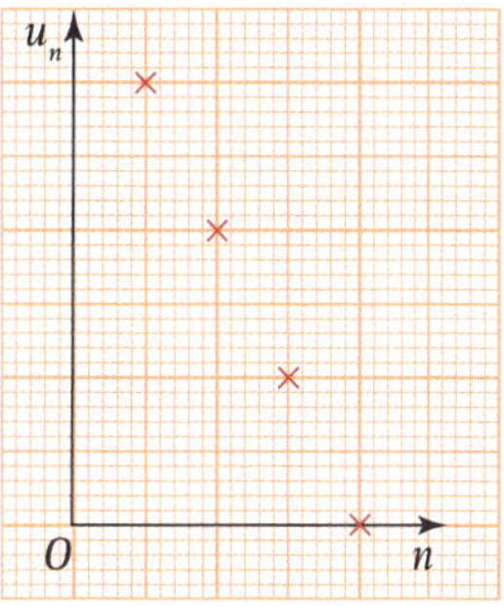


$r < 0$

• **Calcul du terme de rang *n***
Pour une suite arithmétique de premier terme $u_1$ et de raison $r$, le terme de rang $n$ est : $u_n = u_1 + (n - 1)\,r$.

## 3 Suites géométriques

• Une suite géométrique est une suite de nombres telle que chacun de ses termes, autre que le premier, s'obtient en multipliant le terme précédent par un même nombre appelé raison. $u_{n+1} = u_n \times q$ et $q$ est la raison de la suite.

• Les termes d'une suite géométrique sont représentés par des points qui appartiennent à une courbe exponentielle.
Si $q > 1$ la suite est croissante.
Si $0 < q < 1$ la suite est décroissante.

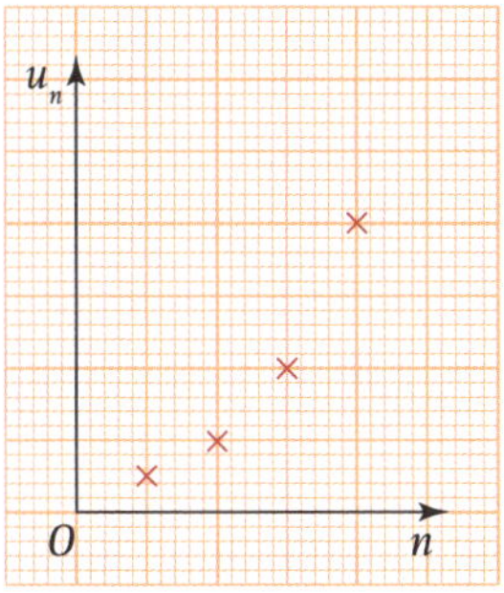


$q > 1$

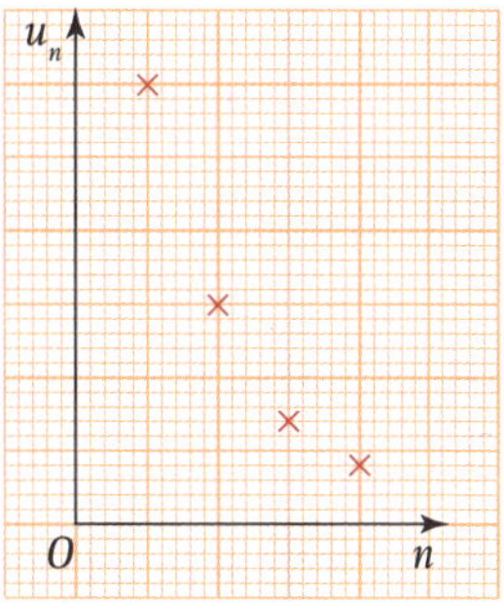


$0 < q < 1$

• **Calcul du terme de rang *n***
Pour une suite géométrique de premier terme $u_1$ et de raison $q$, le terme de rang $n$ est : $u_n = u_1 \times q^{n-1}$.

*S'entraîner au Bac*
**Exercices 25 à 35 : pp. 300 à 302**

MATHÉMATIQUES

Savoir 4

LU ☐
SU ☐
REVU ☐

# Fonctions de référence – Fonctions *kf* (programme de Première)

## 1 Fonction cube : $x \mapsto x^3$

La fonction cube est la fonction $f$ définie pour tout nombre $x$ par $f(x) = x^3$.

La fonction cube est croissante.

Si $a < b$ alors $a^3 < b^3$.

Sa courbe représentative est symétrique par rapport à l'origine du repère.

| $x$ | $-\infty$ | $0$ | $\infty$ |
|---|---|---|---|
| $x^3$ | ↗ | $0$ | ↗ |

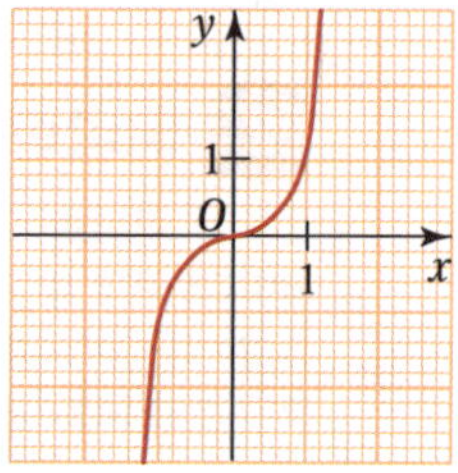


## 2 Fonction inverse : $x \mapsto \dfrac{1}{x}$

La fonction inverse est la fonction $f$ définie pour tout nombre $x$ différent de zéro par $f(x) = \dfrac{1}{x}$.

La fonction inverse est décroissante sur chacun des intervalles $]-\infty\,;0[$ et $]0\,;+\infty[$.

Si $a < b < 0$ alors $\dfrac{1}{a} > \dfrac{1}{b}$.

Si $0 < a < b$ alors $\dfrac{1}{a} > \dfrac{1}{b}$.

Sa courbe représentative est symétrique par rapport à l'origine du repère.

| $x$ | $-\infty$ | $0$ | $+\infty$ |
|---|---|---|---|
| $\dfrac{1}{x}$ | ↘ | ‖ | ↘ |

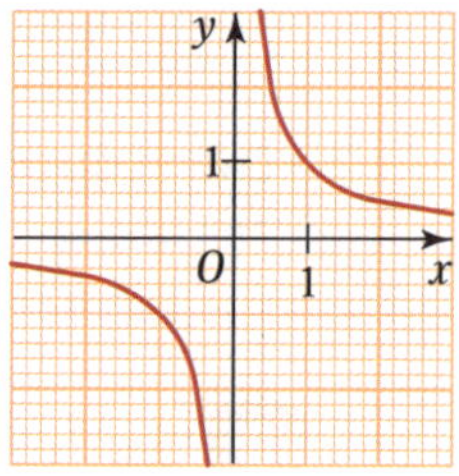


## 3 Fonction racine carrée : $x \mapsto \sqrt{x}$

La fonction racine carrée est la fonction $f$ définie pour tout nombre $x$ positif par $f(x) = \sqrt{x}$.

La fonction racine carrée est croissante.

Si $0 \leqslant a < b$ alors $0 \leqslant \sqrt{a} < \sqrt{b}$.

| $x$ | $0$ | $+\infty$ |
|---|---|---|
| $\sqrt{x}$ | ↗ | |

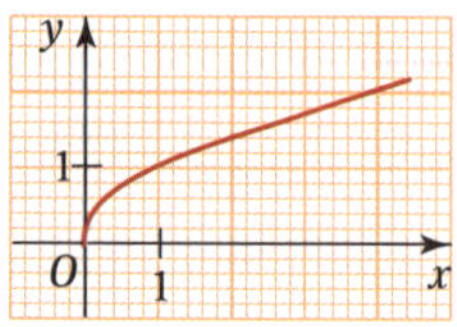


## 4 Fonction *kf* (*k* nombre donné)

$f$ est une fonction définie sur l'intervalle $I$.

La fonction $kf$ est la fonction définie sur $I$ par $x \mapsto kf(x)$.

Si $k > 0$, les fonctions $f$ et $kf$ ont même sens de variation.

Si $k < 0$, les fonctions $f$ et $kf$ ont des sens de variation contraires.

S'entraîner au Bac
Exercices 36 à 38 : p. 303

MATHÉMATIQUES

Savoir

5

LU ☐
SU ☐
REVU ☐

# Fonctions $f + g$ – Inéquations (programme de Première)

## 1 Somme de deux fonctions

$f$ et $g$ sont deux fonctions définies sur l'intervalle $I$.

### 1.1. Définition

La somme $f + g$ des fonctions $f$ et $g$ est la fonction définie sur l'intervalle $I$ par $f + g : x \mapsto f(x) + g(x)$.

Pour construire la courbe représentative de $f + g$, on place les points de coordonnées $(x\,;\, f(x) + g(x))$.

### 1.2. Sens de variation

– Si $f$ et $g$ sont croissantes sur $I$, alors $f + g$ est croissante sur $I$.

– Si $f$ et $g$ sont décroissantes sur $I$, alors $f + g$ est décroissante sur $I$.

## 2 Résolution graphique d'inéquations

### 2.1. Inéquation de la forme $f(x) > 0$

$f$ est une fonction définie sur l'intervalle $I$. $\mathscr{C}_f$ est la courbe représentative de $f$.

Les solutions de l'inéquation : $f(x) > 0$ sont les abscisses des points de $\mathscr{C}$ qui sont situés au-dessus de l'axe des abscisses.

EXEMPLE

Pour l'exemple ci-contre, les solutions de l'inéquation $f(x) > 0$ sont tous les nombres $x$ tels que $a < x < b$.

Remarque : les nombres $a$ et $b$ sont les solutions de l'équation $f(x) = 0$.

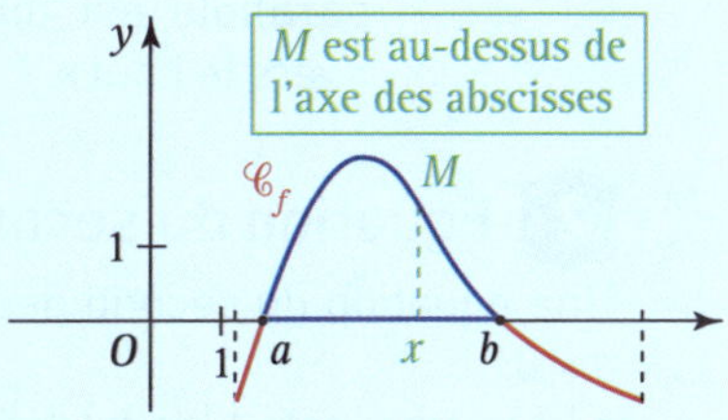


### 2.2. Inéquation de la forme $f(x) \geqslant g(x)$

$f$ et $g$ sont deux fonctions définies sur l'intervalle $I$.

$\mathscr{C}_f$ est la courbe représentative de $f$ ; $\mathscr{C}_g$ est la courbe représentative de $g$.

Les solutions de l'inéquation : $f(x) \geqslant g(x)$ sont les abscisses des points de $\mathscr{C}_f$ qui sont situés au-dessus de $\mathscr{C}_g$ et les abscisses des points communs à $\mathscr{C}_f$ et $\mathscr{C}_g$.

EXEMPLE

Pour l'exemple ci-contre, les solutions de l'inéquation $f(x) > g(x)$ sont tous les nombres $x$ tels que $a < x < b$ c'est-à-dire tous les nombres $x$ de l'intervalle $[a\,;\, b]$.

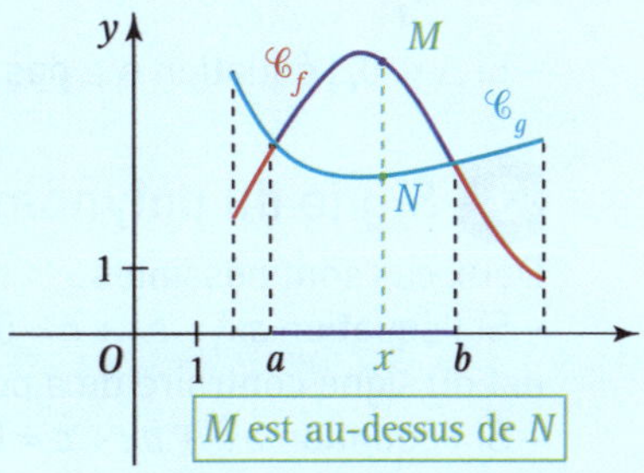



S'entraîner au Bac
Exercices 39 à 41 : pp. 303 et 304


MATHÉMATIQUES

# Second degré (programme de Première)

LU ☐
SU ☐
REVU ☐

## 1 Fonction du second degré

Une fonction du second degré est une fonction du type $f(x) = ax^2 + bx + c$.
Sa courbe représentative est une parabole.

$a > 0$

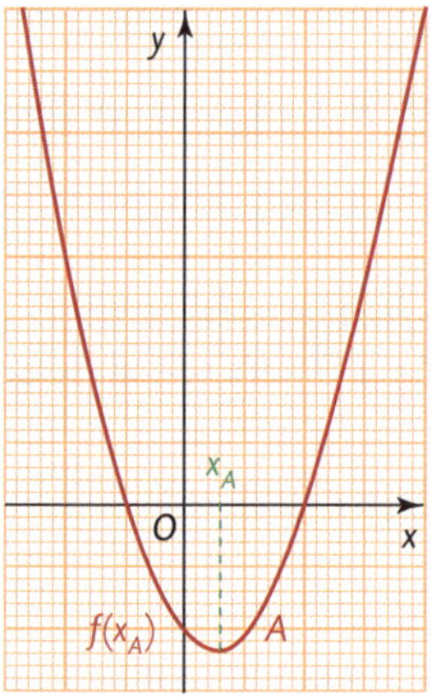


La fonction admet en $x_A$ un minimum $f(x_A)$. La parabole est tournée «vers le haut».

$a < 0$

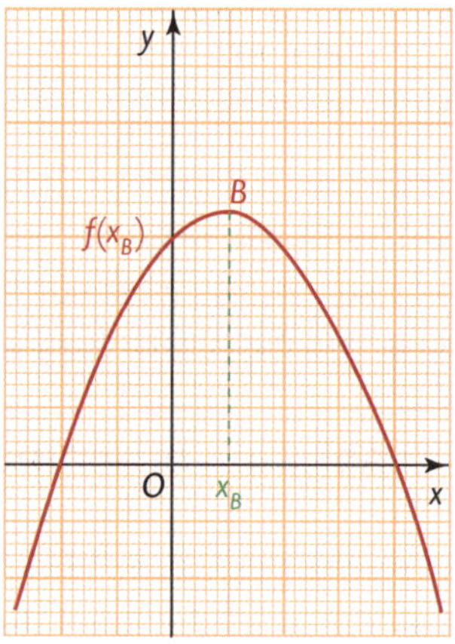


La fonction admet en $x_B$ un maximum $f(x_B)$. La parabole est tournée «vers le bas».

## 2 Équation du second degré

Une équation du second degré est une équation de la forme $ax^2 + bx + c = 0$ avec $a \neq 0$.

- Le nombre noté $\Delta$ (delta) défini par $\Delta = b^2 - 4ac$ est appelé discriminant de l'équation.
- Le nombre de solutions de l'équation dépend de la valeur de $\Delta$.

– Si $\Delta > 0$, l'équation a deux solutions :

$$x_1 = \frac{-b - \sqrt{\Delta}}{2a} ; x_2 = \frac{-b + \sqrt{\Delta}}{2a}$$

– Si $\Delta = 0$, l'équation a une solution :

$$x = -\frac{b}{2a}$$

– Si $\Delta < 0$, l'équation n'a pas de solution.

## 3 Signe du polynôme $ax^2 + bx + c$

Deux cas sont possibles :
– Si l'équation $ax^2 + bx + c = 0$ admet deux solutions distinctes $x_1$ et $x_2$, le polynôme est du signe contraire de $a$ pour tout $x$ compris entre $x_1$ et $x_2$.
– Si l'équation $ax^2 + bx + c = 0$ n'admet pas deux solutions distinctes, le polynôme est du signe de $a$ pour tout réel $x$.

S'entraîner au Bac
Exercices 42 et 43 : p. 304

# Nombre dérivé – Fonction dérivée

LU ☐
SU ☐
REVU ☐

## 1 Tangente à une courbe en un point

La courbe $\mathscr{C}$ est la courbe représentative d'une fonction $f$ définie sur un intervalle $I$.
$A$ est le point de la courbe $\mathscr{C}$ d'abscisse $x_A$.

• Au voisinage du point $A$, on peut « approcher » la courbe $\mathscr{C}$ par une droite.
Cette droite est la tangente $T$ en $A$ à la courbe $\mathscr{C}$.

• Si l'équation de la tangente $T$ est $y = ax + b$, alors, pour des valeurs de $x$ proches de $x_A$, le nombre $ax + b$ est une « bonne » approximation du nombre $f(x)$.
La fonction affine : $x \mapsto ax + b$ est la « meilleure » approximation affine de la fonction $f$.

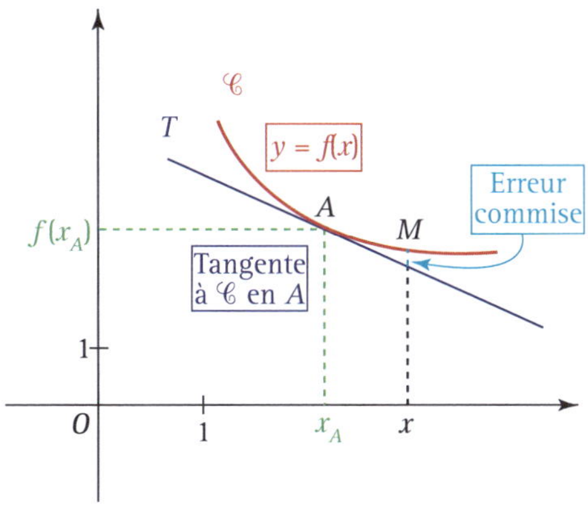


## 2 Nombre dérivé et fonction dérivée

La courbe $\mathscr{C}$ est la courbe représentative d'une fonction $f$ définie sur un intervalle $I$.
$x_A$ est un nombre de l'intervalle $I$ et $A$ le point de $\mathscr{C}$ d'abscisse $x_A$.
La droite $T$ est la tangente en $A$ à la courbe $\mathscr{C}$.

### a) Nombre dérivé

On appelle nombre dérivé de la fonction $f$ en $x_A$ le coefficient directeur de la tangente $T$ à $\mathscr{C}$ en son point d'abscisse $x_A$.
On note ce nombre dérivé $f'(x_A)$.

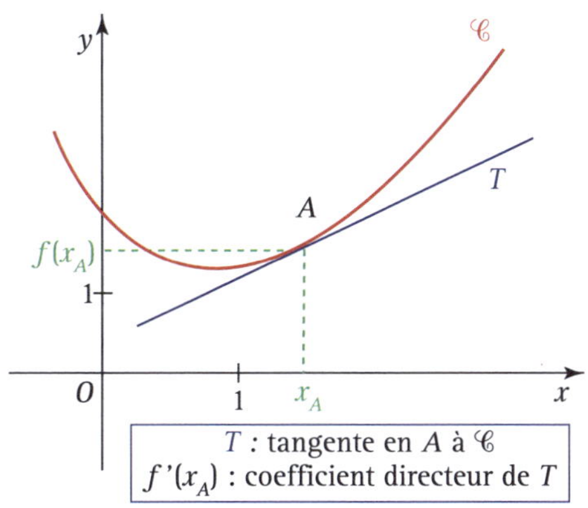

**b) Fonction dérivée**

La fonction dérivée de $f$ est la fonction qui, à tout nombre $x$ de $I$, associe le nombre dérivé $f'(x)$. On la note $f'$.

## 3 Dérivées des fonctions de référence et règles de dérivation

| Si $f(x)$ = | alors $f'(x)$ = |
|---|---|
| $ax + b$ | $a$ |
| $x^2$ | $2x$ |
| $x^3$ | $3x^2$ |
| $\frac{1}{x}$ | $-\frac{1}{x^2}$ |

| Si $f(x)$ = | alors $f'(x)$ = |
|---|---|
| $\sqrt{x}$ | $\frac{1}{2\sqrt{x}}$ |
| $u(x) + v(x)$ | $u'(x) + v'(x)$ |
| $ku(x)$<br>$k$ nombre réel | $ku'(x)$ |

## 4 Dérivée et sens de variation d'une fonction

Si, pour tout nombre $x$ de $I$, on a $f'(x) > 0$, alors $f$ est croissante sur $I$.
Si, pour tout nombre $x$ de $I$, on a $f'(x) < 0$, alors $f$ est décroissante sur $I$.

## 5 Extremum d'une fonction

Si, pour la valeur $x_0$ de $I$, la dérivée $f'$ s'annule en changeant de signe, alors la fonction $f$ admet en $x_0$ un extremum (un maximum ou un minimum).
Le tableau de variation de $f$ permet de savoir s'il s'agit d'un maximum ou d'un minimum.

Si l'on obtient le tableau ci-dessous :

| $x$ | | $x_0$ | |
|---|---|---|---|
| $f'(x)$ | − | 0 | + |
| $f(x)$ | ↘ | $f(x_0)$ | ↗ |

La fonction $f$ admet pour $x = x_0$ un minimum égal à $f(x_0)$.

Si l'on obtient le tableau ci-dessous :

| $x$ | | $x_0$ | |
|---|---|---|---|
| $f'(x)$ | + | 0 | − |
| $f(x)$ | ↗ | $f(x_0)$ | ↘ |

La fonction $f$ admet pour $x = x_0$ un maximum égal à $f(x_0)$.

*S'entraîner au Bac*
Exercices 44 à 51 : pp. 305 à 307

Savoir 8

# Fonctions exponentielles – Fonction logarithme décimal

LU ☐
SU ☐
REVU ☐

## 1 Fonctions exponentielles : $x \mapsto q^x$

### 1.1. Définition

$q$ est un nombre strictement positif et différent de 1.
La fonction $f$ définie pour tout nombre réel par $f(x) = q^x$ est appelée fonction exponentielle.
$f(0) = 1$ ; $f(1) = q$.

EXEMPLE
Les fonctions $x \mapsto 10^x$ ; $x \mapsto 2^x$ ; $x \mapsto \left(\frac{1}{2}\right)^x$ sont des fonctions exponentielles.

### 1.2. Sens de variation – Courbe représentative

Si $q > 1$
La fonction $f : x \mapsto q^x$ est croissante.

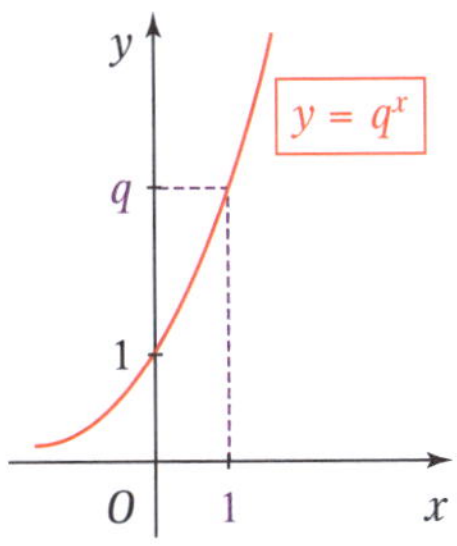


Si $0 < q < 1$
La fonction $x \mapsto q^x$ est décroissante.

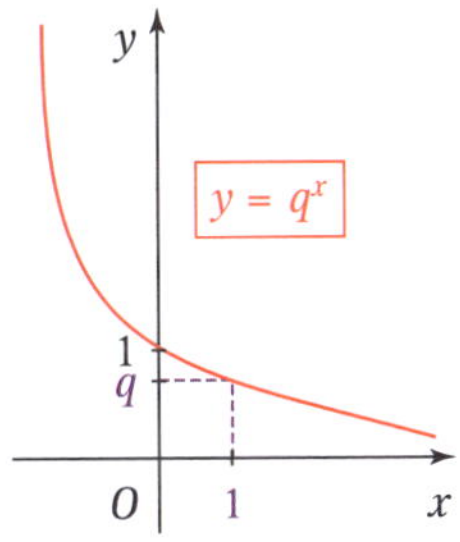


### 1.3. Propriétés opératoires

Quels que soient les nombres $a$ et $b$ :

$q^a \times q^b = q^{a+b}$ ;

$\frac{q^a}{q^b} = q^{a-b}$ ;

$\frac{1}{q^b} = q^{-b}$ ;

$(q^a)^b = q^{ab}$.

MATHÉMATIQUES

## 2 Fonction logarithme décimal : $x \mapsto \log x$

### 2.1. Définition

La fonction logarithme décimal est définie pour tout $x$ strictement positif par $f(x) = \log x$.

$\log 1 = 0$ ; $\log 10 = 1$.

### 2.2. Sens de variation

La fonction logarithme décimal est croissante sur $]0\,;+\infty[$.

### 2.3. Propriétés

• Quels que soient les nombres $a$ et $b$ strictement positifs, ses propriétés opératoires sont :

$\log(ab) = \log(a) + \log(b)$ ; $\log(a^n) = n\log(a)$ ;

$\log\left(\frac{a}{b}\right) = \log(a) - \log(b)$ ; $\log\left(\frac{1}{b}\right) = -\log(b)$.

• Quel que soit le nombre $x$, $\log(10^x) = x$.

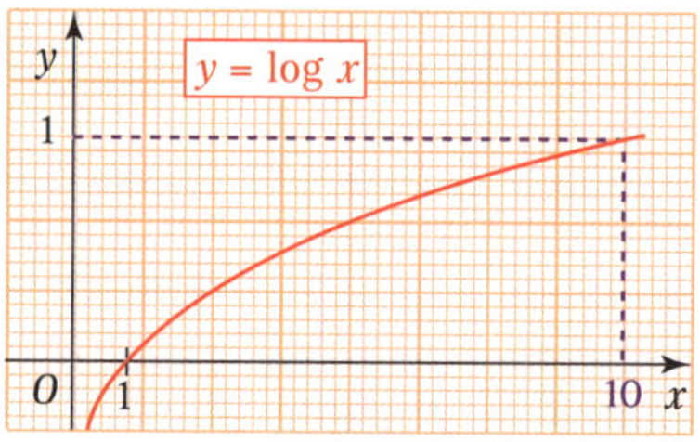


S'entraîner au Bac
Exercices 52 à 57 : pp. 307 et 308

**MÉTHODE 1**

## Comment effectuer la représentation graphique d'une série statistique à deux variables à l'aide d'une calculatrice graphique ?

**1.** On vérifie que les deux variables sont quantitatives.
**2.** Si l'une des deux variables ($t_i$) est le temps, on établit une correspondance entre la variable chronologique $t$ (heures, jours, mois, années) et $x$ variable numérique. On donne à la variable $x$ les valeurs $x_i$ déterminées à partir de l'échelle du temps.
**3.** On utilise le mode statistique de la calculatrice.

**a) Pour les calculatrices de modèle CASIO**
Dans le menu, on choisit STAT, puis on tape EXE.
On efface les données précédentes liste par liste : par >, on choisit DELA, puis on tape F1 (YES). On entre les valeurs de $x_i$ dans List 1 et les valeurs de $y_i$ dans List 2. Par >, on tape F1 (GRPH), puis on choisit GPH 1.
On obtient le nuage de points.

**b) Pour les calculatrices de modèle TI**
On tape stats 1 pour sélectionner 1 : Edit.
On efface les données précédentes en plaçant la surbrillance sur les données à effacer puis suppr. On entre ensuite les valeurs de $x_i$ dans L1 et les valeurs de $y_i$ dans L2. On tape *f*(*x*). Avec la touche annul, on efface si besoin la fonction Y1 déjà enregistrée.
On tape 2nde *f*(*x*) 1 entrer. À l'aide des touches > ∨, on sélectionne la configuration voulue. On tape zoom 9. On obtient le nuage de points.

Exercice 4 : p. 295

**MÉTHODE 2**

## Comment effectuer la représentation graphique d'une série statistique à deux variables à l'aide d'un tableur ?

**1.** On vérifie que les deux variables sont quantitatives.
**2.** Si l'une des deux variables ($t_i$) est le temps, on établit une correspondance entre la variable chronologique $t$ (heures, jours, mois, années) et $x$ variable numérique. On donne à la variable $x$ les valeurs $x_i$ déterminées à partir de l'échelle du temps.
**3.** On entre les titres et les données dans la feuille de calcul du tableur : dans la colonne A les valeurs de $x_i$, dans la colonne B les valeurs de $y_i$.
**4.** On sélectionne les colonnes A et B et on ouvre l'assistant graphique : on choisit « type de graphique », puis « Nuage de points » et le sous-type de graphique sans les points reliés. On clique sur « Suivant ».
On remplit les plages « Titre du graphique », « Axe des ordonnées (X) » et « Axe des ordonnées (Y) ». On clique sur suivant.
On choisit d'intégrer ou non le document dans la feuille de calcul.
**5.** On peut améliorer la présentation du graphique en pointant la souris sur chacun des axes. On choisit dans « Format de l'axe » des valeurs particulières qui correspondent aux valeurs minimales de $x_i$ et de $y_i$.

Exercice 5 : p. 296

MÉTHODE 3

## Comment calculer les coordonnées du point moyen d'un nuage de points à l'aide d'une calculatrice ou d'un grapheur ?

**1.** On entre les données statistiques dans la calculatrice (Méthode 1) ou dans la feuille de calcul d'un tableur (Méthode 2).

**2.** À l'aide de la calculatrice, on obtient directement les valeurs de $\overline{x}$ et $\overline{y}$.

**a) Pour les calculatrices de modèle CASIO**

On sélectionne CALC en tapant F2.
On tape à nouveau F2 pour sélectionner 2VAR.
L'écran suivant apparaît.

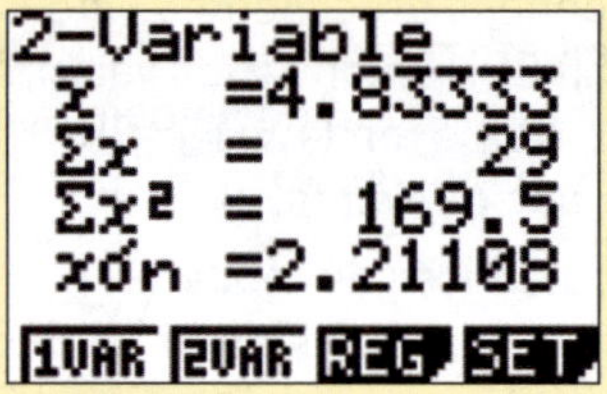


On utilise la flèche ∨ pour faire défiler les différentes valeurs. On note les valeurs de $\overline{x}$ et de $\overline{y}$ qui apparaissent à l'écran. Ce sont les coordonnées de G, point moyen du nuage de points.

**b) Pour les calculatrices de modèle TI**

On tape stats. À l'aide de la touche > on sélectionne CALC, puis 2 : Stats 2-Var entrer.
L'écran suivant apparaît.

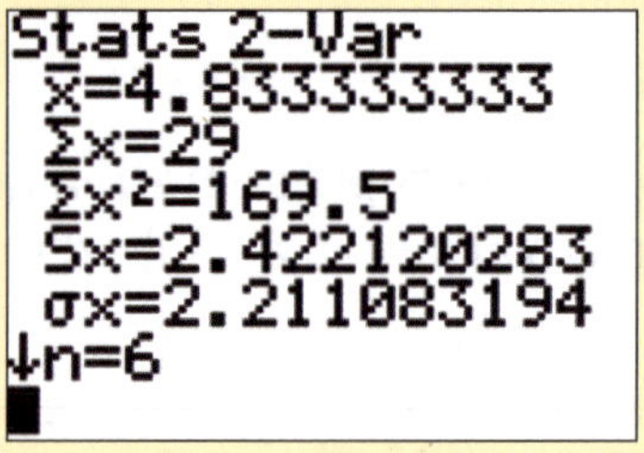


On utilise la flèche ∨ pour faire défiler les différentes valeurs. On note les valeurs de $\overline{x}$ et de $\overline{y}$ qui apparaissent à l'écran. Ce sont les coordonnées de G, point moyen du nuage de points.

**3. À l'aide d'un tableur**

On entre dans les deux cellules se trouvant sous les dernières valeurs enregistrées de $x_i$ pour la colonne A et de $y_i$ pour la colonne B la formule =MOYENNE(.
On sélectionne les valeurs de la colonne A, on ferme ensuite la parenthèse.
On fait de même pour la colonne B.
On obtient l'affichage des deux valeurs $\overline{x}$ et $\overline{y}$, coordonnées du point moyen G.

Exercice 7 : p. 296

**MÉTHODE 4**

## Comment réaliser un ajustement affine à l'aide d'une calculatrice ?

**1.** On entre les données $(x_i ; y_i)$ dans un tableur ou dans les listes d'une calculatrice (Méthode 1).

**2.** On effectue la représentation graphique de la série par un nuage de points.

**3.** On vérifie que la forme du nuage est suffisamment allongée pour effectuer un ajustement affine.

**4.** On sélectionne les modes opératoires de la calculatrice ou du tableur pour obtenir l'équation de la droite d'ajustement affine du type $y = ax + b$.

**a) Pour les calculatrices de modèle CASIO**

Après avoir obtenu le nuage de points, on tape F1 pour sélectionner X. On obtient cet écran, qui permet de trouver l'équation de la droite d'ajustement.

```
LinearReg
   a =0.58352
   b = 1.6963
   r =0.98054
y=ax+b
```

*Remarque :* si la valeur du coefficient de $r$ est proche de 1, cela justifie l'ajustement affine.
L'équation de la droite d'ajustement est : $y \approx 0{,}584x + 1{,}696$.
On sélectionne DRAW (F4).

**b) Pour les calculatrices de modèle TI**

Après avoir obtenu le nuage de points, on tape stats, avec la touche > on sélectionne CALC, puis on tape 4, puis 2nde 1 (L1), 2nde 2 (L2), var > 1 entrer entrer.
On obtient l'écran qui permet de trouver l'équation de la droite d'ajustement.

```
RégLin
 y=ax+b
 a=.5835227273
 b=1.696306818
```

L'équation de la droite d'ajustement est : $y \approx 0{,}584x + 1{,}696$.
On sélectionne graphe pour obtenir le tracé de la droite.

Exercice 9 : p. 296

## Méthode 5

### Comment réaliser un ajustement affine à l'aide d'un tableur ?

1. On entre les données $(x_i ; y_i)$ dans deux colonnes du tableur (étapes 1, 2 et 3 Méthode 2).
2. On effectue la représentation graphique de la série par un nuage de points (étapes 4 et 5 Méthode 2).
3. On vérifie que la forme du nuage est suffisamment allongée pour effectuer un ajustement affine.
4. On clique dans la barre d'outil Graphique, puis sur « Ajouter une courbe de tendance… ».
5. On choisit parmi les différents ajustements proposés, « Linéaire », puis on clique sur OK.
6. On pointe la souris sur la droite de tendance, puis clic droit et on sélectionne « Format de la courbe de tendance… ».
7. On clique Option, on coche « Afficher l'équation sur le graphique », puis OK.
8. On pointe la souris sur l'affichage de l'équation de la droite et on sélectionne « Format des étiquettes de données… ».
9. On clique sur Nombre, on choisit l'écriture du nombre avec les décimales nécessaires, puis OK.

Exercice 10 : p. 296

## Méthode 6

### Comment utiliser l'équation de la droite d'ajustement ?

Le nuage de points, représentant une série statistique à deux variables, a été ajusté par une droite.

1. On peut écrire l'équation de la droite d'ajustement du nuage de points sous la forme $y = ax + b$.
2. On trouve la valeur $y_1$ qui correspond à la valeur $x_1$, en calculant l'expression $ax_1 + b$.
3. On trouve la valeur $x_2$ qui correspond à la valeur $y_2$, en effectuant la résolution de l'équation $y_2 = ax + b$.
4. On peut trouver également ces valeurs en recherchant graphiquement l'ordonnée ou l'abscisse d'un point de la droite d'ajustement.

Exercice 12 : p. 297

## MÉTHODE 7

### Comment déterminer à l'aide d'un tableau ou d'un arbre les différentes issues réalisant un événement lors d'une expérience aléatoire ?

**1.** Si l'univers est constitué des issues d'une seule expérience, on énumère les différentes issues.

**2.** Si l'univers est constitué des résultats d'une expérience en deux étapes, on peut établir un tableau à double entrée :

**a)** la première ligne contient toutes les issues de la première étape de l'expérience ;

**b)** la première colonne contient toutes les issues de la deuxième étape de l'expérience.

**3.** Chaque case du tableau correspond à une issue de l'expérience.

**4.** Si l'univers est constitué des résultats d'une expérience comportant deux ou trois (voire plus) étapes, on peut établir un arbre dont chaque branche correspond à l'enchaînement possible des différentes étapes de l'expérience aléatoire.

**5.** Parmi toutes les issues déterminées, dans les différentes cases du tableau ou les différentes branches de l'arbre, on retient celles qui permettent la réalisation de l'événement considéré.

Exercice 17 : p. 298

## MÉTHODE 8

### Comment calculer la probabilité d'un événement dans le cas d'équiprobabilité ?

**1.** On détermine toutes les issues possibles de l'expérience aléatoire.

**2.** On dénombre les issues qui réalisent l'événement considéré.

**3.** Si toutes les issues ont la même probabilité, on calcule le quotient du nombre d'issues réalisant l'événement par le nombre d'issues possibles. La probabilité de l'événement est égale à la valeur du quotient obtenu.

Exercice 19 : p. 299

## MÉTHODE 9

### Comment déterminer et calculer la probabilité de l'événement réunion de deux événements donnés ou de l'événement intersection de ces deux événements ?

**1.** Soit deux événements $A$ et $B$, on peut définir l'événement « réunion de $A$ et $B$ », noté $A \cup B$ et l'événement « intersection de $A$ et $B$ », noté $A \cap B$.

**2.** Une issue réalise l'événement $A \cup B$ si elle réalise l'événement $A$ ou si elle réalise l'événement $B$. Elle peut aussi réaliser les deux événements.

**3.** Une issue réalise l'événement $A \cap B$ si elle réalise simultanément l'événement $A$ et l'événement $B$.

**4.** La probabilité de l'événement $A \cup B$ est $p(A \cup B) = p(A) + p(B) - p(A \cap B)$.

Exercice 21 : p. 299

## MÉTHODE 10

### Comment déterminer si deux événements sont incompatibles et dans ce cas calculer la probabilité de leur réunion ?

On considère deux événements $A$ et $B$.

**1.** On cherche une issue qui réalise simultanément les deux événements $A$ et $B$ ; si on en trouve une, les deux événements ne sont pas incompatibles ; si aucune issue ne réalise simultanément les deux événements $A$ et $B$, les deux événements sont incompatibles.

**2.** On regarde la valeur de $p(A \cap B)$ :
- si $p(A \cap B) = 0$, les deux événements $A$ et $B$ sont incompatibles ;
- si $p(A \cap B) \neq 0$, les deux événements $A$ et $B$ ne sont pas incompatibles.

**3.** Si des événements $A$ et $B$ sont incompatibles, la probabilité de leur réunion est donnée par $p(A \cup B) = p(A) + p(B)$.

Exercice 23 : p. 300

## MÉTHODE 11

### Comment déterminer et calculer la probabilité de l'événement contraire d'un événement donné ?

On considère un événement $A$. L'événement contraire de $A$ est noté $\overline{A}$.
$\overline{A}$ est un événement tel que :

**1.** $p(A \cap \overline{A}) = 0$. Aucune issue ne réalise simultanément $A$ et $\overline{A}$. $A$ et $\overline{A}$ sont incompatibles.

**2.** $p(A \cup \overline{A}) = 1$. Chaque issue réalise $A \cup \overline{A}$.

**3.** $p(A \cup \overline{A}) = p(A) + p(\overline{A}) = 1$, d'où : $p(\overline{A}) = 1 - p(A)$.

Exercice 24 : p. 300

**MÉTHODE 12**

## Comment calculer un terme d'une suite arithmétique ?

Pour calculer un terme d'une suite arithmétique de premier terme $u_1$ et de raison $r$, on utilise la relation : $u_{n+1} = u_n + r$.

Exercice 26-1 : p. 301

**MÉTHODE 13**

## Comment calculer le terme de rang *n* d'une suite arithmétique ?

Pour calculer $u_n$, terme de rang $n$ d'une suite arithmétique, connaissant le premier terme $u_1$ et la raison $r$, on utilise la relation :
$u_n = u_1 + (n - 1)r$.

Exercice 26-2 : p. 301

**MÉTHODE 14**

## Comment calculer un terme d'une suite géométrique ?

Pour calculer les termes d'une suite géométrique de premier terme $u_1$ et de raison $q$, on utilise la relation : $u_{n+1} = u_n \times q$.

Exercice 28-1 : p. 301

**MÉTHODE 15**

## Comment calculer le terme de rang *n* d'une suite géométrique ?

Pour calculer $u_n$, terme de rang $n$ d'une suite géométrique, connaissant le premier terme $u_1$ et la raison $q$, on utilise la relation :
$u_n = u_1 \times q^{n-1}$.

Exercice 28-2 : p. 301

**MÉTHODE 16**

## Comment calculer les valeurs d'un placement à intérêts simples ?

1. Pour calculer les intérêts $I$ produits par un capital $C$ placé au taux périodique $t$ pendant $n$ périodes, dans un placement à intérêts simples, on utilise la formule suivante : $I = C \times t \times n$.
2. Pour calculer la valeur acquise $A$ par un capital $C$ placé à intérêts simples, on utilise la formule : $A = C + I$, où $I$ représente les intérêts produits.

Exercice 30 : p. 301

MÉTHODE 17

## Comment calculer les valeurs d'un placement à intérêts composés ?

1. Pour calculer la valeur acquise $C_n$ par un capital $C_0$, placé au taux périodique $t$ pendant $n$ périodes, dans un placement à intérêts composés, on utilise la formule suivante : $C_n = C_0(1 + t)^n$.
2. Pour calculer les intérêts produits dans un placement à intérêts composés, on utilise la formule suivante : $i = C_n - C_0$, où $C_0$ est le capital placé et $C_n$ la valeur acquise à l'issue du placement.

Exercice 31 : p. 302

MÉTHODE 18

## Comment se constituer un capital ?

1. Pour se constituer un capital, on peut verser, à intervalles de temps réguliers appelés périodes, des annuités. Ce sont des annuités de capitalisation.
   Si la période est le mois, le versement est une mensualité ; si la période est le trimestre, le versement est une trimestrialité.
2. Pour calculer le capital constitué $V_n$ ou la valeur acquise $V_n$ par une suite d'annuités constantes, on utilise la formule :
   $V_n = a\frac{(1 + t)^n - 1}{t}$, où $V_n$ est le capital constitué (ou la valeur acquise au moment du dernier versement), $a$ le montant de l'annuité constante, $t$ le taux périodique, $n$ le nombre d'annuités.

Exercice 32 : p. 302

MÉTHODE 19

## Comment rembourser un capital ?

1. Pour rembourser un capital, on peut verser, à intervalles de temps réguliers appelés périodes, des annuités. Ce sont des annuités d'amortissement.
   Si la période est le mois, le versement est une mensualité ; si la période est le trimestre, le versement est une trimestrialité.
2. Pour calculer le capital emprunté $V_0$ ou la valeur actuelle $V_0$ d'une suite d'annuités constantes, on utilise la formule suivante :
   $V_0 = a\frac{1 - (1 + t)^{-n}}{t}$, où $V_0$ est le capital emprunté (ou la valeur actuelle une période avant le premier versement), $a$ le montant de l'annuité constante, $t$ le taux périodique, $n$ le nombre d'annuités.

Exercice 33 : p. 302

**MÉTHODE 20**

## Comment compléter un tableau d'amortissement par annuités constantes ?

**1.** Pour calculer le remboursement d'un emprunt, on établit un tableau d'amortissement qui indique tous les éléments du prêt pour chaque période de remboursement.

Voici un tableau d'amortissement d'un emprunt $V_0$, au taux périodique $t$, remboursable par annuité constante $a$, sur une durée de $n$ périodes.

| PÉRIODE | CAPITAL RESTANT DÛ | AMORTISSEMENT | INTÉRÊT | ANNUITÉ |
|---|---|---|---|---|
| 1 | $D_1$ | $A_1$ | $i_1$ | $a$ |
| 2 | $D_2$ | $A_2$ | $i_2$ | $a$ |
| 3 | $D_3$ | $A_3$ | $i_3$ | $a$ |
| ⋮ | ⋮ | ⋮ | ⋮ | ⋮ |
| $n$ | $D_n$ | $A_n$ | $i_n$ | $a$ |

Le capital restant dû $D$ en début de période est égal au capital restant dû précédent diminué de l'amortissement précédent avec $D_1 = V_0$ = capital emprunté.

L'intérêt $i$ de chaque période est calculé à intérêts simples en appliquant le taux d'intérêt au capital restant dû en début de période $D$ : $i_1 = V_0 \times t$ ; $i_2 = D_2 \times t$.

L'amortissement $A$ de chaque période est égal à l'annuité diminuée de l'intérêt de la période : $A_1 = a - i_1$ ; $A_2 = a - i_2$.

Le capital emprunté $V_0$ est égal à la somme des amortissements.

**2.** La suite des amortissements $(A_n)$ est une suite géométrique de raison $(1 + t)$.
La somme des amortissements $A_1 + A_2 + ... + A_k$ est égale au capital remboursé au bout de $k$ périodes.

Exercice 34 : p. 302

MÉTHODE 21

## Comment compléter un tableau d'amortissement par amortissements constants ?

**1.** Le remboursement d'un emprunt peut se faire par amortissement constant.
Pour calculer la valeur de l'amortissement, on utilise la formule : $A = \frac{V_0}{n}$, où le montant de l'emprunt est $V_0$, la durée est de $n$ périodes.

**2.** Le tableau d'amortissement est alors :

| PÉRIODE | CAPITAL RESTANT DÛ | AMORTISSEMENT | INTÉRÊT | ANNUITÉ |
|---|---|---|---|---|
| 1 | $D_1$ | $A$ | $i_1$ | $a_1$ |
| 2 | $D_2$ | $A$ | $i_2$ | $a_2$ |
| 3 | $D_3$ | $A$ | $i_3$ | $a_3$ |
| ⋮ | ⋮ | ⋮ | ⋮ | ⋮ |
| $n$ | $D_n$ | $A$ | $i_n$ | $a_n$ |

Le capital restant dû $D$ en début de période est égal au capital restant dû précédent diminué de l'amortissement $A$ avec $D_1 = V_0$ = capital emprunté.

L'intérêt $i$ de chaque période est calculé à intérêts simples en appliquant le taux d'intérêt au capital restant dû en début de période $D$ : $i_1 = V_0 \times t$ ; $i_2 = D_2 \times t$.

L'annuité $a$ d'une période est la somme de l'amortissement et de l'intérêt de la période.

Le capital emprunté $V_0$ est égal à la somme des amortissements.

Exercice 35 : p. 302

MÉTHODE 22

## Comment calculer une dérivée ?

Pour calculer la dérivée $f'$ d'une fonction $f$ :

**1.** Si la fonction $f$ est une fonction de référence, on lit directement la dérivée $f'$ de $f$ dans le tableau donné dans la Fiche Savoir 7 *Nombre dérivé – Fonction dérivée*.

**2.** Si la fonction $f$ n'est pas une fonction de référence, on écrit $f(x)$ sous l'une des formes $f(x) = u(x) + v(x)$ ou $f(x) = ku(x)$.

• Si $f(x) = u(x) + v(x)$ :

**a)** on calcule $u'(x)$ et $v'(x)$ ;

**b)** on écrit alors $f'(x) = u'(x) + v'(x)$.

• Si $f(x) = ku(x)$ :

**a)** on calcule $u'(x)$ ;

**b)** on écrit alors $f'(x) = ku'(x)$.

Exercice 49 : p. 306

MÉTHODE 23

## Comment étudier les variations d'une fonction en utilisant sa dérivée ?

$f$ est une fonction définie sur l'intervalle $I$.
Pour étudier sur l'intervalle $I$ les variations de $f$ :

**1.** On calcule la dérivée $f'(x)$ de $f$.

**2.** On étudie sur l'intervalle $I$ le signe de $f'(x)$ par le calcul ou à l'aide d'une calculatrice graphique ou d'un grapheur. On en déduit les variations de $f$.

**3.** On dresse le tableau de variation de $f$.

Exercice 51 : p. 307

MÉTHODE 24

## Comment calculer $q^x$, log $(x)$ ?

On utilise une calculatrice :

**1.** Pour calculer $q^x$, on utilise la touche « puissance » ∧.
Dans le cas où $q = 10$, on peut aussi utiliser pour $10^x$ les touches 2nde log ou SHIFT log.

**2.** Pour calculer log $(x)$, on utilise la touche log.

Exercice 54 : p. 307

MÉTHODE 25

## Comment résoudre une équation du type log $(x) = a$ ou une inéquation du type log $(x) \geqslant b$ ou log $(x) \leqslant b$ ?

**1.** Pour résoudre une équation du type log $(x) = a$ :
- puisque $a = \log(10^a)$, on écrit : $\log(x) = \log(10^a)$ ;
- on conclut : l'équation a pour solution : $x = 10^a$.

**2.** Pour résoudre une inéquation du type log $(x) \geqslant b$ :
- puisque $b = \log(10^b)$, on écrit : $\log(x) \geqslant \log(10^b)$, d'où, puisque la fonction log est croissante, $x \geqslant 10^b$ ;
- on conclut : l'ensemble des solutions est l'ensemble des nombres $x$ tels que $x \geqslant 10^b$, c'est-à-dire l'intervalle $[10^b ; +\infty[$.

**3.** Pour résoudre une inéquation du type log $(x) \leqslant b$ :
- puisque $b = \log(10^b)$, on écrit : $\log(x) \leqslant \log(10^b)$ ;
- on conclut : l'ensemble des solutions est l'ensemble des nombres $x$ tels que $0 < x \leqslant 10^b$, c'est-à-dire l'intervalle $]0 ; 10^b]$.

Exercice 56 : p. 308

MÉTHODE 26

## Comment résoudre une équation du type $q^x = a$ ou une inéquation du type $q^x \geqslant b$ ou $q^x \leqslant b$ ?

**1.** Pour résoudre une équation du type $q^x = a$ $(a > 0)$ :

• On prend le logarithme décimal de chaque membre ; ainsi on écrit : $\log(q^x) = \log(a)$,
soit, puisque $\log(q^x) = x\log(q)$, $x\log(q) = \log(a)$.

• On conclut que l'équation a pour solution : $x = \dfrac{\log(a)}{\log(q)}$.

**2.** Pour résoudre une inéquation du type $q^x \geqslant b$ $(b > 0)$ :

• On prend le logarithme décimal de chaque membre ; ainsi, on écrit, puisque la fonction log est croissante :
$\log(q^x) \geqslant \log(b)$,
soit, puisque $\log(q^x) = x\log(q)$, $x\log(q) \geqslant \log(b)$.

• On distingue alors deux cas :

– **si $q > 1$**, puisque $\log(q) > 0$, $x\log(q) \geqslant \log(b)$ équivaut à $x \geqslant \dfrac{\log(b)}{\log(q)}$.
On conclut :
les solutions sont les nombres $x$ tels que $x \geqslant \dfrac{\log(b)}{\log(q)}$ ;
l'ensemble des solutions est l'intervalle $\left[\dfrac{\log(b)}{\log(q)}\,;+\infty\right[$.

– **si $0 < q < 1$**, puisque $\log(q) < 0$, $x\log(q) \geqslant \log(b)$ équivaut à $x \leqslant \dfrac{\log(b)}{\log(q)}$.
On conclut :
les solutions sont les nombres $x$ tels que $x \leqslant \dfrac{\log(b)}{\log(q)}$ ;
l'ensemble des solutions est l'intervalle $\left]-\infty\,;\dfrac{\log(b)}{\log(q)}\right]$.

On résout de manière analogue une inéquation de type $q^x \leqslant b$ $(b > 0)$.

Exercice 57 : p. 308

Exercice 1 voir Fiche Savoir 1

## Le mode

*Pour chaque question, une seule réponse est exacte. Indiquer laquelle.*

1. Donner le mode de la série de notes suivante : 8 ; 11 ; 10 ; 12 ; 10 ; 16 ; 14 ; 12 ; 9 ; 10 ; 16 ; 15.

☐ a) 16
☐ b) 8
☐ c) 10

2. La classe modale d'une distribution statistique est la classe [80 ; 85[.
Le mode est donc :

☐ a) 85
☐ b) 80
☐ c) 82,5

3. L'effectif de la classe modale [20 ; 40[ est de 105.
Le mode est donc :

☐ a) 40
☐ b) 105
☐ c) 30

FAIT ☐ REVU ☐

Exercice 2 voir Fiche Savoir 1

## Indicateurs de dispersion

*Pour chaque question, une seule réponse est exacte. Indiquer laquelle.*

1. Donner l'écart type de la série statistique suivante :

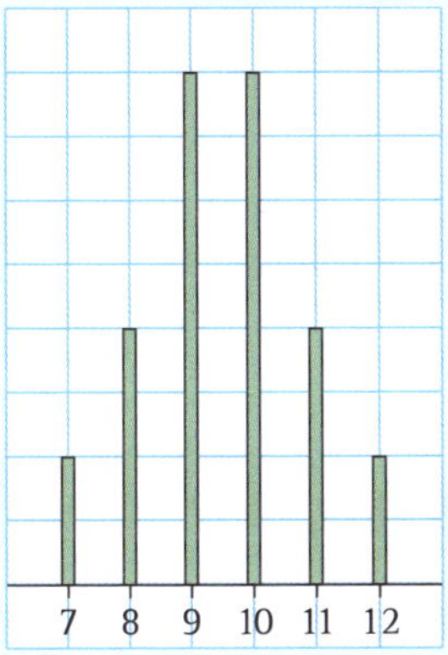


☐ a) 0,5
☐ b) 2,5
☐ c) environ 1,3

2. Donner l'écart interquartile de la série suivante :
9 ; 10 ; 11 ; 11 ; 13 ; 14 ; 14 ; 15 ; 16 ; 16 ; 17 ; 18.

☐ a) 9
☐ b) 14
☐ c) 5

FAIT ☐ REVU ☐

Exercice 3 voir Fiche Savoir 1

## Representation d'une série statistique à deux variables

*Pour chacune des questions suivantes, une seule réponse est exacte. Indiquer laquelle.*

1. On peut représenter une série statistique à deux variables qualitatives par un nuage de points.

☐ a) Vrai
☐ b) Faux

2. Le couple de la série statistique dont les valeurs sont (3,8 ; 15,7) est représenté par le point de coordonnées (3,8 ; 15,7).

☐ a) Vrai
☐ b) Faux

3. Pour le point A, de coordonnées (4 ; 9), l'abscisse du point est 9.

☐ a) Vrai
☐ b) Faux

FAIT ☐ REVU ☐

Exercice 4 voir Fiche Savoir 1

## Représentation d'une série statistique à deux variables

Une série statistique à deux variables est donnée dans le tableau suivant.

| VALEURS DE $x_i$ | VALEURS DE $y_i$ |
|---|---|
| 1,5 | 2,4 |
| 3 | 3,7 |
| 4 | 4,2 |
| 6 | 4,7 |
| 6,5 | 5,6 |
| 8 | 6,5 |

Représenter graphiquement cette série à l'aide de la calculatrice graphique.

FAIT ☐ REVU ☐

MATHÉMATIQUES

**Exercice 5** voir Fiche Savoir 1

## Représentation d'une série statistique à deux variables

Un village connaît depuis 9 ans un accroissement de sa population.
Le nombre d'habitants qui a été recensé est donné dans le tableau ci-dessous.

| ANNÉE DE RECENSEMENT | NOMBRE D'HABITANTS |
|---|---|
| Année 1 | 986 |
| Année 2 | 1029 |
| Année 3 | 1040 |
| Année 4 | 1086 |
| Année 5 | 1094 |
| Année 6 | 1154 |
| Année 7 | 1187 |
| Année 8 | 1211 |
| Année 9 | 1219 |

**Représenter graphiquement cette série statistique par un nuage de points à l'aide d'un tableur.**

FAIT ☐ REVU ☐

**Exercice 6** voir Fiche Savoir 1

## Coordonnées du point moyen

*Pour chacune des questions suivantes, une seule réponse est exacte.*
*Indiquer laquelle.*

**1.** **Le point moyen d'une série statistique à deux variables appartient au nuage de points.**

☐ **a)** Vrai

☐ **b)** Faux

**2.** **Le point moyen d'une série statistique $(x_i\,;y_i)$ a comme coordonnées $G(53{,}9\,;104)$.**
**La moyenne des valeurs $x_i$ est égale à 104.**

☐ **a)** Vrai

☐ **b)** Faux

**3.** **L'abscisse du point moyen $G$ est égale à la moyenne des abscisses des points du nuage de points.**

☐ **a)** Vrai

☐ **b)** Faux

FAIT ☐ REVU ☐

**Exercice 7** voir Fiche Savoir 1

## Coordonnées du point moyen

**Calculer les coordonnées du point moyen de la série statistique donnée dans l'exemple de l'exercice 4, à l'aide d'un tableur.**

FAIT ☐ REVU ☐

**Exercice 8** voir Fiche Savoir 1

## Ajustement affine

*Pour chacune des questions suivantes, une seule réponse est exacte.*
*Indiquer laquelle.*

**1.** **L'ajustement affine d'une série statistique à deux variables n'est pas toujours justifié.**

☐ **a)** Vrai

☐ **b)** Faux

**2.** **Le point moyen $G$ d'une série statistique appartient à la droite d'ajustement du nuage de points.**

☐ **a)** Vrai

☐ **b)** Faux

**3.** **Les coordonnées du point moyen $G$ vérifient l'équation de la droite d'ajustement affine.**

☐ **a)** Vrai

☐ **b)** Faux

FAIT ☐ REVU ☐

**Exercice 9** voir Fiche Savoir 1

## Ajustement affine

**À partir de l'exemple de l'exercice 4, représenter graphiquement l'ajustement affine de la série statistique à deux variables.**

FAIT ☐ REVU ☐

**Exercice 10** voir Fiche Savoir 1

## Ajustement affine

Un village connaît depuis 9 ans un accroissement de sa population. Le nombre d'habitants qui a été recensé est donné dans le tableau de l'exercice 5.

**1.** Représenter graphiquement cette série statistique sous la forme d'un nuage de points.

**2.** Tracer la droite d'ajustement affine.

**3.** Donner l'équation de la droite d'ajustement $y = ax + b$, en prenant des valeurs de $a$ et $b$ à l'unité près.

FAIT ☐ REVU ☐

**Exercice 11** voir Fiche Savoir 1

## Utilisation de la droite d'ajustement

*Pour chacune des questions suivantes, une seule réponse est exacte.*
*Indiquer laquelle.*

**1.** L'ajustement affine d'une série statistique à deux variables est réalisé par une droite.
☐ **a)** Vrai
☐ **b)** Faux

**2.** L'équation de la droite d'ajustement affine est du type $y = ax^2 + bx + c$.
☐ **a)** Vrai
☐ **b)** Faux

**3.** Si $M$, d'abscisse 2, appartient à la droite d'équation $y = 0{,}5x + 4$, l'ordonnée de $M$ est :
☐ **a)** 2
☐ **b)** 0,5
☐ **c)** 5

**4.** Si $N$, d'ordonnée 16, appartient à la droite d'équation $y = -2x + 36$, l'abscisse de $N$ est :
☐ **a)** 10
☐ **b)** −10
☐ **c)** 0

FAIT ☐ REVU ☐

**Exercice 12** voir Fiche Savoir 1

## Utilisation de la droite d'ajustement

Un village connaît depuis 9 ans un accroissement de sa population. Le nombre d'habitants recensé est donné dans le tableau de l'exercice 5.
On réfléchit à l'agrandissement de la salle des fêtes et le maire veut estimer la population de la commune dans 5 ans.

**1.** Trouver l'équation de la droite d'ajustement de cette série statistique.

**2.** Quelle sera la population de ce village en année 14 ?

**3.** En quelle année le village aura plus de 1 500 habitants ?

FAIT ☐ REVU ☐

**Exercice 13** voir Fiche Savoir 2

## Les fréquences d'échantillonnage

*Pour chaque question, une seule réponse est exacte.*
*Indiquer laquelle.*

**1.** Sur 50 lancers d'une pièce, on a obtenu 21 fois Pile. La fréquence de sortie de Pile est :
☐ **a)** 0,50
☐ **b)** 0,21
☐ **c)** 0,42

**2.** On lance 10 fois un dé. L'affirmation « On doit toujours obtenir une fréquence de sortie du 1 égale à la fréquence de sortie du 6 » est :
☐ **a)** vraie
☐ **b)** fausse

**3.** On lance une pièce équilibrée 300 fois. Le constat « la fréquence de sortie de Face est 0,5 » est :
☐ **a)** possible
☐ **b)** certain
☐ **c)** impossible

FAIT ☐ REVU ☐

**Exercice 14** voir Fiche Savoir 2

## L'intervalle de fluctuation

*Pour chaque question, une seule réponse est exacte.*
*Indiquer laquelle.*

**1.** Dire si la phrase « L'intervalle de fluctuation se "réduit" lorsque la taille des échantillons augmente » est :
☐ **a)** vraie
☐ **b)** fausse
☐ **c)** pas toujours vraie

**2.** Si l'intervalle de fluctuation est [0,35 ; 0,45], la valeur de $p$ est :
☐ **a)** 0,35
☐ **b)** 0,40
☐ **c)** 0,10

FAIT ☐ REVU ☐

**Exercice 15** voir Fiche Savoir 2

## Les simulations

*Pour chaque question, une seule réponse est exacte. Indiquer laquelle.*

**1.** La fonction « random » (hasard en anglais) d'une calculatrice, notée (ran #) pour Casio et Nbr Aleat pour Texas Instrument, permet d'obtenir :

☐ **a)** un nombre compris entre – 1 et + 1

☐ **b)** un nombre entier compris entre 0 et 10

☐ **c)** un nombre compris entre 0 et 1

**2.** Parmi ces instructions, laquelle n'est pas utile à la donnée aléatoire d'un nombre lorsque l'on utilise un tableur (Excel, Calc) :

☐ **a)** =SOMME(A1;A9)

☐ **b)** =ALEA.ENTRE.BORNES(0;9)

☐ **c)** =ALEA()

**3.** L'instruction =ENT(6*ALEA()+1) permet d'obtenir :

☐ **a)** un nombre décimal entre 0 et 6 inclus

☐ **b)** un nombre entier entre 1 et 6 inclus

☐ **c)** un nombre décimal entre 0 et 1

FAIT ☐ REVU ☐

**Exercice 16** voir Fiche Savoir 2

## Les événements

*Pour chaque question, une seule réponse est exacte. Indiquer laquelle.*

**1.** On effectue le tirage d'une carte au hasard. Parmi ces 3 événements, indiquer celui qui n'est pas un événement élémentaire.

☐ **a)** « Tirage d'une carte de carreau »

☐ **b)** « Tirage du 7 de pique »

☐ **c)** « Tirage de l'as de cœur »

**2.** Une expérience aléatoire consiste à lancer 2 fois de suite une pièce. Le nombre d'issues possibles est :

☐ **a)** 2

☐ **b)** 3

☐ **c)** 4

**3.** On lance 2 fois de suite un dé numéroté de 1 à 6. Parmi ces 3 événements, indiquer celui qui est un événement élémentaire.

☐ **a)** « La somme des dés est un nombre pair »

☐ **b)** « La somme des dés est égale à 12 »

☐ **c)** « La somme des dés est strictement supérieure à 6 »

**4.** Une urne contient des boules de 3 couleurs différentes.
On effectue le tirage avec remise de deux boules. L'affirmation, « l'événement "*les deux boules sont de la même couleur*" est un événement élémentaire », est une affirmation :

☐ **a)** vraie

☐ **b)** fausse

FAIT ☐ REVU ☐

**Exercice 17** voir Fiche Savoir 2

## Différentes issues réalisant un événement

Une urne contient quatre boules de couleurs différentes (noire, blanche, rouge, verte). On tire au hasard une première boule, on la remet dans l'urne, puis on en tire une seconde. On note leurs couleurs.
Déterminer toutes les issues de cette expérience et celles qui réalisent l'événement « les deux boules tirées sont de même couleur ».

FAIT ☐ REVU ☐

**Exercice 18** voir Fiche Savoir 2

## Équiprobabilité

*Pour chaque question, une seule réponse est exacte. Indiquer laquelle.*

**1.** Le tirage au hasard d'une carte dans un jeu de 32 cartes est une expérience aléatoire dont les issues sont équiprobables.

☐ **a)** Vrai

☐ **b)** Faux

**2.** Si on utilise un dé truqué, les probabilités de toutes les issues sont identiques.

☐ **a)** Vrai

☐ **b)** Faux

**3.** Dans une loterie, un billet sur deux est gagnant. On est sûr de gagner en achetant deux billets.

☐ **a)** Vrai

☐ **b)** Faux

**4.** On lance 2 dés non truqués. Chaque dé a 6 faces numérotées de 1 à 6. De ces 3 événements lequel a la plus grande probabilité ?

☐ **a)** « La somme des dés est égale à 2 »

☐ **b)** « La somme des dés est égale à 11 »

☐ **c)** « La somme des dés est égale à 12 »

FAIT ☐ REVU ☐

## Exercice 19 voir Fiche Savoir 2

### Probabilité d'un événement

Dans un casino, un joueur décide de jouer à la roulette. Celle-ci comporte 37 cases numérotées de 0 à 36. Le joueur veut connaître la probabilité de l'événement « la boule s'arrête sur un nombre multiple de 7 ».

**Calculer cette probabilité.**

FAIT ☐ REVU ☐

## Exercice 20 voir Fiche Savoir 2

### Réunion et intersection d'événements

*Pour chaque question, une seule réponse est exacte. Indiquer laquelle.*

**1. Si une issue réalise l'événement $A$, elle réalise aussi l'événement $A \cup B$.**

☐ **a)** Parfois

☐ **b)** Toujours

☐ **c)** Jamais

**2. Si une issue réalise l'événement $B$, elle réalise toujours l'événement $A \cap B$.**

☐ **a)** Vrai

☐ **b)** Faux

**3. Si une issue réalise l'événement $A \cap B$ alors elle réalise l'événement $A \cup B$.**

☐ **a)** Parfois

☐ **b)** Toujours

☐ **c)** Jamais

**4. Lors d'un tirage d'une carte, on considère l'événement $A$ « la carte tirée est un pique » et l'événement $B$ « la carte tirée est une figure ». L'événement $A \cap B$ est réalisé si on tire :**

☐ **a)** un 7 de trèfle

☐ **b)** un 10 de pique

☐ **c)** une dame de pique

**5.** $A$ et $B$ sont deux événements tels que $p(A) = 0,3$ et $p(B) = 0,5$. On peut affirmer que $p(A \cap B) = 0,8$ :

☐ **a)** est toujours vrai

☐ **b)** est toujours faux

☐ **c)** n'est pas toujours vrai

FAIT ☐ REVU ☐

## Exercice 21 voir Fiche Savoir 2

### Réunion et intersection d'événements

Lors d'un contrôle de sécurité routière, des policiers vérifient la validité du dernier contrôle technique (il doit être inférieur ou égal à 2 ans pour les véhicules de plus de 4 ans) et l'état des pneumatiques du véhicule.

Le contrôle se fait de façon aléatoire en arrêtant les automobilistes au hasard.

On note $T$ l'événement « le véhicule arrêté a un contrôle technique du véhicule valide ».

On note $P$ l'événement « les pneumatiques du véhicule arrêté sont dans un état satisfaisant ».

**1. Le véhicule de Mme Prudente est contrôlé et son véhicule a des pneumatiques en bon état.**

**a)** L'événement $P \cup T$ est-il réalisé ?

**b)** Peut-on affirmer que l'événement $P \cap T$ est réalisé ?

**2. Les gendarmes vérifient maintenant, pour le véhicule de Mme Prudente, la date du dernier contrôle technique. Celui-ci a été effectué il y a 18 mois. Que peut-on dire de l'événement $P \cap T$ ?**

**3. Les policiers arrêtent un autre véhicule au hasard. Il s'agit du véhicule de M. Négligent. Le véhicule a des pneumatiques en bon état mais le dernier contrôle technique date de 26 mois.**

**a)** Pour ce véhicule l'événement $P \cup T$ est-il réalisé ?

**b)** Pour ce véhicule l'événement $P \cap T$ est-il réalisé ?

**4. Lors du contrôle du véhicule de M. Dangereux, les policiers constatent que les pneumatiques sont beaucoup trop usagés et qu'il n'y a pas eu de contrôle technique depuis 5 ans. Un des deux événements $P \cap T$ ou $P \cup T$ est-il réalisé ?**

**5. Les policiers ont constaté que $p(T) = 0,97$, $p(P) = 0,92$ et $p(P \cup T) = 0,99$. Calculer la probabilité qu'un véhicule contrôlé soit en règle.**

FAIT ☐ REVU ☐

**Exercice 22** voir Fiche Savoir 2

## Événements incompatibles événement contraire

*Pour chaque question, une seule réponse est exacte. Indiquer laquelle.*

**1.** Si $A$ et $B$ sont deux événements et si $p(A \cap B) = 0$, on peut affirmer que :

☐ **a)** $A$ et $B$ sont des événements contraires

☐ **b)** $A$ et $B$ sont des événements incompatibles

☐ **c)** $A$ et $B$ sont des événements impossibles

**2.** Si $A$ et $B$ sont deux événements incompatibles, avec $p(A) = 0{,}4$, on peut affirmer que :

☐ **a)** $p(B) = 0{,}6$

☐ **b)** $p(B) \geqslant 0{,}6$

☐ **c)** $p(B) \leqslant 0{,}6$

**3.** Toute issue d'une expérience aléatoire réalise l'événement $A$ ou l'événement contraire $\overline{A}$.

☐ **a)** Vrai

☐ **b)** Faux

**4.** Si l'événement $B$ est incompatible avec l'événement $A$, on peut affirmer que :

☐ **a)** $p(B) = 1 - p(A)$

☐ **b)** $p(A \cap B) = 1$

☐ **c)** $p(B) \leqslant p(\overline{A})$

**5.** Dans une urne contenant 3 boules de couleurs différentes (rouge, verte, bleue), on effectue 2 tirages avec remise. L'événement contraire de « les deux boules tirées sont vertes » est :

☐ **a)** « les deux boules tirées ne sont pas de la même couleur »

☐ **b)** « les deux boules tirées sont bleue et rouge »

☐ **c)** « au moins une des deux boules tirées n'est pas verte »

FAIT ☐ REVU ☐

**Exercice 23** voir Fiche Savoir 2

## Événements incompatibles

Dans un jeu de 32 cartes on tire une carte au hasard.

On considère les événements suivants :

- événement $A$ « la carte tirée est un trèfle »
- événement $B$ « la carte tirée est un roi »
- événement $C$ « la carte tirée est une figure »
- événement $D$ « la carte tirée est un dix »

**1.** $A$ et $B$ sont-ils des événements incompatibles ?

**2.** $B$ et $C$ sont-ils des événements incompatibles ?

**3. a)** Parmi les 4 événements, indiquer ceux qui sont incompatibles entre eux.

**b)** Calculer la probabilité $p(A \cup B)$.

**c)** Calculer la probabilité $p(C \cup D)$.

FAIT ☐ REVU ☐

**Exercice 24** voir Fiche Savoir 2

## Événements contraire

Parmi les familles d'une commune, on s'intéresse à celles qui ont 4 enfants. On choisit au hasard une de ces familles et on calcule la probabilité de l'événement $A$ « les enfants des deux sexes sont présents dans la famille ».

**1.** Vérifier qu'il y a $2^4$ possibilités différentes pour la composition des 4 enfants.

**2.** Décrire $\overline{A}$, l'événement contraire de $A$.

**3. a)** Calculer $p(\overline{A})$.

**b)** En déduire la valeur de $p(A)$.

FAIT ☐ REVU ☐

**Exercice 25** voir Fiche Savoir 3

## Suites arithmétiques

*Pour chaque question, une seule réponse est exacte. Indiquer laquelle.*

Les nombres : 2,3 ; 4 ; 5,7 ; 7,4 sont dans cet ordre les quatre premiers termes d'une suite arithmétique.

**1.** La suite est telle que :

☐ **a)** $u_2 = 2{,}3$

☐ **b)** $u_4 = 5{,}7$

☐ **c)** $u_4 = 7{,}4$

**2.** La raison est :

☐ **a)** $r = 1{,}3$

☐ **b)** $r = 1{,}7$

☐ **c)** $r = 2{,}3$

**3.** Le terme de rang 5 est :

☐ **a)** 4,7

☐ **b)** 9,1

☐ **c)** 10,2

FAIT ☐ REVU ☐

## Exercice 26 voir Fiche Savoir 3

### Suites arithmétiques

**1.** Donner les quatre premiers termes d'une suite arithmétique de premier terme 2 et de raison 3,5.

**2.** Calculer le 12ᵉ terme d'une suite arithmétique de premier terme 5 et de raison 3,5.

FAIT ☐ REVU ☐

## Exercice 27 voir Fiche Savoir 3

### Suites géométriques

*Pour chaque question, une seule réponse est exacte. Indiquer laquelle.*

Les nombres : 1,5 ; 4,5 ; 13,5 sont dans cet ordre les trois premiers termes d'une suite géométrique.

**1.** La raison est :

☐ **a)** $q = 1{,}5$

☐ **b)** $q = 3$

☐ **c)** $q = 9$

**2.** Le terme de rang 4 est :

☐ **a)** 22,5

☐ **b)** 15

☐ **c)** 40,5

**3.** La suite est telle que :

☐ **a)** $u_2 = 1{,}5$

☐ **b)** $u_3 = 4{,}5$

☐ **c)** $u_3 = 13{,}5$

FAIT ☐ REVU ☐

## Exercice 28 voir Fiche Savoir 3

### Suites géométriques

**1.** Donner les quatre premiers termes d'une suite géométrique de premier terme 2 et de raison 3.

**2.** Calculer le 10ᵉ terme d'une suite géométrique de premier terme 2 et de raison 3.

FAIT ☐ REVU ☐

## Exercice 29 voir Fiche Savoir 3

### Représentation graphique d'une suite géométrique

*Pour chaque question, une seule réponse est exacte. Indiquer laquelle.*

**1.** Parmi les représentations graphiques suivantes, quelle est celle d'une suite géométrique ?

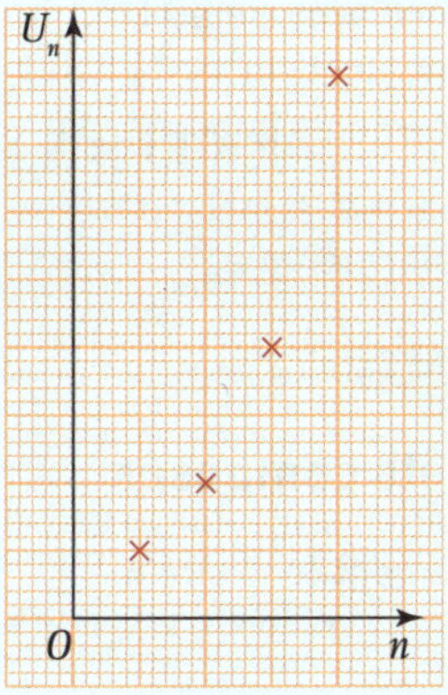


☐ **a)**

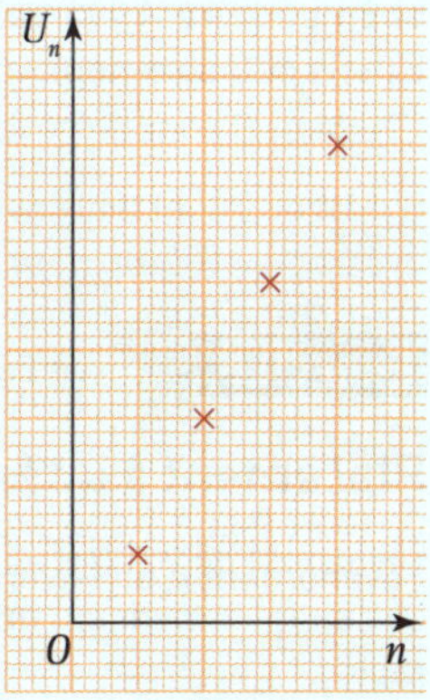


☐ **b)**

**2.** Parmi les diagrammes en bâtons suivants, quel est celui d'une suite géométrique ?

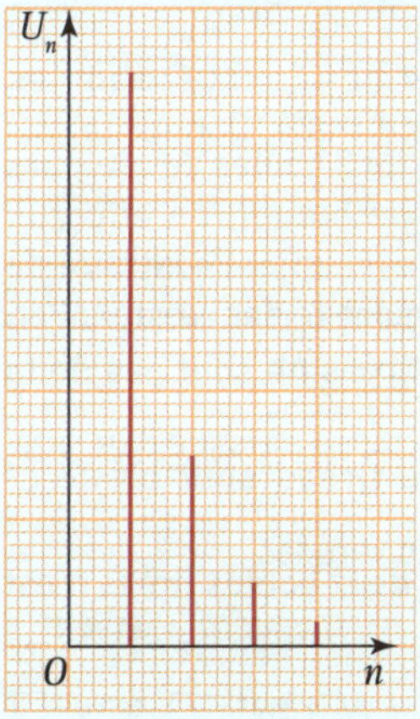


☐ **a)**

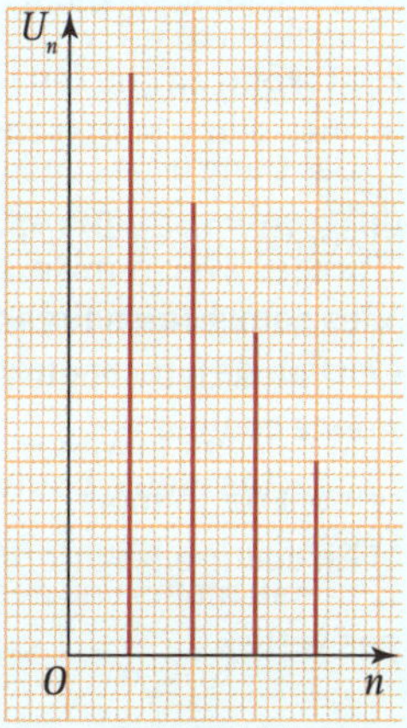


☐ **b)**

FAIT ☐ REVU ☐

## Exercice 30 voir Fiche Savoir 3

### Placement à intérêts simples

Un capital de 2 000 € est placé à 3,6 % l'an pendant quelques mois.

**1.** Sachant que taux mensuel = $\dfrac{\text{taux annuel}}{12}$, calculer le taux mensuel proportionnel.

**2.** **Calculer les intérêts $I_1$, $I_2$, $I_3$ rapportés par ce capital au bout d'un mois, de 2 mois, de 3 mois.**

**3.** **Calculer les valeurs acquises $A_1$, $A_2$, $A_3$ par ce capital au bout d'un mois, de 2 mois, de 3 mois.**

**4. a)** **Vérifier que $A_1$, $A_2$, $A_3$ sont les termes d'une suite arithmétique dont on précisera la raison $r$.**

**b)** **Vérifier que $r = C \times t$, avec $t$ mensuel.**

**5. a)** **Exprimer $A_n$ en fonction de $n$.**

**b)** **En déduire $A_9$, la valeur acquise au bout de 9 mois de placement.**

FAIT ☐ REVU ☐

**Exercice 31** voir Fiche Savoir 3

## Placement à intérêts composés

Un capital de 7 200 € est placé à intérêts composés au taux mensuel de 0,2 % pendant plusieurs mois.
La capitalisation des intérêts est mensuelle.

**1.** **Calculer les valeurs acquises $C_1$, $C_2$, $C_3$ par ce capital au bout d'un mois, de 2 mois, de 3 mois en utilisant la formule $C_n = C_0(1 + t)^n$.**

**2. a)** **Montrer que les termes $C_1$, $C_2$, $C_3$ sont les termes d'une suite géométrique. Donner la raison $q$.**

**b)** **Vérifier que $q = 1 + t$.**

**3.** **Exprimer la valeur acquise $C_n$ par ce capital en fonction de $n$ mois de placement.**

**4. a)** **Calculer la valeur acquise à l'issue d'un placement de 15 mois.**

**b)** **En déduire les intérêts versés.**

FAIT ☐ REVU ☐

**Exercice 32** voir Fiche Savoir 3

## Constitution d'un capital

Tony verse 50 € par mois pendant 2 ans pour se constituer un capital. (Capitalisation mensuelle ; taux mensuel : 0,35 %.)

**Calculer la valeur acquise au moment du dernier versement en utilisant la formule**

$$V_n = a\,\frac{(1 + t)^n - 1}{t}.$$

FAIT ☐ REVU ☐

**Exercice 33** voir Fiche Savoir 3

## Remboursement d'un capital

On rembourse un emprunt en versant 10 annuités d'un montant de 3 847,49 €. Le premier versement intervient 1 an après l'emprunt. (Capitalisation annuelle ; taux annuel : 4,8 %.)

**Calculer le montant de l'emprunt arrondi à l'euro en utilisant la formule :**

$$V_0 = a\,\frac{1 - (1 + t)^{-n}}{t}.$$

FAIT ☐ REVU ☐

**Exercice 34** voir Fiche Savoir 3

## Tableau d'amortissement

Pour acheter une voiture, Claire emprunte 8 000 € à sa banque. Elle rembourse son prêt par mensualités constantes sur 3 ans. Le taux mensuel proposé par la banque est de 0,3 %.

**1.** **Calculer le nombre de mensualités.**

**2.** **Calculer le montant d'une mensualité en utilisant la formule : $a = \dfrac{V_0 \times t}{1 - (1 + t)^{-n}}$.**

**3.** **Compléter le début du tableau d'amortissement d'emprunt suivant :**

| MOIS | CAPITAL RESTANT DÛ | AMORTISSEMENT | INTÉRÊT | MENSUALITÉ |
|---|---|---|---|---|
| 1 | 8 000 | 210,77 | 24 | |
| 2 | 7 789,23 | 211,4 | | 234,77 |
| 3 | 7 577,83 | | 22,73 | 234,77 |

FAIT ☐ REVU ☐

**Exercice 35** voir Fiche Savoir 3

## Tableau d'amortissement

Une entreprise emprunte 600 000 € qu'elle rembourse en 10 ans. Elle verse 10 annuités. L'amortissement est constant, le taux annuel est de 5 %.

**1.** **Calculer la valeur de l'amortissement constant.**

**2.** **Le début du tableau d'amortissement d'emprunt est alors :**

| ANNÉE | CAPITAL RESTANT DÛ | AMORTISSEMENT | INTÉRÊT | MENSUALITÉ |
|---|---|---|---|---|
| 1 | 600 000 | | 30 000 | |
| 2 | 540 000 | | | 87 000 |
| 3 | | | 24 000 | 84 000 |

Compléter les 3 premières lignes du tableau d'amortissement.

3. Écrire la dernière ligne du tableau d'amortissement.

FAIT ☐ REVU ☐

## Exercice 36 voir Fiche Savoir 4

### Fonction cube $x \mapsto x^3$ ; fonction $x \mapsto kx^3$

*Pour chaque question, une seule réponse est exacte. Indiquer laquelle.*

1. $f$ est la fonction $x \mapsto x^3$. On a donc :
☐ a) $f(-1) = 1$
☐ b) $f(-1) = -1$
☐ c) $f(2) = 7$

2. $f$ est la fonction $x \mapsto x^3$. Si $x$ est négatif, alors :
☐ a) $f(x)$ est négatif
☐ b) $f(x)$ est nul
☐ c) $f(x)$ est positif

3. $f$ est la fonction $x \mapsto x^3$. La courbe représentative de $f$ est symétrique :
☐ a) par rapport à l'axe des abscisses
☐ b) par rapport à l'axe des ordonnées
☐ c) par rapport à l'origine du repère

FAIT ☐ REVU ☐

## Exercice 37 voir Fiche Savoir 4

### Fonction inverse $x \mapsto \frac{1}{x}$ ; fonction $x \mapsto \frac{k}{x}$

*Pour chaque question, une seule réponse est exacte. Indiquer laquelle.*

1. $f$ est la fonction $x \mapsto \frac{1}{x}$. $f(4)$ est égale à :
☐ a) 0,125
☐ b) 0,25
☐ c) –0,25

2. La fonction $f : x \mapsto \frac{1}{x}$ est :
☐ a) croissante sur $]-\infty ; 0[$ et sur $]0 ; +\infty[$
☐ b) décroissante sur $]-\infty ; 0[$ et sur $]0 ; +\infty[$

3. $f$ est la fonction $x \mapsto \frac{1}{x}$.
La courbe représentative de $f$ est :
☐ a) symétrique par rapport à l'axe des abscisses
☐ b) symétrique par rapport à l'axe des ordonnées
☐ c) symétrique par rapport à l'origine du repère

4. $f$ est la fonction $x \mapsto \frac{1}{x}$.
Sur la courbe représentative de $f$, on peut placer :
☐ a) le point $A(-5 ; 0{,}2)$
☐ b) le point $A(-5 ; -0{,}2)$
☐ c) le point $A(2 ; -0{,}5)$

FAIT ☐ REVU ☐

## Exercice 38 voir Fiche Savoir 4

### Fonction racine carrée : $x \mapsto \sqrt{x}$ ; fonction $x \mapsto k\sqrt{x}$

*Pour chaque question, une seule réponse est exacte. Indiquer laquelle.*

*La question 1 est à traiter sans calculatrice.*

1. ☐ a) $\sqrt{0{,}81} = -0{,}9$
☐ b) $\sqrt{64} = 8$
☐ c) $\sqrt{5{,}76} = 2{,}6$

*Les questions 2 et 3 sont à traiter avec la calculatrice.*

2. La valeur arrondie à 0,001 de $1 + \sqrt{3}$ est :
☐ a) 2,731
☐ b) 2,732
☐ c) 2,73

3. La valeur arrondie à 0,01 de $\frac{\sqrt{2}}{\sqrt{3}}$ est :
☐ a) 0,47
☐ b) 1,22
☐ c) 0,82

FAIT ☐ REVU ☐

## Exercice 39 voir Fiche Savoir 5

### Somme de deux fonctions

*Pour les questions 1 et 2, une seule réponse est exacte. Indiquer laquelle.*

1. Si $f(x) = 2x^3$ et $g(x) = -4x$, alors la fonction $f + g$ est la fonction :
☐ a) $x \mapsto 2x^3 + 4x$
☐ b) $x \mapsto 2x^3 - 4x$
☐ c) $x \mapsto 4x - 2x^3$

**2.** La fonction $x \mapsto 2x^2 - x$ est la somme des fonctions :

☐ **a)** $x \mapsto 2x^2$ et $x \mapsto x$

☐ **b)** $x \mapsto 2x^2$ et $x \mapsto -x$

**3.** Dans deux des quatre cas suivants, on peut donner directement le sens de variation de $f + g$. Indiquer lesquels.

☐ **a)** $f$ et $g$ décroissantes

☐ **b)** $f$ croissante et $g$ décroissante

☐ **c)** $f$ décroissante et $g$ décroissante

☐ **d)** $f$ et $g$ croissantes

FAIT ☐ REVU ☐

**Exercice 40** voir Fiche Savoir 5

## Inéquations de la forme $f(x) > 0$

*Pour chaque question, une seule réponse est exacte. Indiquer laquelle.*

$\mathscr{C}$ est la courbe représentative d'une fonction $f$.

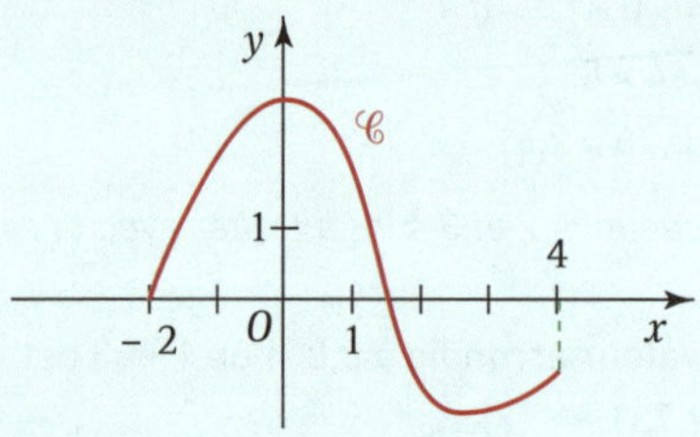


**1.** À partir de l'observation du graphique, on peut dire que :

☐ **a)** $f(1) < 0$

☐ **b)** $f(2) > 0$

☐ **c)** $f(0) > 0$

**2.** À partir de l'observation du graphique, on peut dire que :

☐ **a)** $f(-2) > 0$

☐ **b)** $f(3) < 0$

☐ **c)** $f(4) = 0$

FAIT ☐ REVU ☐

**Exercice 41** voir Fiche Savoir 5

## Inéquation de la forme $f(x) \geqslant g(x)$

*Pour chaque question, une seule réponse est exacte. Indiquer laquelle.*

$\mathscr{C}_f$ est la courbe représentative d'une fonction $f$ ;
$\mathscr{C}_g$ est la courbe représentative d'une fonction $g$.

À partir de l'observation de la figure, répondre aux questions suivantes.

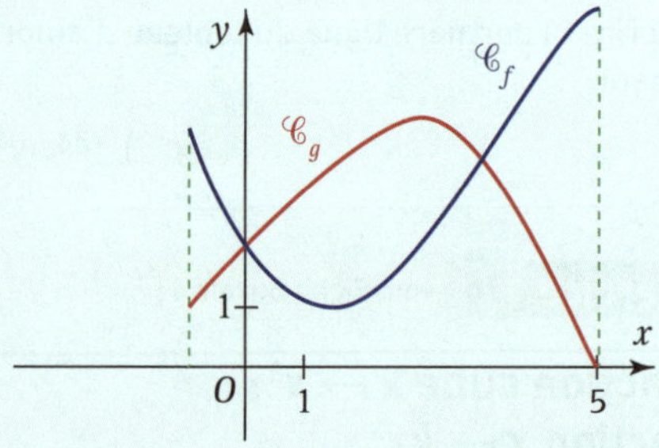


**1.** On a :

☐ **a)** $f(0) > g(0)$

☐ **b)** $f(0) < g(0)$

☐ **c)** $f(0) = g(0)$

**2.** On a :

☐ **a)** $f(1) > g(1)$

☐ **b)** $f(1) < g(1)$

☐ **c)** $f(1) = g(1)$

**3.** On a :

☐ **a)** $f(5) < g(5)$

☐ **b)** $f(5) = g(5)$

☐ **c)** $f(5) > g(5)$

FAIT ☐ REVU ☐

**Exercice 42** voir Fiche Savoir 6

## Fonctions du second degré

*Pour cette question, plusieurs réponses sont possibles. Indiquer lesquelles.*

Soit la fonction $f$ définie dans $\mathbb{R}$ par :
$f(x) = 2x^2 + 3x + 3$.

☐ **a)** 3 est l'image de 0

☐ **b)** 1 est un antécédent de 8

☐ **c)** –2 est l'image de –1

FAIT ☐ REVU ☐

**Exercice 43** voir Fiche Savoir 6

## Équations du second degré

*Pour ces questions, plusieurs réponses sont possibles. Indiquer la ou lesquelles.*

**1.** Dans l'équation $x^2 - 4x + 3 = 0$, les solutions sont :

☐ **a)** $x = 0$

☐ **b)** $x = 1$
☐ **c)** $x = 3$

**2.** Dans l'équation $2x^2 + x - 3 = 0$, les solutions sont :
☐ **a)** $x = 0$
☐ **b)** $x = 1$
☐ **c)** $x = -1$

FAIT ☐ REVU ☐

## Exercice 44 voir Fiche Savoir 7

## Détermination graphique d'un nombre dérivé

*Pour chaque question, une seule réponse est exacte. Indiquer laquelle.*

On rappelle que le coefficient directeur de la droite (MN) est donné par $m = \dfrac{y_N - y_M}{x_N - x_M}$.

**1. Le coefficient directeur de la droite (AB) est :**
☐ **a)** 1,5
☐ **b)** 0,5
☐ **c)** 0,4

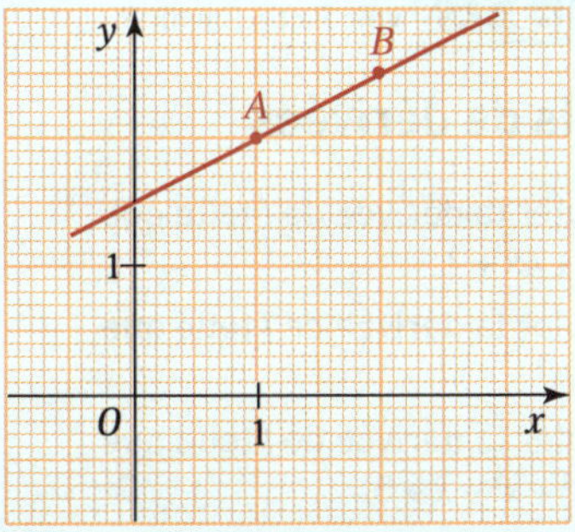


**2. Le coefficient directeur de la droite (CD) est :**
☐ **a)** –0,5
☐ **b)** –2
☐ **c)** 0,5

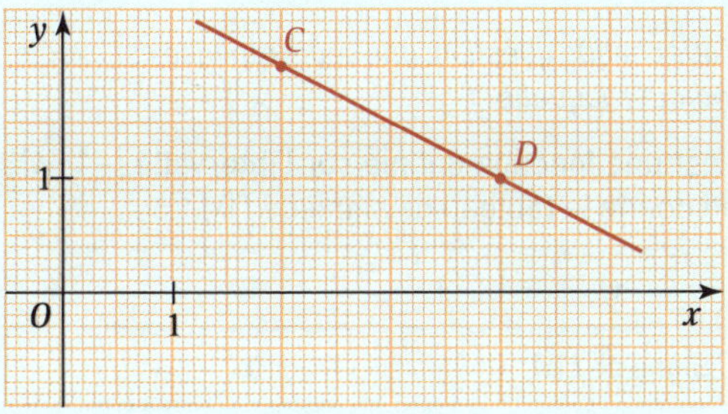


**3. Le coefficient directeur de la droite (EF) est :**
☐ **a)** $\dfrac{3}{2}$
☐ **b)** $\dfrac{1}{2}$
☐ **c)** $\dfrac{2}{3}$

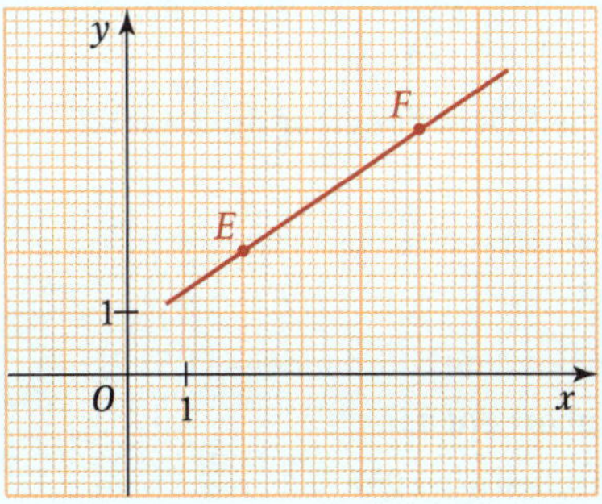


FAIT ☐ REVU ☐

## Exercice 45 voir Fiche Savoir 7

## Construction de tangente

*Pour chaque question, une seule réponse est exacte. Indiquer laquelle.*

La courbe $\mathscr{C}$ est la courbe représentative d'une fonction f.
La droite $T_1$ est tangente à $\mathscr{C}$ en A ; la droite $T_2$ est tangente à $\mathscr{C}$ en B.

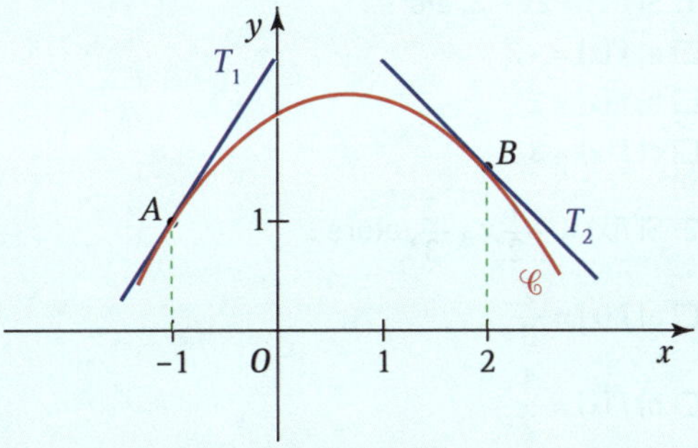


**1. Le nombre dérivé $f'(-1)$ est :**
☐ **a)** négatif
☐ **b)** nul
☐ **c)** positif

**2. Le nombre dérivé $f'(2)$ est :**
☐ **a)** négatif
☐ **b)** nul
☐ **c)** positif

FAIT ☐ REVU ☐

MATHÉMATIQUES

**Exercice 46** voir Fiche Savoir 7

## Tangente en un point à une courbe

*Pour chaque question, une seule réponse est exacte. Indiquer laquelle.*

Pour les trois questions, on considère la droite $\mathcal{D}$ d'équation $y = -2x + 5$.

**1. Le coefficient directeur de $\mathcal{D}$ est :**

☐ **a)** 2
☐ **b)** –2
☐ **c)** 5

**2. Le point $A$ de coordonnées (1,5 ; 2) :**

☐ **a)** appartient à $\mathcal{D}$
☐ **b)** n'appartient pas à $\mathcal{D}$

**3. Le point $B$ de coordonnées (–0,5 ; 4) :**

☐ **a)** appartient à $\mathcal{D}$
☐ **b)** n'appartient pas à $\mathcal{D}$

FAIT ☐ REVU ☐

**Exercice 47** voir Fiche Savoir 7

## Dérivées des fonctions de référence

*Pour chaque question, une seule réponse est exacte. Indiquer laquelle.*

**1. Si $f(x) = 2x - 3$, alors :**

☐ **a)** $f'(x) = -3$
☐ **b)** $f'(x) = 2$
☐ **c)** $f'(x) = 3$

**2. Si $f(x) = -\frac{1}{2}x + \frac{2}{3}$, alors :**

☐ **a)** $f'(x) = \frac{2}{3}$
☐ **b)** $f'(x) = \frac{1}{2}$
☐ **c)** $f'(x) = -\frac{1}{2}$

**3. Si $f(x) = x^3$, alors :**

☐ **a)** $f'(x) = x^2$
☐ **b)** $f'(x) = 3x^2$
☐ **c)** $f'(x) = 3x$

**4. Si $f(x) = \frac{1}{x}$, alors :**

☐ **a)** $f'(x) = \frac{1}{x^2}$
☐ **b)** $f'(x) = \frac{1}{x}$
☐ **c)** $f'(x) = -\frac{1}{x^2}$

FAIT ☐ REVU ☐

**Exercice 48** voir Fiche Savoir 7

## Calcul de dérivées

*Pour chaque question, une seule réponse est exacte. Indiquer laquelle.*

On rappelle que :
si $u(x) = x^3$ alors $u'(x) = 3x^2$ ;
si $v(x) = 5x - 2$ alors $v'(x) = 5$.

**1. Si $f(x) = x^3 + 5x - 2$, alors :**

☐ **a)** $f'(x) = 3x^2 - 2$
☐ **b)** $f'(x) = 3x^2 + 5$
☐ **c)** $f'(x) = 3x^2 - 5$

**2. Si $f(x) = 5x^3$, alors :**

☐ **a)** $f'(x) = 8x$
☐ **b)** $f'(x) = 5x^2$
☐ **c)** $f'(x) = 15x^2$

FAIT ☐ REVU ☐

**Exercice 49** voir Fiche Savoir 7

## Calculs de dérivées

**1. Calculer la dérivée de $f$ telle que $f(x) = x^2 + 4x + 1$.**

**2. Calculer la dérivée de $f$ telle que $f(x) = -4x^3$.**

**3. Calculer la dérivée de $f$ telle que $f(x) = 2x^3 + x^2 - x + 5$.**

FAIT ☐ REVU ☐

**Exercice 50** voir Fiche Savoir 7

## Variations de fonctions

*Pour chaque question, une seule réponse est exacte. Indiquer laquelle.*

$f$ est une fonction définie sur l'intervalle [–1 ; 4] ; on donne le tableau de signe de $f'(x)$.

| $x$ | –1 | | 1 | | 4 |
|---|---|---|---|---|---|
| Signe de $f'(x)$ | | + | 0 | – | |

1. Quel est le tableau de variation de $f$ ?

☐ a)

| $x$ | $-1$ | | $1$ | | $4$ |
|---|---|---|---|---|---|
| Variation de $f$ | | ↘ | $f(1)$ | ↗ | |

☐ b)

| $x$ | $-1$ | | $1$ | | $4$ |
|---|---|---|---|---|---|
| Variation de $f$ | | ↘ | $f(1)$ | ↘ | |

☐ c)

| $x$ | $-1$ | | $1$ | | $4$ |
|---|---|---|---|---|---|
| Variation de $f$ | | ↗ | $f(1)$ | ↘ | |

2. Sur l'intervalle $[-1 ; 4]$, $f$ admet-elle un maximum ou un minimum égal à $f(1)$ ?

☐ a) un maximum

☐ b) un minimum

FAIT ☐ REVU ☐

## Exercice 51 voir Fiche Savoir 7

## Étude des variations d'une fonction

1. Étudier les variations de $f$ définie sur $[-3 ; 2]$ par $f(x) = x^2 + 3x - 1$.

2. Étudier les variations de $f$ définie sur $[-2 ; 4]$ par $f(x) = x^3 - 3x^2 - 9x + 3$.

FAIT ☐ REVU ☐

## Exercice 52 voir Fiche Savoir 8

## Fonction exponentielle

*Pour chaque question, une seule réponse est exacte. Indiquer laquelle, sans utiliser la calculatrice.*

1. $10^4 \times 10^2$ est égal à :

☐ a) $10^8$

☐ b) $10^6$

☐ c) $10^2$

2. $\frac{3^2}{3^6}$ est égal à :

☐ a) $3^3$

☐ b) $3^8$

☐ c) $3^{-4}$

3. $(2^2)^3$ est égal à :

☐ a) $2^6$

☐ b) $2^5$

☐ c) $2^1$

FAIT ☐ REVU ☐

## Exercice 53 voir Fiche Savoir 8

## Fonction logarithme décimal

*Pour chaque question, une seule réponse est exacte. Indiquer laquelle, sans utiliser la calculatrice.*

1. $\log\left(\frac{5}{3}\right)$ est égal à :

☐ a) $\log(3) - \log(5)$

☐ b) $\log(5) + \log(3)$

☐ c) $\log(5) - \log(3)$

2. $2\log(3) - 3\log(2)$ est égal à :

☐ a) $\log\left(\frac{3}{2}\right)$

☐ b) $\log\left(\frac{9}{8}\right)$

☐ c) $\log\left(\frac{8}{9}\right)$

FAIT ☐ REVU ☐

## Exercice 54 voir Fiche Savoir 8

## Calculs de $q^x$ et $\log(x)$

1. Calculer $2^{1,5}$.

2. Calculer $(0,5)^{-1,3}$.

3. Calculer $10^{2,6}$.

4. Calculer $\log(15)$.

FAIT ☐ REVU ☐

Exercice **55** voir Fiche Savoir 8

## Équations. Inéquations

*Pour chaque question, une seule réponse est exacte. Indiquer laquelle.*

**1.** On considère l'équation $2^x = 0{,}0625$. Lequel de ces trois nombres est solution ?

☐ a) –3

☐ b) –4

☐ c) –2

**2.** On considère l'équation $10^x = 0{,}0001$. Lequel de ces trois nombres est solution ?

☐ a) –3

☐ b) –4

☐ c) –5

**3.** On considère l'équation $\log(x) = -3$. Lequel de ces trois nombres est solution ?

☐ a) $10^{-2}$

☐ b) $10^{3}$

☐ c) $10^{-3}$

FAIT ☐ REVU ☐

Exercice **56** voir Fiche Savoir 8

## Résolution de $\log(x) = a$ ou $\log(x) \geqslant b$ ou $\log(x) \leqslant b$

**1.** Résoudre l'équation $\log(x) = 2{,}4$.

**2.** Résoudre l'inéquation $\log(x) \geqslant -1{,}6$.

**3.** Résoudre l'inéquation $\log(x) \leqslant 0{,}8$.

FAIT ☐ REVU ☐

Exercice **57** voir Fiche Savoir 8

## Résolution de $q^x = a$ ou $q^x \geqslant b$ ou $q^x \leqslant b$

**1.** Résoudre l'équation $(1{,}2)^x = 3$.

**2.** Résoudre l'inéquation $(1{,}15)^x \geqslant 2$.

**3.** Résoudre l'inéquation $(0{,}8)^x \leqslant 0{,}5$.

FAIT ☐ REVU ☐

## Exercice 1

**1. c).** **2. c).** **3. c).**

## Exercice 2

**1. c).** **2. c).**

## Exercice 3

**1. b).** **2. a).** **3. b).**

## Exercice 4

Représentation graphique de cette série à l'aide de la calculatrice graphique :

**Écran Casio**

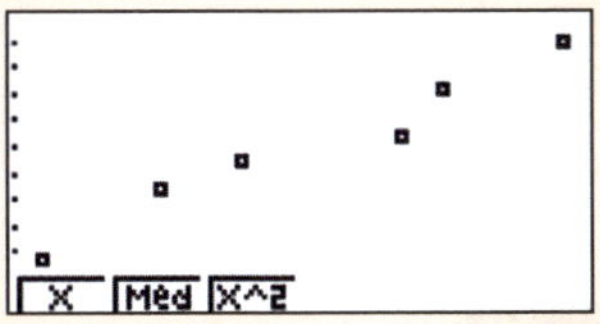


Écran TI

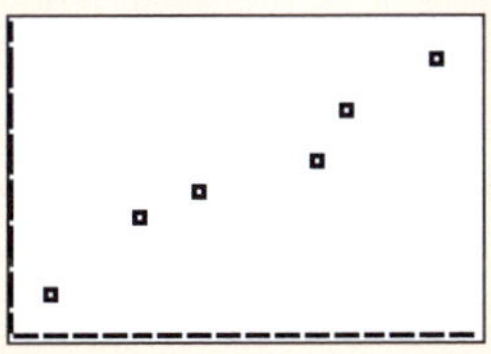

## Exercice 5

On attribue à chaque année une valeur $x_i$. Pour l'année 1, $x = 1$, pour l'année 2, $x = 2$, ...
On remplit la feuille de calcul et on procède comme indiqué *Méthode 2* dans les points 3, 4 et 5.
On obtient le graphique ci-dessous en prenant 900 comme valeur minimale de $y$.

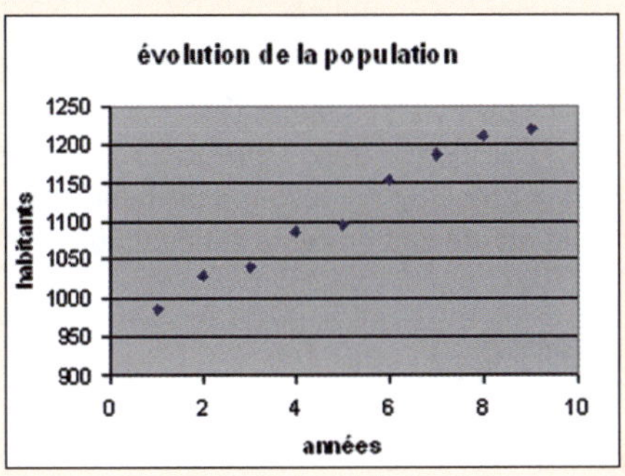


## Exercice 6

**1. b).** **2. b).** **3. a).**

## Exercice 7

B8 | $f_x$ =MOYENNE(B2:B7)

| | A | B | C |
|---|---|---|---|
| 1 | valeurs de xi | valeurs de yi | |
| 2 | 1,5 | 2,4 | |
| 3 | 3 | 3,7 | |
| 4 | 4 | 4,2 | |
| 5 | 6 | 4,7 | |
| 6 | 6,5 | 5,6 | |
| 7 | 8 | 6,5 | |
| 8 | 4,83333333 | 4,51666667 | |

Le point moyen $G$ a pour coordonnées (4,8833 ; 4,517).

## Exercice 8

**1. a).** **2. a).** **3. a).**

## Exercice 9

Représentation graphique de l'ajustement affine de la série statistique à deux variables :

**Écran Casio**

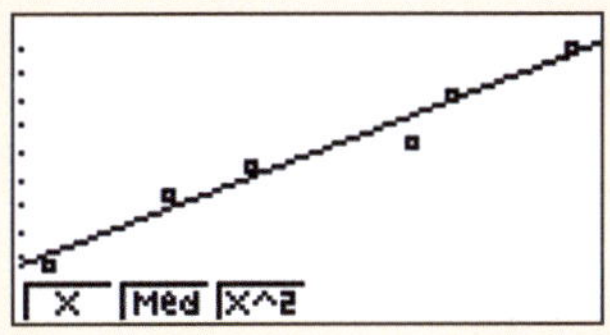


Écran TI

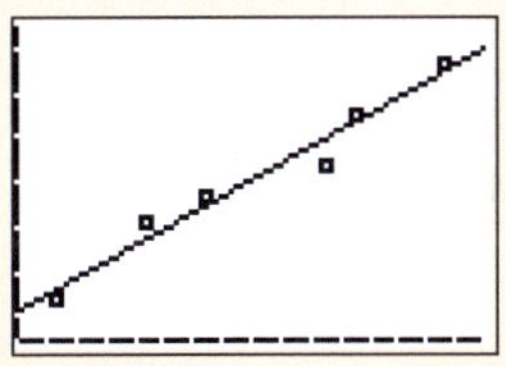

## Exercice 10

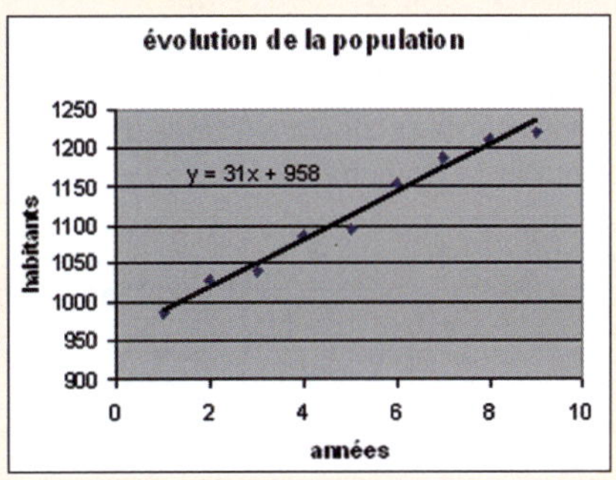


L'équation de la droite d'ajustement est :
$y = 31x + 958$.

## Exercice 11

**1. a)**. **2. b)**. **3. c)**. **4. a)**.

## Exercice 12

**1.** L'équation de la droite d'ajustement obtenue à l'aide d'une calculatrice ou d'un tableur est : $y = 31x + 958$.

**2.** En année 14, $x = 14$ donc $y = 31 \times 14 + 958 = 1\,392$. La population prévisible en année 14 est de 1 392 habitants.

**3.** $y = 31x + 958$, donc on doit avoir $31x + 958 > 1\,500$, soit $31x > 1\,500 - 958$.

Finalement $x > \frac{542}{31}$, soit $x > 17{,}48$.

La population aura dépassé les 1 500 habitants la 18e année en année 18.

## Exercice 13

**1. c)**. **2. b)**. **3. a)**.

## Exercice 14

**1. a)**. **2. b)**.

## Exercice 15

**1. c)**. **2. a)**. **3. b)**.

## Exercice 16

**1. a)**. **2. c)**. **3. b)**. **4. b)**.

## Exercice 17

L'expérience comporte deux étapes.
À l'aide d'un tableau, on détermine toutes les issues de cette expérience aléatoire.
Si on représente cet univers à l'aide d'un arbre on doit trouver 16 branches.

| 2er \ 1er | $N_1$ | $B_1$ | $R_1$ | $V_1$ |
|---|---|---|---|---|
| $N_2$ | $N_1\,N_2$ | $B_1\,N_2$ | $R_1\,N_2$ | $V_1\,N_2$ |
| $B_2$ | $N_1\,B_2$ | $B_1\,B_2$ | $R_1\,B_2$ | $V_1\,B_2$ |
| $R_2$ | $N_1\,R_2$ | $B_1\,R_2$ | $R_1\,R_2$ | $V_1\,R_2$ |
| $V_2$ | $N_1\,V_2$ | $B_1\,V_2$ | $R_1\,V_2$ | $V_1\,V_2$ |

Les 4 issues qui réalisent l'événement sont : $N_1\,N_2$, $B_1\,B_2$, $R_1\,R_2$, $V_1\,V_2$.

## Exercice 18

**1. a)**. **2. b)**. **3. b)**. **4. b)**.

## Exercice 19

Il y a autant d'issues possibles que de cases dans la roulette. Il y a donc 37 issues à cette expérience aléatoire.
On note $A$ l'événement « sortie d'un multiple de 7 ».
Les issues qui réalisent l'événement $A$ sont : « sortie du 0 », « sortie du 7 », « sortie du 14 », « sortie du 21 », « sortie du 28 », « sortie du 35 ». Il y a 6 issues réalisant $A$.
La roulette est bien équilibrée, toutes les issues ont la même probabilité. $p(A) = \frac{6}{37}$. La probabilité d'obtenir un multiple de 7 est d'environ 0,162.

## Exercice 20

**1. b)**. **2. b)**. **3. b)**. **4. c)**. **5. b)**.

## Exercice 21

**1. a)** Le véhicule de Mme Prudente réalise l'événement $P$. L'événement $P \cup T$ est donc réalisé.

**b)** On ne sait pas si le véhicule réalise l'événement $T$. On ne peut rien affirmer pour l'événement $P \cap T$.

**2.** Le véhicule de Mme Prudente vérifie simultanément $P$ et $T$, on peut affirmer que l'événement $P \cap T$ est réalisé.

**3. a)** Un des deux événements, ici l'événement $P$, est réalisé donc l'événement $P \cup T$ est réalisé.

**b)** Comme l'événement $T$ n'est pas réalisé, l'événement $P \cap T$ n'est pas réalisé non plus.

**4.** L'événement $T$ et l'événement $P$ ne sont pas réalisés, aucun des deux événements $P \cup T$ ou $P \cap T$ ne peut être réalisé.

**5.** Un véhicule est en règle si $P \cap T$ est réalisé.
$p(P \cup T) = p(P) + p(T) - p(P \cap T)$
d'où $0{,}99 = 0{,}97 + 0{,}92 - p(P \cap T)$. On a donc $(P \cap T) = 1{,}89 - 0{,}99 = 0{,}90$. La probabilité qu'un véhicule arrêté soit en règle est de 0,90.

## Exercice 22

**1. b)**. **2. c)**. **3. a)**. **4. c)**. **5. c)**.

## Exercice 23

**1.** $A$ et $B$ ne sont pas incompatibles, car l'événement $A \cap B$ est réalisé par « la carte tirée est un roi de trèfle ». $p(A \cap B) = \frac{1}{32} = 0{,}031\,25$.

**2.** $B$ et $C$ ne sont pas des événements incompatibles, car $B \cap C$ est réalisé par « la carte tirée est un roi ».
On a ici $p(B \cap C) = p(B) = \frac{4}{32} = 0{,}125$.

**3. a)** Les deux événements $B$ et $D$ sont incompatibles, car une carte de dix n'est pas un roi. $p(B \cap D) = 0$.
Il en est de même pour $C$ et $D$, car $p(C \cap D) = 0$. $C$ et $D$ sont aussi incompatibles.

**b)** $p(A \cup B) = p(A) + p(B) - p(A \cap B)$
$= \frac{8}{32} + \frac{4}{32} - \frac{1}{32} = \frac{11}{32} = 0{,}343\,75$.

**c)** $p(C \cup D) = p(C) + p(D)$ car $C$ et $D$ sont incompatibles. $p(C \cup D) = \frac{12}{32} + \frac{4}{32} = \frac{16}{32} = 0{,}5$.

## Exercice 24

**1.** $2^4 = 16$. Il y a bien 16 issues possibles.

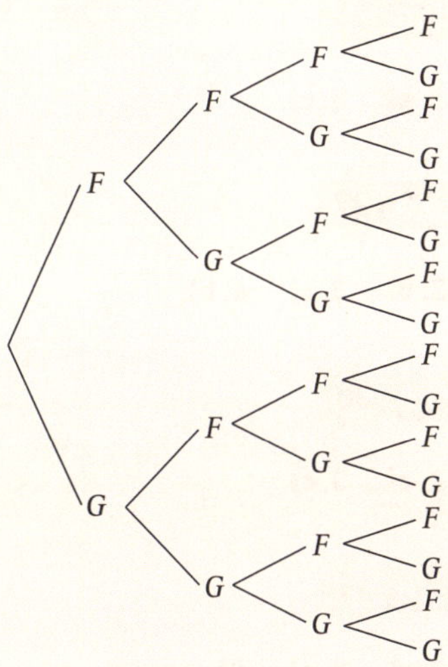


**2.** L'événement contraire de $A$, noté $\overline{A}$, est « les enfants de la famille sont de même sexe ».

**3. a)** Deux issues réalisent $\overline{A}$ : FFFF et GGGG. Toutes les issues sont équiprobables donc
$p(\overline{A}) = \frac{2}{16} = \frac{1}{8} = 0{,}125$.

**b)** $p(A) = 1 - p(\overline{A}) = 1 - 0{,}125 = 0{,}875$. La probabilité que les 4 enfants ne soient pas de même sexe dans cette famille est de 0,875.

## Exercice 25

**1. c)**. **2. b)**. **3. b)**.

## Exercice 26

**1.** Le premier terme est $u_1 = 2$ et la raison est $r = 3{,}5$.
Le deuxième terme est $u_2 = 2 + 3{,}5 = 5{,}5$.
Le troisième terme est $u_3 = 5{,}5 + 3{,}5 = 9$.
Le quatrième terme est $u_4 = 9 + 3{,}5 = 12{,}5$.

**2.** Le douzième terme est $u_{12}$, donc : $n = 12$ ; $n - 1 = 11$ avec $u_1 = 2$ et $r = 3{,}5$.
On utilise la relation $u_n = u_1 + (n - 1)r$. Par conséquent $u_{12} = 2 + 11 \times 3{,}5 = 40{,}5$.

## Exercice 27

**1. b)**. **2. c)**. **3. c)**.

## Exercice 28

**1.** Le premier terme est $u_1 = 2$ et la raison est $q = 3$.
Le deuxième terme est $u_2 = 2 \times 3 = 6$.
Le troisième terme est $u_3 = 6 \times 3 = 18$.
Le quatrième terme est $u_4 = 18 \times 3 = 54$.

**2.** Le dixième terme est $u_{10}$ et : $n = 10$ ; $n - 1 = 9$ avec $u_1 = 2$ et $q = 3$.
On utilise la relation $u_n = u_1 \times q^{n-1}$ donc
$u_{10} = 2 \times 3^9 = 39\,366$.

## Exercice 29

**1. a)**. **2. a)**.

## Exercice 30

**1.** $t$ mensuel $= \frac{\text{taux annuel}}{12} = \frac{0{,}036}{12} = 0{,}003$.

**2.** On utilise la relation $I = C \times t \times n$ où $C = 2000$ ;
$t$ = taux mensuel ;
$I_1 = 2000 \times 0{,}003 \times 1 = 6$ € ;
$I_2 = 2000 \times 0{,}003 \times 2 = 12$ € ;
$I_3 = 2000 \times 0{,}003 \times 3 = 18$ €.

**3.** $A_1 = 2000 + 6 = 2006$ ; $A_2 = 2000 + 12 = 2012$ ;
$A_3 = 2000 + 18 = 2018$.

**4. a)** $A_3 - A_2 = A_2 - A_1 = 6$ donc les termes $A_1$, $A_2$ et $A_3$ forment une suite arithmétique de raison 6.

**b)** $C \times t = 2000 \times 0{,}003 = 6 = r$.

**5. a)** $A_n = 2000 + n \times 6$.

**b)** $A_9 = 2000 + 9 \times 6 = 2054$ €.

## Exercice 31

**1.** $C_1 = 7200 \times (1 + 0{,}002) = 7214{,}4$ € ;
$C_2 = 7200 \times (1 + 0{,}002)^2 \approx 7228{,}83$ € ;
$C_3 = 7200 \times (1 + 0{,}002)^3 \approx 7243{,}29$ €.

**2. a)** $\frac{C_3}{C_2} = \frac{C_1}{C_1} = 1{,}002$ donc la suite $C_1$, $C_2$, $C_3$ est une suite géométrique de raison 1,002.

**b)** $1 + t = 1 + 0{,}002 = 1{,}002$ donc $q = 1 + t$.

**3.** $C_n = 7200 \times 1{,}002^n$.

**4. a)** Après 15 mois de placement,
$C_{15} = 7200 \times 1{,}002^{15} \approx 7419{,}05$ €.

**b)** Les intérêts versés sont
$i = C_{15} - C_0 = 7419{,}05 - 7200 = 219{,}05$ €.

## Exercice 32

On identifie les éléments : $t_{mensuel} = 0{,}0035$ ; $a = 50$ ; $n = 24$ (mois).

On utilise la formule : $V_n = 50 \times \frac{(1{,}0035^{24} - 1)}{0{,}0035}$.

On effectue le calcul à la calculatrice :
$V_n \approx 1249{,}56$ €.

## Exercice 33

On identifie les éléments : $a = 3847{,}49$ € ; $t_{mensuel} = 0{,}048$ ; $n = 10$ (ans).

On utilise la formule : $V_0 = 3847{,}49 \times \frac{(1 - 1{,}048^{-10})}{0{,}048}$.

On effectue le calcul à la calculatrice : $V_0 \approx 30000$ €.

## Exercice 34

**1.** Le nombre de mensualités est $n = 3 \times 12 = 36$.

**2.** Le montant d'une mensualité constante est :
$a = \frac{8000 \times 0{,}003}{(1 - 1{,}003^{-36})} = 234{,}77$ €.

**3.** On obtient :

| MOIS | CAPITAL RESTANT DÛ | AMORTISSEMENT | INTÉRÊT | MENSUALITÉ |
|---|---|---|---|---|
| 1 | 8 000 | 210,77 | 24 | 234,77 |
| 2 | 7 789,23 | 211,4 | 23,37 | 234,77 |
| 3 | 7 577,83 | 212,04 | 22,73 | 234,77 |

Calculs :
Ligne 1 : comme $a$ est constante, $a = 234{,}77$.
Ligne 2 : $i_2 = D_2 \times t = 7789{,}23 \times 0{,}003 = 23{,}37$.
Ligne 3 : $A_3 = a - i_3 = 234{,}77 - 22{,}73 = 212{,}04$.

## Exercice 35

**1.** L'amortissement constant est
$A = \frac{V_0}{n} = \frac{600000}{10} = 60000$ €.

**2.** Calculs :
ligne 1 : $A_1 = 60000$ ;
$a_1 = A + i_1 = 60000 + 30000 = 90000$ ;
ligne 2 : $A_2 = 60000$ ;
$i_2 = D_2 \times t = 540000 \times 0{,}05 = 27000$ ;
ligne 3 : $D_3 = C_2 - A_2 = 540000 - 60000 = 480000$ ;
$A_3 = 60000$.

| ANNÉE | CAPITAL RESTANT DÛ | AMORTISSEMENT | INTÉRÊT | MENSUALITÉ |
|---|---|---|---|---|
| 1 | 600 000 | 60 000 | 30 000 | 90 000 |
| 2 | 540 000 | 60 000 | 27 000 | 87 000 |
| 3 | 480 000 | 60 000 | 24 000 | 84 000 |

**3.** La dernière ligne est celle de la 10e année.
$A = 60000$ € ; $D_{10} = A = 60000$ € ;
$i_{10} = 60000 \times 0{,}05 = 3000$ € ;
$a_{10} = A + i_{10} = 60000 + 3000 = 63000$ €.

| ANNÉE | CAPITAL RESTANT DÛ | AMORTISSEMENT | INTÉRÊT | MENSUALITÉ |
|---|---|---|---|---|
| 10 | 60 000 | 60 000 | 3 000 | 63 000 |

## Exercice 36

**1. b)**. **2. a)**. **3. c)**.

## Exercice 37

**1. b)**. **2. b)**. **3. c)**. **4. b)**.

## Exercice 38

**1. b)**. **2. b)**. **3. c)**.

## Exercice 39

**1. b)**. **2. b)**. **3. a)** et **d)**.

## Exercice 40

**1. c)**. **2. b)**.

## Exercice 41

**1. c)**. **2. b)**. **3. c)**.

## Exercice 42

**a)** et **b)**.

## Exercice 43

**1. b)** et **c)**. **2. b)**.

## Exercice 44

**1. b)**. **2. a)**. **3. c)**.

## Exercice 45

**1. c)**. **2. a)**.

## Exercice 46

**1. b)**. **2. a)**. **3. b)**.

## Exercice 47

**1. b)**. **2. c)**. **3. b)**. **4. c)**.

## Exercice 48

**1. b)**. **2. c)**.

## Exercice 49

**1.** On écrit $f(x) = u(x) + v(x)$ avec $u(x) = x^2$ et $v(x) = 4x + 1$.
D'après le tableau des dérivées des fonctions de référence : $u'(x) = 2x$ et $v'(x) = 4$.
On écrit alors : $f'(x) = u'(x) + v'(x)$, d'où $f'(x) = 2x + 4$.

**2.** On écrit $f(x) = ku(x)$ avec $k = -4$ et $u(x) = x^3$.
D'après le tableau des dérivées des fonctions de référence : $u'(x) = 3x^2$.
On écrit alors : $f'(x) = ku'(x)$, d'où
$f'(x) = -4 \times (3x^2)$ ; $f'(x) = -12x^2$.

**3.** On peut écrire $f(x) = u(x) + v(x) + w(x)$ avec $u(x) = 2x^3$ ; $v(x) = x^2$ ; $w(x) = -x + 5$.
$u'(x) = 2 \times (3x^2)$ soit $u'(x) = 6x^2$.
$v'(x) = 2x$ et $w'(x) = -1$.
On écrit alors : $f'(x) = u'(x) + v'(x) + w'(x)$, d'où $f'(x) = 6x^2 + 2x - 1$.

## Exercice 50

**1. c)**. **2. a)**.

## Exercice 51

**1.** $f(x) = x^2 + 3x - 1$, d'où $f'(x) = 2x + 3$.
On a :
$2x + 3 > 0$ pour $2x > -3$ soit, puisque $2 > 0$, pour $x > -\frac{3}{2}$.

Sur $\left]-\frac{3}{2} ; 2\right]$, on a $f'(x) > 0$, donc $f$ est croissante.

$2x + 3 < 0$ pour $2x < -3$ soit, puisque $2 > 0$, pour $x < -\frac{3}{2}$.

Sur $\left]-3 ; -\frac{3}{2}\right[$, on a $f'(x) < 0$, donc $f$ est décroissante.

Pour $x = -\frac{3}{2}$, $f'(x) = 0$.

Tableau de variation :

| $x$ | $-3$ | | $-\frac{3}{2}$ | | $2$ |
|---|---|---|---|---|---|
| $f'(x)$ | | $-$ | $0$ | $+$ | |
| $f(x)$ | $-1$ | ↘ | $-3{,}25$ | ↗ | $9$ |

Pour $x = -\frac{3}{2}$, la fonction $f$ admet un minimum égal à $-3{,}25$.

**2.** $f(x) = x^3 - 3x^2 - 9x + 3$, d'où $f'(x) = 3x^2 - 3 \times (2x) - 9$ ;
$f'(x) = 3x^2 - 6x - 9$.
$f'(x) = 3(x^2 - 2x - 3)$ ; $f'(x)$ a le signe de $x^2 - 2x - 3$.

On peut déterminer graphiquement le signe de $x^2 - 2x - 3$.

À la calculatrice graphique, on trace la parabole d'équation $y = x^2 - 2x - 3$.

Fenêtre : $X_{min} = -2$ ; $X_{max} = 4$ ; pas = 1 ;
$Y_{min} = -5$ ; $Y_{max} = 10$ ; pas = 1.

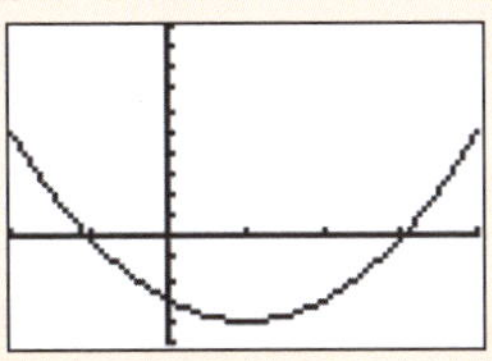

On obtient le tableau suivant :

| $x$ | $-2$ | | $-1$ | | $3$ | | $4$ |
|---|---|---|---|---|---|---|---|
| Signe de $x^2 - 2x - 3$ | | $+$ | $0$ | $-$ | $0$ | $+$ | |

MATHÉMATIQUES

Tableau de variation de $f$ :

| $x$ | $-2$ | | $-1$ | | $3$ | | $4$ |
|---|---|---|---|---|---|---|---|
| $f'(x)$ | | $+$ | $0$ | $-$ | $0$ | $+$ | |
| $f(x)$ | $1$ | ↗ | $8$ | ↘ | $-24$ | ↗ | $-17$ |

Pour $x = -1$, $f$ admet un maximum égal à 8.
Pour $x = 3$, $f$ admet un minimum égal à $-24$.

## Exercice 52

**1. b).** **2. c).** **3. a).**

## Exercice 53

**1. c).** **2. b).**

## Exercice 54

**1.** Calcul de $2^{1,5}$.
2 ∧ 1.5 entrer ou, en mode RUN, 2 ∧ 1.5 EXE.
On lit : 2.8284... ; $2^{1,5} \approx 2,83$ (valeur arrondie au centième).

**2.** Calcul de $(0,5)^{-1,3}$.
0,5 ∧ (–) 1.3 entrer ou, en mode RUN, 0.5 ∧ (–) 1.3 EXE.
On lit : 2.4622... ; $0,5^{-1,3} \approx 2,46$ (valeur arrondie au centième).

**3.** Calcul de $10^{2,6}$.
10 ∧ 2.6 entrer ou, en mode RUN, 10 ∧ 2.6 EXE.
On lit : 398.1071... ; $10^{2,6} \approx 398,11$ (valeur arrondie au centième).
Une autre possibilité :
2nde log ($10^x$) 2.6 ) entrer ou, en mode RUN, SHIFT log ($10^x$) ( 2.6 ) EXE.

**4.** Calcul de log (15).
log 15 ) entrer ou, en mode RUN, log ( 15 ) EXE.
On lit : 1.1760... ; $\log(15) \approx 1,18$ (valeur arrondie au centième).

## Exercice 55

**1. b).** **2. b).** **3. c).**

## Exercice 56

**1.** Équation $\log(x) = 2,4$.
Puisque $2,4 = \log(10^{2,4})$, on écrit :
$\log(x) = \log(10^{2,4})$, d'où $x = 10^{2,4}$.
L'équation a pour solution $x = 10^{2,4}$ ; $10^{2,4} \approx 251,19$ (valeur arrondie à 0,01).

**2.** Inéquation $\log(x) \geqslant -1,6$.
Puisque $-1,6 = \log(10^{-1,6})$, on écrit :
$\log(x) \geqslant \log(10^{-1,6})$, d'où $x \geqslant 10^{-1,6}$.
L'inéquation a pour solutions tous les nombres $x$ tels que $x \geqslant 10^{-1,6}$ ; l'ensemble des solutions est l'intervalle $[10^{-1,6}\,;+\infty[$ ; $10^{-1,6} \approx 0,025$ (valeur arrondie à 0,001).

**3.** Inéquation $\log(x) \leqslant 0,8$.
Puisque $0,8 = \log(10^{0,8})$,
on écrit $\log(x) \leqslant \log(10^{0,8})$, d'où $0 < x \leqslant 10^{0,8}$.
L'inéquation a pour solutions tous les nombres $x$ tels que $0 < x \leqslant 10^{0,8}$ ; l'ensemble des solutions est l'intervalle $]0\,; 10^{0,8}]$ ; $10^{0,8} = 6,31$ (valeur arrondie à 0,01).

## Exercice 57

**1.** Équation $(1,2)^x = 3$.
On écrit : $\log(1,2)^x = \log(3)$ d'où $x\log(1,2) = \log(3)$ ;
l'équation a pour solution : $x = \dfrac{\log(3)}{\log(1,2)}$ ; $x \approx 6,03$ (valeur arrondie au centième).

**2.** Inéquation $(1,15)^x \geqslant 2$.
On écrit : $\log(1,15)^x \geqslant \log(2)$
d'où $x\log(1,15) \geqslant \log(2)$ ;
puisque $\log(1,15) > 0$,
$x\log(1,15) \geqslant \log(2)$ équivaut à $x \geqslant \dfrac{\log(2)}{\log(1,15)}$.
Les solutions sont les nombres $x$ tels que
$x \geqslant \dfrac{\log(2)}{\log(1,15)}$.
L'ensemble des solutions est l'intervalle
$\left[\dfrac{\log(2)}{\log(1,15)}\,;+\infty\right[$.
À la calculatrice on obtient : $\dfrac{\log(2)}{\log(1,15)} \approx 4,96$.

**3.** Inéquation $(0,8)^x \leqslant 0,5$.
On écrit : $\log(0,8)^x \leqslant \log(0,5)$
d'où $x\log(0,8) \leqslant \log(0,5)$ ;
puisque $\log(0,8) < 0$,
$x\log(0,8) \leqslant \log(0,5)$ équivaut à $x \geqslant \dfrac{\log(0,5)}{\log(0,8)}$.
Les solutions sont les nombres $x$ tels que
$x \geqslant \dfrac{\log(0,5)}{\log(0,8)}$.
L'ensemble des solutions est l'intervalle
$\left[\dfrac{\log(0,5)}{\log(0,8)}\,;+\infty\right[$.
À la calculatrice on obtient : $\dfrac{\log(0,5)}{\log(0,8)} \approx 3,11$.

Savoir 1

# La maîtrise de la consommation en eau

LU ☐
SU ☐
REVU ☐

L'eau douce, indispensable à la vie, est présente en quantité limitée sur la Terre et sa qualité est menacée. Il est donc important de la préserver.

## 1 Les ressources disponibles en eau

### 1.1. Les ressources disponibles à l'échelle planétaire

• L'eau douce est inégalement répartie sur la planète. Elle n'est pas assez abondante dans certains pays d'Afrique (au Nord et à l'Est surtout) et au Sud de l'Asie.

• Au manque d'eau s'ajoute le problème de sa qualité médiocre, responsable d'infections mortelles chez ceux qui en consomment, et particulièrement chez les enfants.

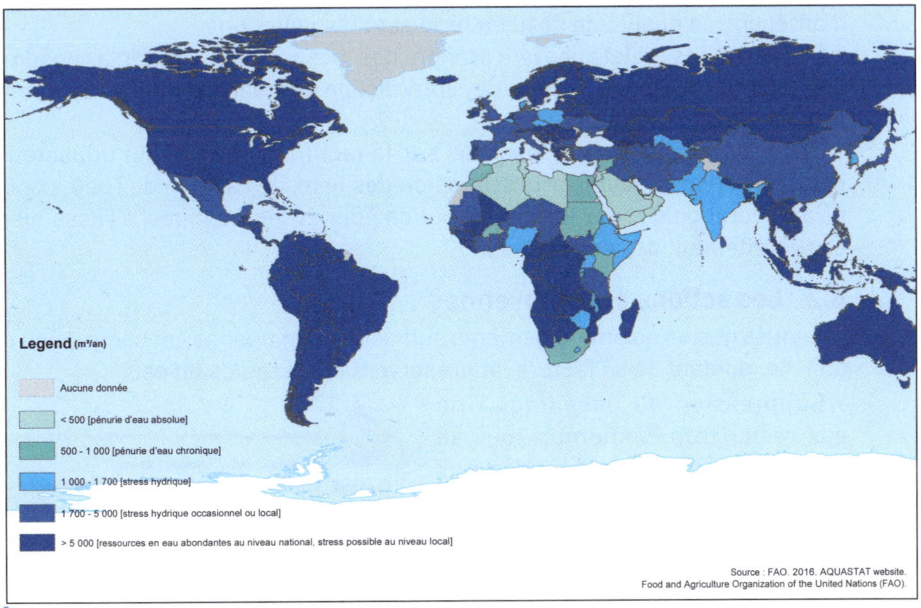


Total des ressources en eau renouvelables (en m³ par habitant et par an en 2014).

### 1.2. Les ressources disponibles en France

• La qualité des eaux de surface s'est améliorée ces dernières années (excepté pour les nitrates), mais celle des nappes phréatiques (eaux souterraines) est menacée par la pollution aux pesticides et nitrates, en raison des activités d'élevage et d'agriculture intensives.

## 2 Les critères de potabilité

• L'eau puisée dans les rivières ou les nappes phréatiques est contrôlée, et souvent traitée avant distribution dans le réseau pour être acheminée vers les habitations. Pour être potable, elle doit répondre à une série de critères de confort et ne doit présenter aucun risque pour la santé :

– critères **organoleptiques** : limpidité, clarté, absence d'odeur et de saveur désagréable ;

– critères **chimiques** (substances indésirables) : présence tolérée à condition de ne pas dépasser un certain seuil ;
– critères **microbiologiques** : aucun parasite, virus ou bactérie dangereux n'est accepté.

## 3 L'évolution de la consommation de l'eau

• La consommation domestique d'eau potable a baissé depuis 2004, en raison de l'augmentation du prix de l'eau et de la prise de conscience plus importante de sa valeur, et de la conception d'appareils ménagers de plus en plus économes en eau.

## 4 Les mesures de préservation de l'eau

### 4.1. Les mesures collectives

• Les objectifs du développement durable fixés au niveau mondial sont, notamment, de garantir l'accès à l'eau potable et à l'assainissement pour tous d'ici 2030, et d'améliorer la qualité de l'eau en réduisant les pollutions.
• En France, les préfets peuvent prendre des mesures pour limiter la consommation d'eau en cas de risque de pénurie : interdiction de laver sa voiture ou de remplir sa piscine, etc.
• Des redevances (taxes), inscrites sur la facture d'eau de tout utilisateur d'eau potable, servent à financer la protection des lieux de captage de l'eau, contribuent à l'amélioration du réseau de distribution pour éviter les fuites, à l'assainissement et au traitement des eaux usées.

### 4.2. Les actions éco-citoyennes

Quelques gestes ou aménagements suffisent à diminuer sa consommation d'eau et donc le montant de sa facture, et préservent les réserves en eau.

• Suppression du gaspillage : ne pas rester trop longtemps sous sa douche, préférer les douches aux bains, ne pas laisser couler l'eau en se lavant les dents (économie possible de 10 000 litres par an).
• Aménagements pour diminuer la consommation d'eau : réducteur de débit sur les robinets, choix d'appareils économes en eau, robinet thermostatique, chasse d'eau à double débit (économie possible de 10 000 litres par an).
• La moitié de la quantité d'eau potable peut être économisée en utilisant de l'eau de pluie stockée dans une cuvette, enterrée ou non.

**Repères**

Toilette au lavabo : environ 5 litres
Douche de 5 min : de 30 à 100 litres, selon le débit et l'utilisation ou non de matériel hydro-économe
Bain : de 150 à 200 litres

Chasse d'eau avec simple commande : de 6 à 12 litres à chaque utilisation
Chasse d'eau avec doucle commande : de 3 à 6 litres à chaque utilisation

Lave-linge : en moyenne 45 litres pour un modèle récent et 100 litres pour un modèle ancien

Lave-vaisselle : en moyenne 10 litres pour un modèle récent et 40 litres pour un modèle ancien
Vaisselle à la main : de 15 litres (remplissage des bacs) à 50 litres (eau courante)

Arrosage du jardin : de 15 à 20 litres par m²
Evaporaton d'un gazon : de 3 à 6 litres d'eau par m² de surface par temps chaud

Remplissage d'une piscine : de 50 000 à 80 000 litres

*Source :* SMEGREG, www.jeconomiseleau.org

• D'autres précautions évitent de polluer les cours d'eau par l'intermédiaire des eaux usées : utilisation de produits non toxiques pour l'environnement, modification du comportement. Par exemple : éviter de jeter des restes de produits dans l'évier.

Savoir
2

# La maîtrise de la consommation en énergie

LU ☐
SU ☐
REVU ☐

Alors que nous consommons de l'énergie, pour la plupart de nos activités, sans en avoir conscience, 20 % de la population mondiale n'a même pas accès à l'électricité.

## 1 Les ressources disponibles en énergie

### 1.1. Les ressources disponibles à l'échelle planétaire

• Les ressources en énergies non renouvelables fossiles (pétrole, gaz, charbon), et en uranium, diminuent en raison de la consommation importante des régions les plus riches, et de la croissance rapide des pays émergents. Elles sont inégalement réparties sur la planète.

• Contrairement aux énergies non renouvelables, les énergies renouvelables (énergie solaire et éolienne, énergie hydraulique, géothermie et biomasse : combustion des déchets) ne posent pas de problème de disponibilité, ni de problème de pollution et n'émettent pas de gaz à effet de serre.

### 1.2. Les ressources disponibles en France

• La France ne produit pas de charbon ni d'uranium, et très peu de pétrole ou de gaz naturel.

• Elle dispose d'importantes possibilités de production d'énergie renouvelable : forêts pour le bois de chauffage, relief accidenté pour l'énergie hydraulique.

• La production d'électricité est pour 77 % d'origine nucléaire en France, ce qui limite sa dépendance par rapport aux pays producteurs de pétrole.

## 2 Les limites de rendement des énergies renouvelables

Le rendement des énergies renouvelables dépend des conditions climatiques (ensoleillement, vent), et géographiques (relief pour l'énergie hydraulique). Il est beaucoup moins élevé que pour l'énergie nucléaire, mais les centrales nucléaires présentent un risque difficilement mesurable en cas de fuite ou d'accident.

## 3 L'évolution de la consommation en énergie et les conséquences sur l'environnement

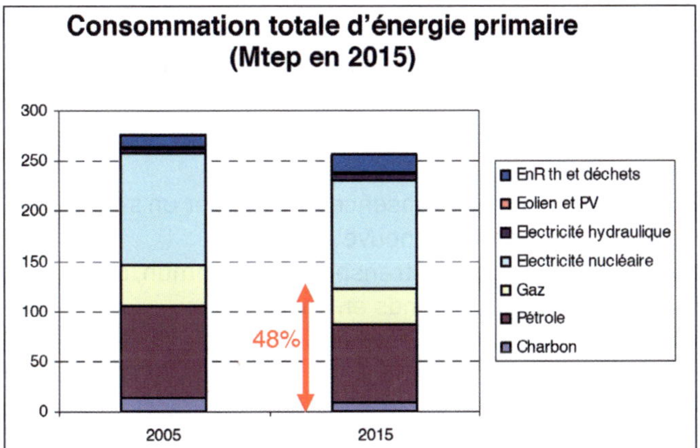


EnRth : énergie renouvelable thermique et déchets valorisés.
PV : photovoltaïque (énergie solaire).

En France, la part d'énergie fossile utilisée a diminué légèrement depuis 2005, mais elle représente encore 48 % de l'énergie consommée. Malgré une légère hausse, principalement au niveau des biocarburants, de la biomasse et du bois, la part des énergies renouvelables ne représente encore que 15 % de la consommation totale.

## 4 Les mesures d'économie d'énergie

### 4.1. Les mesures collectives

• Au niveau international, un accord a été signé à Paris en 2015 lors de la COP 21 (conférence sur les changements climatiques), pour que chaque pays s'engage à réduire ses émissions de gaz à effet de serre.

• En France, la loi de transition énergétique pour la croissance verte a pour but de lutter contre le dérèglement climatique, et d'accentuer l'indépendance énergétique en fixant les objectifs suivants :

– réduire de 30 % la consommation d'énergies fossiles en 2030 par rapport à 2012 ;
– porter la part d'énergie renouvelable à 32 % de la consommation totale en 2030 ;
– réduire de 40 % l'émission de gaz à effet de serre entre 1990 et 2030.

Pour atteindre ces objectifs, les mesures suivantes ont été adoptées.

*Dans le domaine du bâtiment :*

– conditions exigeantes de performances énergétiques imposées lors des constructions de bâtiments publics et de logements sociaux, ainsi que lors des travaux lourds de réhabilitations ;
– aides financières (éco-prêt à taux zéro, crédits d'impôts, etc.) qui incitent les propriétaires à effectuer des travaux d'économie d'énergie dans leur logement.

*Dans le domaine du transport :*

– réduction de la vitesse de circulation qui peut être imposée par les maires ;
– aides financières (bonus écologique) lors de l'achat de véhicules électriques ou hybrides et lors de l'achat des deux et trois roues électriques, prime lors du remplacement d'un véhicule polluant par un véhicule électrique ou hybride ;
– favoriser la marche, l'utilisation du vélo et les modes de déplacement économes en énergie (autopartage, transports en commun, etc.).

### 4.2. Les mesures individuelles

• Des gestes simples diminuent la facture d'énergie et préservent les ressources, limitent l'impact sur l'environnement en diminuant la production de gaz à effet de serre :

– choisir des lampes économes en énergie, éteindre la lumière en quittant une pièce ;
– privilégier les appareils peu gourmands en énergie, en consultant l'étiquette-énergie et ne pas laisser d'appareil en veille ;
– isoler le logement par des fenêtres à double ou triple vitrage, en isolant la toiture et les parois ;
– baisser le chauffage la nuit ou lors des absences, privilégier un système de chauffage économe ou utilisant les énergies renouvelables ;
– limiter la vitesse et l'usage de la voiture (transports en commun, covoiturage, vélo, etc.) et choisir des véhicules peu gourmands en énergie.

# Les situations à risques

LU ☐
SU ☐
REVU ☐

Chaque personne est confrontée quotidiennement à des risques à son domicile, à l'extérieur ou au travail.

## 1 Les différents types de risques

### 1.1. Les risques d'accidents domestiques

• Ce sont les risques rencontrés dans la vie quotidienne à la maison ou dans son jardin. Ils provoquent des séquelles ou la mort par électrisation, étouffement, intoxication, noyade, asphyxie, chute ou blessure.

### 1.2. Les risques professionnels

• Ils concernent les risques de maladies professionnelles ou d'accidents du travail (voir Fiche 15).

### 1.3. Les risques majeurs

La probabilité d'accident est faible dans le cas de risque majeur, mais lorsque l'événement se réalise, il concerne un nombre important de victimes et provoque rapidement des dégâts matériels et/ou écologiques de grande ampleur.

• On distingue les risques majeurs naturels (avalanches, inondations, tempêtes, etc.) des risques majeurs technologiques (rupture de barrage, risque nucléaire, minier, transport de marchandises dangereuses, etc.).

• Les menaces terroristes sont les risques d'attentats qui visent à tuer ou blesser des personnes civiles, dans le but d'intimider la population ou de faire pression sur le gouvernement, ou sur une organisation internationale.

## 2 Les actions pour limiter les risques majeurs

### 2.1. Les mesures collectives

• Les citoyens doivent être avertis sur les risques majeurs auxquels ils sont exposés. Ils peuvent ainsi consulter le Dossier Départemental des Risques Majeurs (DDRM) à la préfecture ou en mairie (ou sur le site Internet) pour connaître les dangers et les mesures de protection.

• Le plan Vigipirate, plan gouvernemental contre les attentats, comprend des mesures de vigilance (ex : surveillance dans les transports), de prévention et de protection qui concernent tout le monde et tous les secteurs d'activités.

### 2.2. La conduite d'urgence à adopter en cas d'alerte

• Le SNA (Signal National d'Alerte) avertit les populations d'un danger imminent ou de la survenue d'un événement grave.

• En entendant ce signal les personnes doivent se mettre à l'abri dans un local calfeutré et s'informer sur France Bleu, France info, sur les radios locales, France Télévision, les sites et comptes des réseaux sociaux du gouvernement, du ministère de l'Intérieur et des préfectures.

• Lorsque l'alerte est terminée, un signal sonore continu de 30 secondes retentit.

# La protection contre le bruit

LU ☐
SU ☐
REVU ☐

Le bruit est considéré comme la principale source de nuisance ressentie par les Français, et ses conséquences sur la qualité de vie et la santé sont importantes.

## 1 Les sources de bruit

### 1.1. Les bruits aériens

• Ce sont les bruits transmis dans l'air et provenant de l'extérieur (transport routier, travaux, tondeuse, etc.) ou de l'intérieur d'un bâtiment (voix, cris, télévision, musique, etc).

### 1.2. Les bruits d'équipement

• Ce sont les bruits provenant de la chaudière, de la ventilation, des sanitaires (chasse d'eau, robinetterie, tuyauterie, etc.), de l'ascenseur, etc.

### 1.3. Les bruits d'impact

• Ce sont les bruits de pas, de choc contre le mur ou le plancher, de chutes d'objets, etc.

## 2 Le mécanisme de perception du son

• Les sons sont captés par le pavillon de l'oreille externe, puis acheminés par le conduit auditif pour faire vibrer le tympan. Les vibrations sont amplifiées par les osselets de l'oreille moyenne, et transmises aux liquides contenus dans la cochlée de l'oreille interne. Les mouvements de ces liquides provoquent le fléchissement des cils des cellules ciliées, entraînant la naissance d'un message nerveux.
• Le message nerveux chemine par l'intermédiaire du nerf auditif jusqu'au cerveau, qui décode et interprète les sons.

## 3 Les conséquences du bruit sur la santé

• L'exposition, même de courte durée, à de forts volumes sonores, ou bien l'exposition fréquente et prolongée à des bruits d'intensité moyenne peut provoquer des troubles temporaires de l'audition (gène ou fatigue auditive) ou des atteintes définitives : acouphènes (sifflements, bourdonnements), hyperacousie (bruits perçus de façon trop intense), ou encore une surdité.
• Le bruit a des effets négatifs sur les autres organes (appareil cardio-vasculaire, système nerveux, etc.), sur la qualité du sommeil il augmente aussi le stress.

## 4 Les mesures de prévention du bruit

• **À la source :** limitations de vitesse sur les routes, de niveau sonore pour les discothèques, les concerts et les baladeurs.
• **Au niveau de la transmission :** isolation des parois, double ou triple vitrage, murs antibruit, etc.
• **Au niveau de la réception :** casque antibruit ou bouchons d'oreilles.

Savoir 5

# Les risques professionnels : l'approche par les risques

LU ☐
SU ☐
REVU ☐

L'analyse des risques professionnels est du ressort du chef d'entreprise assisté du référent sécurité, du CHSCT ou des représentants du personnel et des salariés compétents (voir Fiche 13). Elle a pour but de mettre en place des mesures de prévention pour éviter un accident du travail ou une maladie professionnelle (analyse a priori des risques). La démarche la plus utilisée est l'approche par les risques.

## 1 Première étape : l'analyse des risques

### 1.1. Le schéma d'apparition d'un dommage

Après observation du salarié au poste de travail, les différentes composantes pouvant conduire à un accident du travail ou à une maladie professionnelle, sont inscrites dans le schéma d'apparition d'un dommage.

- La **situation dangereuse** est une situation dans laquelle une **personne** est exposée à un ou plusieurs danger(s).
- Un **danger** est une cause capable de provoquer un dommage.
- L'**événement dangereux** est l'événement capable de provoquer un dommage. Il se caractérise par sa probabilité d'apparition.
- Le **dommage** est une blessure physique ou une atteinte à la santé. Il se caractérise par sa gravité.

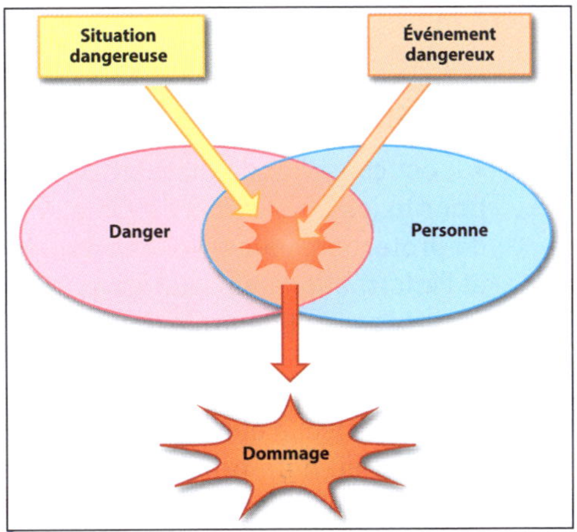

Le schéma d'apparition d'un dommage.

### 1.2. L'estimation des risques

- Appréciation de la gravité : évaluée en fonction de la gravité des dommages en cas d'accident du travail ou de maladie professionnelle.
- Appréciation de la probabilité d'occurrence : éventualité plus ou moins importante qu'un accident se produise ou qu'une maladie professionnelle se déclenche. Les niveaux de gravité et de probabilité sont inscrits sur un graphe (voir la deuxième étape, en page suivante).

| | | GRAVITÉ | PROBABILITÉ D'OCCURRENCE |
|---|---|---|---|
| COTATION | 4 | **Très grave :** décès. | Expositions fréquentes et/ou de longue durée au danger, accident ou maladie très **probable**. |
| | 3 | **Grave :** incapacité permanente. | Expositions fréquentes et/ou de longue durée au danger, accident ou maladie **probable**. |
| | 2 | **Moyenne :** arrêt de travail et/ou hospitalisation. | Expositions rares et/ou de courte durée au danger, accident ou maladie **improbable**. |
| | 1 | **Faible :** absence d'arrêt de travail. | Expositions rares et/ou de courte durée au danger, accident ou maladie **très improbable**. |

Exemples d'échelles de gravité et de probabilité d'occurrence.

## 2 Deuxième étape : l'évaluation des risques

• Délimitation de deux zones : une où la réduction des risques est jugée non prioritaire, l'autre où la réduction des risques est jugée nécessaire.
• Si le point de rencontre entre la gravité et la probabilité d'occurrence se trouve dans la zone où la réduction des risques est nécessaire, la recherche de mesures pour supprimer ou réduire les risques est obligatoire.

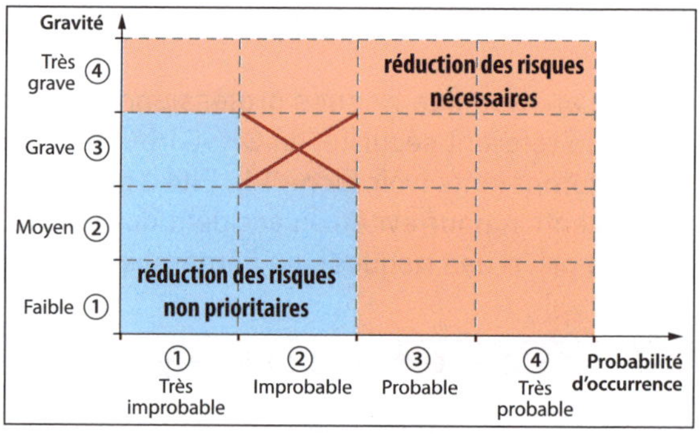


## 3 Troisième étape : la suppression ou la réduction des risques

• Il est conseillé de hiérarchiser ces mesures en essayant de mettre en place en priorité les plus efficaces. On privilégie les mesures de prévention intrinsèques et de protection collective. Les équipements de protection individuelle, la formation et l'information des salariés complètent, si nécessaire, les mesures de prévention intrinsèques et de protection collective.

### 3.1. La prévention intrinsèque

• Elle consiste à éliminer le danger ou à le réduire, en s'équipant par exemple d'un matériel ou d'un produit moins dangereux. Elle comprend l'automatisation des tâches, la modification de l'organisation du travail, la rotation du personnel, l'amélioration des conditions et des ambiances de travail.

### 3.2. La protection collective

• Elle protège du danger l'ensemble des personnes qui pourraient y être exposées (ex : séparation par des cloisons, ventilation générale, etc.).

### 3.3. La protection individuelle

• Elle protège uniquement la personne pour éviter ou, le plus souvent, réduire le dommage.
• Elle consiste à porter des EPI (Équipements de Protection Individuelle) : casque, gants, bouchons d'oreilles, etc.

### 3.4. La formation/l'information

• La formation consiste à préparer le salarié à une certification (ex : la formation PRAP, Prévention des Risques liés à l'Activité Physique) ou à une habilitation (ex : une habilitation électrique), à lui apprendre à identifier les dangers et à s'en protéger.
• L'information s'effectue en affichant les consignes de sécurité et les pictogrammes de danger, en transmettant des messages, etc.

# L'approche par les risques, appliquée aux risques liés à l'électricité

LU ☐
SU ☐
REVU ☐

Les accidents provoqués par le courant électrique sont rares, mais souvent graves pour la victime. Ils provoquent une électrisation pouvant aller jusqu'à l'électrocution. Le courant électrique est également à l'origine d'incendies ou d'explosions.

## 1 Les situations de travail à risque

• Une électrisation a pour origine un contact direct avec le courant électrique, indirect (ex : en touchant une machine) ou un travail à proximité d'une ligne à haute tension (formation d'arc électrique, etc.).
• La gravité des dommages varie en fonction de la tension d'alimentation, de la durée du contact avec le courant électrique, du trajet et de la résistance du corps (résistance moins élevée en cas d'humidité).

## 2 Les dommages occasionnés par le courant électrique dans l'organisme

• **Effets thermiques :** brûlures sur le trajet du courant, brûlure des yeux lors de la formation d'arc électrique.
• **Effets excito-moteurs :** contraction des muscles à partir d'une certaine intensité et de la durée du passage du courant, qui empêche la victime de lâcher le contact avec le circuit électrique. Elle peut provoquer l'asphyxie par paralysie des muscles respiratoires.
• **Fibrillation cardiaque :** contractions désordonnées du muscle cardiaque qui peut entraîner la mort par électrocution.

## 3 L'analyse des risques liés à l'électricité

### 3.1. Le schéma d'apparition d'un dommage

• **Situation dangereuse :** utilisation d'un matériel électrique, travail sur le circuit électrique sous tension ou à proximité du courant, ou d'une ligne à haute tension.
• **Danger :** courant électrique, pièce nue sous tension, appareil défectueux branché, etc.
• **Personne :** électricien, personnel d'entretien ou de maintenance (travail au voisinage du circuit électrique), ou toute personne utilisant du matériel électrique. Comme le courant électrique est invisible, les personnes exposées n'ont pas toujours conscience du danger.
• **Événement dangereux :** contact direct ou indirect avec le circuit électrique, approche d'un conducteur sous haute tension, etc.

SITUATION DE TRAVAIL

Monsieur M., électricien intérimaire âgé de 28 ans, effectue des travaux à l'intérieur d'une armoire électrique maintenue sous tension.

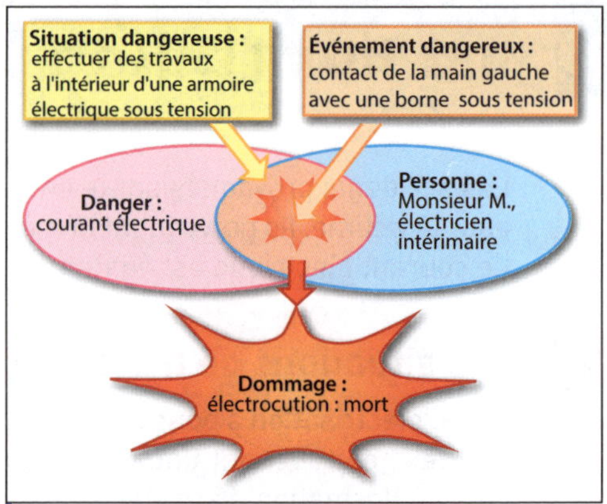


Schématisation du processus d'apparition d'un dommage.

### 3.2. L'estimation des risques

• Les risques liés à l'électricité sont de mieux en mieux maîtrisés en raison des normes de plus en plus strictes. La **probabilité d'occurrence** diminue, mais lorsque l'accident se produit, il est souvent d'une extrême **gravité**.

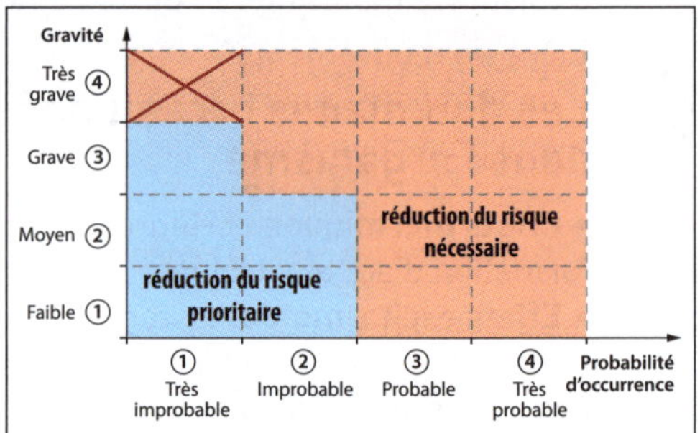


Estimation et évaluation du risque.

## 4 L'évaluation des risques

La réduction des risques est nécessaire en raison des dommages souvent très graves sur le trajet du courant.

## 5 La suppression ou la réduction des risques liés à l'électricité

### 5.1. La prévention intrinsèque

• La prévention la plus efficace consiste à intervenir sur des installations mises hors tension en respectant la procédure de consignation.

• Des dispositifs de sécurité d'une installation aux normes en vigueur : disjoncteurs différentiels et prises de terre protègent les personnes des contacts indirects.

### 5.2. La protection collective

• Des obstacles isolants devant les pièces sous tension, et le respect de la distance de sécurité entre les personnes et les pièces nues sous tension, protègent les salariés contre les contacts directs.

### 5.3. La protection individuelle

• Elle est assurée par le port d'EPI (écran facial, gants et chaussures isolants), l'utilisation de matériel isolant : outil, tapis, tabouret ou perche.

### 5.5. La formation/l'information

• La formation conduisant à l'habilitation électrique apporte des connaissances et des savoir-faire pour accomplir le travail en toute sécurité.

• Les locaux à accès réservé aux électriciens sont signalés par un triangle, sur fond jaune, d'avertissement du danger.

# L'approche par les risques, appliquée aux risques liés aux équipements de travail

LU ☐
SU ☐
REVU ☐

Les risques liés aux équipements de travail (ou « risques mécaniques ») sont présents pour les salariés utilisant un outil portatif ou manuel, un engin de levage, ou travaillant sur une machine. Il concerne également les personnes qui travaillent à proximité de ces équipements.

## 1 Les risques liés aux équipements de travail

• Un accident lié aux équipements de travail peut avoir pour origine un problème technique ou une erreur humaine provoquant :
- un coincement ou un écrasement d'une partie du corps sous une pièce lourde ;
- un pincement ;
- un entraînement d'un vêtement ou d'un partie du corps (ex : cheveux) dans une pièce en mouvement ;
- une coupure, piqûre, perforation (ex : au niveau d'un doigt par une aiguille) ;
- une projection d'un solide, d'un fluide ou de vapeur.

## 2 Les dommages provoqués par les équipements de travail

• Le contact direct avec une pièce en mouvement ou un outil tranchant peut provoquer :
- l'amputation d'un doigt ou d'un membre sectionné ;
- l'atteinte d'organes, qui peut être mortelle dans le cas d'organes vitaux, suite à l'écrasement d'une partie du corps sous une machine ;
- des hématomes (« bleus »), une entorse ou une fracture d'un os ;
- une infection par pénétration et multiplication des micro-organismes dans la plaie, consécutive aux écorchures, coupures ou perforations de la peau.

• À la longue, l'utilisation de machines ou outils peut favoriser les TMS : Troubles musculo-squelettiques en raison d'efforts physiques répétés, de vibrations (ex : marteau-piqueur), de chocs et mauvaises postures (voir Fiche 17).

## 3 L'analyse des risques liés aux équipements de travail

### 3.1. Le schéma d'apparition d'un dommage

• **Situation dangereuse :** utilisation d'un équipement de travail, maintenance, réparation d'une machine ou travail à proximité.

• **Danger :** parties en mouvement d'une machine, outil tranchant, fluide sous pression ou matière pouvant être projetée (ex : poussières, pièce, copeaux, etc).

• **Personne :** mécanicien, artisan, employé des travaux publics, agent d'entretien ou de maintenance, etc.

• **Événement dangereux :** contact d'une partie du corps avec une pièce coupante ou en mouvement, avec un fluide sous pression (pour les risques d'accidents du travail), et la fréquence et/ou la durée d'utilisation d'une machine ou d'un outil (pour les risques de TMS : Troubles Musculo-Squelettiques), etc.

SITUATION DE TRAVAIL

En fin de journée, Maxime F., apprenti boucher âgé de 16 ans, nettoie le hachoir à viande en engageant sa main gauche dans la trémie d'alimentation.

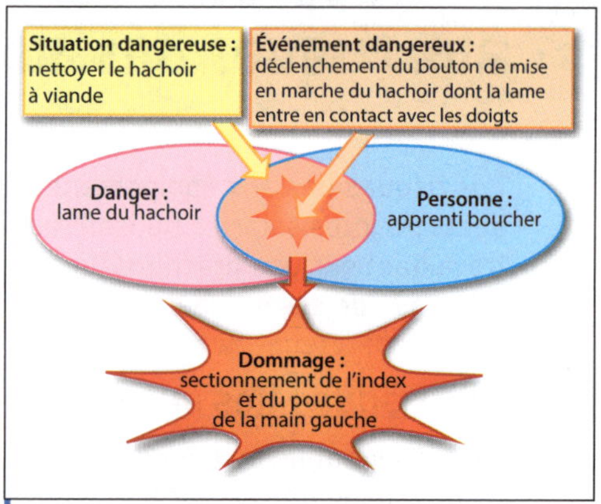


Schématisation du processus d'apparition d'un dommage.

### 3.2. L'estimation des risques

• **La probabilité d'occurrence :** est liée au temps passé dans la zone dangereuse, à l'importance des interventions manuelles, à la connaissance de la machine par l'opérateur et son entourage.

• **La gravité :** est plus ou moins importante. Un accident n'entraîne pas d'arrêt de travail si les dommages sont des hématomes ou une plaie simple non infectée. L'accident peut être très grave en cas d'amputation de membre et entraîner une incapacité permanente. Il peut être mortel dans le cas de choc violent ou d'écrasement.

## 4 La suppression ou la réduction des risques liés aux équipements de travail

### 4.1. Prévention intrinsèque

• Automatisation de la tâche.

• Consignation des équipements de travail avant toute intervention pour éviter la mise en route de la machine.

• Achat de machines conformes à la réglementation (marquage CE), maintenances et contrôles réguliers.

• Inaccessibilité des parties coupantes des machines par des carters de protection ou capots.

• Rotation du personnel dans le cas de risques de TMS.

### 4.2. Protection collective

• Barrières, cloisons.

• Détecteurs de présence qui stoppent la machine lorsqu'une personne s'en approche.

• Commandes bi-manuelles obligeant le salarié à maintenir ses deux mains sur la machine.

• Boutons d'arrêt d'urgence.

### 4.3. Protection individuelle

• Port d'EPI adaptés selon les recommandations du fabricant de la machine : gants qui protègent des risques mécaniques, chaussures de sécurité coquées, lunettes, casques, etc.

• Tenue près du corps, éviter les vêtements amples, cheveux attachés.

Savoir 8

# L'approche par les risques, appliquée aux risques liés aux agents biologiques

LU ☐
SU ☐
REVU ☐

• Le salarié est davantage conscient des risques lorsque l'agent biologique est introduit de façon volontaire dans un procédé de fabrication (ex : médicaments), lors d'un travail en laboratoire ou encore dans le secteur agro-alimentaire.
• Par contre, et comme les agents biologiques ne sont pas visibles, il a tendance à moins se protéger lorsque les agents biologiques sont présents de manière occasionnelle dans l'environnement de travail (métiers de la santé, de la petite enfance, de l'entretien des locaux, du traitement de l'eau et des déchets, etc.).

## 1 Les dommages occasionnés par les agents biologiques

• **Infections ou toxi-infections :** provoquées par l'introduction d'agents biologiques par voie respiratoire, par contact avec la peau et les muqueuses, ou par la voie digestive.
• **Allergies** (asthme, rhinite, eczéma) : réactions d'hypersensibilité à un agent biologique.
• **Cancers :** favorisés par les infections (ex : cancer du foie si la personne a eu une hépatite B ou C).

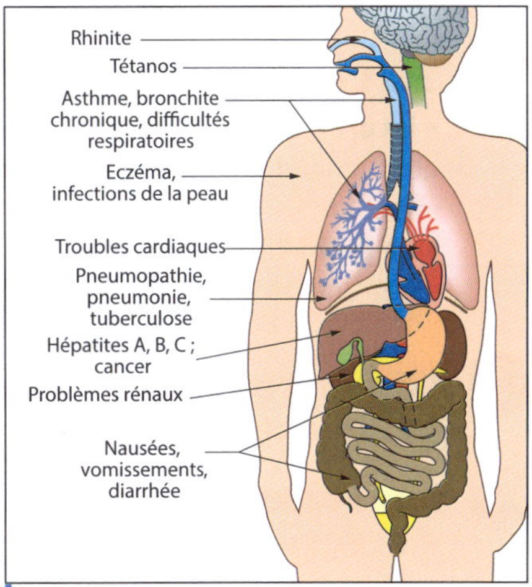


Les effets des agents biologiques.

## 2 L'analyse des risques liés aux agents biologiques

### 2.1. Le schéma d'apparition d'un dommage

• **Situation dangereuse :** exposition d'un salarié à un agent biologique présent dans son environnement de travail.
• **Danger :** micro-organisme pathogène (bactérie, moisissure, levure, protozoaire pouvant entraîner une infection), virus, parasite (vers) ou prion (ex : responsable de maladie de la vache folle). Ils peuvent être transmis au salarié par un homme, un animal ou par les liquides biologiques qu'ils produisent (ex : urine, sang, excréments).
• **Personne :** personnel de laboratoire, personnel médical ou de la petite enfance, agent d'entretien, d'assainissement ou tout travailleur en contact avec des animaux (éleveurs, personnel d'abattoir).
• **Événement dangereux :** contact entre une partie de corps et l'agent biologique.

SITUATION DE TRAVAIL
Mme R., agent de service hospitalier, collecte les déchets dans les chambres du service des maladies infectieuses et tropicales.

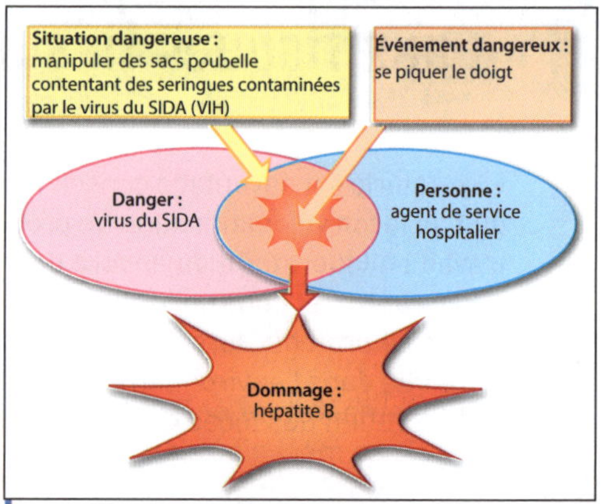

Schématisation du processus d'apparition d'un dommage.

### 2.2. L'estimation des risques

• **La gravité :** estimée des dommages varie en fonction de la classe à laquelle appartient l'agent biologique : de 1 à 4 par ordre croissant de risque de provoquer une infection.
• **La probabilité d'occurrence :** dépend de la durée et de la fréquence d'exposition à des agents biologiques pathogènes.

## 3 La suppression ou la réduction des risques liés aux agents biologiques

### 3.1. Prévention intrinsèque

• Nettoyage et désinfection des surfaces et matériels.
• Dératisation et désinsectisation des locaux.
• Automatisation de la tâche à risques infectieux.
• Mise à disposition de containers rigides pour les seringues usagées.
• Rotations du personnel.

### 3.2. Protection collective

• Séparation entre une partie des salariés et les agents biologiques, par des mesures de confinement adaptées au niveau de risques (ex : niveau 1, accès réglementé).

### 3.3. Protection individuelle

• Port d'EPI adapté (ex : gants spécifiques pour les infirmiers et aides-soignants).
• Vêtements et EPI adaptés au niveau de confinement pour les salariés devant travailler dans les locaux à risque infectieux.
• Suivi individuel renforcé pour les salariés exposés aux agents biologiques de groupes 3 et 4.
• Vaccination selon le type d'agent biologique (ex : contre l'hépatite B).

### 3.4. Formation/information

• Formation et information obligatoires avant tout travail en contact avec des agents biologiques, pour connaître les précautions à prendre pour limiter les expositions. Elle doit être renouvelée régulièrement.
• Panneau de signalisation spécifique à l'entrée des locaux à partir du niveau 2 de confinement.

Panneau de signalisation : risques biologiques.

Savoir 9

# L'approche par les risques, appliquée aux risques liés aux ambiances thermiques

LU ☐
SU ☐
REVU ☐

Les ambiances thermiques inadaptées, trop froides ou trop chaudes, ont une incidence sur le confort du salarié. Elles peuvent favoriser un accident du travail ou, à long terme, une maladie professionnelle.

## 1 Les risques liés aux ambiances thermiques inadaptées

• Si la température de l'environnement de travail du salarié est trop basse ou trop élevée, ses mécanismes de thermorégulation (maintien de la température corporelle à 37 °C) ne sont plus efficaces. La personne ressent de l'inconfort thermique qui peut entraîner des troubles sur la santé.

## 2 Les dommages occasionnés par les ambiances thermiques inadaptées

• **L'exposition à une ambiance thermique froide** peut conduire à :
– une hypothermie : baisse de la température corporelle en dessous de 35 °C.
Les premiers signes d'alerte sont :
– pâleur, refroidissement de la peau, frissons, fatigue ;
– des gelures : lésions au niveau de la peau des orteils, de la main et du visage ;
– une confusion puis perte de conscience, et mort par atteinte des organes vitaux ;
– des rhumatismes et problèmes respiratoires dans le cas d'expositions régulières ;
– un accident, puisque le froid diminue la vigilance et augmente la fatigue.
• **L'exposition à une ambiance thermique chaude** peut conduire à :
– une hyperthermie : élévation de la température corporelle au-delà de 38 °C, coup de chaleur qui peut entraîner une inconscience ;
– des problèmes circulatoires ou rénaux dans le cas d'expositions chroniques ;
– des coups de soleil et un cancer de la peau en cas d'expositions répétées au soleil.

## 3 L'analyse des risques liés aux ambiances thermiques inadaptées

### 3.1. Le schéma d'apparition d'un dommage

• **Situation dangereuse :** travail dans une ambiance chaude ou froide.
• **Danger :**
– ambiance chaude, rayons du soleil, source de chaleur (ex : four) ;
– ambiance froide, vêtements épais qui peuvent favoriser un accident en diminuant la dextérité lors du travail au froid.
• **Personne :** salarié qui travaille dehors (ouvrier du BTP, agriculteur), tout salarié qui travaille dans un local surchauffé ou près d'une source de chaleur, employé dans un entrepôt frigorifique ou dans une chambre froide.
• **Événement dangereux :** fréquence et/ou durée d'exposition, conditions climatiques extrêmes (canicule ou grand froid), incident technique de chauffage ou de climatisation.

SITUATION DE TRAVAIL

M. Rabière, maçon, coule du béton à l'aide d'une trémie métallique sur un chantier de construction d'un immeuble un jour de grand soleil de juillet, sans vent. Le thermomètre affiche 28 °C à l'ombre, l'humidité relative dépasse 70 %. Le chantier ayant du retard, M. Rabière travaille quatre heures sans prendre de pause.

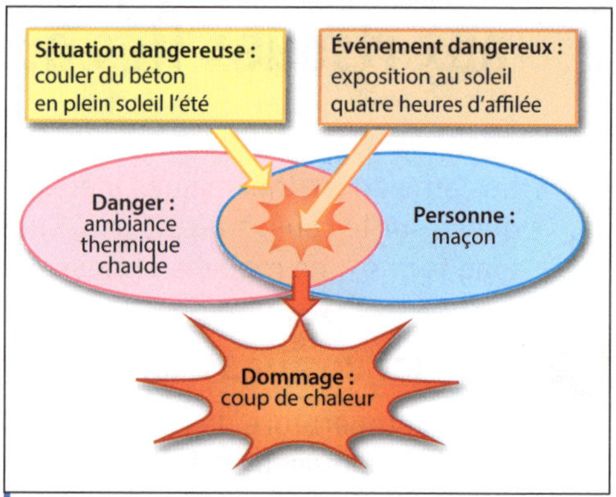


Schématisation du processus d'apparition d'un dommage.

### 3.2. L'estimation des risques

• **La probabilité d'occurrence** dépend de la fréquence et de la durée d'exposition.
• **La gravité** dépend des caractéristiques personnelles (âge, corpulence, condition physique, etc.), de la possibilité ou non de s'acclimater (de s'habituer), de la température ambiante, des mouvements d'air, de l'humidité et de la charge de travail physique.

## 4 La suppression ou la réduction des risques liés aux ambiances thermiques inadaptées

### 4.1. Prévention intrinsèque

• Automatisation des tâches en ambiance thermique extrême.
• Chariot chauffé : entrepôts frigorifiques.
• Exposition adaptée des locaux de travail (ex : atelier au nord pour éviter la surchauffe l'été).
• Rotations du personnel.
• Changement d'horaires de travail l'été (ex : commencer plus tôt).
• Climatisation et système de chauffage bien réglés.

### 4.2. Protection collective

• Isolation des sources chaudes ou froides.
• Isolation thermique des parois, de la toiture, des fenêtres (triple vitrage).
• Pose de stores ou de volets filtrants pour diminuer la chaleur à l'intérieur des locaux.

### 4.3. Protection individuelle

• Tenue professionnelle adaptée à la saison et à la température : protection de l'ensemble du corps, y compris la tête, l'été ; et superposition de plusieurs vêtements chauds, gants, chaussures fourrées, cagoule, etc., l'hiver ou en ambiance froide.
• Alimentation adaptée :
– ambiances chaudes : fruits, légumes et boissons non alcoolisées ;
– ambiances froides : boissons chaudes, aliments énergétiques.

### 4.4. Formation/Information

Formation pour les personnes travaillant dans les locaux réfrigérés pour adopter un comportement adapté.

Savoir

10

# L'approche par les risques, appliquée aux risques liés aux ambiances lumineuses

LU ☐
SU ☐
REVU ☐

La vision est le sens le plus sollicité dans toutes les activités professionnelles. Une ambiance lumineuse non adaptée entraîne un inconfort visuel, qui a des répercussions sur la qualité du travail et sur la santé. Elle peut favoriser indirectement un accident du travail.

## 1 Les risques liés aux ambiances lumineuses

• La plupart des salariés travaillent dans des lieux soumis à des changements de luminosité naturelle en fonction de la saison, de l'ensoleillement et des moments de la journée.
• L'éclairage artificiel complète ou remplace l'éclairage naturel mais il est parfois inadapté et source d'inconfort et de troubles sur la santé.

## 2 Les dommages occasionnés par une ambiance lumineuse inadaptée

• **Perturbation du rythme circadien** (alternance jour/nuit) : diminution de la notion du temps, et fatigue voire dépression en cas d'éclairage uniquement artificiel.
• **Fatigue visuelle :** en cas d'éclairage insuffisant, éblouissant, stroboscopique (changements rapides de niveau d'éclairage) ou en cas de travail prolongé sur écran. Les signes sont : maux de tête, sensation de brûlures aux yeux et vision qui se trouble.
• **Inflammation de la conjonctive et de la cornée :** en cas d'exposition même de courte durée à une lumière vive (ex : soudage à l'arc). Les signes sont : larmoiements, paupières rouges qui peuvent évoluer vers des lésions irréversibles de la rétine, de la conjonctive ou de la cornée.
• **Diminution de l'acuité visuelle** (capacité à discerner les détails) : du champ de vision, de la perception des couleurs.
• **TMS :** favorisés par une mauvaise posture adoptée lorsque l'éclairage est inadapté.
• Un éclairement insuffisant peut également favoriser les accidents du travail (ex : chute).

## 3 Analyse des risques liés aux ambiances lumineuses

### 3.1. Le schéma d'apparition d'un dommage

• **Situation dangereuse :** travailler dans un environnement insuffisamment éclairé ou éblouissant, travailler sur un écran ou assembler des pièces en soudant à l'arc électrique.
• **Danger :** ambiance lumineuse inadaptée : éclairement insuffisant, éblouissant, effets stroboscopiques, mauvais rendu des couleurs, contrastes de luminosité trop importants, rayons lumineux réfléchis sur un écran.
• **Personne :** salarié qui effectue un travail de précision, qui travaille sur écran, soudeur ; salarié privé de lumière naturelle : travail de nuit ou dans un local dépourvu de fenêtres, salarié exposé à la lumière du soleil ou à la réflexion de ses rayons (surveillant de baignade, moniteur de ski, etc.).
• **Événement dangereux :** fréquence et durée d'exposition, exposition de l'œil à une lumière vive et intense, réfléchissement de la lumière sur une surface.

SITUATION DE TRAVAIL

M. B., opérateur de saisie, 51 ans, entre des données sur ordinateur environ 6 h par jour, cinq jours par semaine depuis 20 ans.

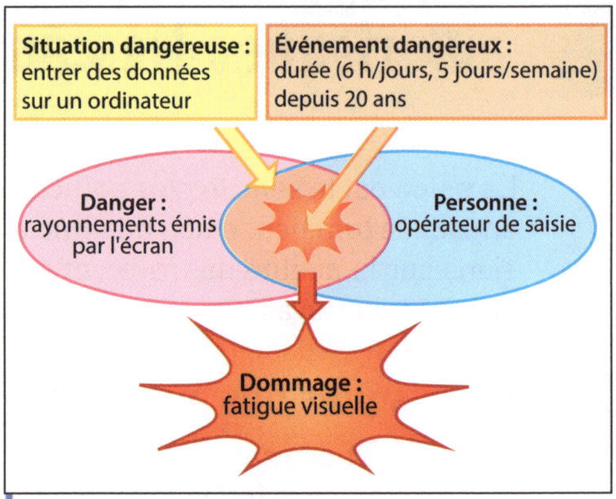


Schématisation du processus d'apparition d'un dommage.

### 3.2. L'estimation des risques

• **La probabilité :** d'occurrence qu'un accident se produise est difficile à établir pour les ambiances lumineuses, car le lien avec un défaut d'éclairage n'est pas évident. La fatigue visuelle est souvent très probable.

• **La gravité :** est faible en cas de fatigue visuelle, car après une période de repos, elle s'estompe ou disparaît. La gravité est importante dans le cas d'expositions accidentelles à une lumière vive, car elle peut entraîner une lésion irréversible de l'œil.

## 4 La suppression ou la réduction des risques liés aux ambiances lumineuses

### 4.1. Prévention intrinsèque

• Privilégier l'éclairage naturel en veillant à bien orienter les pièces par rapport au soleil, à prévoir des fenêtres en taille et nombre suffisants.

• Éclairage artificiel suffisant, bon rendu des couleurs, répartition homogène des sources lumineuses, dispositions qui évite les éblouissements (hors du champ de vision) et la réflexion sur des surfaces.

• Possibilité de faire des pauses ou de changer de tâche pour les travailleurs sur écran.

• Maintenance et entretien réguliers des dispositifs d'éclairage.

### 4.2. Protection collective

• Moyens occultant ou filtrants : stores, voilages, rideaux pour éviter l'éblouissement.

• Diffuseurs ou abat-jours sur les sources lumineuses.

### 4.3. Protection individuelle

• Port d'écran facial pour les activités de soudure à l'arc.

• Port de lunettes de soleil de protection 2 ou 3 pour les activités d'extérieur.

### 4.4. Formation, information

• Formation pour le travail sur écran.

• Affiches pour le soudage à l'arc : rappel du port des EPI.

• Accès aux commandes d'éclairage facilité par des voyants lumineux.

Savoir 11

# La gestion des situations d'urgence en cas d'accident

LU ☐
SU ☐
REVU ☐

Le secouriste est le premier maillon de la chaîne de secours. Il intervient le plus vite possible après l'accident pour éviter l'aggravation de l'état de la victime en attendant les secours. Les quatre principales actions du secouriste sont : protéger, examiner, faire alerter ou alerter, et secourir. Le secouriste remplit également un rôle d'acteur de prévention dans l'entreprise.

## 1 Protéger

- Analyser la situation.
- S'il n'y a pas de risque, supprimer ou faire supprimer le(s) danger(s).
- Si le danger ne peut être supprimé, l'isoler.
- En cas d'impossibilité de supprimer le danger, si la victime ne peut se déplacer, et en cas de nécessité absolue, effectuer un dégagement d'urgence.
- En cas d'impossibilité, continuer à isoler la zone dangereuse et alerter les secours.

## 2 Examiner

L'examen de la victime permet de prévoir les gestes à entreprendre et d'informer les secours de son état. Il suit un ordre déterminé par le niveau d'urgence.

- Chercher la présence de saignements abondants puis de signes d'étouffement, ensuite vérifier si la victime répond.
- Si la victime répond : elle peut se plaindre de malaises, de brûlures, d'une douleur empêchant certains mouvements, d'une plaie qui ne saigne pas abondamment.
- Si la victime ne répond pas : libérer les voies aériennes et contrôler la respiration.

## 3 Faire alerter ou alerter

L'alerte permet de transmettre aux secours les renseignements indispensables à l'organisation de leur intervention.

- Désigner si possible un témoin et lui transmettre le message à communiquer aux secours internes ou externes (le SAMU : 15, les pompiers : 18, le numéro européen : 112).
- Ce message comporte l'identité de l'appelant, le numéro d'appel, le lieu précis, l'origine de l'accident, le nombre et l'état des victimes, les gestes entrepris.
- S'assurer que l'alerte est bien donnée et organiser l'accueil des secours.

## 4 Secourir

Pratiquer ensuite les gestes adaptés puis protéger la victime du froid, des intempéries et surveiller son état jusqu'à l'arrivée des secours.

### 4.1. La victime saigne abondamment

- Demander à la victime de comprimer immédiatement l'endroit qui saigne ou, à défaut, comprimer soi-même.
- Allonger la victime, la couvrir, alerter et surveiller son état.
- Faire un pansement compressif si le secouriste doit se libérer.
- Si la compression d'un membre n'est pas efficace ou impossible, faire un garrot au dessus de la plaie.

## 4.2. La victime s'étouffe

En cas d'obstruction complète (aucun son) :
• donner une à cinq tapes dans le dos entre les omoplates ;
• en cas d'échec, comprimer l'abdomen (ou le thorax chez la victime enceinte ou obèse).

## 4.3. La victime se plaint de malaises

• Allonger la victime (sauf gêne respiratoire ou autre position prise spontanément par la victime).
• Rechercher les signes présents : transpiration, pâleur, difficultés respiratoires, paralysie, etc.
• Écouter, questionner la victime, demander un avis médical et surveiller l'état de la victime.

## 4.4. La victime se plaint de brûlures

• Arroser la surface brûlée (brûlure thermique, chimique ou électrique) à l'eau courante tempérée jusqu'à obtention d'un avis médical.

## 4.5. La victime se plaint d'une douleur empêchant certains mouvements

• La victime présente une douleur au cou à la suite d'un traumatisme : conseiller fermement de ne pas bouger et en particulier la tête et, si possible, maintenir la tête à deux mains dans la position où elle se trouve.
• La victime a reçu un coup sur la tête et présente une agitation ou prostration, des vomissements, ne se souvient plus de l'accident, des maux de tête, etc. L'allonger, faire alerter, ou alerter, et surveiller son état.
• La victime se plaint d'une douleur à un membre : conseiller fermement de ne pas le bouger, faire alerter ou alerter, suivre les indications des secours et surveiller son état.

## 4.6. La victime se plaint d'une plaie qui ne saigne pas abondamment

• Plaie grave au thorax ou à l'abdomen : position d'attente.
• Plaie à l'œil : position allongée sur le dos, yeux fermés et si possible maintenir la tête de la victime entre les deux mains.
• Membre sectionné : allonger la victime et conserver le membre au froid.
• Plaie simple : se laver les mains, mettre des gants, laver et désinfecter la plaie, la protéger avec un pansement.

## 4.7. La victime ne répond pas mais respire

• Placer la victime en PLS : position latérale de sécurité, et contrôler la respiration.

## 4.8. La victime ne répond pas et ne respire pas

• Après contrôle de l'absence de signes respiratoires pendant au moins 10 secondes, demander au témoin d'aller chercher un DAE : défibrillateur automatisé externe et passer l'alerte.
• Pratiquer la réanimation cardio-pulmonaire en attendant le DAE.
• Suivre les indications du DAE.

# Le cadre juridique de la prévention

LU ☐
SU ☐
REVU ☐

Chaque salarié est exposé à des risques professionnels, pouvant être à l'origine d'accidents du travail ou de maladies professionnelles. Des droits et des obligations pour prévenir ces risques sont inscrits dans la législation du travail. Ils s'appliquent à l'employeur et au salarié.

## 1 Les principes généraux de prévention

• L'employeur doit organiser la prévention pour garantir la sécurité et la santé des salariés au travail. Il est tenu de prendre des mesures selon les neuf principes généraux de prévention inscrits dans le Code du travail (article L. 4121-2), dont les principaux points sont présentés ci-dessous.

Illustration des neuf principes généraux de prévention.

## 2 Les obligations et les droits de l'employeur

• **Obligation de sécurité**, selon le Code du travail : « l'employeur prend les mesures nécessaires pour assurer la sécurité et protéger la santé physique et mentale des travailleurs ».
• **Obligation de résultat :** la responsabilité de l'employeur peut être engagée même en l'absence de faute.
• **Obligation de former :** le salarié nouvellement embauché.
• **Droit de sanctionner :** le salarié en cas de non-respect des règles de sécurité et d'hygiène inscrites dans le règlement intérieur (obligatoire à partir de 20 salariés).

## 3 Les obligations et les droits du salarié

• **Obligation de sécurité** mais pas de résultat. Selon le Code du travail, il doit veiller, en fonction de sa formation et de ses capacités, à sa sécurité, à sa santé, ainsi qu'à celles de ses collègues concernés par son activité.

• **Respect des consignes :** données par son employeur dans les conditions prévues dans le règlement intérieur, s'il existe.
Toute faute du salarié, dans le domaine de l'hygiène ou de la sécurité, peut entraîner une diminution de l'indemnisation en cas d'accident du travail ou de maladie professionnelle, et des sanctions disciplinaires et pénales.
• **Droit de retrait :** c'est-à-dire de cesser le travail en cas de danger grave et imminent à condition de prévenir l'employeur.

## 4 Le document unique

• Le Document Unique (DU) est un dossier qui rassemble les résultats des différentes évaluations des risques professionnels. L'employeur est responsable de la rédaction du Document Unique qui est obligatoire ; mais il peut se faire aider des différents acteurs de prévention de l'entreprise (référent SST : Sécurité et Santé au Travail, membres du CHSCT, médecin du travail, organismes de prévention, etc). Le DU comprend notamment l'inventaire des dangers et les mesures à mettre en place.
• Le Document Unique doit être mis à jour au moins une fois par an, et à l'occasion d'aménagements modifiant les conditions de sécurité.
• Il est tenu à disposition des membres du CHSCT, des délégués du personnel, des salariés, du Service de Santé au Travail, de l'inspecteur du travail, des ingénieurs conseil et contrôleurs de la CARSAT (Caisse d'Assurance Retraite et de la Santé au Travail).

### GRILLE D'ÉVALUATION

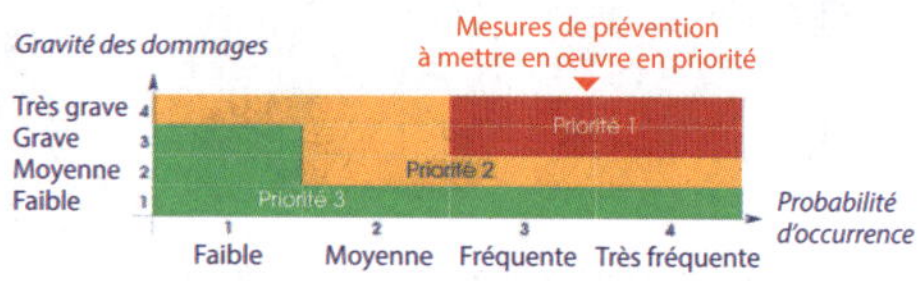


Unité de travail : *Service d'aide à domicile*

Date : *27/06/2017*

Nombre de salariés : *40*

| Description de l'activité | Situation dangereuse | Danger | Événement dangereux | Dommages éventuels | Estimation du risque | | Niveau de priorité | Mesures de prévention | |
|---|---|---|---|---|---|---|---|---|---|
| | | | | | gravité | probabilité d'occurrence | | Existantes | À mettre en place |
| L'aide à domicile assiste une personne âgée dépendante dans sa vie quotidienne. | Soulever une personne âgée. | Masse de la personne. | Fréquence élevée : plusieurs fois par jour. | Lombalgie, hernie discale. | 3 | 3 | 1 | En cas de besoin intervention en binôme. | Aides techniques : achat d'un monte-escalier portatif. Formation PRAP 2S*. |

* *Prévention des Risques liés à l'Activité Physique en secteur Sanitaire et Social.*

Source : d'après CARSAT des Pays de la Loire.

**Exemple de grille d'évaluation du Document Unique.**

# Les acteurs de prévention dans l'entreprise

LU ☐
SU ☐
REVU ☐

Si chaque salarié a un rôle à jouer dans la prévention des accidents du travail et des maladies professionnelles, certaines personnes sont identifiées comme acteurs de prévention, ce qui permet à tout salarié de les alerter.

## 1 Les délégués du personnel

• L'élection des Délégués du Personnel (DP) est obligatoire dans les entreprises d'au moins 11 salariés. Les DP représentent les salariés auprès de l'employeur en transmettant leurs réclamations individuelles et collectives, en matière d'application de la réglementation du travail : hygiène, sécurité, etc.
• Ils exercent les missions du CHSCT, si l'entreprise n'en possède pas.

## 2 Le SST : Sauveteur Secouriste du Travail

• Le SST intervient à la suite d'un accident du travail en portant secours aux victimes.
• Il agit en amont pour prévenir les accidents du travail et les maladies professionnelles, en intervenant sur les situations dangereuses sur son lieu de travail, en respectant les procédures de l'entreprise.

## 3 Le Comité d'Hygiène de Sécurité et des Conditions de Travail : CHSCT

• Obligatoire dans les entreprises d'au moins 50 salariés, le CHSCT a pour mission de protéger la santé du salarié et de garantir sa sécurité. Pour cela :
– il participe à l'analyse des conditions de travail et des risques professionnels, à l'amélioration des conditions de travail ;
– il propose des mesures d'amélioration des conditions de travail et de prévention ;
– il enquête en cas d'accident du travail ou de maladie professionnelle.

## 4 Le référent SST : Santé et Sécurité au Travail

• Il est désigné par l'employeur quelle que soit la taille de l'entreprise. Ses missions sont :
– assister l'employeur pour planifier, organiser et assurer le suivi des actions de prévention prévues dans le Document Unique ;
– sensibiliser le personnel à la prévention.

Savoir

14

# Les organismes de prévention

LU ☐
SU ☐
REVU ☐

La connaissance des organismes de prévention par les acteurs de prévention de l'entreprise leur permet de faire appel à des personnes compétentes, pour les aider à améliorer la santé et la sécurité du salarié.

## 1 Les organismes dépendant de la Sécurité sociale

• **Caisse d'Assurance Retraite et de la Santé au Travail** (CARSAT) : donner des conseils dans l'évaluation des risques professionnels et la mise en place des actions de prévention, par l'intermédiaire d'ingénieurs conseil et de contrôleurs de sécurité.
• **Institut National de Recherche et de Sécurité** (INRS) : association qui propose une aide technique, réalise des études et des recherches pour améliorer la santé et la sécurité au travail. L'INRS organise des formations et élabore des ressources documentaires pour les salariés et les employeurs.

## 2 Les organismes dépendant du ministère du Travail

• **L'Agence Nationale pour l'Amélioration des Conditions de Travail** (ANACT) : aide les entreprises à améliorer leur compétitivité tout en améliorant les conditions de travail des salariés.
• **L'inspection du travail :** vérifie le respect de la réglementation du travail, conseille et informe les employeurs, les salariés et leurs représentants. L'inspecteur du travail participe aux réunions de CHSCT. Il peut être saisi par les délégués du personnel en cas de non-respect de la réglementation.

## 3 Les organismes accrédités

• Une entreprise doit faire appel à un organisme accrédité pour effectuer les contrôles imposés par l'inspection du travail dans le domaine de la santé et la sécurité. Ces contrôles sont confiés à des experts qui établissent un rapport qui complète l'analyse des risques.

## 4 Les organismes professionnels

• Des organismes spécifiques à certaines branches professionnelles, où les risques sont particulièrement importants (ex : OPPBTP), conseillent les entreprises au niveau de la sécurité, de l'hygiène, de la santé et de l'amélioration des conditions de travail. Ils proposent des formations, des outils d'information (affiches, brochures, etc.) pour employeurs et salariés.

## 5 Les Services de Santé au Travail

• Les Services de Santé au Travail, animés par le médecin du travail, assurent la surveillance médicale du salarié et conseillent l'employeur pour améliorer les conditions de travail, proposer des actions de formation, choisir des produits moins nocifs pour la santé, etc.

Savoir 15

# Les accidents du travail et les maladies professionnelles

LU ☐
SU ☐
REVU ☐

Chaque année de nombreux accidents du travail et maladies professionnelles sont déclarés. Ils ont des conséquences financières et humaines lourdes. Il est important de connaître les démarches permettant d'être indemnisé.

## 1 Définitions de l'accident du travail et de la maladie professionnelle

### 1.1. L'accident du travail (AT)

• Est considéré comme accident du travail un accident survenu par le fait ou à l'occasion du travail, quelle qu'en soit la cause.
• Le fait accidentel, soudain, doit être à l'origine d'une lésion corporelle ou psychique.

### 1.2. La maladie professionnelle (MP)

• Une maladie est dite professionnelle si elle est la conséquence directe de l'exposition plus ou moins prolongée d'un travailleur à un risque présent lors de l'exercice habituel de sa profession.
• Les maladies professionnelles qui peuvent être indemnisées sont inscrites dans des tableaux comportant les conditions à remplir : délai de prise en charge, durée d'exposition et travaux suceptibles de provoquer ces maladies.

| DÉSIGNATION DES MALADIES | DÉLAI DE PRISE EN CHARGE | LISTE INDICATIVE DES PRINCIPAUX TRAVAUX SUSCEPTIBLES DE PROVOQUER CES MALADIES |
| --- | --- | --- |
| Sidérose : pneumopathie interstitielle chronique par surcharge de particules de fer ou d'oxydes de fer, révélée par des opacités punctiformes diffuses sur des documents radiographiques ou tomodensitométriques ou par des constatations anatomopathologiques lorsqu'elles existent, ces signes ou constatations s'accompagnant ou non de troubles fonctionnels respiratoires. | 35 ans (sous réserve d'une durée d'exposition de 10 ans) | Travaux exposant à l'inhalation de poussières minérales ou de fumées, contenant des particules de fer ou d'oxydes de fer, notamment :<br>– extraction, broyage, concassage et traitement des minerais de fer et de l'ocre ;<br>– polissage avec des abrasifs à base d'oxydes de fer ;<br>– soudoure à l'arc des aciers doux. |
| Manifestation pathologique associée : emphysème. | | |

Affections consécutives à l'inhalation de poussières minérales ou de fumées, contenant des particules de fer ou d'oxydes de fer.

*Source :* DILA Légifrance, 22 mars 2005, www.legifrance.fr

**Exemple de tableau de maladie professionnelle : 44 bis.**

## 2 Les coûts humains et financiers

### 2.1. Coût financier d'un accident du travail et d'une maladie professionnelle

• **Coût direct :** ce sont les cotisations obligatoires payées par l'entreprise à la Sécurité sociale pour réparer les dommages subis par la victime : frais médicaux, de rééducation, hospitalisation, compensation du salaire.
• **Coût indirect :** ce sont les frais supportés par l'entreprise : remplacement du salarié blessé et du matériel détérioré, baisse de rendement, de motivation, retard de livraison et perte de clients.

### 2.2. Coût humain

• Souffrance physique et psychique difficile à quantifier, liée à l'altération de la santé, à l'incapacité permanente totale (IPT) de travailler, ou à la nécessité de changer de travail en cas d'incapacité permanente partielle (IPP), (ex : amputation d'un membre).

## 3 Procédures de déclaration

La victime d'un accident du travail ou d'une maladie professionnelle peut percevoir des prestations, à condition d'avoir réalisé les démarches en temps voulu.

### 3.1. Démarches en cas d'accident du travail

• La victime doit prévenir l'employeur dans un délai de 24 h. Elle doit également faire établir par un médecin un certificat initial indiquant son état et les conséquences de l'accident.
• En cas d'arrêt de travail, la victime adresse le certificat d'arrêt de travail (4e volet du certificat initial) à son employeur.
• L'employeur déclare l'accident à la caisse d'assurance maladie dont dépend la victime. Il lui remet une feuille d'accident lui permettant de ne pas faire l'avance des frais médiaux.
• En cas d'arrêt de travail, l'employeur joint une attestation de salaire qui permet le versement des indemnités journalières au salarié en remplacement du salaire.

### 3.2. Démarches en cas de maladie professionnelle

Afin d'obtenir la reconnaissance d'une maladie professionnel, c'est au salarié de faire la déclaration auprès de sa caisse d'assurance maladie.
• Il doit faire établir par un médecin un certificat médical initial. Il envoie le 4e volet de ce certificat à l'employeur en cas d'arrêt de travail.
• Il complète le formulaire de déclaration de maladie professionnelle (site internet : ameli.fr) et l'envoie, accompagné des deux premiers volets du certificat médical initial délivré par le médecin et, si besoin, de l'attestation de salaire remise par l'employeur. Il conserve le 3e volet.

## 4 L'indemnisation de la victime

• Si les démarches sont effectuées dans les délais prévus, le salarié peut bénéficier de prestations de deux types :
– les **prestations en nature**, qui permettent à la victime de bénéficier de la gratuité des soins : pharmacie, médecin, hôpital, rééducation, etc.
– les **prestations en espèces**, qui comprennent les indemnités journalières et le versement d'un capital (somme d'argent payée en une seule fois) ou d'une rente (somme versée périodiquement).

## 5 Les conséquences juridiques de l'accident du travail et de la maladie professionnelle

• La **responsabilité civile** de l'employeur consiste à compenser les dommages subis par la victime en l'indemnisant.
• La **responsabilité pénale** permet de sanctionner l'employeur en cas d'infraction aux règles de santé et sécurité au travail.

# Les risques liés aux produits, aux émissions et aux déchets

LU ☐
SU ☐
REVU ☐

Les salariés sont exposés aux risques liés aux produits, aux émissions et aux déchets (risques chimiques) sans qu'ils en soient toujours conscients. L'utilisation des produits chimiques est à l'origine d'incendies ou d'explosions, d'accidents ou de maladies professionnelles.

## 1 Les dommages occasionnés par les produits chimiques

• Les produits chimiques occasionnent des dommages par contact direct (avec la peau ou les muqueuses) ou sans contact par inhalation des poussières (ex : poussières de bois) ou de vapeurs (ex : solvant). Ils ont des effets immédiats ou à court terme (accidents), à moyen ou long terme (maladie professionnelle).

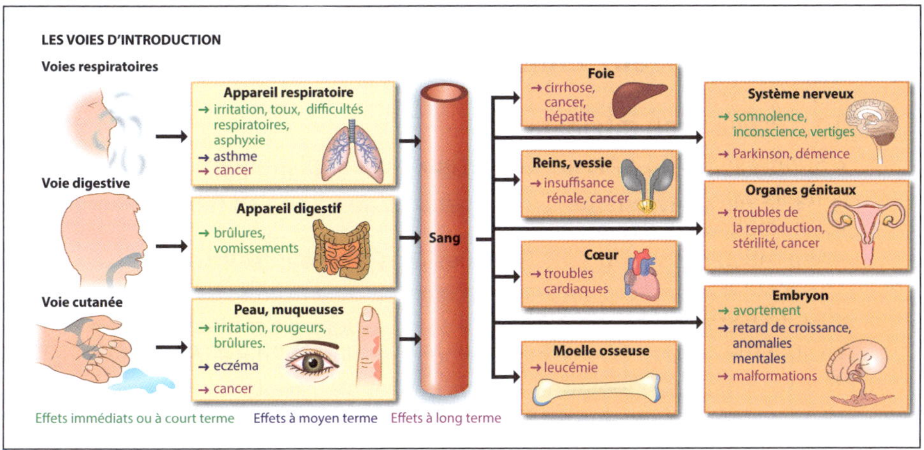


Voies d'introduction des produits et effets.

## 2 L'approche par les risques appliquée aux risques liés aux produits, aux émissions et aux déchets

### Le schéma d'apparition d'un dommage

• **Situation dangereuse :** utilisation occasionnelle ou habituelle d'un produit dangereux, ou travail dans un environnement contenant des vapeurs de produits, des poussières de bois ou de farine.
• **Danger :** produit ou ses émissions (vapeur, poussières, etc). Les produits CMR (Cancérigènes, Mutagènes et Reprotoxiques), sont les plus dangereux, surtout ceux des classes 1 et 2.
• **Personne :** salarié qui fabrique un produit (ex : peinture), qui l'utilise (peintre, agent d'entretien ou employé du BTP, etc.) ou qui travaille dans un environnement en contenant (ex : secrétaire qui inhale des vapeurs de solvant contenues dans un produit d'entretien).
• **Événement dangereux :** contact de la peau ou de muqueuses avec un produit renversé, inhalation de poussières, vapeurs, fréquence et/ou durée d'exposition (en cas de risque de maladie professionnelle).

SITUATION DE TRAVAIL

Mme F. est agent de pressing depuis 20 ans. Elle est chargée de détacher une dizaine de vêtements à sec avec un solvant chloré : le perchloroéthylène.

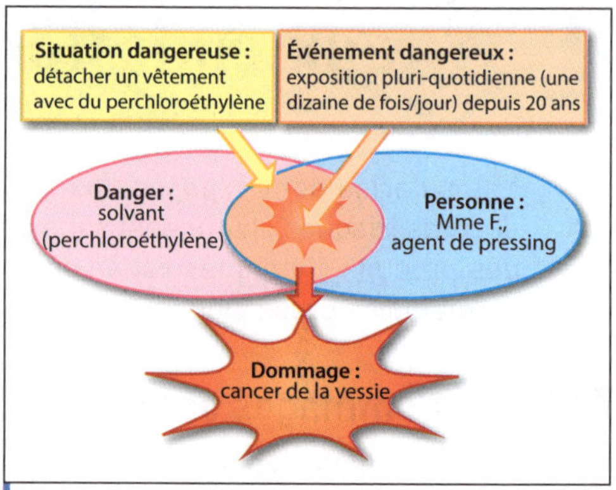


Schématisation du processus d'apparition d'un dommage.

## 3 La suppression ou la réduction des risques liés aux produits, aux émissions et aux déchets

### 3.1. Prévention intrinsèque

- Suppression du produit dangereux ou remplacement par un produit moins dangereux.
- Automatisation des tâches.
- Aspiration des vapeurs ou de poussières à la source.

### 3.2. Protection collective

- Ventilation générale, qui diminue la concentration des polluants dans l'air des locaux.

### 3.3. Protection individuelle

- Port des EPI (gants, masques, etc.) adaptés aux agents chimiques.
- Respect des mesures d'hygiène : lavage des mains après utilisation d'un produit, changement de vêtements et douche en fin de poste.
- Suivi individuel renforcé (exposition aux produits CMR des classes 1 ou 2).

### 3.4. Formation/information

- **Affiches d'informations** des dangers, **fiches de poste** qui présente les dangers et les moyens de s'en protéger au poste de travail.
- Consultation des fiches de données de sécurité qui indiquent les précautions à prendre pour utiliser, stocker le produit, et la conduite à tenir en cas d'accident.

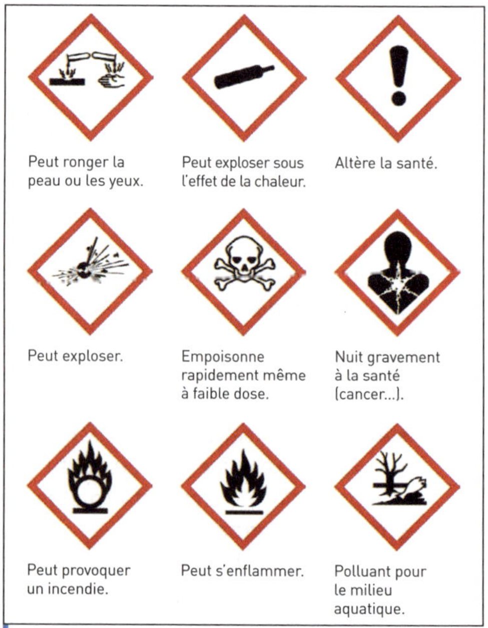


Les pictogrammes de danger.

# Les risques liés à l'activité physique

LU ☐
SU ☐
REVU ☐

Tout travail nécessite une activité physique. Les atteintes de l'appareil locomoteur principalement dues à l'activité physique représentent la moitié des accidents du travail. Les TMS sont les premières causes de maladies professionnelles.

## 1 L'activité physique

### 1.1. Activité physique dynamique

• Ce type d'activité physique est le moins contraignant pour l'organisme si l'effort est modéré. Cette activité alterne contractions et relâchements du muscle, ce qui permet de réapprovisionner en dioxygène et glucose et d'évacuer par le sang le dioxyde de carbone et les déchets.

### 1.2. Activité physique statique

• Elle nécessite une contraction prolongée des muscles pour maintenir une posture (bras levés, tête en extension ou en flexion, etc.), appelée tétanisation. Le glucose et le dioxygène consommés ne sont pas renouvelés, le dioxyde de carbone et les déchets s'accumulent entraînant fatigue et douleur.

## 2 Les TMS : troubles musculo-squelettiques

• Ils sont appelés également **affections périarticulaires** et concernent l'appareil locomoteur : les articulations, les muscles des membres et de la colonne vertébrale et parfois les nerfs. Le plus connu des TMS est le syndrome du canal carpien qui affecte l'articulation du poignet.
• Les TMS sont des maladies multifactorielles, leur apparition est favorisée par :
– des facteurs individuels : âge, état de santé, sexe, corpulence ;
– des facteurs biomécaniques : gestes répétitifs, travail statique, sur-sollicitation des disques intervertébraux de la colonne vertébrale et des autres articulations, etc ;
– des facteurs psychosociaux : stress, problèmes d'organisation, cadence, mauvaise ambiance, etc ;
– des facteurs aggravants : ambiance thermique froide, utilisation d'engins ou outils vibrants.

## 3 Les troubles de la colonne vertébrale

• La colonne vertébrale est composée de 32 à 34 vertèbres, séparées entre elles par un disque intervertébral.
• Elle comprend quatre zones :
– la zone cervicale (au niveau du cou), très sollicitée lors de mouvements de la tête, du travail sur écran ou de précision ;
– la zone thoracique, peu mobile ;
– la zone lombaire soumise à des efforts importants lors de mouvements du corps (flexion avant, etc.) et des ports de charges ;
– la zone sacrée qui supporte la totalité du corps.

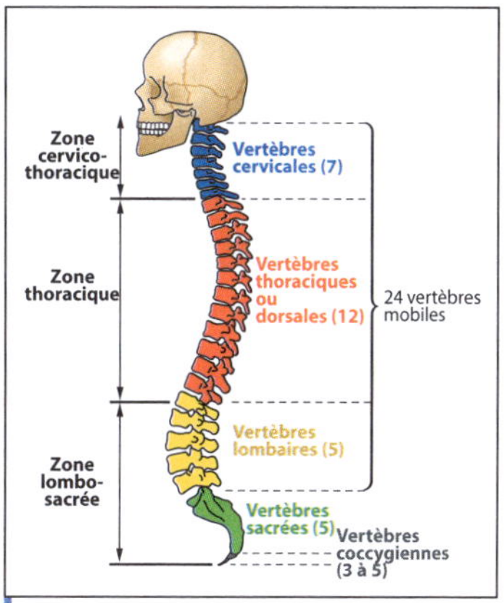


La colonne vertébrale.

• La répétition des postures inadaptées impose au disque intervertébral des contraintes trop importantes. Elle conduit au lumbago ou à une détérioration progressive du disque, responsable de lombalgie, de sciatique ou d'hernie discale.

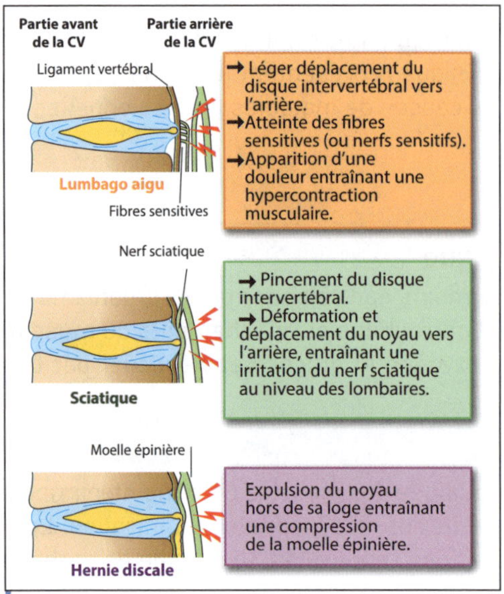


Les atteintes du disque intervertébral.

## 4 Les mesures de prévention des risques liés à l'activité physique

### 4.1. Prévention intrinsèque

• Automatisation des tâches contraignantes et du port de charge, aides techniques (chariots, etc).
• Diversification des activités.
• Plans de travail et matériel à hauteur réglable.
• Remplacement du travail statique par le travail dynamique.
• Organisation du travail diminuant les gestes contraignants et répétitifs.

### 4.2. Protection individuelle

• Port d'EPI : gants de manutention, genouillères, chaussures de sécurité.

### 4.3. Formation/information

• Formation PRAP : Prévention des Risques liés à l'Activité Physique.
• Affichage des consignes de prévention des TMS : postures, utilisation d'aides techniques, etc.
• Exercices d'échauffement proposés par l'entreprise.

# La charge mentale

LU ☐
SU ☐
REVU ☐

La charge mentale perçue par le salarié est de plus en plus importante. Elle est élevée dans les activités qui nécessitent de la concentration, de la mémorisation, de la réflexion et de l'organisation. Elle peut conduire au stress.

## 1 Les différentes catégories de charges mentales

• **Charge mentale affective :** attachement aux autres, notamment envers des personnes dont le salarié a la charge (ex : malade, personne âgée, etc.).
• **Charge mentale psychologique :** liée au management (gestion, organisation), elle dépend de la pression exercée par la hiérarchie.

## 2 Les risques psychosociaux

Des objectifs trop ambitieux imposés aux salariés, des clients exigeants, une mauvaise ambiance entre collègues, des tensions avec la hiérarchie, des temps de transports importants, une organisation souvent remise en cause, sont source de risques psychosociaux. Les problèmes psychosociaux entraînent du stress, une souffrance et un mal-être au travail qui peuvent se répercuter sur la vie familiale. Ils englobent les violences verbales et physiques, et toutes formes de harcèlement.

## 3 Les facteurs de stress

Le stress est ressenti par un salarié lorsque ses possibilités lui semblent inférieures aux exigences imposées par son travail, que la charge mentale est trop importante pour lui. Le stress varie suivant :
– les facteurs individuels : âge, état de santé, sexe, motivation au travail, souci du travail bien fait, vécu personnel et familial ; la vulnérabilité au stress est plus importante pour les femmes et augmente avec l'âge ;
– les facteurs professionnels : organisation du travail, satisfaction des exigences personnelles, aspect relationnel, type de travail confié, moyens mis à disposition, facteurs physiques (bruit, ambiance thermique) et économiques (état financier de l'entreprise).

## 4 Les mécanismes de réponse à une situation stressante

• Lorsque l'organisme est soumis à une situation stressante, il met en place des réactions lui permettant dans un premier temps d'y faire face (**phase d'alarme et de résistance**).

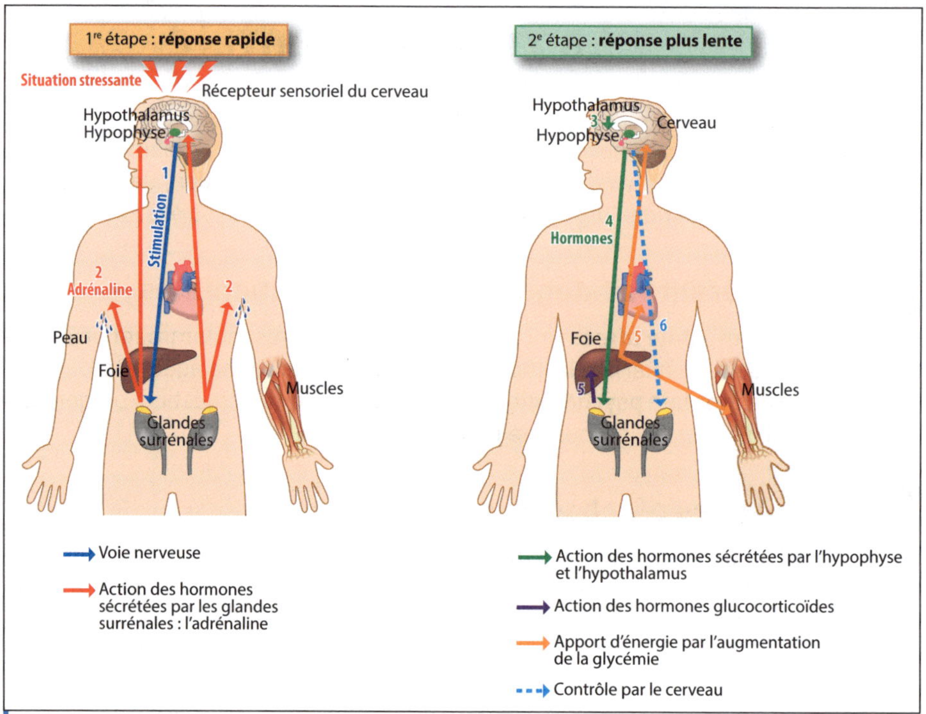


**Les mécanismes de réactions à une situation stressante.**

• Si la situation se prolonge trop, les mécanismes de régulation sont débordés et l'organisme rentre dans une troisième phase : **la phase d'épuisement**. C'est le stade de stress chronique. Le cerveau ne contrôle plus la sécrétion d'hormones gluco-corticoïdes, leur taux augmente de plus en plus en provoquant des déséquilibres graves.

## 5 Les effets du stress sur la santé

• Le **stress positif** ou ponctuel, est utile parce qu'il nous permet de réagir rapidement et efficacement face à un danger.
• Le **stress négatif** ou chronique, est l'état du mal-être du salarié soumis à une situation stressante durable.
• Les symptômes qui doivent alerter le salarié stressé et son entourage sont de l'agressivité, un manque de patience, des larmes sans raison apparente, de la fatigue et des troubles du sommeil, une baisse de la mémoire et de la motivation, une diminution de l'attention et des initiatives. Pour essayer de tenir, le salarié a souvent recours à une consommation trop importante d'alcool, de tabac, de café, de tranquillisants ou de drogues.
• Lorsque le stress chronique persiste, les effets sont irréversibles. Le salarié se sent épuisé, on parle de *burnout*. Il peut développer des maladies graves : troubles cardio-vasculaires ou digestifs, diabète, allergies. Il perd confiance en lui, son mal-être se répercute sur sa vie personnelle. Une dépression grave peut s'installer, pouvant conduire au suicide.
• Le stress favorise l'apparition des TMS (tendinites, problèmes de colonne vertébrale, etc.).

Savoir
19

# L'approche par le travail, appliquée à la charge mentale

LU ☐
SU ☐
REVU ☐

L'approche par le travail, aussi appelée démarche ergonomique, est une analyse a priori des risques, elle complète l'approche par les risques. Elle prend en compte l'ensemble des facteurs de risques et prévient les atteintes à la santé à long terme, elle est donc plus adaptée pour analyser les risques liés à la charge mentale.

## 1 Étape 1 : identification du problème ergonomique

• Le problème ergonomique est souvent exprimé par des plaintes des salariés et de l'employeur. Les questions suivantes permettent de mieux cerner le problème :
*Par qui le problème est-il exprimé ?*
*Quels sont les autres effets sur le salarié et l'entreprise ? Le problème posé est-il un vrai problème ?*

## 2 Étape 2 : analyse de la situation de travail

• Recueil de données : observation du salarié à son poste de travail et questionnement pour déduire les facteurs qui influencent son travail : **déterminants Homme** et **déterminants entreprise**.
• Différenciation entre le **travail prescrit** (tâches que le salarié doit accomplir) et le **travail réel** comprenant les tâches et activité réelles.
Les éléments de la situation de travail sont inscrits dans un **schéma de compréhension**.

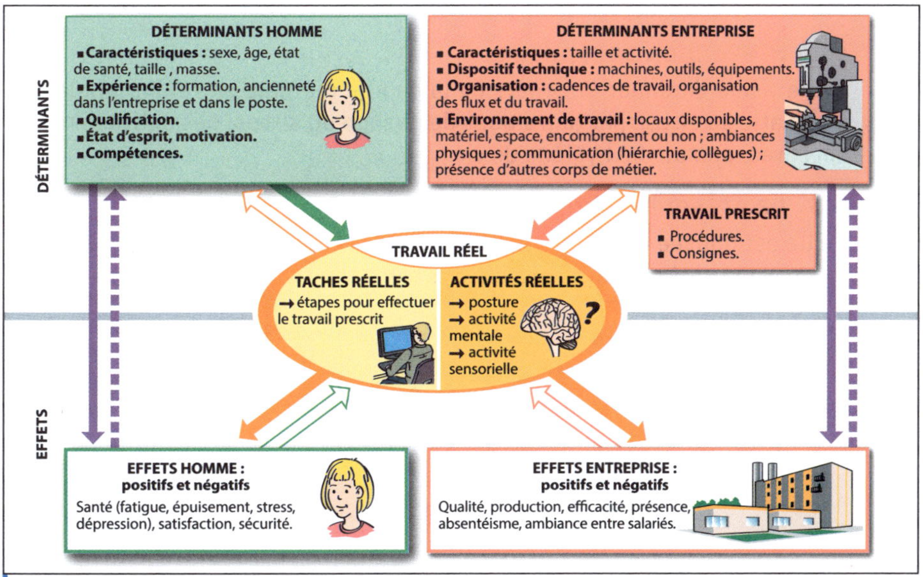


Le schéma de compréhension appliqué à la charge mentale.

## 3 Étape 3 : formulation des hypothèses

• Le schéma de compréhension est utilisé pour établir des liens de causes à effets entre déterminants, travail réel et effets.
• L'hypothèse est rédigée de la façon suivante :
***Il semble que*** *... (déterminant Homme ou entreprise)* ***conduise ...*** *(l'opérateur)* ***à*** *... (tâche ou activité réelle),* ***ce qui engendre*** *... (effet Homme ou entreprise).*

## 4 Étape 4 : validation des hypothèses

• Cette étape consiste à vérifier si l'hypothèse est valable à partir de nouvelles observations et de mesures : statistiques, postures, déplacements, efforts, photos, chronogrammes (observations chronométrées), films, etc.
• Si l'hypothèse est validée : passer à l'étape 5 : proposition de solutions.
• Si l'hypothèse n'est pas validée : recherche d'autres hypothèses.

## 5 Étape 5 : proposition de solutions pour diminuer la charge mentale

### 5.1. Prévention primaire

• Elle doit être privilégiée parce qu'elle est plus efficace. Elle vise à supprimer les facteurs renforçant la charge mentale par :
– une modification de l'organisation du travail et de la gestion du personnel ;
– une meilleure reconnaissance du travail effectué ;
– une participation des salariés dans les décisions (ex : boîte à idées) ;
– une amélioration de la communication entre les salariés et la direction.

### 5.2. Prévention secondaire

• Elle vise à diminuer les effets de la charge mentale en renforçant la résistance du salarié au stress par des stages de gestion du stress, des activités relaxantes et sportives, une bonne hygiène de vie.

### 5.3. La prévention tertiaire

• Elle est utilisée en dernier recours pour prendre en charge le salarié au niveau médical et psychologique, dès les premiers signes de souffrance.

Savoir

20

# L'approche par l'accident

LU ☐
SU ☐
REVU ☐

L'approche par l'accident ou « méthode de l'arbre des causes » est une démarche d'analyse des risques professionnels *a posteriori*. Elle retrace de façon chronologique le déroulement d'un accident, d'un presqu'accident ou d'un incident, puis en recherche les causes afin d'éviter un événement similaire.

## 1 Le recueil des faits

• Enquête après l'accident et sur le lieu de l'accident.
• Recherche des faits ayant conduit à l'accident. Un fait est vérifiable, vu, lu ou entendu et non contestable, contrairement à un jugement ou à une opinion.
• Les faits concernent l'individu, la tâche, le matériel et le milieu (I T Ma Mi).

## 2 La construction de l'arbre des causes

L'arbre des causes est une représentation graphique retraçant chronologiquement les faits jusqu'à l'accident.
• À partir du fait ultime (accident, incident ou presqu'accident), rechercher les faits antérieurs en se posant les questions : *Qu'a-t-il fallu pour que ce fait apparaisse ? A-t-il fallu autre chose ?* Puis procéder de même pour chaque fait recueilli lors de l'enquête.
• Construction de l'arbre des causes de droite à gauche en remontant progressivement aux faits antérieurs. Chaque fait est inscrit dans un cercle. Le lien entre un fait et le ou les fait(s) antérieur(s) est représenté par une flèche ou une arborisation plus ou moins complexe s'il y a plusieurs faits.

**Un fait ultime / deux faits antérieurs**

- **Récit de l'accident :**
  comme la victime s'est renversé du produit sur la main et que le produit était corrosif, elle a eu la main brûlée.

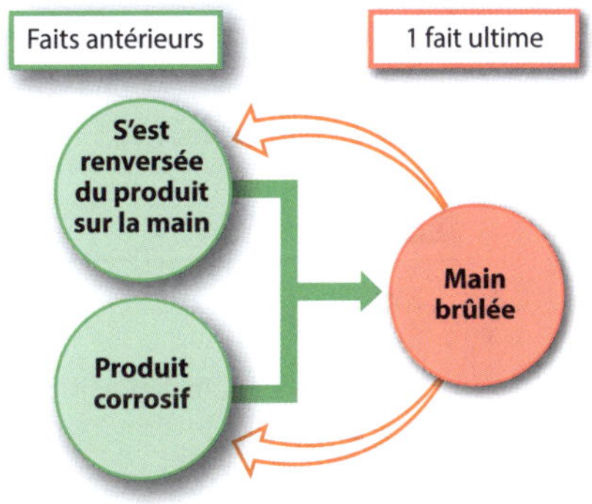


- **Qu'a-t-il fallu pour que la victime se brûle à la main ?**
  → Renversement du produit sur la main
- **A-t-il fallu autre chose pour qu'elle se brûle ?**
  → Oui : produit corrosif

Un exemple de construction d'arbres des causes.

## 3 La mise en œuvre de la prévention de ce type d'accident

• Rechercher comment supprimer chaque fait, empêcher qu'il se reproduise et éviter les dommages. Choisir les mesures qui seront inscrites dans le **plan d'action**.
• Privilégier les mesures les plus éloignées du fait ultime parce que leur portée est plus importante : un fait supprimé élimine tous les facteurs d'accident qui en découlent.

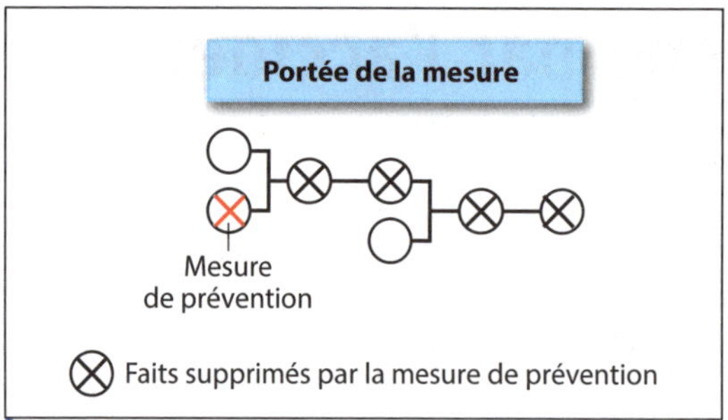


**Illustration de la portée importante d'une mesure de prévention éloignée du fait ultime.**

## 4 L'élargissement de la prévention aux facteurs potentiels d'accidents

• Certains faits ou familles de faits ayant conduit à l'accident analysé se retrouvent dans d'autres situations de travail. Pour rechercher les facteurs potentiels d'accidents (FPA), on recherche la famille de facteurs de risques à laquelle appartiennent un ou plusieurs faits. On peut classer les facteurs d'accidents en s'aidant de l'outil d'analyse : ITMaMi.

| OUTIL ITMaMi | | FPA : FACTEURS POTENTIELS D'ACCIDENTS |
|---|---|---|
|  | Individu | Manque d'expérience, manque de formation, absence d'habilitation, méconnaissance des règles de sécurité, etc. |
|  | Tâche/activité | Tâches multiples, contraintes physiques, contraintes de productivité, procédure inadaptée, incidents fréquents, tâche inhabituelle, etc. |
|  | Matériel | Outils, machines défectueux ou inadaptés, pannes de matériels, protections sur les machines insuffisantes, détournement de l'usage d'un outil, etc. |
|  | Milieu | Environnement physique et/ relationnel : co-activité, manque de panneaux de signalisation, ambiance thermique inadaptée, sol encombré, etc. |

• La recherche des facteurs potentiels d'accidents rejoint les démarches d'analyse *a priori* des risques (approche par les risques et approche par le travail) puisqu'elle a pour but d'élargir la prévention à d'autres situations. Elle alimente le Document Unique.

## Révision de notions de Seconde

### Exercice 1

### Rythmes biologiques et rythmes sociaux

**Indiquer pour chaque affirmation si elle est vraie ou fausse.**

**a)** Les rythmes biologiques sont contrôlés par une horloge interne et varient en fonction de synchroniseurs externes. ☐ Vrai ☐ Faux

**b)** Le rythme biologique circadien a une durée de 12 heures. ☐ Vrai ☐ Faux

**c)** Le taux de mélatonine est élevé la journée, baisse légèrement en début d'après midi, et il est au minimum la nuit. ☐ Vrai ☐ Faux

**d)** L'emploi de lunettes sombres ou d'un masque de sommeil peut permettre de favoriser le sommeil récupérateur de jour. ☐ Vrai ☐ Faux

**e)** Il est conseillé de faire une sieste si l'on reprend le travail de nuit le soir même. ☐ Vrai ☐ Faux

FAIT ☐ REVU ☐

### Exercice 2

### Le sommeil

**Proposer des solutions permettant de favoriser un sommeil réparateur pour une personne qui travaille en horaires atypiques (cocher les bonnes réponses).**

☐ Pratiquer un sport tonique juste avant de se coucher.
☐ Privilégier les activités sédentaires toute la journée.
☐ Pratiquer une activité sportive avant 20 heures.
☐ Pratiquer une activité relaxante avant de se coucher.
☐ Pratiquer une activité sportive avant un poste de nuit.
☐ Consommer du café vers 3 heures du matin pour un salarié en poste de nuit.

FAIT ☐ REVU ☐

### Exercice 3

### L'activité physique

**Indiquer pour chaque affirmation si elle est vraie ou fausse.**

**a)** Quand il se contracte, le muscle utilise du dioxyde de carbone et rejette du dioxygène et du glucose. ☐ Vrai ☐ Faux

**b)** L'activité physique se résume uniquement au sport. ☐ Vrai ☐ Faux

**c)** Le dopage consiste à consommer un produit illicite (interdit par la loi) pour augmenter ses performances, et présente des risques sévères sur la santé. ☐ Vrai ☐ Faux

**d)** L'activité physique améliore l'esthétique du corps. ☐ Vrai ☐ Faux

**e)** Le travail musculaire soutenu et prolongé n'a que des effets positifs sur l'organisme.
☐ Vrai ☐ Faux

**f)** Regarder la télévision ou jouer à des jeux vidéo sont des activités pour lesquelles la dépense énergétique est importante. ☐ Vrai ☐ Faux

FAIT ☐ REVU ☐

### Exercice 4

### L'équilibre alimentaire

**Relier chaque groupe d'aliments à un repère nutritionnel proposé par le PNNS (Plan National Nutrion Santé).**

| | |
|---|---|
| **a)** Fruits et légumes • | |
| **b)** Céréales et féculents • | • À chaque repas |
| **c)** Sel • | • Au moins 5 fois par jour |
| **d)** Matières grasses • | • À volonté |
| **e)** Produits laitiers • | • 3 fois par jour |
| **f)** Œuf, viande, poisson • | • Limiter la consommation |
| **g)** Sucre et produits sucrés • | • Une ou deux fois par jour |
| **h)** Eau • | |

FAIT ☐ REVU ☐

### Exercice 5

### La contraception

**Cochez le (ou les) moyen(s) d'action correspondant à chaque contraceptif.**

| MOYENS D'ACTION / CONTRACEPTIF | EMPÊCHE L'OVULATION | EMPÊCHE LA NIDATION | LIMITE LA PROGRESSION DES SPERMATOZOÏDES | EMPÊCHE LE PASSAGE DES SPERMATOZOÏDES DANS LE VAGIN |
|---|---|---|---|---|
| Préservatif féminin ou masculin | | | | |
| Dispositif intra-utérin | | | | |
| Contraception hormonale | | | | |

FAIT ☐ REVU ☐

## Exercice 6

### La gestion de son budget

**Caractériser le type de budget qui correspond à chaque situation en vous aidant de la liste de mots suivante : *budget équilibré, budget excédentaire ou déficitaire.***

a) Sylvain a réglé toutes ses factures mais il ne lui reste pas d'argent à la fin du mois.

b) Natacha a économisé 200 € au mois de mars.

c) Thomas a dépensé beaucoup d'argent ce mois-ci, il n'arrive pas à payer toutes ses factures.

FAIT ☐ REVU ☐

## Exercice 7

### Les mesures de protection des biens et des personnes

**Attribuer à chaque définition le terme correspondant : *le surendettement, la responsabilité pénale, l'assurance, le contrat de vente.***

a) Elle repose sur le principe de solidarité : les cotisations de chacun permettent d'être indemnisé en cas de dommage.

b) Il est signé par le vendeur et l'acheteur. En cas de non respect par l'une des parties, il peut être rompu.

c) État d'une personne qui n'arrive plus à rembourser ses dettes et se retrouve en situation financière durablement difficile.

d) Elle vise à sanctionner l'auteur d'un délit (ex : vol) par une peine : amende, retrait de permis, emprisonnement.

## Préparation à la première partie de l'épreuve du Bac

## Exercice 8 voir Fiches Savoir 1 et 3

*Cet exercice est un exemple de sujet type pour la première partie de l'épreuve.*

**L'eau du robinet de votre commune est-elle de bonne qualité ?**
L'alerte est partie le vendredi 18 mars 2016, lorsque de nombreux résidents d'une maison de retraite et des collégiens de la commune de Vif en Isère ont ressenti des symptômes d'une gastro-entérite. Selon l'Agence régionale de santé, la qualité de l'eau est en cause : « les résultats montrent une importante contamination microbiologique sur les communes de Vif et Le Gua [ ... ]
Même si la qualité de l'eau est globalement bonne en France, il existe des « disparités géographiques », concernant le risque microbiologique et les limites de qualité pour les pesticides et les nitrates... »

*Source : SCIENCES et AVENIR.*

### Situation 1

**1 À partir de la situation 1, répondre aux questions suivantes.**

**1.1. Identifier le problème posé dans la situation 1.**

**1.2. Définir une eau potable.**

**1.3. Citer les trois catégories de critères d'une eau potable.**

**1.4. Indiquer trois substances présentes dans l'eau de certaines communes et rendant l'eau non conforme à la réglementation.**

**1.5. Citer une mesure collective et une mesure individuelle permettant de réduire la pollution de l'eau.**

Les mots manquaient aux habitants de Cannes, d'Antibes, de Mandelieu-la-Napoule ou de Nice, dimanche 4 octobre, pour décrire l'ampleur du déluge de la veille, et la brutalité des inondations qui l'ont suivi. Le bilan parle de lui-même. Lundi matin, la préfecture des Alpes-Maritimes recensait 17 morts et 4 disparus – la plupart des victimes ayant péri noyées dans des parkings souterrains. Le dernier bilan comparable dans la région remonte aux intempéries de 2010, où 25 personnes étaient mortes. [ ... ]

Tout le weekend, les images et les vidéos postées sur les réseaux sociaux ont donné la mesure du désastre. Empilements d'automobiles emportée par les flots, routes brisées, végétation arrachée emportées par les coulées de boues, centres-villes transformés en paysages lacustres... Un spectacle de désolation qui pourrait devenir de plus en plus fréquent, dans une région prise en tenaille entre le changement climatique et l'artificialisation – c'est-à-dire le « bétonnage » – des sols, qui aggrave les effets des épisodes d'intenses précipitations.

*Source :* « Intempéries : les raisons d'une désolation qui pourrait devenir de plus en plus fréquente », S. Foucart, M. Valo et L. Van Eeckhout, *Le Monde*, 05.10.2015.

**Situation 2**

**2 À partir de la situation 2, répondre aux questions suivantes.**

**2.1. Identifier les éléments de la situation en répondant aux questions de l'outil QQOQCP.**

*Quoi ? Quel est le problème ?*
*Qui ? Quelles sont les victimes ?*
*Où ?*
*Quand ?*
*Comment le problème se manifeste-t-il ?*
*Pourquoi le problème risque-t-il de devenir plus fréquent ?*

**2.2. Identifier le problème posé.**

**2.3. Mobiliser les connaissances.**
**Cocher les caractéristiques d'un risque majeur dans le tableau ci-dessous.**

| | NOMBRE DE VICTIMES | DÉGÂTS MATÉRIELS | PROBABILITÉ | GRAVITÉ |
|---|---|---|---|---|
| Faible | | | | |
| Élevé(e) | | | | |

**2.4. Indiquer la nature du risque majeur dans la situation 2 : technologique ou naturelle.**

**2.5. Citer deux risques majeurs technologiques.**

**2.6. Proposer des solutions.**
**Cocher la (ou les) réponse(s) exacte(s).**
Pour savoir si le logement que l'on a l'intention de louer ou d'acheter se situe sur une zone présentant des risques, on peut s'informer :

☐ En se rendant au commissariat de police dont dépend la commune.
☐ En consultant le site : http://cartorisque.prim.net
☐ En consultant l'état des risques naturels et technologiques fourni par le bailleur (propriétaire) ou le vendeur.
☐ En consultant le site de Météo France.
☐ En se rendant à la mairie de la commune où est situé le logement.

**2.7. Indiquer deux conduites à adopter en cas de signal d'alerte sonore dans une zone comportant un risque majeur.**

## Préparation à la deuxième partie de l'épreuve du Bac

### Exercice 9 voir Fiches Savoir 1, 5, 12, 13, 14, 16, 18, 19

*Cet exercice est un exemple de sujet type pour la deuxième partie de l'épreuve.*

**1 L'analyse des risques par l'approche par les risques.**

### Étape 1 : l'analyse des risques

Monsieur Marin, 30 ans, est agent d'entretien dans une société de nettoyage. Il utilise, une à deux fois par semaine, un produit à base d'acide chlorhydrique pour éliminer le tartre qui s'est déposé dans la cuvette de WC.

**Situation de travail**

**1.1. Compléter le schéma d'apparition d'un dommage de la situation, présentée dans la situation de travail ci-dessus.**

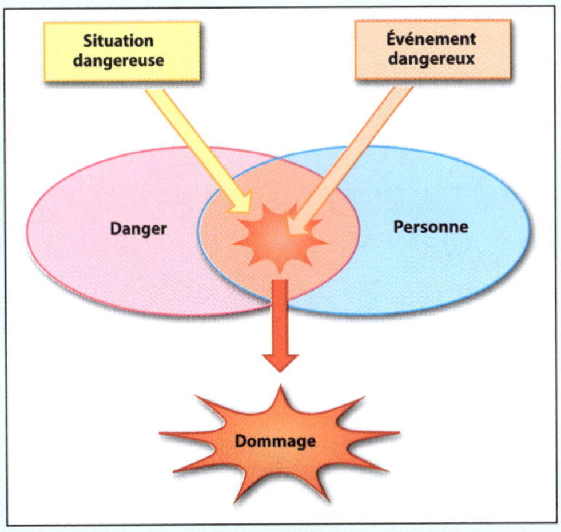


**1.2. Estimer le risque en indiquant le niveau de gravité et de probabilité d'occurrences correspondant à cette situation, en vous aidant du document 1 du Dossier Ressources.**

## Étape 2 : l'évaluation des risques

**1.3.** **Inscrire à l'aide d'une croix le résultat de l'estimation des risques dans le graphique ci-dessous.**

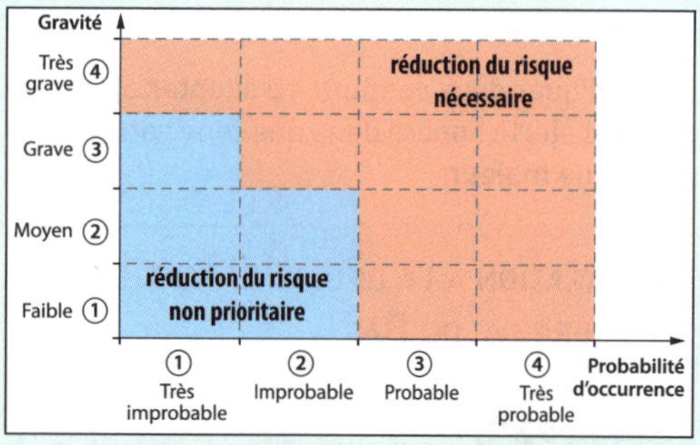


**1.4.** **En déduire si la réduction du risque est nécessaire.**

## Étape 3 : suppression ou réduction des risques

**1.5.** **Consulter le document 2 du Dossier Ressources. Proposer une mesure de prévention intrinsèque, une mesure de protection individuelle, et une mesure de formation/information.**

**2 Les situations d'urgence**

*Votre collègue vous appelle parce qu'il s'est brûlé avec de l'acide qui s'est renversé sur sa peau.*

**2.1.** **Indiquer la première action à réaliser avant de secourir la victime.**

**2.2.** **Expliquer le geste de secours à pratiquer pour éviter l'aggravation de l'état de la victime.**

**3 L'approche par le travail.**

**Consulter la situation du document 3 du Dossier Ressources.**

## Étape 1 : identification du problème ergonomique

**3.1.** **Indiquer par quelles personnes le problème est exposé.**

**3.2.** **Noter les effets sur l'entreprise.**

**3.3.** **Énumérer les trois phases de réaction à une situation de stress.**

**3.4.** **Expliquer pourquoi on parle de stress positif lors de la première étape.**

**3.5.** **Indiquer le mécanisme qui n'est plus efficace dans la dernière phase, et les conséquences sur la sécrétion d'hormones.**

**3.6.** **Citer les effets possibles du stress à long terme sur la santé de Chloé, si la situation se prolonge.**

**3.7.** **Souligner parmi les risques suivants ceux qui concernent la situation de travail de Chloé :**

*Risques liés à l'électricité – risques liés à la charge physique au travail – risques liés aux agents biologiques – risques liés au bruit – risques liés aux produits, aux émissions et aux déchets – risques psycho-sociaux.*

### Étape 2 : analyse de la situation de travail

**3.8.** **Compléter le schéma de compréhension situé en bas de page pour la situation de travail de Chloé.**

### Étape 3 : formulation d'hypothèses

**3.9.** **Après observation sur le schéma de compréhension des flèches rouges indiquant les liens de causes à effets entre les déterminants, le travail réel et les effets, formuler une hypothèse en complétant la phrase suivante :**
*Il semble que ........................................ (déterminants Homme et/ou entreprise) conduisent l'opératrice à travailler de la façon suivante : ........................................................... (tâches réelles et/ou activité réelle), ce qui engendre : ........................................................... (effets Homme et/ou entreprise).*

### Étape 4 : validation des hypothèses

**3.10.** **Citer un outil pouvant être utilisé pour valider ou non l'hypothèse.**

### Étape 5 : recherche de solutions

**3.11.** **Proposer une mesure de prévention par catégorie selon les principes généraux de prévention.**
*Prévention intrinsèque : ..................................*
*Protection individuelle : ..................................*
*Formation/information : ..................................*

**4.** **Consulter le Dossier Ressources et répondre aux questions suivantes.**

**4.1.** **Nommer le document sur lequel seront reportés les risques professionnels repérés dans l'entreprise et le résultat de l'évaluation de ces risques.**

**4.2.** **Indiquer s'il est construit de manière définitive et justifier.**

**4.3.** **Énumérer les personnes autorisées à consulter ce document au sein de l'entreprise D. et à l'extérieur.**

**4.4.** **Citer deux organismes de prévention auxquels l'entreprise D. peut faire appel pour l'aider à trouver des solutions pour faire face au problème ergonomique.**

**4.5.** **Indiquer si l'employeur a l'obligation de mettre en place des mesures de prévention contre le stress dans l'entreprise D. Justifier.**

**4.6.** **Citer un salarié que l'employeur de l'entreprise D. doit consulter pour choisir et mettre en place des mesures de prévention contre le stress.**

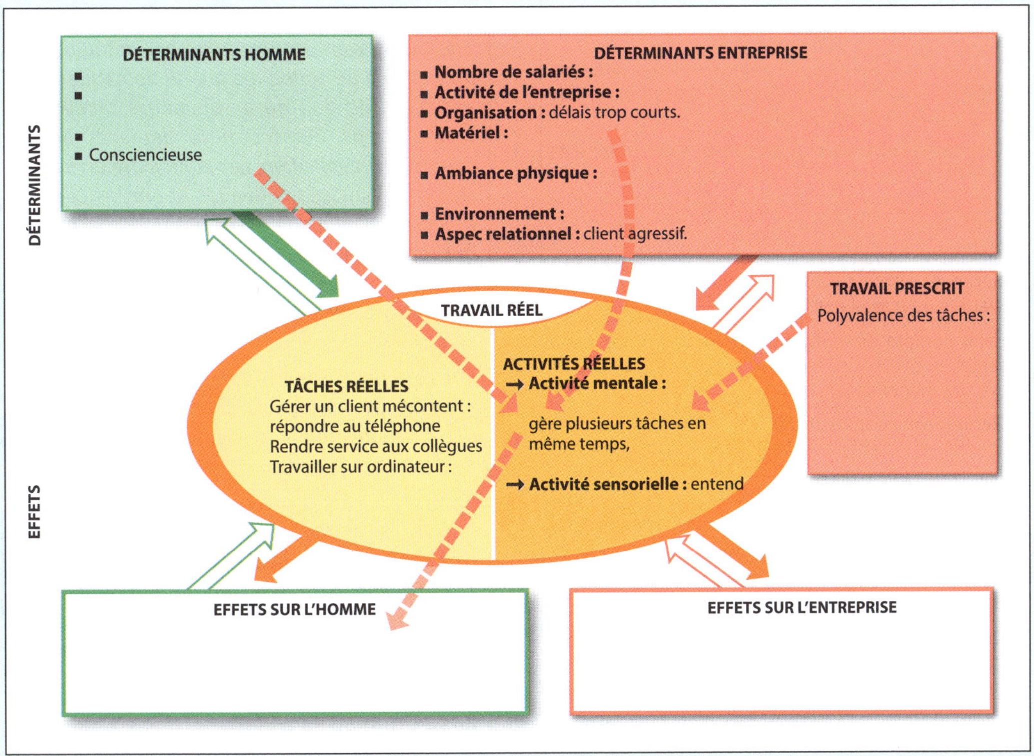


**3.8. Schéma de compréhension.**

## DOSSIER RESSOURCES

| Exemple d'échelle de gravité : | Exemple d'échelle de probabilité d'occurrence : probabilité qu'un accident survienne ou qu'une maladie se déclare. |
|---|---|
| **1. Faible** : peu de dommages sans arrêt de travail.<br>**2. Moyen** : dommages faibles, avec arrêt de travail et/ou hospitalisation.<br>**3. Grave** : dommages entraînant une incapacité permanente partielle.<br>**4. Très grave** : dommages irréversibles entraînant une incapacité totale ou un décès. | **1. Événement très improbable** : événement qui ne s'est jamais produit, ou uniquement une fois par an, exposition rare (une à plusieurs fois par an) et/ou de courte durée.<br>**2. Événement improbable** : événement qui s'est rarement produit, exposition moyenne (une à plusieurs fois par mois) et de durée moyenne.<br>**3. Événement probable** : événement qui se produit de temps en temps, exposition régulière (une à plusieurs fois par semaine) et/ou d'assez longue durée.<br>**4. Événement très probable** : événement qui s'est déjà produit plusieurs fois, exposition continue ou très fréquente (une ou plusieurs fois par jour) et/ou de longue durée. |

**Document 1. Exemple d'échelle d'estimation des risques.**

- **Éviter les risques**, c'est supprimer le danger ou l'exposition au danger.
- **Évaluer les risques**, c'est apprécier l'exposition au danger et l'importance du risque, afin de prioriser les actions de prévention à mener.
- **Combattre les risques à la source**, c'est intégrer la prévention le plus en amont possible, notamment dès la conception des lieux de travail, des équipements ou des modes opératoires.
- **Adapter le travail à l'Homme**, en tenant compte des différences interindividuelles, dans le but de réduire les effets du travail sur la santé.
- **Tenir compte de l'évolution de la technique**, c'est adapter la prévention aux évolutions techniques et organisationnelles.
- **Remplacer ce qui est dangereux par ce qui l'est moins**, c'est éviter l'utilisation de procédés ou de produits dangereux, lorsqu'un même résultat peut être obtenu avec une méthode présentant des dangers moindres.
- **Planifier la prévention**, en intégrant technique, organisation et conditions de travail, relations sociales et environnement.
- **Donner la priorité aux mesures de protection collective**, et n'utiliser les équipements de protection individuelle qu'en complément des protections collectives si elles se révèlent insuffisantes.
- **Donner les instructions appropriées aux salariés**, c'est former et informer les salariés afin qu'ils connaissent les risques et les mesures de prévention.

**Document 2. Les 9 principes généraux (L. 4121-2 du Code du travail) qui régissent l'organisation de la prévention.**

*Chloé, âgée de 32 ans, titulaire du Bac professionnel Gestion Administration, et de nature consciencieuse, est salariée depuis 10 ans dans l'entreprise D. qui compte 12 salariés, et qui fabrique des pièces à partir de plans de clients. Elle a pour mission d'assurer la comptabilité (écriture comptable et paye), de prendre les commandes et de gérer les livraisons des pièces dans les délais. Elle a également un rôle commercial : contact de futurs clients.*

*Elle travaille 7 h par jour du lundi au vendredi, dont 5 h sur ordinateur (entre les données, établit les factures, complète le planning des commandes, prépare les fiches de paye, etc.). Elle partage un bureau spacieux et bien éclairé avec deux collègues qui disposent également d'un ordinateur et d'un téléphone, l'imprimante est placée au centre du bureau. Les bruits de clavier, de l'imprimante, des sonneries des téléphones, des conversations des collègues la perturbent.*

*Elle est souvent interrompue par le téléphone ou l'arrivée de collègues qui lui demandent un service. Elle doit gérer plusieurs tâches en même temps. Son travail lui demande beaucoup de concentration, car la moindre erreur se répercute sur ses collègues et sur les clients. Aujourd'hui, elle doit gérer un client mécontent qui appelle chaque jour au téléphone depuis une semaine, parce qu'il y a un retard dans la livraison. Malgré son agressivité, elle arrive à garder son calme.*

*Elle se plaint d'être très fatiguée, d'être stressée et de ne pas réussir à se détendre, même la nuit. Elle a des insomnies en pensant à la montagne de travail qui l'attend.*

*L'entretien avec le délégué du personnel a permis de relever des contradictions entre les délais très courts prévus dans le contrat avec le client, et la nécessité de livrer un produit de qualité, conforme au cahier des charges. L'employeur, de son côté, se plaint de l'absentéisme des salariés.*

**Document 3. Présentation de l'entreprise et de la situation de travail.**

« Art. R. 230-1. – L'employeur transcrit et met à jour dans un Document Unique les résultats de l'évaluation des risques pour la sécurité et la santé des travailleurs à laquelle il doit procéder en application du paragraphe III (a) de l'article L. 230-2. Cette évaluation comporte un inventaire des risques identifiés dans chaque unité de travail de l'entreprise ou de l'établissement.

« La mise à jour est effectuée au moins chaque année ainsi que lors de toute décision d'aménagment important modifiant les conditions d'hygiène et de sécurité ou les conditions de travail, au sens du septième alinéa de l'article L. 236-2, ou lorsqu'une information supplémentaire concernant l'évaluation d'un risque dans une unité de travail est recueillie.

« Dans les établissements visés au premier alinéa de l'article L. 236-1, cette transcription des résultats de l'évaluation des risques est utilisée pour l'établissement des documents mentionnés au premier alinéa de l'article L. 236-4.

« Le document mentionné au premier alinéa du présent article est tenu à la disposition des membres du comité d'hygiène, de sécurité et des conditions de travail ou des instances qui en tiennent lieu, des délégués du personnel ou, à défaut, des personnes soumises à un risque pour leur sécurité ou leur santé, ainsi que du médecin du travail.

« Il est également tenu, sur leur demande, à la disposition de l'inspecteur ou du contrôleur du travail ou des agents des services de prévention des organismes du sécurité sociale et des organismes mentionnés au 4$^{e}$ de l'article L. 231-2. »

Source : Code du travail.

**Document 4. Décret sur l'évaluation des risques pour la santé et la sécurité des travailleurs, Code du travail.**

**Arrêté du 23 avril 2009 sur le stress au travail.**
L'arrêté du 23 avril 2009 a étendu, à toutes les entreprises, l'accord interprofessionnel du 2 juillet 2008. Par cet accord, l'employeur doit identifier les situations de stress en s'attachant en priorité au contenu et à l'organisation du travail, à l'environnement et à la communication dans l'entreprise.
En cas de problème repéré, il doit mettre en place un plan d'action avec l'aide des représentants du personnel ou, à défaut, avec les salariés. Il concerne : l'amélioration de l'organisation, des conditions et de l'environnement de travail, la formation du personnel de direction et d'encadrement à la prévention du stress et l'information des salariés.

**Document 5. Le stress au travail.**

# Corrigés

## Exercice 1

**a)** Vrai.

**b) Faux :** une durée de 24 heures.

**c) Faux :** il est faible la journée, augmente en fin de journée, est au maximum la nuit.

**d)** Vrai.

**e)** Vrai.

## Exercice 2

**Solutions :** pratiquer une activité sportive avant 20 heures ; pratiquer une activité relaxante avant de se coucher ; pratiquer une activité sportive avant un poste de nuit.

## Exercice 3

**a) Faux :** il consomme du dioxygène et du glucose et il rejette du dioxyde de carbone.

**b) Faux :** par exemple la marche ou les activités de nettoyage sont des activités physiques.

**c)** Vrai.

**d)** Vrai.

**e) Faux :** il peut conduire à des blessures et au surmenage responsable d'épuisement.

**f) Faux :** la dépense énergétique est faible.

## Exercice 4

| | |
|---|---|
| **a)** Fruits et légumes | Au moins 5 fois par jour |
| **b)** Céréales et féculents | À chaque repas |
| **c)** Sel | Limiter la consommation |
| **d)** Matières grasses | Limiter la consommation |
| **e)** Produits laitiers | 3 fois par jour |
| **f)** Œuf, viande, poisson | Une ou deux fois par jour |
| **g)** Sucre et produits sucrés | Limiter la consommation |
| **h)** Eau | À volonté |

## Exercice 5

| MOYENS D'ACTION / CONTRACEPTIF | EMPÊCHE L'OVULATION | EMPÊCHE LA NIDATION | LIMITE LA PROGRESSION DES SPERMATOZOÏDES | EMPÊCHE LE PASSAGE DES SPERMATOZOÏDES DANS LE VAGIN |
|---|---|---|---|---|
| Préservatif féminin ou masculin | | | | X |
| Dispositif intra-utérin | | X | X | |
| Contraception hormonale | X | X | X | |

## Exercice 6

**a)** Budget équilibré.

**b)** Budget excédentaire.

**c)** Budget déficitaire.

## Exercice 7

**a)** L'assurance.

**b)** Le contrat de vente.

**c)** Le surendettement.

**d)** La responsabilité pénale.

## Exercice 8

**1.1. Le problème posé peut être formulé ainsi :** « Comment préserver la qualité de l'eau ? »

**1.2. Une eau potable est une eau propre à la consommation,** elle répond aux critères de potabilité et ne doit présenter aucun risque pour la santé, y compris à long terme.

**1.3. Les trois catégories de critères sont :** les critères organoleptiques, chimiques et microbiologiques.

**1.4. Les trois substances présentes dans l'eau de certaines communes sont :** des micro-organismes nocifs, des nitrates et des pesticides.

**1.5. Une mesure collective :** par exemple une réglementation limitant l'usage des pesticides et des nitrates par les agriculteurs.
**Une mesure individuelle :** par exemple ne pas utiliser de pesticides ou d'engrais de synthèse pour entretenir son jardin.

**2.1. Quoi ? Quel est le problème ?** Inondations mortelles ayant entraîné des dégâts importants.
**Qui ? Quelles sont les victimes ?** 17 morts et 4 disparus.
**Où ?** Cannes, Antibes, Mandelieu-la Napoule et Nice.
**Quand ?** Octobre 2015.
**Comment le problème se manifeste-t-il ?** Empilement de voitures, routes brisées, végétation arrachée, spectacle de désolation.
**Pourquoi le problème risque-t-il de devenir plus fréquent ?**
Changement climatique et bétonnage des sols.

**2.2. Le problème posé peut être :** « Comment se protéger des risques d'intempéries (inondations) ? ».
**Ou :** « Comment limiter les effets humains et matériels d'un événement naturel en cas de risque majeur ? ».

**2.3.**

| | NOMBRE DE VICTIMES | DÉGÂTS MATÉRIELS | PROBABILITÉ | GRAVITÉ |
|---|---|---|---|---|
| Faible | | | X | |
| Élevé(e) | X | X | | X |

**2.4.** Le risque majeur est ici naturel.

**2.5.** Les risques majeurs technologiques sont : le risque nucléaire, le risque industriel, le transport de marchandises dangereuses, le risque de rupture de barrage hydraulique, le risque minier.

**2.6. Réponses exactes :** en consultant le site : http://cartorisque.prim.net ; en consultant l'état des risques naturels et technologiques fourni par le bailleur (propriétaire) ou le vendeur ; en se rendant à la mairie de la commune où est situé le logement.

**2.7. Les deux conduites à adopter en cas de signal sonore sont :** de se mettre à l'abri dans un local calfeutré et s'informer sur France Bleu, France Info, sur les radios locales, France Télévision, les sites et comptes des réseaux sociaux du gouvernement, du ministère de l'Intérieur et des préfectures.

## Exercice 9

**1.1. Situation dangereuse :** détartrer la cuvette de WC avec un produit à base d'acide chlorhydrique.
**Danger :** produit à base d'acide chlorhydrique.
**Personne :** Monsieur Marin, 30 ans, agent d'entretien.
**Événement dangereux :** projection du produit à base d'acide chlorhydrique dans les yeux.
**Dommage :** brûlures chimiques (ex : au niveau des yeux).
*D'autres réponses sont possibles.*

**1.2.** La gravité dépend du dommage choisi, elle peut être estimée au niveau 3 pour des brûlures au niveau des yeux. La probabilité peut être estimée au niveau 3, car cette opération se reproduit une ou deux fois par semaine.

**1.3.**

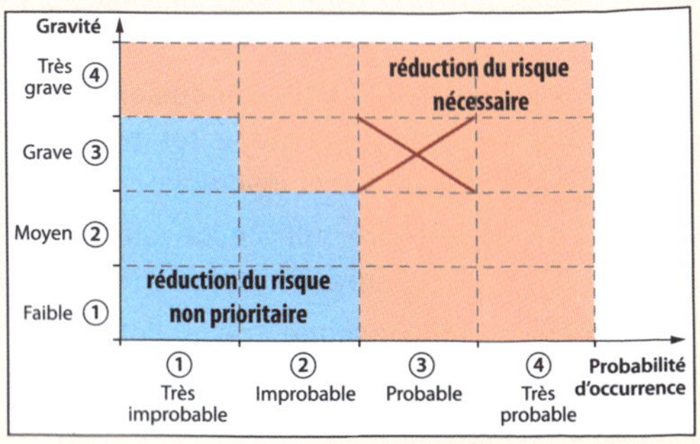


**1.4.** La réduction du risque est nécessaire.

**1.5. Prévention intrinsèque :** remplacer le produit à base d'acide chlorhydrique par du vinaigre blanc.
**Protection individuelle :** port de lunettes de protection.
**Formation/information :** formation sur les risques liés aux produits, aux émissions et aux déchets, affiches rappelant les précautions à prendre lors de l'usage des produits.

**2.1. La première action est :** se protéger du risque chimique par le port de gants adaptés.

**2.2. Le geste de secours à pratiquer en cas de brûlure chimique :** est d'arroser la partie imprégnée de produit, tout en déshabillant la victime sous l'eau.

**3.1. Le problème est exposé par :** la salariée Chloé, par le délégué du personnel et par l'employeur.

**3.2. Les effets sur l'entreprise sont :** absentéisme, mécontentement de clients, retard de livraison.

**3.3. Les trois phases de la réaction au stress sont :** la phase d'alarme, la phase de résistance et la phase de stress profond.

**3.4.** On parle de stress positif dans la première étape parce qu'il permet à l'organisme de réagir face à une situation stressante.

**3.5.** Le mécanisme qui n'est plus efficace dans la dernière phase est le contrôle de la sécrétion d'hormones glucocorticoïdes par le cerveau. L
taux d'hormones augmente de plus en plus.

**3.6. Les effets possibles du stress à long te**

**sur la santé de Chloé sont :** épuisement (*burnout*), développement de maladies cardio-vasculaires, troubles digestifs ou infections par affaiblissement des défenses immunitaires, TMS (Troubles musculo-squelettiques).

**3.7. Risques à souligner :** risques liés au bruit, risques psycho-sociaux.

**3.8. Voir le schéma en bas de page.**

**3.9. Il semble que** le fait que Chloé soit consciencieuse, les délais imposés trop courts et la polyvalence des tâches prescrites **conduisent** Chloé à gérer plusieurs tâches en même temps, **ce qui engendre :** stress, fatigue et insomnie.

**3.10.** L'outil qui peut être utilisé pour valider l'hypothèse est : le chronogramme des activités.

**3.11. Prévention intrinsèque :** revoir l'organisation du travail pour que les délais prévus soient plus longs, ou embaucher une personne supplémentaire et partager le travail de Chloé (moins de polyvalence).

**Protection individuelle :** pratiquer une activité physique pour se détendre, avoir une bonne hygiène de vie.

**Formation/information :** stage de gestion du stress.

**4.1.** Le document sur lequel sont reportés les risques professionnels repérés et leur évaluation est le Document Unique.

**4.2.** Non, il n'est pas construit de manière définitive, il doit être remis à jour chaque année et à chaque modification de l'aménagement, modifiant les conditions d'hygiène, de sécurité ou de travail et à chaque information supplémentaire recueillie dans une unité de travail.

**4.3.** Les personnes autorisées à consulter le Document Unique sont : le délégué du personnel, le médecin du travail, l'inspecteur ou le contrôleur du travail, les agents des organismes de la Sécurité sociale (ingénieur conseil de la CARSAT) et d'autres organismes de prévention.

**4.4.** Les deux organismes de prévention auxquels l'entreprise peut faire appel sont par exemple: la CARSAT (caisse assurance retraite et de la santé au travail), l'ARACT (association régionale de l'amélioration des conditions de travail).

**4.5.** Oui l'employeur a l'obligation de mettre en place des mesures de prévention contre le stress dans l'entreprise D. selon l'accord interprofessionnel sur le stress au travail, et étant donné la présence de facteurs de stress concernant l'organisation, les conditions et l'environnement de travail.

**4.6.** Le délégué du personnel (obligatoire dans les entreprises comprenant au moins 11 salariés) doit être consulté pour choisir et mettre en place des mesures de prévention contre le stress.

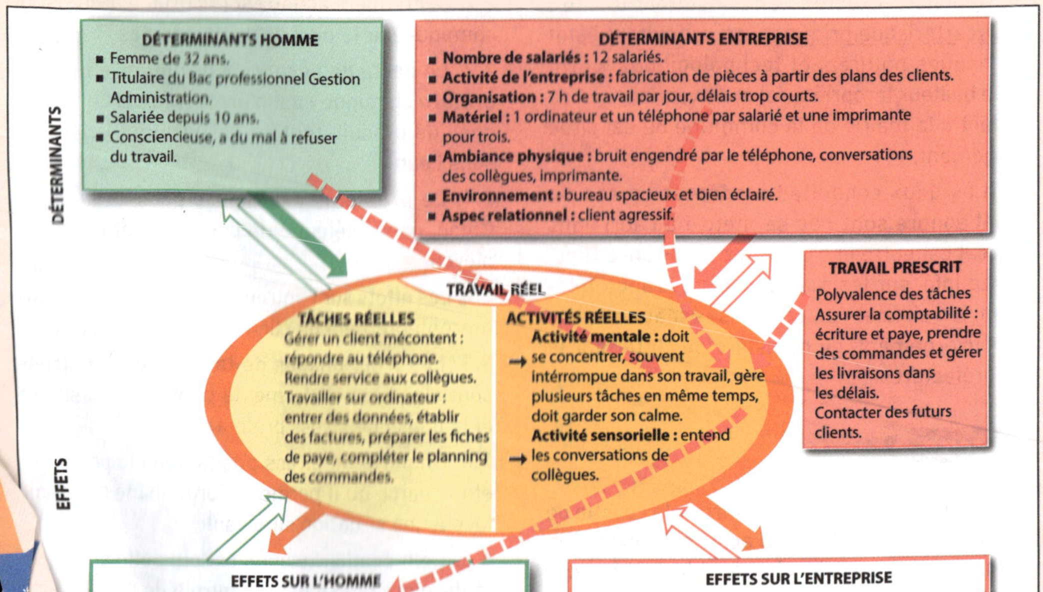




Achevé d'imprimer par l'Imprimerie de Champagne à Langres — France
N° de projet : 10234276-JPM - Dépôt légal : Août 2017